계급론

에릭 올린 라이트 지음

이한 옮김

계급론

classes

에릭 올린 라이트 지음 · 이한 옮김

한울
아카데미

옮긴이의 글

이 책(*Classes*)은 저명한 마르크스주의 사회학자 에릭 올린 라이트의 역작이다. 라이트의 학문적 작업에서 중심 주제는, 마르크스주의 사회학 내에서 부적절하게 처리되고 있던 '중간'계급의 문제를 명료하게 해결하는 것이었다. 현대 자본주의의 계급관계를 생산수단의 소유권 보유 여부에 의해서만 파악하려는 전통 마르크스주의의 태도는 그 내부에서 다양한 이데올로기적 성향과 경제적 이해관계를 보이는 중간계급을 거의 설명하지 못했다. 라이트는 이 주제에 대한 여러 학자들의 이론을 살펴보면서 '중간'계급을 그 자체의 계급이익을 독자적으로 갖고 있는 단일한 범주로만 인식하려는 것이 문제의 핵심임을 파악하고, '계급관계 내의 모순적 위치'라는 개념을 사용하여 기존 학설의 문제점을 뛰어넘음으로써 계급 이론에서 코페르니쿠스적 전회를 이룩했다.

라이트의 계급 이론은 전기 이론과 후기 이론으로 나뉜다. 전기 이론에서는, '투자에 대한 통제 수준', '자율성'과 '지배' 개념을 사용하여 '중간'계급을 여러 가지 범주로 나누었다. 최고위 법인 중역이 맨 위에 있고, 고위 경영자, 중간 경영자, 전문 기술자, 직공장, 반자율 노동자가 차례대로 존재한다. 그리고 그 아래 위로는 전통적인 계급 범주인 부르주아와 프티 부르주아, 소고용주, 프롤레타리아가 둘러싸는 지도가 바로 전기 계

급 지도였다. 그러나 라이트는 이 이론을 발전시키면서 전기 이론에 내재
되어 있었던 여러 가지 중대한 결함들을 발견하게 되었다. 이 결함들은
실증 연구 결과로 인해 발견되기도 했고, 이론 정합성 차원의 검토에 의
해 발견되기도 했다. 이러한 결함들에 대해서는 이 책의 2장에 매우 상세
히 설명되어 있다. 전기 개념으로 파악한 '모순적' 계급 위치의 물질적
이익이 실제로 '모순'적이라고 볼 수 없다는 점, 자율성을 기준으로 했을
때 프티 부르주아가 피고용자보다 더 노동자적으로 될 수도 있다는 점,
구조적으로 불확정적인 계급 지도를 갖게 된다는 점, 현실 사회주의의 계
급구조를 파악하기 힘들게 된다는 점을 그는 전기 계급 이론의 결함으로
들고 있다. 이 모든 난점들의 원인이 계급을 가르는 기준이 '착취'로부터
'지배'로 이동했기 때문이라고 파악했다. 그리하여 로머의 연구로부터 도
움을 얻어 새로운 계급 이론을 전개하는데, 그것이 바로 '착취' 중심적
계급관계 이론이다.

서로가 다른 한쪽의 이익을 침해하지 않고서는 자신의 이익을 실현시
킬 수 없다는 의미에서, 자본주의 사회에서 노동계급과 자본가계급의 이
익은 모순적이다. 그런데 착취관계를 구성하는 요소가 복합적이라면 한
사람이 한 차원의 착취관계에서는 착취자이면서 동시에 다른 차원에서는
피착취자일 수 있다. 이 경우 자본가적인 착취자로서의 지위와 노동자적
인 피착취자로서의 지위가 서로 모순되기 때문에 이러한 경우에 '모순적
위치'라고 이름 붙인 것이다.

라이트는 착취의 토대가 되는 자산을 세 차원으로 나눈다. 생산수단 자
산, 학력-기술 자산, 조직 자산이 바로 그것이다. 각 자산을 얼마나 보유하
고 있는지에 따라 그 사람의 착취관계 내에서의 복합적 지위가 정해진다.
계급 이론을 이렇게 구성함으로써, 계급 동맹이나 계급의식, 각 계급의
소득에 대해 보다 체계적이고 정확하게 해석할 수 있는 토대를 구축할
수 있게 된다.

그런데 이 책의 정수는 그러한 말 몇 마디로 요약될 수 있는 것이 아니

다. 라이트는 이 책을 통해 사회과학이 지향해야 할 연구 과정을 적나라하게 보여준다. 사회과학을 공부하는 학생들은 이 책을 읽는 것만으로도 좋은 방법론 교재를 한 권 읽는 것보다 더욱더 큰 효과를 얻을 수 있을 것이다. 새로운 이념이나 개념이 아무렇게나 만들어지는 것이 아니고, 또한 함부로 아무 개념이나 구축해서는 안 된다는 것을 눈앞에 드러내준다.

우선 이론 내에서 일관성을 확보하기 위해 개념은 이론적 제약을 받는다. 라이트는 개념 제약을 열거하고, 중간계급 문제를 해결하기 위해 제시된 대안들이 이러한 제약에 들어맞는지를 검토하고 있다. 다음으로 그가 제시한 계급 이론은 경험적으로 검증될 수 있는 가설 형태로 조작화된다. 여기서 라이트가 견지하는 독특한 방법론적 입장이 드러난다. 그에 따르면 사회과학의 개념이나 이론은 홀로 검증되어서는 큰 의미가 없고 라이벌 개념이나 이론과 우위를 판별하는 과정을 통해서 검증되어야 한다. 따라서 라이트는 그 자신이 제시한 이론에 따라 조작화한 가설뿐만 아니라 라이벌 이론을 조작화한 가설도 제시하고, 실증 자료를 통해서 이 두 가지 가설의 우열을 판별하는 것이다. 라이트는 그가 조사한 자료들을 빠짐없이 보여줄 뿐만 아니라 통계적 과정에 대해서도 상당히 친절하게 설명하면서, 사회조사방법론에 조예가 없는 사람들도 쉽게 이해할 수 있도록 배려를 해놓았다.

라이트의 이러한 태도는 단순히 개인적 기질에서 나온 것이 아니다. 그의 학문적 준거집단은 세 시기를 걸쳐 달라진다. 첫째는 1970년대 초반 민권운동, 반전운동의 거센 흐름 속에서 국제적인 사회주의자 네트워크와 연결되어 있었던, 《자본주의 국가》라는 좌파 잡지를 중심으로 한 소장 학자 그룹에 속해 있었던 시기, 두 번째는 《신좌파평론》의 편집위원을 지냈던 시기, 마지막으로 1979년 이후 런던과 뉴욕에서 급진적 평등주의를 논의하기 위해 모였던 '분석 마르크스주의' 그룹에 속했던 시기이다. 이 중에서 그의 독특한 학문적 태도에 가장 명료한 형태를 부여했던 것이 바로 세 번째 준거집단이다. G. A. 코헨, 보울스, 브레너, 조슈아 코헨, 필립 반 파리스, 바르단, 슈타이너, 엘스터, 쉐보르스키, 로머와 같은 쟁쟁한 학자들이 이 모임에 참가하여 서로 가져온 연구 결과와 주제에 대해 엄격한 세미나를 진행했다. 이 모임은 스스로를 '헛소리 안 하는 마르크스주의 그룹'이라는 풍자적인 이름으로 부르기도 했는데, 라이트는 전형적인 헛소리의 예로 세 가지를 들고 있다. 첫째는 지적 '혼미'로, 파악하기 힘든 말을 써서 명료화와 정의를 어렵게 만드는 논의 방식을 의미한다. 둘째는 지적 부정직성으로, 명제를 의심할 수 있는 증거를 감추고, 의심을 억누르고, 더 발전시켜야 할 부족한 부분을 다른 학자들에게 공개하지 않는 태도를 말한다. 셋째는 마르크스 교의 추종주의(Marxology)로서, 사회현상에 대한 분석과 비판의 정확성이 마르크스가 쓴 원전을 얼마나 정확하게 해석하고 인용하느냐로 결정된다고 보는 일부 마르크스주의자들의 고질적인 태도를 의미한다. 라이트는 '통찰력'을 주는 일을 제외하면 1세기나 2세기 전의 마르크스주의자들이 우리 사회의 현안을 정치하게 분석하고 대안을 제시하는 데 큰 도움을 줄 수 있을 것이라고 생각하지 않는다고 분명히 밝혔다. 사회과학 역시 과학에 속하는 것이고 비판사회과학의 전통에 속한 사람들은 끊임없이 검증과 반증, 비교와 발전을 통해 축적된 지식의 성과를 존중하고 활용해야 한다. 1세기 전의 사람이 그 시대 상황에 대해 쓴 글을 인용함으로써 훨씬 더 정치한 개념을 사용하고 실증적으로 분석하는 현시대 학자의 논의를 반박할 수 있다고 생각하는 것은 사실상 학문의 기본이 부족한 것이다.

즉, 이 책은 하나의 이론이 타당성을 보증받으려면 어떤 과정을 거쳐야 하는가에 대한 교과서적인 모범이 되는 셈이다. 이데올로기적 편향성에 따라 아무렇게나 범주를 가르고 독단적으로 그 범주들 간의 관계를 언명하는 식의 계급 이론에 우리가 지금도 얼마나 휘둘리고 있는가를 생각해 볼 때, 이 책은 무척이나 대중적인 의미를 갖고 있다.

이 책에서 제시된 계급론과 실증 조사의 틀은 1980년대 이후 계급 분석의 틀을 이루는 양대 산맥 중 하나가 되었다. 하나의 산맥은 베버주의 사회학의 전통 내에서 체계를 세운 골드소로프의 계급 이론이다(베버주의 전통이 갖는 약점은 이 책에서 라이트가 여러 장에 걸쳐 언급하고 있다). 즉, 라이트의 계급 이론의 틀은 마르크스주의 사회학의 계급 분석에서 하나의 패러다임을 이루었다. 그리고 마르크스주의 계급 이론가는 라이트 안에서 작업하든지, 라이트 밖에서 작업하면서 왜 그것이 더 우월한지를 설명해야만 하게 되었다.

라이트는 대단히 끈질기고 성실한 학자이다. 그는 1970년대 이후 계속해서 계급 문제에 천착해왔으며, 『계급론』 발간 이후 방대한 국제 계급 실증 조사 프로젝트를 주도하기도 했다. 그의 대표 저작에는 전기 이론의 결실인 『계급, 위기 그리고 국가(Class, Crisis and the State)』(1978), 『계급구조와 소득 결정(Class Structure and Income Determination)』(1979), 착취 중심적 계급 이론의 걸작인 바로 이 책, 『계급론(Classes)』(1985), 착취 중심적 계급 이론에 대한 비판과 반비판을 정리한 『계급에 대한 논쟁(The Debate on Classes)』(1990), 방대한 국제 실증 조사 결과를 분석한 『계급은 중요하다(Class Counts: Comparative Studies in Class Analysis)』(1997)가 있다. 그는 현재 위스콘신 대학의 사회학과 교수이며 『사회학적 마르크스주의』, 『계급 분석의 다양한 기초들』과 같은 글을 쓰고 있다. 그의 정치적 입장을 가장 명확하게 드러내주는 활동은 '(실현) 가능한 유토피아 프로젝트(Real Utopian Project)'인데, 이 프로젝트의 연구 작업은 실현 가능한, 근본적이고 급진적인 평등주의적 변혁을 꾀할 수 있는 경제제도 설계, 심의 민주주의나 결사체 민주주의와 같은 새로운 민주주의에 대한 토론을 포함한다. 이와 관련된 그의 저작물로는 『민주주의를 심화하기(Deepening Democracy)』(2003)가 있다. 그 외에도 대안 민주주의 제도의 설계를 논의한 『결사체 민주주의』, 로머의 쿠폰 사회주의에 대한 비판과 논평을 담은 『평등한 몫』과 같은 책이 이 연구 프로젝트의 일환으로 출간되었다. 라이트는 좌파 이론의 최전선에서 연구하고 있는 사람이며, 그의 이론과 분석 결과들은 우리에게 유용한 길잡이가 될 수 있다.

그러나 우리 사회에는 아직 라이트의 계급 이론이 광범위하게 소개되지 않은 것 같다. 이는 방법론적 편향성을 띤 우리나라 좌파 지식인들이 분석 마르크스주의자들의 작업을 경시하고 그를 소개하는 데 소홀했기 때문이기도 하고, 19세기 좌익 운동가들의 고전을 학습의 주된 원천으로 삼고 있는 진보 운동가들의 박약한 학습 환경 때문이기도 하다. 이러한 상황 때문에 아직도 여러 곳에서는 다양한 모순적 위치 계급으로 구성된 개혁당을 '프티 부르주아 당'이라 부르고 사무직 노동자들을 적당히 '화이트칼라'나 '넥타이 부대'라고 부르기도 한다. '중산층'이라는 무논리적 용어를 계급 분석 팸플릿에서 마구 사용하고 현실 사회주의를 '국가자본주의'라고 부르는가 하면, '고용된 사람들은 모두 동일한 계급적 이익을 가지고 있다'는 19세기의 주장을 되풀이하기도 한다. 특히 모순적 위치 계급과 노동계급의 계급 동맹이 이 사회의 근본적 변혁을 위해 대단히 중요한 사안이라는 점을 두고 볼 때, 진보 진영 일각에서 모순적 위치 계급의 본질을 정확하게 파악하지 못하고 편 가르기를 정치 활동의 중심으로 놓는 태도가 나오게 된 데에는, 잘못된 계급 이론도 한 원인이라고 할 수 있다.

때때로 라이트는 "당신의 계급론은 그저 계급 지도를 그리고 각 칸 안에 사람들을 집어넣는 일에 지나지 않은 것 아니냐?"라고 반문을 받는다. 그러나 그 질문은 전혀 정당한 것이 아니다. 사회 변혁 운동을 조직하고 발전시켜 나가는 데에 계급 분석이 중요하다는 것을 인정한다면, 어떤 계급들이 서로 어떠한 관계를 맺고 있고 어떻게 분포되어 있는가를 알지 못하고 무언가를 한다는 것이 도대체 가능한 일이기나 한가? 라이트는 '세계를 정확하게 파악하지 않고 세계를 원하는 방향으로 의도대로 변혁시킨다는 것'이 불가능함을 강조하면서, 포이어바흐에 대한 열한 번째 테제를 상투적으로 인용하는 사람들을 비판한다.

실증 자료가 많이 실려 있는 책은 골치 아파 보인다. 그러나 이 책은 전혀 그렇지 않다. 마르크스주의 이론의 개념에 대한 가장 기초적인 소양만을 가지고 있으면 정직하고 성실한 학자의 너무나 흥미진진하고 풍부한 상상력으로 가득 차 있는 탐구 여정을 따라갈 수 있다는 사실에 큰 기쁨을 느낄 것이다. 즉, 이 책은 쉬운 책이다. 쉽고 명료하면서도 많은 내용을 담고 있다. 개인적으로 이 책은 옮긴이에게 충격이었다. 이 책의 내용, 전반적인 스타일, 논의 방식, 자료들, 그 모든 것이 신선한 충격이었다.

이 책은 대중적으로 읽힐 가치가 있으며, 사회과학을 공부하는 학생이나 학자들뿐만 아니라 우리 사회의 진보 운동을 고민하는 모든 사람들이 공부해볼 필요가 있는 책이다. 라이트는 1968년에 만든 <체스 게임>이라는 만화영화에서, 졸들이 권력을 탈취한 뒤 왕이나 여왕처럼 움직이고 주교와 왕들은 졸처럼 움직이게 되는 결말을 보여주었다. 체스판 자체를 바꾸지 않는 변화는 개개인의 사정만을 바꿀 뿐, 혁명이라 부를 수 있는 근본적인 해방이 아니다. 대안 사회를 구성하는 것은 곧 경제적 구조를 재조직하는 일을 포함한다. 그리고 경제 생산과 관련된 각 집단의 관계가 어떻게 얽혀 있는지 파악하지 않고서는 경제구조를 재조직하는 정치 운동이 성공하기 힘들다. 아마도 우리는 라이트의 계급 이론을 적극적으로 활용함으로써 그것을 몰랐을 때보다 훨씬 더 풍부하고 현실적인 정치적 전망을 가질 수 있을 것이다.

이 책의 주석과 표를 정리하는 고통스럽고 방대한 작업을 기꺼이 해준 나의 형에게 진심으로 감사의 마음을 전한다. 그리고 번역에 조언을 주었던 친우인 서울대 사회학과 석사과정 박천웅 군에게도 고맙다는 이야기를 전하고 싶다. 어려운 사정에도 불구하고 출판을 허락해준 도서출판 한울 관계자 분들과, 늘 도움을 주신 서울대 앞 사회과학 서점 그날이 오면에도 감사를 드린다.

2005년 7월
이한

서문

당신의 비판자들이 왜 당신의 논의에 동의하지 않는지를 가장
알아내기 쉬운 형태로 글을 쓰는 법을 배우지 않으면 안 된다.

Beatrice A. Wright(circa. 1960)

나는 이 책의 저술을 5년 전에 시작하면서 1년 정도면 끝낼 수 있다고
거의 확신하고 있었다. 이 책을 쓰는 동안 몇 가지 중요한 일들이 일어났
고 그것이 이 프로젝트의 내용과 일정에 커다란 영향을 미쳤다.

우선 나에게는 (사회학자들이 그렇게 부르는) '준거집단'에 심대한 변화
가 있었다. 즉, 내가 글을 쓸 때 의견과 평가를 염두에 두는 집단이 바뀐
것이다. 계급구조와 국가, 소득 불평등, 그리고 이와 관련된 주제들에 대
한 나의 이전 작업들은 모두 내가 캘리포니아대학의 학생이었을 때, 즉
1970년대 초반에 기본적으로 쓰여졌거나 적어도 그때 아이디어가 시작
된 것들이었다. 1980년대까지 출판된 나의 대부분의 저서들은 학생 시절
에 최초로 형성되었거나 그 시기에 했던 생각들의 직접적인 부산물로서
발전된 것이었다.

학생 시절 나의 준거집단은, ≪자본주의 국가(Kapitalistate)≫라는 잡지
에 자주 기고했던 마르크스주의 학자들의 그룹과, '마르크스주의 사회과
학자 노조'라고 불린 느슨한 조직이었다. 이들 대부분은 학생이었고 민권
운동과 반전운동의 절정기 시절을 거치면서 급진화되었으며, 대부분이
사회 이론에 대해 이러저러한 마르크스주의적 접근 방식을 채택하고 있
었다. 물론 그들 중 많은 사람들은 스스로를 여러 가지 의미에서 다소간

비교조적이라고 여겼지만, 마르크스주의 분석의 기본 범주, 즉 노동가치 이론부터 자본주의 국가 이론에 이르기까지의 범주들은 분석의 출발 지점으로 당연한 것으로 여겼다. 엄청난 열정과 흥분이 있었고 우리는 모두 진실을 확고히 쥐고 있다고 느꼈다.

혼히 말하듯이 시대가 변했다. 1970년대 미국 마르크시즘의 부흥을 꾀하던 많은 학생들은 그 후에 전문적이고 학구적인 직장에 고용되었고, 그들 중 많은 이들이 현재 종신직 보장을 받고 있다. 우리가 모든 문제에 대한 답을 갖고 있다는 확신에 찬 감정은 일반적으로 더 조심스럽고 미묘한 입장으로 완화되었다. 사실상 많은 경우 마르크시즘은 강단 좌파로부터 상당한 비판의 목표물이 되어왔으며, 많은 급진적인 학자들은 스스로를 소위 '포스트 마르크시스트'로 간주하고 있다.

개인적으로 나는 조교수가 되었고 위스콘신대학교의 학부에서 종신직 보장을 받는 사람이 되었다. 그리고 마르크스주의 이론의 문제들에 대해 더 잘 알게 되었고, 뭔가 더 엄밀하고 성찰적인 접근을 견지하게 되었다. 하지만 마르크스주의 이론의 프로젝트에 대한 나의 기본적인 헌신과 마르크스주의 이론 안에 담겨 있는 근본적 통찰에 대한 헌신으로부터 몸을 돌리지 않았다. 적어도 돌리지 않았기를 희망한다.

나는 그 헌신을 유지하기 위해서 위스콘신대학교 사회학과의 대학원생 훈련 프로그램, 계급 분석과 역사 변화 프로그램을 설립하는 것을 도왔다. 그 프로그램은 결국 나의 새로운 준거집단의 중요한 부분을 마련해주었다. 학생 시절 버클리의 동료집단과는 달리 매디슨에 있는 계급 분석 프로그램은 이데올로기적으로 훨씬 더 다양했고, 확실히 전통적 마르크스주의의 관점에 덜 치우쳐 있었다. 따라서 나는 그 프로그램의 교수로서 마르크시즘의 핵심적 테제들을 능동적으로 방어해야 했고, 마르크시즘에 호의적이지만 아직 확신을 갖지 못한 청중들에게 더 그럴싸한 것으로 만들도록 노력해야만 했다. 그렇게 하는 과정에서 — 특히 내가 정규적으로 수업을 맡았던 마르크스주의 사회과학 이론과 방법론 수업의 일 년 과정

동안 정력적인 학생들과 토론하면서 — 나는 일찍이 당연한 것으로 여겼던 마르크스주의의 근본적인 아이디어들을 의심했고, 명확화했으며, 재공식화했다.

교수로서 나의 역할은 준거집단에 변화가 일어난 이유 중 한 측면만을 설명한다. 지금도 채택하고 있는 특정한 지적 경향으로 나를 인도한 훨씬 더 중요한 요소는 아마, 다양한 정도로 마르크시즘에 공감하는 좌파 학자 그룹들이 일 년에 한 번 모여서 서로의 작업에 대해 토론하는 모임에 깊이 관련하게 된 일일 것이다. 이 그룹은 G. A 코헨, 존 로머, 욘 엘스터, 필립 반 파리스, 로베르트 반 데르 빈, 로버트 브레너, 아담 쉐보르스키, 힐레 슈타이너를 포함한다. 이 그룹을 이어주는 핵심적인 지적 특징은 그들이 '분석 마르크시즘'이라고 부르는 것이다. 분석 마르크시즘은 마르크스주의의 기초 개념들에 대해 체계적으로 질문하고 그 개념들을 명확하게 하여 더 일관된 마르크스주의 이론 구조를 재구축하는 것을 의미한다. 이 그룹 내에서의 토론과 그것이 나에게 준, 새로운 생각과 관점에 대한 체험은 나의 생각과 작업에 상당한 영향을 미쳤다.

이 준거집단이 내가 새로운 생각들을 정식화하도록 하는 데에 긍정적인 영향력을 보여주었다면, 나의 현재 상황의 다른 측면들은 부정적인 압력을 만들어냈다. 졸업을 앞둔 학생에서 종신교수직으로 지위가 변화하는 동안 나 역시 매우 매혹적인 보상을 주는 체계에 통합되었다. 계급에 관한 나의 연구는 매우 거대한 연구지원비를 받도록 만들어주었는데, 그것은 내 급여의 일부가 되기도 했고 가르치고 쓰는 일로부터 잠시 휴식할 여유를 주기도 했다. 명성이 올라감에 따라 나는 세계의 다양한 곳에서 수많은 여행과 강연을 할 기회가 생겼고 위스콘신대학의 사회학과에서 아주 융숭한 보상을 받았다. 마르크스주의 유물론자로서, 그리고 계급 분석가로서 이 모든 것들이 나에게 아무런 영향을 미치지 않았다고 가정하지는 않으며, 의지력으로 나 자신을 자유민주적이고 진보한 자본주의 사회에서 풍족한 대학 교수로서 안전하고 편안한 삶을 누리는 유혹에 면역력을 줄 수 있다고 생각하지도 않는다.

아주 정당하게도, 대학 엘리트들에게 주어진 특권들 때문에 많은 급진
주의자들이 '강단 마르크시스트'를 의심하게 되었다. 그러한 의심은 아
마, 혁명적 노동계급 정당은 차치하고서라도 응집력 있고 대중적인 사회
주의 운동이 없어서 강단 마르크시스트들이 일상적인 생활에 기초하여
사회주의자의 투쟁에 체계적으로 연결될 수 없는 미국에서 특히 더 정확
할 것이다. 확실히 나는 최근 몇 년 동안 정치적으로 활발하게 활동하지
않았다. 나의 연구가 사회적이고 정치적인 사건들에 인용되기는 했지만
그 연구가 정치적 투쟁을 직접 이끄는 선두가 된 적은 없었다.

나는 이 책에서 탐구된 아이디어들이 제도적이고 정치적인 현실, 그리
고 선택에 의해 어떤 영향을 받았는지 알 길이 없다. 심지어 내가 겪은
현대의 역사적 상황이 만든 특별한 조건 때문에 연구가 더 잘 되었는지
방해받았는지도 알 길이 없다. 나의 현재 지위가 주는 시간, 여행, 지적
자극은 내가 특권을 향유함으로써 갉아먹는 것보다 더 비판적 사고의 공
간을 확장하도록 만들어주었다. 지금 말할 수 있는 것은, 나는 이러한 비
판에 대해서 잘 알고 있고 이 물질적인 조건들이 내 작업에 대해 미치는
부정적인 영향을 최소화할 수 있는 일종의 자기 성찰적인 자세를 유지하
려고 노력해왔다는 것이다.

나의 삶은 다양한 직업적 고려 사항 이외에도 처음 이 책을 쓰기 시작
한 이래 크게 변해왔다. 나의 두 딸 제니퍼와 레베카의 탄생이 그것이다.
제니퍼는 이제 다섯 살이고 레베카는 네 살이다. 나의 이론적 감각이 이
두 작은 존재가 나의 삶에 가져온 놀라운 변화에 의해 얼마나 바뀌었는지
모른다. 하지만 아버지로서의 기쁨을 만끽하지 않았다면 2년 정도는 빨
리 이 작업이 끝났으리라는 점은 확실하다.

나는 이 책을 쓰면서 몇몇 특정한 장과 논의에 관해 많은 사람들로부
터 상당한 의견(feedback)을 받았다. 특히 앤드류 레빈에게 감사하는데, 그
는 너무나 많은 까다로운 논평을 해줌으로써 이 원고의 완성이 늦어지게

만들었다. 마이클 뷰로보이는 내가 매디슨에서 머무른 그 흥분된 한 해 동안 이 책의 초기 의제들을 명확히 하는 데 특히 매우 중요한 도움을 줬다. 이 책의 논의들은 또한 존 로머의 논평과 그와 가졌던 토론으로부터 결정적인 도움을 받았다. 헝가리 사회과학자인 로버트 맨신은 위스콘신에서 한 해를 머물렀는데, 제3장에서 드러난 아이디어들을 연구하는 데 매우 크게 공헌했다. 또한 아담 쉐보르스키, 괴란 테어본, 페리 앤더슨, 다니엘 베르토, 론 아민제이드, 리차드 라흐만, 필립 밴 파리, 로베르트 반 데르 빈, 트론드 피터슨, 쉘든 스트라이커가 써준 논평에 감사드린다. 그리고 나의 수업과 세미나에서 나로 하여금 이 문제들에 대해 계속 천착하도록 만들어준 이반 스젤레니, 욘 엘스터, G. A 코헨, 괴란 아른과 많은 학생들에 대해서도 감사드린다. 경험적 조사에 관한 장에서 제기되는 여러 가지 기술적인 문제들은 찰스 할라비, 로버트 하우저, 롭 매어, 톰 콜비외른손에 의해 명확하게 해결되었다. 계급 구조에 대한 연구를 수행했던 연구팀—특히 캐서린 카이런, 신시아 코스텔로, 데이비드 해첸, 빌 마틴, 존 스프라그—은 이 책에 실린 실증 조사에 엄청난 헌신을 했다. 그들에게 감사드리고 싶다. 나의 아내 마르시아 칸 라이트에게는, 작업에 너무 치여 지내도록 놓아두지 않게 해준 점이나 나의 관점을 유지하도록 한 점에 대해 특별한 빚을 지고 있다. 마지막으로 나는 이 프로젝트를 수행하는 연구와 저술을 위한 재정적 지원을 해주었던 국가과학재단, 미국의 독일 마셜 기금, 위스콘신 알루마니 연구재단에 고마움을 표시한다.

이 책을 쓰는 동안 내가 사랑하는 네 사람이 세상을 떠났다. 그녀의 배움에 대한 열정과 혁명적 이상에 대한 일생의 헌신으로 나의 삶에 깊은 영향을 준, 나의 할머니 소냐 포스너가 1980년 봄에 돌아가셨다. 동료의식과 명석함으로 계급 분석에 대한 나의 최초의 시도를 시작하도록 도와준 루카 페론느는 그 다음 해에 세상을 떠났다. 애정 어린 양육과 삶의 생동감, 호기심을 항상 보여주셨던, 나의 아버지 M. 에릭 라이트는 1981년에 눈을 감았다. 그리고 나에게 어떻게 학문적이며 동시에 진지한 마르

크시스트가 될 수 있는가를 보여준 동지이자 동료인 진 헤이븐스는 1984
년 이 책이 탈고되기 직전에 세상을 떴다. 이 네 명을 추억하며, 이 책을
바친다.

1984년 11월 매디슨의 위스콘신대학교에서
에릭 올린 라이트

차례

제1장

문제 설정

계급 분석이라는 의제

1. 마르크스의 유산

빈번히 언급되고 탄식되듯이, 마르크스는 계급이 그의 작업에서 갖는 중심적 위치에도 불구하고 결코 체계적으로 계급의 개념을 정의하거나 세심하게 다듬지 않았다. 마르크스의 텍스트에서 이론적인 문제에 대한 권위 있는 답변을 찾으려는 사람들의 시도는 그가 그 문제를 규명하겠다고 약속한 곳에서―『자본』 3권의 '계급'이라는 제목을 단 마지막 장에서― 영구히 좌절되고 만다. 이 불완전한 텍스트의 말미에 마르크스는 이렇게 썼다. "답해야 할 첫 번째 질문은 이것이다. 무엇이 계급을 구성하는가?" 짧은 두 개의 문단이 이어지고 그 뒤에 엥겔스의 슬픔에 찬 언급이 나온다. "여기서 수고(manuscipt)는 끝이 난다."

비록 마르크스가 이 문제에 대해 결코 체계적으로 답한 적은 없지만 그의 작업은 계급 분석으로 가득 차 있다. 몇몇 예외를 제외하면 이 작업의 대부분은 두 가지 문제에 관한 것이다. 계급관계의 추상적인 구조적

지도의 상세화와 행위자로서 계급이 발현하는 구체적인 국면적 지도의 분석이다. 첫 번째 종류의 분석은 생산의 사회적 조직이 계급관계의 '빈 공간(사람들에 의해 채워질 자리)'의 구조를 규정하는 방식에 관련되어 있다. 이 구조적 계급 분석은 마르크스의 가장 뛰어난 이론적 작업들, 특히 그가 자본주의 생산양식의 구조와 동학을 설명한 『자본』에서 발견된다. 두 번째 종류의 분석은 그러한 종류의 계급구조와 관련된 것이 아니라, 계급구조 내에서 사람들이 집단적 투쟁에 조직되는 방식을 다룬다. 계급 형성에 관한 이 분석은 마르크스의 정치와 역사에 관한 글에서 가장 두드러지게 발견되는데, 이러한 글들에서 마르크스는 특정한 역사적 변환을 설명하는 과정에서 집단적으로 조직된 사회적 힘의 상호작용을 이해하려고 시도했다.

이러한 두 종류의 설명으로부터 출현한 이미지는 서로 상당히 다르다. 추상적인 계급구조 설명으로부터는 양극화 — 노예주와 노예, 영주와 농노, 자본가와 프롤레타리아 — 라는 특성을 갖는 계급관계 지도가 나온다. 이는 『자본』에서 마르크스가 자본주의 생산양식을 분석하는 곳, 그리고 역사 발전의 획기적인 전기를 추상적으로 논의하는 곳을 대부분 관통하는 것이다. 프롤레타리아화되지 않은 위치는 이 추상적인 계급관계 논의에서 때때로 언급되기는 하지만 결코 엄밀하게 이론적인 지위가 주어진 적이 없고, 일반적으로 엄밀한 중요성을 갖지 못한 것으로 다루어졌다.

이 단순하고 양극화된 추상적 계급관계 지도와는 대조적으로, 마르크스의 국면적인 정치 분석은 계급, 계급 분파, 파벌, 사회적 범주, 계층 그리고 다른 행위자들이 정치적 무대에 등장하는 복잡한 그림으로 특징지어진다. 예를 들어 『루이 보나파르트의 브뤼메르 18일』이라는 책에서 마르크스는, 적어도 다음에 열거되는, 사회적으로 갈등 관계에 있는 행위자들을 언급한다. 자본가, 프롤레타리아, 거대 지주, 금융 귀족, 소작인, 프티 부르주아, 중간계층, 룸펜 프롤레타리아트, 산업자본가, 고위 성직자들이다. 마르크스는 이 다양한 범주와 이렇게 구별된 개념적 지위를 분석할 수 있는 일관된 이론을 제시하려는 아무런 시도도 하지 않았다. 그가 이 텍스트에서 달성하고자 했던 중심 목적은 행위자들과 국가 사이의 투쟁 관계를 이해하는 것이었다. 특히 그는 이 투쟁들의 승리와 패배의 패턴, 그러한 승리와 패배가 국가의 변화에 가져오는 영향, 변화하는 통치 방식이 이러한 행위자들 간의 동맹과 투쟁의 패턴에 미치는 영향을 설명하고자 했다. 마르크스는 드라마의 극중 인물들이 살고 있는 구체적인 사회구조의 엄격한 지도를 연구하는 데는 관심이 없었다. 이것이 마르크스의 정치적이고 국면적인 글의 특징이다. 마르크스는 실제 행위자들에 대응되는 묘사적인 범주는 제시했지만 그러한 범주들 대부분의 구조적 기초를 엄밀히 설명할 정확한 개념적 도구는 제공하지 않았다.

그렇다면 마르크스 자신의 작업에서 우리가 구할 수 있는 것은, 계급관계에 의해 일반화된 '빈 공간'의 양극화된 추상적 개념과 계급투쟁의 구체적인 행위자들로 이루어진 묘사적이고 복잡한 지도뿐이며, 이 둘 사이에서 아무런 체계적인 연관도 얻지 못한다. 물론 마르크스는 자본주의의 역사적 경향이 점점 더 증가하는 구체적인 양극화로 나아가고 있다고 믿었다. 엥겔스와 그는 「공산당 선언」에서 이렇게 썼다. "전반적으로 사회는 점점 더 두 거대한 적대적인 진영, 서로 직접 대립하는 두 거대한 계급으로 분열되어나간다." 양극화 경향 명제가 단지 논쟁적인 수식어였을 뿐이라고 생각한다고 해도, 동일한 입장이 『자본』 3권의 불운한 맨 마지막 장에서도 제시된다.

잉글랜드에서는 근대적인 사회가 경제구조 내에서 논쟁의 여지없이 가장 고도로 그리고 고전적으로 발전했다. 그럼에도 불구하고 심지어 여기서도 계층의 분화는 그 순수한 형태로 나타나지 않는다. 심지어 여기서도 중간계층이 어디서나 경계선을 희미하게 만든다(비록 도시에서보다는 시골 지역에서 훨씬 덜하지만 말이다). 그러나 이것은 우리의 분석을 위해 중요하지 않다. 우리는 자본주의 생산양식의 계속적인 경향과 발전 법칙이 더욱더 노동력으로부터 생산수단을 분리시키고 분산된 생산수단을 거대한 집

단에게 더욱더 집중시키고 있으며, 그리하여 노동력을 임노동으로, 생산수
단을 자본으로 바꾸어가는 것을 보아왔다.[1]

마르크스는 그의 작업 전체에 걸쳐 프티 부르주아(임노동을 아주 조금
만 고용하거나 아예 고용하지 않는 자가고용자)를 '과도기적' 계급으로 언
급하고 소작농의 해체를 강조하고 있다. 비록 그가 모호하게 파악한 '중
간계층'의 성장을 인정한 곳이 몇 군데 있지만, 그의 작업의 기본적인
요점은 점점 더 양극화되는 자본주의 사회의 구체적인 계급관계였다.[2]
그러한 가정이 맞다면, 계급구조를 분석하는 데 사용된 추상적이고 양극
화된 범주와 특정한 역사적 국면에서 사회적 행위자를 분석하기 위해 사
용된 구체적이고 묘사적인 범주 간의 간극은 시간이 지남에 따라 줄어들
어야만 했을 것이다. 그리고 자본주의 발전의 진정한 움직임은 계급 분
석의 추상적이고 구체적인 범주들이 서로 효과적으로 조응하게 만들었
어야만 했다.

2. 현대 마르크스주의 계급 분석의 의제

지난 100년 동안의 역사적 기록은 많은 마르크스주의자들에게 자본주

---

1) Karl Marx, *Capital*, vol.3(London: 1974), p.885.

2) 마르크스의 문헌 중에서 '중간계급'이 팽창하는 경향이 있다는 점을 인정한
곳은 상대적으로 덜 알려진 텍스트의 몇몇 구절에 불과하며, 대체로 계급에 대
한 그의 추상적 이론 논의와 연결되어 있지 않다. 예를 들어 『잉여가치학설사』
에서 마르크스는 다음과 같이 썼다. "[리카도가] 강조하는 것을 잊어버린 점은
중간계급이 계속 증가하고 있다는 사실이다. 이 중간계급은 한편에서는 노동자,
다른 한편에서는 자본가와 토지 소유주들 사이에 존재하는데, 그들의 생존은
다른 계급의 소득에 의해 지탱된다. 즉, 노동계급에게는 먹여 살려야 하는 짐이
되면서 상층계급의 사회적 안전과 권력을 증가시켜주는 존재이다." Martin
Nicolaus, "Proletariat and Middle Class in Marx," *Studies on the Left*, no.7(1967), p.247
에서 재인용.

의 사회 내에서 계급관계가 근본적으로 양극화되는 압도적인 경향이 만연해 있다는 이미지가 부정확한 것이라는 점을 확신시켜주었다. 확실히, 적어도 최근의 역사를 볼 때, 그들 자신의 생산수단을 소유하는 인구(자가고용자)는 꾸준히 감소했다.[3] 그러나 전문적이고 기술적인 직업의 성장과 대기업과 국가의 경영 위계 확대는, 임금생활자 사이에 적어도 단순한 양극구조가 상당히 침식당한 모양을 만들어냈다.

자본주의 내에서 계급구조가 점점 더 양극화되고 있다는 것이 이제 더이상 일반적으로 받아들여지지 않는다는 점을 염두에 둘 때, 추상적인 양극화된 계급관계 개념과, 계급 형성과 계급투쟁의 복잡한 구체적 패턴 사이의 간극에 대한 이론적 문제를 비켜가기는 더욱 힘들게 되었다. 역사가 점진적으로 개념적인 문제들을 제거할 것이라는 가정은 더 이상 유지되지 않는다. 이 문제를 해결하는 것은 지난 20년 동안 마르크스주의 계급 분석의 부활을 위한 핵심적인 관심사였다.

계급에 관한 이 새로운 형태의 마르크스주의 작업의 이론적 의제를 이해하기 위해서는, 우리의 논의에서 암묵적으로 전제되어왔던 두 차원의 계급 분석을 공식적으로 구분하는 것이 유용할 것이다. 첫째, 분석이 우선적으로 어디에 초점을 맞추는가? 계급구조인가 계급 형성인가? 둘째, 계급이 분석되는 추상의 수준이 무엇인가? 이것은 적어도 <표 1-1>에서 설명된 여섯 가지 계급 분석의 초점을 낳는다.

계급 분석에서 계급구조와 계급 형성을 구분하는 것은 때때로 암묵적인 것이라 할지라도 기본적인 구분이다. 계급구조는 개인(또는 어떤 경우에는 가족)이 그들의 계급 이해를 결정하게 되는 사회적 관계의 구조를 의미한다. 이어지는 장에서 이 관계들이 어떻게 정의될지 아주 자세히 다룰 것이다.

---

3) 그 자료는 많은 자본주의 국가에서 자가고용이 1970년대 초에 증가하는 것을 가리키는 것으로 보인다. 미국에서 자가고용 수준이 가장 낮았던 시기는 1972년이었는데, 이때는 노동인구의 9퍼센트만이 자가고용자였다(미국 정부의 공식 통계에 따르자면 말이다). 자가고용은 그때부터 적어도 1984년까지는 매년 꾸준히 증가해왔다.

<표 1-1> 마르크스 계급 분석에서 추상의 이론적 대상과 수준

추상의 수준	분석의 이론적 대상	
	계급구조	계급 형성
생산양식	양극화된 계급관계	계급들 간의 변혁적 투쟁
사회구성체	서로 다른 생산양식에 기초한 계급들의 공존, 주어진 생산양식의 서로 다른 발전 단계	계급 연합
국면	주어진 직업 내에서 계급관계가 갖는 제도적 다양성	구체적인 계급 조직(계급 정당, 작업 현장, 노조 조직)

여기서 강조하고자 하는 바는, 계급구조는 개인이나 가족들에 의해 채워지는 빈 공간 또는 지위의 놓임새를 규정한다는 것이다. 이는 계급구조와 관련하여 우리가 '텅 빈(실제 사람들로 당장 채워지지는 않는)' 지위나 '잉여 인구(계급구조 내에서 그 공간에 비해 더 많은 사람들)'나, 계급 지위의 '담지자(주어진 계급구조에서 실제로 위치하게 되는 사람들)'에 대해서 이야기할 수 있다는 것을 함의한다. 비록 이것이 계급구조가 사람들과 독립적으로 존재한다는 것을 함축하지는 않지만, 특정한 지위를 점유하는 특정한 사람들과는 독립적인 계급구조가 존재한다는 점은 함축한다.[4]

다른 한편으로 계급 형성은 계급구조에 의해 형성된 이해관계를 기초로 해 생긴, 계급구조 내에서 조직된 집단의 형성을 가리킨다. 계급 형성은 변수이다. 하나의 계급구조 내에서 계급의 집단적 조직의 범위와 형태를 달리하는 여러 가지 유형의 계급 형성이 있을 수 있다. 반드시 계급구

---

4) 사회학에서 실제로 살아 있는 인간 개인과 사회적 관계가 맺는 연관을 적절하게 묘사하는 문제는 종종 시간만 오래 끌고 불명료한 논쟁거리이다. 사회적 관계 내에 존재하는 모든 인간 개인들이 사라진다면 사회적 관계 그 자체도 존재할 수 없기 때문에 구조와 그 안의 개인을 구분하는 것은 이치에 맞지 않는다고 종종 논의된다. 내가 채택한 공식은, 사회적 관계 그 자체가 사람들로부터 독립적인 존재라는 것이 아니라 특정한 개개인으로부터 독립적인 존재라는 것이다. 다르게 표현하자면, 세대 변화에 따라 공장 내에 있는 실제 개인들은 변할 수 있지만 공장의 계급구조는 그대로 남는다.

조 자체의 근본적인 변화가 있지는 않더라도, 계급에 기초한 집단이 조직될 수도, 와해될 수도, 재조직될 수도 있다.[5] 계급구조가 계급들 간의 사회적 관계로 정의된다면, 계급 형성은 계급들 내에서의 사회적 관계로 정의되며, 이 사회적 관계는 투쟁에 복무하는 집단을 다져나가는 관계인 것이다.

계급 분석의 추상 수준들 간의 구별은 다소간 더 복잡한 문제이다. 추상화의 세 수준(생산양식, 사회구성체, 국면)이 마르크스주의 계급 담론을 특징짓는다.

가장 높은 추상화의 수준은 생산양식이다. 계급은 여기서 생산의 사회적 관계의 순수한 유형 측면에서 분석되고, 각각은 착취의 구별되는 메커니즘을 구현하게 된다. 마르크스가 자본주의 사회에서 계급의 '순수한 형태'에 대해 이야기했을 때, 그는 이 가장 높은 추상화 수준에서 계급에 대한 분석을 언급하고 있는 것이다.

'생산양식' 수준의 추상화에 관한 많은 논의에서, 이 수준의 추상화에서는 생산양식 내에서의 어떠한 변이도 허용하지 않는다는 점이 가정되어왔다. 생산양식에 대해 이야기할 때 모든 자본주의는 동일하다. 내가 생각하기에 이것은 잘못된 가정이다. 추상의 수준을 바꾸지 않고서도 주어진 생산양식 내에서 서로 다른 형태를 규정하는 것이 전적으로 가능하다. 사실 생산양식 자체가 발전해나가는 본질적 논리를 갖고 있다는 것이 자본주의 생산양식에 대한 마르크스주의의 핵심 주제 중 하나였다. 발전의 논리는 자본주의 생산양식 그 자체가 다른 '단계', 즉 자본주의 사회관계의 형태(시초 축적기, 경쟁적 자본주의, 독점 자본주의, 기타 등)에서 각각 구별되는 형태를 갖고 있는 단계를 거쳐 가는 본질적인 경향을 갖고 있다

---

5) 계급에 기반한 정체성의 조직화, 탈조직화, 재조직화의 측면에서 계급 형성의 다양성을 이해하는 것은 아담 쉐보르스키의 작업으로부터 끌어내온 것이다. 특히 다음의 문헌을 보라. "From Proletariat into Class: The Process of Class Struggle from Karl Kautsky's The Class Struggle to Recent Debates," *Politics & Society*, vol.7, no.4(1977).

는 것을 의미한다. 물론 모든 경향과 마찬가지로 이 경향도 여러 가지 기제에 의해 차단될 수 있다. 그리고 형태의 이행을 촉진하고 방해하는 실제 과정에 대한 조사는 정말로 추상의 수준을 낮춰야만 가능하다.6)

'사회구성체'라는 용어는 사회를 구별되는 생산양식 또는 생산관계 유형의 특정한 조합이라는 측면으로 분석하는 것에서 그 의미를 끌어내왔다.7) 전(前)자본주의 계급이 자본주의 사회에서 존재하고 있는 것에 대한 분석, 더 드물게는 자본주의 사회 내에서 후기 자본주의 계급이 존재하는 것에 대한 분석은, 사회구성체 수준의 추상화에서 이루어지는 계급 분석의 예이다. 자본주의 관계의 서로 다른 형태가 주어진 사회 내에서 조합되는 특정한 방식에 대한 분석 역시 사회구성체 수준의 추상화에서 다루는 문제이다. 예를 들어, 경쟁적이고 작은 규모의 자본주의 생산과 거대하고 집중화되고 중앙집권적인 자본주의 생산이 특정한 방식으로 조합되는 것에 대한 분석은 사회구성체 분석이 될 것이다. 계급간 그리고 계급 내 분파간의 동맹 문제도 이 수준의 추상화에서 다루는 계급 형성 분석의 주요한 목표이다.

국면적 분석은 이야기에 포함되는 구체적인 제도적 세부 사항과 우연적 요인에 대한 조사를 포함한다.8) 노동계급 내에서 노동시장이 분절되

---

6) 마르크스주의 이론이 자본주의의 발달 단계를 자본주의 생산양식의 논리에 어떤 의미에서 고유한 것으로 다루기 때문에 이들 단계들이 생산양식의 추상 수준에서 분석될 수 있는 것이다. 이는 인간의 정신적 발달 단계 자체가 어떤 일반적인 구조적 속성을 갖고 있기 때문에(즉, 인간이라는 유기체 구조의 본질적 속성에서 연유하기 때문에) 이 단계들이 분석될 수 있다고 말하는 것과 유사하다. 아이와 어른을 구분하는 속성을 지정하는 것은 아이와 어른 모두에게 공통되는 속성을 논하는 것보다 '덜 추상적'이지 않다.

7) 나는 '사회구성체'라는 용어를 '사회'가 '분석의 단위'가 되는 '추상 수준'의 의미로 쓰겠다. 사회는 집단, 조직, 개인과 대조되는 단위이고, 사회구성체는 생산양식이나 구체적 국면과 대조되는 추상 수준이다.

8) 이는 국면적 분석이 시공간상에서 정적인 상황의 '스냅 사진'이어야만 한다는 것을 함의하지 않는다. 요점은, 생산양식이나 사회구성체 수준에서는 이론화되

는 특정 형태에 대한 분석, 노동자에 대한 경영자의 권력을 규정하는 법적 관행에 대한 분석, 프티 부르주아를 은행가에게 이어주는 신용 관계에 대한 분석은 모두 계급구조에 대한 국면적 분석의 예가 될 것이다. 노조조직화, 정당 형성, 계급에 기초한 사회운동 등은, 가장 구체적인 추상 수준에서 다루는 계급 형성의 분석이 될 것이다.

분석의 국면적 수준은 또한 계급적인 관계와 비계급적인 관계 그리고 실천의 연관성에 대한 가장 일관된 분석이 행해지는 추상화 수준이기도 하다(예를 들어 계급과 인종 또는 계급과 성). 이는 원칙적으로 그러한 이슈가 더 높은 추상화 수준에서 접근될 수 없다고 이야기하는 것이 아니라, 그러한 보다 추상화된 조사를 위한 개념적 도구가 다소간 덜 발달되었고 그 수준에서 설명이 시도되었을 때 환원주의에 빠지기 쉽다는 것이다. 예를 들어 성-계급 연관성이 생산양식의 수준에서 연구되었을 때, 대부분의 마르크시스트 분석가들은 남성 지배를 계급 지배로 환원시키면서 쉽게 논의를 끝낸다. 전형적으로 이러한 환원은 몇몇 종류의 기능주의적 방식에 의해 이루어진다. 가부장제의 존재와 형태는 그것이 자본주의의 기본적 계급관계를 재생산하는 데 수행하는 본질적 기능으로 설명된다.

이러한 관점에서는 논쟁에 참가한 많은 사람들이 주어진 특정한 문제를 위한 적절한 추상화의 수준에 대해 동의하지 않는 것으로 해석될 수 있다. 만약 성(gender)과 계급의 관계가 전적으로 우연적이라면 — 즉, 그 둘 사이의 우연적인 상호 관계가 단순히 그것들이 동일한 사람들에게 영향을 미치기 때문에 발생하는 것이지, 어떠한 방식으로든 서로를 필요조건으로 하기 때문은 아니라면 — 그들의 관계는 오직 국면적 수준에서만 분석될 수 있다. 만약 반대로 두 요소의 관계에 본질적으로 연결된 구조적인 성격이 있다면 생산양식 수준에서 분석할 수 있다. 다른 예를 들자면, 풀란차스 같은 몇몇 이론가들은 국가 형태와 사회 계급 간의 관계가

지 않는 우연적인 세부 사항과 역사적으로 특수한 과정을 국면적 분석이 포함해야 한다는 것이다.

생산양식의 추상화 수준에서 분석될 수 있다고 주장했다. 그리고 이러한 주장은 그로 하여금 '자본주의 국가'에 대한 일반적 개념을 구축하게끔 했다. 스카치폴 같은 다른 이론가들은, 국가는 이 추상화의 수준에서 제대로 이론화될 수 없으며 국가와 계급 간의 관계는 오직 엄밀한 역사적 (즉, 국면적) 조사를 통해서만 분석될 수 있다고 주장한다.[9]

이들 추상화 수준 사이에 그어진 구분을 명확히 하는 데 하나의 비유가 도움이 될 수 있을 것이다. 호수의 화학적 성질에 대한 과학적 연구에서는, 가장 높은 수준의 추상화는 물을 구성하는 기본적인 원소, 즉 수소와 산소가 결합하여 물(H_2O)을 만든다는 것이 된다. 사회구성체에 비유될 수 있는 추상화의 중간 수준은, 이 결합물 H_2O가 호수의 다른 화합물과 상호작용하는 방식을 조사하는 것을 포함한다. 마지막으로 국면적 수준의 분석은 무수한 우연적 요소들 — 농장에서 씻겨 내려온 질소, 공장에서 버려진 화학 폐기물 등 — 을 조사하여 주어진 호수와 다른 시간과 공간에 놓인 다른 모든 호수들의 구체적인 화학적 차이를 밝히는 것이다.

<표 1-1>의 분석 대상 중에서 마르크스의 계급 분석의 태반은 맨 위 왼쪽 대상(양극화된 계급관계)과 맨 아래 오른쪽 두 가지(계급 연합과 구체적인 계급 조직)에 집중되어 있다. 물론 마르크스는 그 표에 나와 있는 모든 대상에 대해 무엇인가 할 말이 있었을 것이다. 그러나 그는 계급구조의 낮은 두 추상화 수준(사회구성체와 국면)에 대해서는 결코 체계적인 이론적 설명을 제공한 적이 없다. 또한, 이미 말했듯이, 그는 계급구조와 계급 형성 — 서로 다른 추상화 수준에서 분석된 계급구조 내의 지위가 조직된 집단성으로 나아가는 과정 — 에 대한 일관된 이론을 대강이라도 제공하지 않았다.

---

9) 다음 문헌을 보라. Nicos Poulantzas, *Political Power and Social Classes* (NLB, London: 1973); Theda Skocpol, *States and Social Revolutions* (New York: 1979) and "Bringing the State Back In: False Leads and Promising Starts in Current Theories and Research," in Peter Evans, Theda Skocpol and Dietrich Rueschemeyer(eds.), *Bringing the State Back In* (New York: 1985).

계급에 대한 마르크스주의 이론과 연구의 최근 발전 중 대부분은 추상적인 계급구조 분석과 계급 형성 분석의 간극을 이으려는 시도로 간주될 수 있다. 이 새로운 계급 분석에는 두 가지 주요한 취지가 있다. 첫째, 계급 유형의 구조적 측면에 대해 미비하게 이론화된 부분을 채워나가는 것, 둘째, 이 관계 구조가 집단적 행위자를 형성시키는 이행의 문제를 더욱더 체계적으로 분석하는 것이다.

선진 자본주의 국가의 계급구조 문제에 초점을 맞춘 작업에서 가장 절박한 주요 화두는 '중간계급으로 인한 당혹스러움'을 어떻게 처리할 것인가였다. '신중간계급'의 존재와 확대에 관한 증거는 마르크스주의 계급 이론에 대한 대부분의 비판들의 핵심에 있었고, 마르크스주의자들은 이러한 비판에 대해 이러저러한 방식으로 응답하는 일이 필요함을 알게 되었다. 그러나 중간계급 문제에 대한 과제 또는 이와 동일한 일인 노동계급과 비노동계급 임금생활자 간의 경계가 되는 개념적 경계를 확정하는 것은, 단순히 부르주아의 공격에 방어적으로 대응하는 문제가 아니었다. 또한 이 개념적인 문제들을 푸는 것은 마르크스주의의 고전적인 주제 — 자본주의의 모순이 발전하는 것을 이해하고 혁명적 변혁의 조건을 이해하는 것 — 를 엄격한 방식으로 분석하는 데에 필수적인 것으로 비쳤다.

제3세계 자본주의 사회의 계급에 대한 구조적 분석에서 나타나는 이와 유사한 문제는, '소작농으로 인한 당혹스러움'을 어떻게 처리할 것인가이다. 적어도 초기 마르크스주의 분석에 따르면 소작농은 매우 급속도로 몰락할 계급이었던 것이다. '생산양식의 접합'이라는 개념의 도입은 소작 노동자와 자본가의 관계에 특수성을 부여하려고 했던 시도였는데, 이는 제3세계 사회 연구에 세계체제론적 접근을 고안한 것과 함께 제3세계 계급구조를 다시 사고하기 위한 중요한 전략이었다.[10]

우리가 다음 장에서 볼 테지만, 중간계급과 소작농의 문제를 풀기 위한 이러한 시도들은 추상화의 중간 수준에서 계급구조에 대한 이러저러한

---

10) Harold Wolpe(ed.), *The Articulation of Modes of Production* (London: 1980).

대안적 개념화를 수행한 셈이다. 새로운 개념들을 구축하는 과정에서 더 추상적인 생산양식 분석 자체가 엄밀한 심사를 받아야 했고, 분석의 다양한 요소들이 여러 이론가들에 의해 도전받고 바뀌었다. 이러한 다양한 혁신들의 온전한 성과는 아직 두고 볼 일이다.

계급구조에 대한 추상적 분석과 계급 형성 분석 사이의 간극을 메우려고 시도한 최근 작업의 두 번째 일반적 논의는 계급 형성 과정에 초점을 맞추었다. 이 분석들 대부분의 출발점은 특정한 종류의 계급 형성이 계급구조로부터 직접 연역될 수 있다는 관점에 대해 확고히 거부하는 것이었다. 이러한 입장의 일반적 견해에 따르면, 계급 형성은, 그 자체로 계급구조로부터 '상대적으로 자율적'이고 계급구조가 특정한 이데올로기와 전략을 담지하고 있는 집단적 행위자로 이행하는 방식을 결정하는 다양한 제도적 기제들에 의해 계급 형성이 결정적으로 이루어진다. 이 연구들 중 몇몇은 그 과정에 대한 정치적 중개에 우선적으로 초점을 맞추면서, 계급 형성 과정이 국가 형태, 정당의 전략, 다른 정치적 요인에 의해 어떻게 만들어지는지를 보여주었다.[11] 다른 연구는 계급 형성 과정을 구조화하는 노동 과정과 작업 조직을 우선적으로 다루었다.[12] 이 연

---

11) 계급 형성 과정에 대한 정치적 중개에 대해 이제껏 이루어진 작업 중에서 가장 혁신적이고 중요한 연구는, (내 견해로는) 아담 쉐보르스키에 의해 이루어졌다. 특히 다음 문헌을 보라. "From Proletariat into Class," *Politics & Society*, vol.7, no.4(1977); "Social Democracy as an Historical Phenomenon," *New Left Review*, 122(1980); "Material Interests, Class Compromise and the Transition to Socialism," *Politics & Society*, vol.10, no.2(1980); "The Material Bases of Consent: Economics and Politics in a Hegemonic System," in Maurice Zeitlin(ed.), *Political Power and Social Theory*, vol.1(Greenwich, Connecticut: 1979). 계급 형성 과정의 정치적 중개에 대한 다른 중요한 연구 사례로는 다음 문헌들을 들 수 있겠다. Göran Therborn, "The Process of Labor and the Transformation of Advanced Capitalism," *New Left Review*, 145(1984); David Abraham, *The Collapse of the Weimar Republic* (Princeton: 1981); Ron Aminzade, *Class, Politics and Early Individual Capitalism* (Binghampton: 1981).

12) 다음 문헌들을 보라. Michael Burawoy, *Manufacturing Consent*(Chicago: 1979)와 *The*

구들 거의 대부분이 계급구조와 계급 형성 간의 복잡하고 불확정적인 관계를 보여주었다.

이러한 종류의 공헌들 — 계급구조의 빈 공간에 대한 개념적 지도에 대한 공헌들과 그러한 빈 공간들로부터 출현하는 집단적 행위자들의 형성에 관한 이론적 공헌들 — 중 어느 것도 마르크스주의 전통에서 전적으로 새로운 것이 아니다. 중간계급에 대한 이론적 논의는 여러 곳에 흩어져 있는 것을 볼 수 있다. 카우츠키가 세기의 전환기(19세기에서 20세기로 넘어올 때 — 옮긴이)에 중간계급에 대한 글을 썼을 때 이미 그것은 중요한 문제로 인식되었다.[13] 그리고 국가와 정당에 관한 고전적인 마르크스주의 이론, 특히 레닌에 의해 고안된 이론은, 계급 행위자들의 형성 — 특히 혁명적 노동계급 형성 — 에서 정치적 중개가 하는 역할에 가장 주요한 관심을 기울였다.

그러나 비록 최근의 작업들에서 탐구된 이러한 주제들이 고전적 마르크스주의에 뿌리박고 있기는 하지만, 새로운 마르크스주의 계급 분석은 두 가지 면에서 고전적인 분석과 구별된다. 첫째, 최근 작업의 상당수는 지금까지 마르크스주의에서 이 문제들에 대해 논의되었을 때에 거의 시도되지 않았던, 개념의 정확성을 의식적으로 추구했다. 둘째, 최근 작업은 체계적으로 추상화의 '중간 수준' — 생산양식의 탐구보다는 덜 추상적이지만 구체적 국면에 대한 구체적인 조사보다는 더 추상적인 수준 — 에서 개념과 이론들을 발전시키려고 노력했다. '실제로 존재하는 자본주의'의 변할 수 있는 영역에 대해 더욱더 높은 이론적인 관심이 기울여지고 있다. 물론 더 추상적인 수준의 논의 또한 계속되고 있지만, 자본주의 국가, 자

Politics of Production (Verso, London: 1985); Richard Edwards, *Contested Terrain* (New York: 1979); David Noble, "Social Choice in Machine Design," *Politics & Society*, Vol.8, nos.3-4(1978).

13) 중간계층의 문제에 대한 카우츠키의 견해를 논한 문헌으로는 Przeworski, "From Proletariat into Class ……"를 보라.

본주의 이데올로기, 자본주의 노동 과정과 자본주의 계급구조에 대해 훌륭한 추상적 개념을 갖는 것만으로는 충분치 않다는 인식이 점점 더 커지고 있다. 우리에게는 더 구체적인 분석 수준에서 이 각각의 요소들에 대한 변이를 일일이 상술할 수 있는 개념들의 목록이 필요하다.

이 책은 계급구조에 대한 이러한 토론들에 도움을 주기 위한 시도이다. 제1부에서는 대체로 개념적 쟁점들에 대해서 다룬다. 이러한 논쟁들은 개념의 생산과 변형에 집중하고 있기 때문에 제2장은 개념 형성의 문제에 대한 짧은 방법론적 논의로 시작할 것이며, 그 다음에 '중간계급', '계급관계 내 모순적 위치' 개념의 문제를 풀기 위한 하나의 특정한 개념적 해결책의 발전을 상당히 자세하게 탐구해나갈 것이다. 그리고 이 개념화의 이론적 문제들과 내적 모순점들의 목록을 제시하면서 끝맺을 것이다. 제3장에서는 '모순적 위치' 개념에 의해 발생된 문제들을 피할 수 있는, 계급구조를 분석하기 위한 새로운 일반 전략을 제시할 것이다. 여기서 핵심적으로 주장하는 바는, 모순적 위치 개념은 다른 많은 신마르크스주의 계급 분석과 마찬가지로 계급구조 개념의 핵심에서 '착취' 개념을 빼고 이를 효과적으로 '지배' 개념으로 대체시켰다는 것이다. 이 장에서 제안된 전략은 일반적으로 계급구조를 정의하는 중심적인 논거가 될 수 있도록 착취 개념을 부활시키고, 특히 '중간계급'의 개념적 문제를 해결할 수 있도록 상술하려는 시도이다. 제4장에서는 이 새로운 접근이 급진적인 학자들이 관심을 갖고 있는 폭넓은 범위의 문제들 — 역사 이론, 계급 형성과 계급 연합의 문제, 정당성의 문제, 계급과 성의 관계, 그리고 많은 다른 이슈들 — 에 관해 어떠한 이론적 함축을 가지고 있는가를 다룬다.

제2부에서는 계급구조에 대한 새로운 개념화를 일련의 실증 조사를 통해 전개한다. 개념적인 토론에서는 내적 논리와 개념적 장치들의 일관성만이 엄격하게 추구되고, 경험적 조사에 대해서는 기껏해야 일화적으로만 참조되는 경우가 너무 많았다. 그래서 제5장에서 제7장까지는 제3장에서 만들어낸 추상적인 개념들을 양적으로 조작하여 일련의 경험적인 문제를 체계

적으로 탐구할 것이다. 제5장에서는 제3장에서 만들어진 윤곽에 기초한 노동계급 정의와 다른 두 정의 — 하나는 생산적 노동 기준에 의해서 정의된 것, 다른 하나는 육체노동의 기준에 의해 정의된 것 — 에 대해 체계적인 경험적 비교를 시도할 것이다. 제6장에서는 계급구조를 포함한 여러 가지 쟁점들에 관해 미국과 스웨덴을 비교하는 일에 새로운 개념화를 이용한다. 그러한 쟁점들에는 노동력이 계급 지위에 분포된 형태, 그 형태와 사회의 다른 다양한 구조적 특성(경제 부문, 국가 고용, 기업 규모 등)이 맺는 관계, 계급과 성의 관계, 가족의 계급구조, 소득에 미치는 계급의 효과, 기타 몇 가지 다른 문제들이 있다. 마지막으로 제7장에서는 계급구조와 계급의식의 관계에 대한 복잡한 문제를 경험적으로 고찰할 것이다.

마르크스는 『자본』 3권의 마지막 페이지에서 이렇게 물었다. "무엇이 계급을 구성하는가?" 이것은 이 책이 답하려고 하는 기본적인 질문이다. 분석 과정에서 발전될 그 질문에 대한 답은, 마르크스가 그 장을 직접 끝까지 썼더라면 내렸을 답과는 의심할 여지없이 다르다. 마르크스의 죽음 이래 계급 문제에 대한 이론적 논의가 100년 동안이나 진행되었을 뿐만 아니라 100년 동안 실제의 역사도 진행되어왔기 때문이다. 만약 마르크스주의 이론이 결국 과학적인 것이었다면, 그동안 개념적 발전이 일어났다고 기대할 만하다. 그럼에도 불구하고 내가 제안할 답은 마르크스의 작업이 천착하고자 했던 이론적 의제와 그 의제가 촉진시키고자 했던 정치적 목표 모두에 충실하려고 노력할 것이다.

classes

제1부 **개념적 정점**

제2장

개념의 일대기
모순적 계급 위치

이 장에서는 자본주의에서 중간계급 문제를 해결하기 위한 특정한 개념, 즉 '계급관계 내 모순적 위치'가 만들어진 과정을 상당히 자세하게 살펴볼 것이다. 이는 그 개념의 발전에 대한 문자 그대로 연대기순의 설명이라기보다는, 그 과정을 논리적으로 재구성하는 설명이 될 것이다. 그 개념의 실제 역사는 그렇게 깔끔하지 않다. 그리고 특정한 혁신이 갖는 함의는 나중에 가보지 않고서는 충분히 깨닫지 못하는 수가 종종 있다. 그러므로 다음의 이야기는 그 개념의 발전에 깔려 있는 논리를 드러내는 시도가 될 것이다. 개념 발전 과정의 이론적 구조, 그리고 경쟁하는 계급 개념들 간의 우위를 판별하는 이론적 영역에 강조가 주어질 것이다.

이 작업을 시작하기 전에 개념 형성 과정과 연관된 특별한 방법론적 쟁점들을 짧게 논의하는 것이 도움이 될 것이다. 마르크스주의 전통에서 이루어진 중요한 논의들 중 아주 많은 것들이 사회 분석에 전제되는 방법론적이고 철학적인 원칙에 대한 논쟁들이다. 이로 인해 실질적인 이론적 이슈가 인식론상의 문제들에 대한 관심으로 빈번히 대체되어버린다. 나는 이 책에서 그런 식의 대체가 일어나지 않기를 바란다. 그럼에도 불구하고 내가 분석에서 사용할 개념 형성의 논리를 가능한 한 명확히 드러내는 것은 필요하다고 생각한다. 이 논의의 목적은 개념의 지위에 관한 인식론상의 문제나 다양한 이론가들이 주장했던 개념 형성 문제에 관한 대안적인 접근을 깊게 탐구하려는 것이 아니라, 단순히 이 책의 나머지 부분에서 따를 접근에 납득할 만한 이유를 제시하는 것이다.[1]

1. 개념 형성의 논리

개념은 만들어진다. 사회 이론에서 사용되는 범주들은, 관찰하는 데에 사용된 단순히 묘사적인 범주이든 '거대 이론'을 구축하는 데 사용된 매우 복잡하고 추상적인 개념이든, 모두 인간에 의해 만들어지는 것이다. 그리고 이는 인식론적 선입관과 방법론적 편애가 무엇인가에 상관없이, 또한 개념을 세계의 실재하는 기제들에 대한 인지적인 지도 짜기라고 간주하든 이론가의 상상에 의해 만들어진 전적으로 자의적인 약정으로 간주하든 진실이다. 개념들은 단순히 실제 세계에 의해 그저 주어지지 않고, 항상 어떤 종류든 개념 형성의 지적인 과정을 거쳐 생산된다.

과학 이론에서 나타나는 개념의 생성은 다양한 제약 아래에서 일어난다. '제약'은 어떠한 주어진 조건 아래에서든 아주 제한된 범위의 개념만이 생성될 수 있다는 것을 의미한다. 비록 개념이 인간의 상상에 의해 만들어지지만, 무엇이든 가능하다는 식으로 전적으로 자유롭고 구조화되지 않은 방식으로 만들어지지는 않는다. 더 자세하게 말하자면, 과학적 개념

---

1) 아래의 분석은 개념을 생산하고 변형시키는 실제 작업을 논하는 것이 아니라 그 작업에 사용되는 논리만을 논의한 것이다. 개념 형성 과정에서 사용될 수 있는 실제적인 전략을 간략히 논의한 것을 보려면 이 책 마지막에 있는 부록 I을 참조하라.

은 이론적이고 동시에 경험적인 제약조건 아래에서 이루어진다.[2] 첫째로, 개념은 이론적인 전제를 갖고 있다. 어떤 경우 이 전제들은 매우 명시적으로 기능하여, 체계적인 이론적 요구조건들이 새로운 개념을 만드는 데에 부과된다. 다른 경우 이론적 전제들은 훨씬 더 무의식적인 인지적 필터로서 기능하여, 이론가에게 생각될 수 있는 것과 생각될 수 없는 것을 형성한다. 두 경우 모두 그러한 이론적 전제는, 희미하고 암묵적이라 할지라도, 생산될 수 있는 개념의 가능한 범위를 결정한다.

고안된 이론 틀에 의해 얼마나 배태되어 있건 간에, 과학적 개념은 결코 이론적 전제에 의해서만 배타적으로 제약되지 않는다. 개념은 이른바 '경험적으로 중개된, 실재하는 세계의 제약조건', 짧게 줄여 '경험적 제약'에도 역시 직면한다. 이 귀찮을 만치 긴 표현 — '경험적으로 중개된, 실재하는 세계의 제약조건' — 이 의미하는 바는 다음 두 가지이다. 첫째, 문제의 제약은 단순히 이론의 개념적 윤곽으로부터 오는 것이 아니라 세계의 실재하는 기제들로부터 온다. 둘째, 실재하는 세계의 제약은 이론의 개념을 사용하여 수집한 자료를 통해서 작동한다. 그러므로 그 제약은 '실제 있는 그대로의 세계'에 의해 직접 부과되기보다는 경험적으로 중개된다.[3] 개념들은 이론 틀에 의해 정해진 개념적인 규칙과 가정에 맞아야

---

2) 물론 모든 과학적 활동은 사회적 제약 아래에서 이루어진다(사회적 제약에는 과학 연구기관으로부터 오는 사회적 제약과, 이론가의 자유에 대한 경제적 제약 등이 있다). 이러한 사회적 제약이 특정한 개념이 왜 출현했는지를 설명하는 데 중대한 함의를 가질지는 모르겠으나, 여기서 나의 관심은 지식 생산의 사회학적 문제가 아니라 개념 형성의 방법론적 이슈이다.

3) 실제 세계의 제약이 개념을 통해 작동한다는 사실은 때때로 사람들로 하여금 경험적 조사에 의해 부과된 제약을 일반 이론 틀에 의해 부과된 제약과 동일시하도록 만든다. 왜냐하면 이 두 제약 모두 어떤 의미에서는 사고 속에서 작동하는 것이기 때문이다. 그러나 나는 그러한 동일시가 오류라고 생각한다. 세계가 '실제로 존재하는' 방식과 경험적 조사로부터 나온 자료 사이에 일대일 대응 관계가 존재하지는 않지만, 그 자료는 세계의 실제 기제에 의해 제약을 받는다. 개념이 달랐더라면 자료가 달라졌을 것처럼, 만약 세계가 달랐다면 자료도 달랐

할 뿐만 아니라, 다양한 종류의 설명에도 역시 이용되어야만 한다. 개념이 이론 틀에 일관적이라는 사실 그 자체는 그 이론 틀을 사용한 경험적 문제에 대해 효과적인 설명을 할 수 있다는 어떠한 보증도 되지 않는다.

개념들의 형성 과정에서 두 제약이 미치는 상대적인 영향은 이론들 내에서(그리고 이론들 사이에서) 다르다. 주어진 이론 내에서 경험적인 관찰에 직접 사용된 개념들은, 일반적으로 이론의 추상적인 서술을 구성하는 개념보다 경험적인 측면에서 더 제약된다. 정말로 경험적 제약은 가장 추상적인 이론적 공식에서는 너무나 희석되어, 개념들은 엄밀히 논리적인 구축물로 보이기까지 한다. 분석의 가장 추상적인 수준에서 가장 구체적인 수준으로 이동할 때 이론에 개입되는 우연성 때문에, 추상적인 이론의 조항과 조사에 사용된 구체적 개념을 상술하는 데에는 상당한 정도의 편차가 있기 쉽다.

이론적·경험적 제약이 미치는 강도가 이론들 간에 다른 정도도 그와 똑같은 정도로 두드러진다. 몇몇 이론 틀들은 매일의 담화에서 사용되는 '상식'적인 범주에서 거의 직접적으로 그들의 개념적 전제들을 채택한다. 개념 생산을 위한 이론적 요구조건은 정교화되지 않고 의식적 엄밀성을 거치지도 않으며, 종종 모순되게 적용된다. 그러나 개념의 경험적인 요구조건은 상당히 엄밀하고 냉혹하게 적용될 수 있다. 개념들이 경험적인 '발견'에 기초하여 채택되거나 그 경계가 다시 그려질 수도 있고, 전적으로 버려질 수도 있다. 다른 이론 틀에서는, 개념을 만드는 데 부과된 이론적 요구조건들이 체계적이고 세심하게 고안되고, 의식적 일관성을 갖고 적용된다. 어떤 개념에 대한 강력한 비판은 그것이 이론적 요구조건들 중 몇몇과 모순되는 것을 보여주어서, '합당한' 개념이 아님을 보여주는 것이다. 경험적 제약 역시 작동할 것이지만, 훨씬 더 분산되고 간접적인 방

을 것이다. 이는 개념 형성에 대한 경험적 제약 — 경험적 현상을 설명하는 데 개념이 직간접적으로 관여해야 한다는 데서 오는 제약 — 은 실제 세계 자체를 중개하여 부과되는 제약이라고 볼 수 있다.

식으로 작동한다.

새로운 개념들을 만드는 데에 그러한 이론적 제약들이 체계적이고 의식적으로 작동하는 것은 과학 이론의 성과이다. 그러나 그러한 체계적인 이론적 제약들을 부과하는 일이 성공적으로 설명하는 일보다 앞선다면 이론은 '공론주의'에 빠질 위험이 있다. 즉, 설명 작업을 수행하는 데 요구되는 경험적 제약조건의 위협으로부터 효과적으로 도피하는 방식으로 이론화가 될 위험이 있는 것이다. 다른 한편으로 만약 이론이 그러한 자기 의식적인 이론적 제약을 하지 않게끔 조직된다면, '경험주의'의 위험에 빠진다.4) 공론주의나 경험주의와 같은 방법론적 과실이 극단에 이르면, '과학적'이라는 개념 자체가 위태롭게 되는 결과에 빠지게 된다.5)

이미 구축된 윤곽 내에서 개념을 생산할 때에, 일반적으로 개념 형성 과정은 동시에 라이벌 개념들의 우위 판별 작업이기도 하다. 주어진 개념의 적절성을 평가하는 것은 단순히 그것 자체와 이론 틀의 요구 조건 및 그 틀을 이용한 경험적 관찰과의 일관성을 검사하는 문제가 아니다. 주어진 개념에서 이론적·경험적 불일치가 나타난다면 대안을 찾을 동기를 제공해주기는 하겠지만, 그것 자체로는 일반적으로 개념을 거부할 충분한

---

4) 내가 경험주의라는 용어를 사용할 때에는, 단순히 그러한 이론적 제약을 의식하지 않는 상태를 일컫는 것이 아니라 그러한 제약을 추방하는 방법론적 입장을 일컫는 것이다. 대부분의 이론 발전 과정에서는 고도로 체계화되고 명시적인 이론적 제약하에서 작동하지 않는 하위 영역들, 조사의 기초가 이론화가 덜 되어 있고 그래서 대체로 묘사적인 결론만을 가져오는 하위 영역들이 존재한다. 만약 이러한 상황이 이론적 구조를 더 발전시켜서 이론 내에서 그러한 과정이 채택되지 않도록 하는 것을 회피했기 때문에 초래된 것이라면, 그 상황은 단지 이론이 덜 발전된 단계에서 생기는 하나의 문제일 뿐이다.

5) 과학적 개념이 다른 종류의 개념 — 미학적 개념, 도덕적 개념, 신학적 개념 등 — 에 비해 절대적인 미덕을 갖지 않는다는 점을 주의해야 한다. 위와 같은 방식으로 정의되었을 때 이론주의와 경험주의는, 과학적 목적을 위해 개념을 생산한다는 목표와 관련해서만 통용되는 장치일 뿐이다. 즉, 실제 세계를 설명하는 일에 관련되는 개념을 생산하는 목표와 관련해서만 통용되는 장치이다.

기초가 되지 못한다. 그 이유는, 더 나은 라이벌 개념이 없을 때에는 이 불일치를 나타나게 한 주범이 개념 그 자체인지 개념을 평가하기 위해 사용된 다양한 제약에 문제가 있는지 알 수 없기 때문이다. 예를 들어 주어진 개념에 관해 나타난 경험적 예외는 관찰상의 문제점을 반영한 것일 수도 있고, 개념에 문제가 있기보다는 이론에는 나와 있지 않은 원인이 있기 때문일 수도 있다. 그리고 이론적 불일치는 특정 개념의 실패라기보다는 일반 이론에 의해 부과된 추상적인 이론적 요구조건에 있는 어떤 요소에 문제가 있음을 반영하는 것일 수도 있다. 개념 형성에 관한 이론적·경험적 제약조건과 관련하여 훨씬 더 잘 들어맞는 라이벌 개념이 존재하지 않는 한, 주어진 개념의 적절성에 대해 결정적인 결론을 내리기는 종종 어렵다.

일반적으로 '라이벌 개념'이란 동일한 이론적 대상에 대한 라이벌 '정의'를 의미한다. 예를 들어 노동계급, 자본주의 또는 국가에 대한 마르크스주의 이론 틀 내의 라이벌 정의들, 또는 관료제, 사회적 닫힘, 합리화에 대한 베버주의 이론 틀 내의 라이벌 정의들이 존재한다. 각각의 경우 합의된 이론적 대상은 있지만, 무엇이 적절한 정의인지는 경쟁해야 할 문제이다.6) 이론적 대상 그 자체에 대한 논쟁 — 다시 말해서 무엇이 설명해야 할 중요한 이론적 대상인가, 그리고 이론적 대상이 설명 안에서 어떤 점을 드러내야 할 것인가에 대한 논쟁 — 은 일반적으로 단순히 개념들 간의 우위를 판별하는 문제가 아니라 이론들 간의 우위를 판별하는

---

6) 그러므로 문제의 논쟁은 단순히 단어를 어떻게 써야 하는가라는 용어상의 토론이 아니다. 예를 들어 어떤 사람은 '관료제'라는 용어가 복잡한 조직을 묘사하는데 사용되어야 한다고 결정할 수도 있다. 그 경우 개념의 우위를 판별하는 문제는 '복잡한 조직'을 정의하는 적절한 기준에 대한 것으로 옮겨질 뿐이다. 즉, '관료제'라는 용어를 적용하려는 이론적 대상과 관련한 것이다. 이와는 다르게 베버의 사용법을 따라 관료제는 특정한 종류의 복잡한 조직, 즉 형식적 합리성이라는 원리를 따라 엄밀히 짜여진 조직을 지칭할 수도 있다. 이 경우 토론은 그러한 조직의 속성을 구체적으로 지정하는 적절한 기준에 대한 것이 된다.

문제이다.[7]

　개념들 간의 우위를 판별하는 것은 이중적인 과정이다. 이것은 개념이 전제하고 있는 일반 이론의 추상적인 개념적 요구조건을 라이벌 개념이 얼마나 잘 지키는지와 그 이론을 사용하여 얻어진 경험적 관찰과 얼마나 더 잘 일치하는지의 두 측면에서 비교한다. 예를 들어 마르크스주의 이론에서 노동계급 개념의 경우, 노동계급에 대한 대안적 정의가 계급 개념의 여러 추상적 요소— 예를 들어 계급은 착취가 관계의 본질적인 성격이 되도록 하는 관계적 용어에 의해 정의되어야 한다— 와 얼마나 일치하는지, 그리고 다양한 경험적 관찰— 예를 들어 계급 형성의 패턴과 계급의식의 분포— 과 대안적 개념이 얼마나 일치하는지를 평가하는 것이 개념 우위 판별이 된다.

　그러한 이중적 판별 과정은 종종 어렵고 이론이 분분한 연구 과제이다. 이론적 정합성 판별의 측면에서 볼 때, 사회과학 이론이 매우 잘 통합되어 있고 내부적으로 일관적이어서 주어진 개념에 어떤 요구조건이 정확히 적용되어야 하는지가 명백한 경우란 드물다. 심지어 이 점에 관해 어느 정도의 합의가 있다 하더라도, 다른 개념적 요구조건에서였다면 라이벌 개념이 더 맞아 들어가는 경우가 종종 있다. 경험적 적합성 판별의 측면에서 볼 때 주어진 개념에 결합된 경험적 기대는 종종 그리 정확하지 않아서, 얻어진 '발견'은 경쟁하는 개념들을 결정적으로 차별화하지 못한다. 그리고 종종 일어나는 일이지만, 이론적 우위와 경험적 우위의 판결 결과가 서로 모순될 수 있다. 그것은 개념을 둘러싼 논쟁의 어려움과 양가성이 그만큼 계속되기 때문이다.

　물론 개념 형성과 우위 판별의 과정이 진행될 때 직면한 제약하에서 만족할 만한 개념이 만들어질 수 있다는 보장은 아무 데도 없다. 이론 재

---

7) 관련된 추상 수준과 이론적인 대상의 범위에 따라 그러한 이론 우위 판별은 단일한 일반 이론 내에서 이루어질 수도 있고, 두 개 이상의 일반 이론들 사이에서 이루어질 수도 있다.

구축이라는 훨씬 힘든 작업을 향한 주요한 충동은 정확히, 주어진 이론 내에서 개념을 형성하려는 노력과 이론적·경험적 제약을 동시에 만족시키는 개념을 만들려는 노력이 되풀이해서 실패하기 때문에 일어난다. '교조주의'는 이론가가 일반 이론의 요소들을 되풀이되는 실패에 비추어 의문시하기를 거부하는(실패의 존재를 거부함으로써 실패를 처리하는) 태도이다.8) 반대로 '절충주의'는, 그러한 이론적 일관성에 대해 걱정하기를 거부하는 태도이다. 오래된 개념의 수정과 새로운 개념의 채택이 여러 가지 이론 틀로부터 일반 틀과의 양립 가능성이나 통합성은 고려되지 않은 채 임시방편적으로 일어난다. 필요한 것은 주어진 일반 이론 틀의 정합성을 유지하고 강화하려는 이론적 헌신과, 개념 변환과 이론 재구축을 허용하는 이론적 개방성 사이의 균형이다.

과학 이론의 실제 발전은 절대로 수학의 처방이 보여주는 것과 같이 깔끔한 과정이 아니고, 개념을 형성할 때 경험주의나 이론주의에 경도되거나 이론을 정교화할 때 교조주의나 절충주의에 경도되는 시기가 필연적으로 존재한다. 그러므로 이러한 방법론적 강제의 요점은, 이론 발전의 '순수한' 경로를 만들어내겠다는 희망이 아니라 발생할 수 있는 피할 수 없는 일탈에 대해 비판하고 정정하는 도구들을 제공하는 데에 있다.

2. 모순적 위치 개념의 형성에 대한 분석 단계

위에서 틀이 그려진 개념 형성의 일반적 논리의 기반 위에서 '계급관계 내 모순적 위치' 개념의 발전에 대한 분석은 다음과 같은 단계로 진행될 것이다.

---

8) 독단주의는 때때로 이론적 요구조건의 체계적인 적용과 혼동된다. 그러나 개념을 형성하면서 이론적 구조에 대해 충실하고자 하는 태도는 오직 이론적 구조가 위반 불가능한 것으로 간주되었을 때에만 독단적으로 될 뿐이다.

경험적 배경

이 단계는 마르크스주의 이론 내에서 계급구조 개념에 대해 널리 행해졌던 상술에 의해 적절히 그려지지 않은 경험적 문제들과, 우선 개념을 변형하려는 노력을 촉발시켰던 경험적 문제들을 나타내는 것을 포함할 것이다.

이론적 제약들

만약 경험적 배경하에 구체화된 문제들을 해결하려고 시도하는 개념들을 마르크스주의 이론 내에 통합시키려고 한다면, 개념 형성 과정에 매개변수(parameter)로 작용하는, 계급과 계급구조에 대한 일반 이론의 결정적 요소를 구체화하는 것이 중요하다. 이 개념 형성 과정은 성공적이지 않을 수도 있다는 점이 강조되어야 한다. 계급의 일반 이론에 의해 부과된 제약이 처음에 제시된 경험적 문제들을 다루는 데 필요한 적절한 구체적인 계급 개념을 형성시키는 일을 방해하는 경우도 항상 일어날 수 있다. 만약 정말로 그렇게 드러난다면, 그러한 개념을 형성하려는 시도는 보다 궁극적으로 일반적이고 이론적인 틀을 새로 형성하는 과정에 이르게 될 것이다. 그러나 그러한 노력이 이루어지려면 먼저 이론적 제약에 대한 엄밀한 설명이 있어야 한다. 바로 이것이 지금 이 논의의 목적 중 하나다.

해결책 선택지

이론 내에서 널리 받아들여지고 있는 개념적 지도에 두드러진 경험적 한계가 있을 때에는, 일반적으로 다양한 새 대안적 개념이 제안될 것이다. 개념 형성 과정은 보통 개념 우위 판별 과정과 동시에 이루어지며, 경쟁하는 대안들은 종종 여러 개이다. 내가 제안하는 새로운 개념의 특성을 이해하기 위해서는, 활용 가능한 대안들의 성격을 이해하는 것이 중요하다.

새 개념 구축하기

개념 혁신은 보통, 이론가의 머리 속에서 완전한 형태로 갑자기 나오는 것이 아니라 일련의 부분적인 수정과 재정식화 과정을 거쳐 구축되는 것이다. 계급관계 내 모순적 위치 개념이 겪은 이러한 과정의 단계를 모두 설명하는 것은 너무 장황한 일이겠지만, 그 개념의 형성과 변형이 일어난 주요 단계는 재구성해 보이겠다.

풀리지 않은 쟁점들

모순적 위치 개념은 새로운 일련의 문제들을 발생시킨다. 풀리지 않은 쟁점들이 남아 있고 계급에 대한 일반 이론의 다양한 측면과 긴장이 존재하며, 개념 자체 내에 약점이 있고 경험적 증거의 예외들도 남아 있다. 궁극적으로 이들 문제점은 새로운 개념 형성 과정을 촉발하여 계급관계 내 모순적 위치 개념 그 자체를 근본적으로 변형시키기에 충분할 것이다. 이러한 새로운 틀들은 다음 장에서 탐구될 것이다.

3. 경험적 배경

내가 처음부터 마르크스주의 이론에서 '중간계급'을 일반적인 개념적 어려움을 불러일으키는 문제로 다룬 것은 아니다. 그보다 나는 그 쟁점에 처음 직면했을 때 마르크스주의 틀 내에서 소득 결정에 대한 통계적 연구를 수행하는 데서 생기는 실용적인 맥락의 문제로 받아들였다. 계층화에 대한 경험적 조사는 미국 사회학의 가장 핵심에 있었고, 대학원생이 되자 사회학에 대한 마르크스주의의 일반 비판으로서 이 연구를 수행한다면 멋질 것이라고 생각했다. 나는 특히 '지위 획득' 연구가 피상적이라고 단순히 이론적으로 비판하는 일 이상의 것을 하고 싶었고, 경험적인 비판 역시 발전시키기를 바랐다. 이 일을 하기 위해 일련의 경험적 연구를 시작했는데, 처음에는 루카 페론과 같이 했다. 이 연구는 계급과 소득 불평등의 관계에 대한 조사였다.[9]

여기는 그 연구의 내용, 전략, 결론을 논할 자리가 아니다. 중요한 점은, 이러한 종류의 경험적 연구를 시작하자마자 곧, 계급과 관련해서 어떻게 사람들을 범주화할 것인가 하는 문제에 직면했다는 것이다. 실용적 관점에서 볼 때 이것은 분류의 문제였다. 어떻게 사례들을 각 위치에 넣

---

9) 이 조사로부터 나온 초기 논문은 1973년에 쓰였고 1977년에 출판되었다. Erik Olin Wright and Luca Peronne, "Marxist Class Categories and Income Inequality," *American Sociological Review*, vol.42, no.1(February 1977). 그 연구는 결국 나의 학위 논문에서 완성되어 *Class structure and Income Determination* (New York: 1979)로 출간되었다.

어서 계급과 소득 간의 관계에 대한 통계적 연구를 진전시킬 수 있을까의 문제였던 것이다. 그러나 당연히 분류 문제는 확실히 개념적인 것이었다. 확실히 부르주아나 프롤레타리아로 보이지 않는 수많은 사람들의 사례를 어떻게 다루어야 할까?

이들 다양한 직위들은 일상 언어에서 '중간계급'으로 지칭되었다. 그러나 이 명명이 개념적인 어려움을 푼다고 볼 수는 없었다. 그러므로 우리가 직면했던 개념 형성의 문제는, 이들 위치를 적절히 지도 위에 그리는 동시에, 마르크스주의 계급 분석의 일반적인 가정과 틀을 보존하는 구체적 분석을 위한 계급 개념을 어떻게 만들어낼 것인가였다. 다른 말로 하면, 이데올로기적 범주인 '중간계급'을 어떻게 과학적 개념으로 바꿀 수 있을까였다.

우리가 그 이슈를 탐구하기 시작하자 중간계급의 문제가 마르크스주의 내부에서 광대한 범위의 경험적 문제에 충돌한다는 것이 명확해졌다. '중간계급' 자체를 조사 목적으로 하지 않은 연구의 맥락에서조차 개념의 문제는 종종 드러났다. 왜냐하면 노동계급을 정의하는 일은 부분적으로 '중간계급'과의 개념적 경계선을 어떻게 그을 것인가의 문제였기 때문이다. 통계 조사를 어떻게 할까의 문제로 시작되었던 것이, 자본주의 사회의 계급관계를 어떻게 개념화해야 하는가라는 일반 이론적 문제로 커져 버린 것이다.

우리가 보게 될 것처럼, 마르크스주의자들에 의해 이 문제에 대한 여러 가지 해결책들이 제안되었다. 중간계급은 전혀 문젯거리가 아니며, 단순한 양극 개념이 자본주의의 추상 수준 분석에서뿐만 아니라 구체 수준 분석에서도 정확하다는 주장도 그중에 포함되어 있다. 그러나 이들 대안들을 검토하기 이전에, 필수적인 개념이 존중해야 하는 일반적인 이론적 제약을 구체화하는 일이 필요하다.

4. 이론적 제약

모든 체계적인 개념 형성 과정에서 중추적인 문제는 과정에 대한 이론적 제약이 무엇인지를 아는 것이다. 계급 개념의 경우, 무엇이 계급관계에 대한 일반적인 마르크스주의 이론을 구성하는가에 대한 합의가 거의 없다. 그리고 그러한 일반 이론 내에서 제약의 특성이 어떻게 서술되느냐에 따라 구체적인 계급 개념의 변형에 제시된 가능한 해결책들의 범위가 달라질 것이다. 그러므로 이들 제약들이 어떻게 구체화되느냐에 따라 많은 부분들이 잠재적으로 변한다.

계급에 대한 일반 개념의 특성을 구체화하는 나의 방식을 고전적 마르크스주의 텍스트에 대한 권위적 해석으로 받아들여서는 안 되거니와, 과반수 마르크스주의자들이 묵시적으로 택하고 있는 입장에 대한 설명으로 간주해서도 안 된다. 나는 아래에 상술한 이론적 조건들이 마르크스의 일반적 용례와 많은 현대 마르크스주의의 토론에 깔려 있는 논리와도 일관된다고 느끼지만 이 주장을 애써 증명하지는 않겠다. 최소한 이들 특성은, 계급 개념에 대한 마르크스주의의 토론 내에서 핵심적인 요소이다. 그 요소들이 모든 것을 다 포괄하거나 논쟁의 여지가 아예 없는 것은 아니지만 말이다.

그렇다면 지금 하고 있는 작업은 구체적인 개념을 생산화는 과정을 위해 마르크스주의에 존재하는 계급에 대한 **추상 수준의 이론**이 부과하는 제약을 구체화하는 일이다. 다음의 두 가지 유형의 일반적인 제약이 특히 중요하다. ① 마르크스주의 사회 이론과 역사 이론 내의 계급 개념을 설명하는 역할에 의해 부과되는 제약과, ② 일반 이론에서 이 설명 역할을 충족시키게 해주는 추상적 계급 개념의 구조적 성격이 부과하는 제약이다.

1) 설명이라는 의제

계급 개념은 설명의 원리로서 이러저러한 방식으로 나타난다. 마르크스주의 이론 내에서 제기된 말 그대로 모든 실질적인 문제에서 말이다. 그러나 계급 개념을 설명하는 두 가지 주장 집합이 가장 중요하다. 하나는 계급구조, 계급 형성, 계급의식과 계급투쟁 간의 상호 연결 관계에 관한 것이고, 다른 하나는 계급과 사회의 획기적인 변형 간의 관계에 관한 것이다. 이들을 각각 순서대로 살펴보자.

(1) 개념적 제약 1

계급구조는 계급 형성, 계급의식, 계급투쟁에 한계를 부여한다. 이는, 이들 일반 개념의 네 가지 하위 개념들을 독립적으로 정의할 수 있다거나, 그들이 서로 '외부적'이거나 '우연적'인 관계만을 가지고 있다는 주장 중 어느 것도 함의하지 않는다. 그 문장은 단순히, 역사적으로 발전하는 집단적 조직(계급 형성)이나, 개인과 조직이 갖고 있는 계급 이데올로기(계급의식)나, 계급 성원으로서의 개인이나 계급 조직이 참여하는 갈등의 형태(계급투쟁)로 환원할 수 없는 구조적 존재를 계급들이 갖고 있으며, 그러한 계급구조가 계급 개념의 다른 요소들에 기본적인 제약을 가한다는 사실을 의미할 뿐이다.

이것은 이론의 여지가 없는 문제가 아니다. 예를 들어, 톰슨은 계급의 구조적 존재는 행위자의 살아 있는 경험 밖에서는 대체로 무관한 것이라고 논했다. 그가 계급구조의 개념을 전적으로 거부하는 데까지 나아가지는 않았지만, 확실히 계급에 대한 연구에서 계급구조의 의미를 주변화시켰다.[10] 그러나 대부분의 마르크스주의자들은 명시적으로나 묵시적으로 그러한 구분을 계급 분석 내에 통합한다. 일반적으로 (그들이 그렇게 할 때에) 계급구조는 이러저러한 방식으로 다른 세 요소를 결정하는 계급의식 그리고 계급투쟁의 가능한 변이들에 한계를 지운다는 의미에서 말이

---

10) 특히 다음 문헌의 서문을 보라. E. P. Thompson, *The Making of the English Working Class* (Harmondsworth: 1968). 톰슨이 계급에 대한 구조적 정의를 거부한 데에 대한 신중한 비판으로는 다음 문헌을 보라. G. A. Cohen, *Karl Marx's Theory of History: A Defence* (Oxford: 1978), pp.733~777.

다.

이런 종류의 주장을 뒷받침하는 이론적 이유는 계급 '이익'과 계급 '능력'의 개념과 관련되어 있다. 그 논증은 기본적으로 다음과 같다. '이익' 개념이 무엇을 의미하든지 간에, 그것은 확실히 다양한 종류의 목표나 목적을 달성하는 데 반드시 필요한 자원에 접근하는 권리를 포함한다. 사람들은 확실히 그들의 행위능력을 증가시키는 데에 '객관적인' 이익을 갖고 있다. 계급구조가 계급 형성, 계급의식, 계급투쟁에 기본적인 한계를 부과한다는 논의는, 본질적으로 계급구조가 사회의 자원에 접근하는 권리를 분배하는 기본적인 기제들을 구성하고, 그리하여 행위능력을 분배한다는 주장이다. 이들 용어에 의하면 계급의식은, 무엇보다도 이들 기제에 대한 의식적인 이해이다. 즉, 피지배계급의 자각— 그들의 행위능력에 어떠한 변화라도 있으려면 계급구조를 변형시켜야 한다 — 과 지배계급의 자각 — 그들의 권력을 재생산하는 것은 계급구조를 재생산하는 데 달려 있다 — 이다. 다른 한편으로 계급 형성은 개인 능력이 조직적으로 연결되어 있는 집단적 행위능력을 낳는 과정이다. 이 집단적 능력은 계급구조 자체를 바꾸고 유지시키는 데로 향할 수 있다. 계급구조가 이들 개인들에게 중추적인 자원, 즉 집단적으로 이동할 수 있는 잠재적인 자원에 대한 접근을 규정한다고 할 때, 그렇게 집단적으로 조직된 능력을 형성할 가능성에 기본적인 한계를 부과한다.

오해를 피하기 위해 계급구조의 설명적 역할에 대해 이런 식으로 특징짓는 것에 두 가지 논점이 추가되어야 할 것이다. 첫째, 계급구조가 계급의식과 계급 형성을 한계짓는다는 주장은, 계급구조가 그것을 홀로 결정한다는 주장과 같지 않다. 다른 기제들 — 인종, 민족, 성별, 법적 기구 등 — 이 계급구조가 구축한 한계 내에서 작동한다. 그리고 계급 형성이나 계급의식의 변화에 대한 정치적으로 중요한 설명을 계급구조 자체보다는 이러한 비계급적인 기제들에서 찾을 수 있는 경우도 있다. 예를 들어, 자본주의 국가간 계급 형성과 계급의식 편차의 가장 중요한 결정 요

인이 계급구조 안에 놓여 있다고 주장할 이유가 없다(비록 이것이 사실일
수는 있다 하더라도 말이다). 제도, 인종, 민족 또는 다른 종류의 기제들이
더 중요할 수 있다는 것도 전적으로 가능하다. 그러나 지금 주장하고 있
는 것은, 계급적이지 않은 기제들은 계급구조 자체가 부과한 한계 내에
서 작동한다는 것이다.

둘째, 위에서 서술한 특징은 계급구조가 이들 한계를 정확히 어떻게 부
과하는가에 대한 설명을 제공해주지 않는다. 계급의식을 논의할 경우에
는 인지구조와 사회심리학적 분석이 필요할 것이다. 이는 기본적으로 그
들의 능력과 선택지의 사회적 결정 요인을 이해하게 되는 심리적 과정에
대한 분석이기 때문이다. 나의 가정은, 이들 심리적 기제들이 어떻게 작
동하든지 간에 실제로 세상에서 작동하고 있는 사회적 기제들, 즉 사람들
에게 활용 가능한 객관적 능력을 형성시키는 기제들이 사람들이 자신의
능력을 어떻게 보느냐에 기본적인 한계를 부여한다는 것이다. 계급 형성
의 경우 계급구조의 효과에 대한 완전한 연구는, 계급 위치에 의해 결정
된 개인의 능력이 행동으로 이어져 계급 실천의 집단적 형태로 움직이는
조직적 동학에 대한 분석을 요구한다.[11] 다시금 그 가정은, 이 과정이 무
엇이든 간에 문제의 자원에 대한 기본적인 접근권을 배분하는 계급관계
에 의해 한계가 그어진다는 것이다.

계급 개념에서 이들 네 가지 구성 요소들 간의 상호 연결 관계는, 내가
다른 곳에서 '결정의 모델(model of determination)'이라고 불렀던 것 내에서
공식화될 수 있다.[12] 그러한 모델은 요소들 간의 특정한 결정 형태를 상
세화한다. 지금의 논의 맥락에서는 이들 가운데 세 가지가 특히 중요하다.

---

11) 이 문제에 대해 아주 흥미로운 토론으로는 다음 문헌들을 보라. Claus Offe
and Helmut Wiesenthal, "Two Logics of Collective Action," in Maurice Zeitlin(ed.),
Political Power and Social Theory, vol.1(Greenwich, Conneticut: 1980).
12) 그러한 결정 모델에 대한 토론으로는 *Class, Crisis and the State*, pp.15~29,
101~108을 보라.

<그림 2-1> 계급구조, 계급 형성, 계급의식, 계급투쟁에 연관된 결정 모델

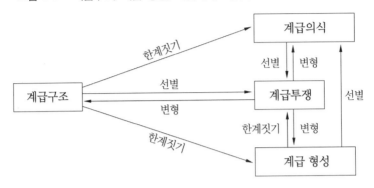

한계짓기(limitation)는 한 요인이 다른 요소에 가능한 편차의 한계를 설정하는 것이다. 선별(selection)은 한 요소가 이미 좀더 넓은 한계 내에서 구축된 영역 안의 다른 요소에 더 좁은 편차의 한계를 부과하는 것이다. 그리고 변형(transformation)이란 사회적 행위자(개인과 다양한 종류의 조직)의 실천이 한계짓기와 선별의 제약하에서 주어진 요소들을 변형시키는 것을 말한다.

이 용어들을 사용하여 계급구조, 계급 형성, 계급의식과 계급투쟁 간의 관계를 상술하는 방식 중 한 가지가 <그림 2-1>에 설명되어 있다. 계급투쟁은 이 결정 모델 내에서 기본적인 변형 원리가 된다. 의식, 계급 형성, 계급구조는 모두 계급투쟁의 대상이고 계급투쟁의 과정에서 변형된다. 그러나 그러한 변형은 구조적으로 제약받는다. 가상 식섭적인 방식으로, 계급투쟁은 계급 조직의 형태(계급 형성)에 의해 한계가 설정된다. 그리고 계급 조직의 형태 그 자체는 현존하는 계급구조에 의해 한계를 부여받는다.

이 결정 모델의 세부 사항은 논쟁의 대상이 될지 모르겠지만, 그 모델의 핵심적인 취지는 마르크스주의 계급 이론의 논리에 일반적으로 들어맞는다. 이는 자본주의 사회의 구체적인 계급구조 지도를 그리기 위한 새로운 개념을 형성하려는 어떠한 시도도 이 모델(또는 밀접히 연관된 모델)에 들어맞아야 한다는 것을 의미한다. 새로운 개념은 계급 형성, 계급의식, 계급투쟁의 기본적인 구조적 결정 요인을 지칭할 수 있어야만 한다. 우리가 살펴보게 될 것처럼, '중간계급'의 문제를 다루기 위해 새로 제안된 개념 중 몇 가지—예를 들어 풀란차스의 생산적-비생산적 노동 개념—에 대한 나의 비판의 기반이 되는 것 중 하나는, 그들 개념이 '결정 모델' 내에서 효과적으로 기능하지 않는다는 것이다.

(2) 개념적 제약 2

계급구조는 사회 변화의 역사적인 궤적에서 사회적 경계의 핵심적인 질적 한계를 구성한다. 계급구조는 계급 형성, 계급의식, 계급투쟁의 가능성에 기본적인 한계를 설정할 뿐 아니라, 사회구조의 다른 측면의 가능성의 한계를 결정하는 가장 근본적인 사회적 요인도 구성하는 것으로 간주되어야 한다. 계급구조는 국가, 민족 관계, 성별 관계 등의 가능한 편차의 범위를 결정한다는 의미에서 사회의 핵심적인 조직 원리를 구성한다. 그리고 역사의 각 시대는 지배적인 계급구조에 의해 가장 잘 규명될 수 있다.

이 이론적 주장을 명확하게 하는 몇 가지 논점이 필요하다. 첫째, 정식화된 명제는 '기술 결정론'에 대해 불가지론적이다. 많은 마르크스주의자들은 계급구조의 가능한 범위가 생산력 발달 수준에 의해 근본적으로 제한된다는 주장을 더할 것이다. 이것이 바로 생산력과 생산관계의 '변증법'이라는 고전적 논증의 핵심이다. 그러나 고전적 논증 내에서도, 사회적 경계의 결정적인 역사적 한계는 계급관계이다.[13]

둘째, 비록 고전적인 사적 유물론에서는 이 명제가 전형적으로 '토대'에 대해 '상부구조'가 기능주의적이라는 것이었지만, 그러한 계급 기능주

---

[13] 이 제약의 기술 결정주의적 설명에 대한 옹호로는 G. A. Cohen, *Karl Marx's Theory of History: A Defence* (Oxford: 1978)을 보라. 현 논의와 관련된 코헨의 입장을 비판하는 문헌으로는 다음을 보라. Andrew Levine and Erik Olin Wright, "Rationality and Class Struggle," *New Left Review*, 123(1980), pp.47~68.

의는 불필요하다. 기능적 논변은 계급관계가 다른 사회적 관계의 가능성
에 한계를 부여한다고 주장할 뿐 아니라, 그러한 다른 사회적 관계들의
구체적인 형태가 계급에 대해 기능적이기 때문에 존재한다고 주장한다.
그리하여 (예를 들어) 국가 형태는 종종 그것이 계급관계를 재생산시키는
기능을 충족시킨다는 이유로 설명된다. 그러나 계급 우선성은 그러한 설
명 없이도 유지될 수 있다. 계급구조가 다양한 종류의 자원을 전유하고
분배하는 핵심적인 기제를 구성한다고 논하는 것으로 충분하다. 계급구
조는 사회적 권력의 핵심적 결정 요소이다. 결과적으로 계급구조는 그것
이 사회의 모든 제도의 구체적 형태를 기능적으로 결정하지 않더라도 어
떤 종류의 사회 변화가 가능할지를 결정할 수 있다.14) 물론 그러한 권력
(행위능력)의 결과로 제도적 질서가 계급관계의 재생산에 '기능적'으로 되
는 경향이 있을 수도 있다. 그러나 이는 그러한 계급관계에 뿌리박은 투
쟁의 결과이지, 계급구조 그 자체에 의해 자발적으로(또는 자동적으로) 야
기되는 결과는 아닌 것이다.15)

셋째, 나는 계급구조가 사회 발전의 단일한 길을 규정한다고 주장하고
있는 것이 아니다. 그보다는 계급구조가 사회 변화의 궤적에서 경계선을
구성한다는 것이다. 모든 사회 변화가 엄밀히 움직여가는 '마지막 종착

---

14) 이에 대한 보다 정교하고 다듬어진 논의를 위해서는 Erik Olin Wright, "Giddens'
Critique of Marxism," *New Left Review*, 139(1983)을 보라.

15) 최근 몇 년 동안 마르크스주의자들 사이에서 계급 환원주의의 이러한 기능주의
적 형태에 대해 생산적인 토론이 있었다. 이 토론은 특히 G. A. Cohen, *Karl
Marx's Theory of History: A Defence* (Oxford: 1978)을 둘러싸고 촉발되었다. 비록 알튀
세 학파의 '구조주의' 마르크스주의가 기능주의와 기능적 설명에 대한 많은
같은 쟁점들을 일찍이 불러일으키긴 했지만 말이다. 이들 쟁점에 대한 흥미로운
의견 교환을 보려면 다음 문헌들을 참조하라. Jon Elster, "Marxism, Functionalism
and Game Theory"; G. A. Cohen "Reply to Elster," *Theory and Society*, vol.11, no.3(July
1982). 마르크스주의 기능주의에 대한 비마르크스주의자의 평가를 보려면 다음
문헌을 참조하라. Anthony Giddens, *A Contemporary Critique of Historical Materialism*
(Berkeley, California: 1982).

지'가 존재한다는 목적론적 함의는 전혀 없다. 사회에는 '복수의 미래'가 존재할 수 있으며, 다른 방향으로 이르는 분기점이 길 위에 존재할 수 있다.16) 나의 주장은 단순히, 그러한 길을 따라 결정적인 국면이 계급구조의 변화에 의해서 구체화된다는 것이다.

마지막으로, 계급이 중추적인 경계선을 규정한다는 말은 다른 모든 사회적 관계가 계급관계에 의해 단일하게 결정된다는 말이 아니다. 계급관계는 가능한 편차에 한계를 부과하지만, 그러한 한계 내에서는 상당히 자율적인 기제들이 작동할 수 있다. 그리고 특별한 경우 주어진 관계 내에서 가장 중대한 편차의 형태가 계급 한계 내에 모두 담겨 있을 수도 있다. 예를 들어 선진 자본주의 사회에서 남성 지배의 제도화된 형태를 파괴하는 것은, 계급구조에 의해 결정된 가능성의 한계 내에 있는 셈이다. 그러므로 그러한 지배의 지속과 그 지배가 취하는 특정한 형태는 계급관계그 자체로는 설명될 수 없고, 그보다는 성별 관계에 직접 뿌리박고 있는 기제들에 의해 설명된다.17)

계급구조가 사회 변화 궤적의 질적 경계선을 규정한다는 주장은 밀접히 연관된 명제와 전형적으로 조합된다. 이 명제는, 이른바 계급투쟁은 한 계급구조를 다른 계급구조로 바꾸는 핵심적인 기제라는 것이다. 만약 역사의 지도가 계급구조에 의해 결정된다면, 역사의 원동력은 계급투쟁이다.

계급투쟁을 정의하는 방법에는 기본적으로 세 가지가 있어왔다. 갈등주체의 본성에 의한 방법, 갈등의 목적(objectives)에 의한 방법, 갈등의 효과에 의한 방법이다. 주체에 의해서 계급 갈등을 정의하는 방법은, 어떤 갈

---

16) 이 명제에 대한 보다 체계적인 옹호를 보려면 Erik Olin Wright, "Capitalism's Future," *Socialist Review*, no.18(March~April 1983)을 참조하라.

17) 그러나 그러한 주장은 남성 지배의 제도화된 형태를 제거하는 것이 (실제로 그러했다면) 어떻게 해서 역사적으로 가능해졌는가를 설명하는 것이 바로 계급 관계의 변형 — 자본주의 생산의 선진화된 형태의 발전이 두드러져가는 국가 생산의 요소와 결합되었다는 변형 — 이라고 여전히 주장할지도 모른다.

등이 '계급투쟁'으로 취급되기 위해서는 그 갈등에 개입된 행위자가 계급적 행위자여야 하며, 갈등의 양측을 가르는 경계는 계급적 경계여야만 한다고 주장한다. 그래서 예를 들어 종교집단 사이의 갈등은, 그것이 계급 관련 효과를 생산하더라도 통상적인 '계급투쟁'으로 취급되지 않을 것이다. 대립하는 종교 집단이 계급(또는 적어도 계급의 그럴듯한 '대표')이 아니라면 말이다. 이와는 달리 목적에 의한 정의는 계급투쟁을 계급 사이의 권력 균형이나 자원 분배로 간주하는 것이 투쟁의 의식적인 목적임이 틀림없다고 간주한다. 갈등의 주모자들은 계급을 대표하는 집단의 조직에 속하는 것만으로는 충분하지 않고, 계급 이슈에 대해 의식적으로 갈등해야만 한다. 마지막으로 효과에 의한 정의는, 목적이나 주체에 관계없이 계급관계에 체계적인 효과를 가져오는 모든 갈등은 '계급투쟁'으로 간주되어야 한다고 주장한다.

이들 정의 중 첫 번째 것이 가장 이론적으로 결실이 있을 것으로 보인다. 효과 정의를 취하면 계급투쟁이 역사적 변화의 궤적을 설명한다는 명제는 거의 동어반복에 가깝게 된다. 만약 궤적이 계급구조에서 일어나는 변화로 정의된다면, 그리고 계급투쟁이 계급에 효과를 미치는 투쟁으로 정의된다면, 계급투쟁이 역사적 변화의 궤적을 설명한다는 이야기는 거의 내리나 마나 한 결론에 지나지 않는다.[18]

한편, 계급투쟁을 목적에 의해 정의하는 것은 고도로 의식화된 행위자들이 투쟁에 참여하는 상대적으로 드문 역사적 상황에만 계급투쟁을 국한시켜버릴 위험이 있다. 효과 정의가 계급투쟁 개념에 너무 많은 것을 담아서 그 실질적인 의미를 감소시키는 반면, 목적 정의는 개념을 너무

---

18) 나는 '거의' 내리나 마나 한 결론이라고 말했다. 왜냐하면 어떠한 종류의 투쟁이라도 궤적을 '설명'한다는 말이 반드시 사실이지는 않기 때문이다. 변화의 궤적은 투쟁보다는 과정 ─ 문화의 확산, 기술적 변화와 같이 그 자체가 꼭 갈등을 일으키면서 작동하지는 않는 ─ 에 의해 설명될 수 있다. 그러나 계급투쟁을 효과에 의해서 정의하는 것은 여전히 주체나 목적에 의해서 정의하는 것보다 명제를 훨씬 덜 구체적으로 만든다.

많이 제한시켜서 변화의 역사적 궤적에 대한 설명으로서 설득력이 줄어든다.

갈등 주체들의 계급적 성격에 의해 계급투쟁을 정의하는 것이 가장 만족스러워 보인다. 즉, 한편으로 계급적 효과를 가져오는 다양한 종류의 비계급적 투쟁을 계급투쟁으로 고려하지 않고, 다른 한편으로 계급투쟁이 계급 권력의 문제에 대해 자기 의식적으로 투쟁하는 행위자의 경우에 국한되지도 않게 되는 것이다. 계급투쟁이 역사의 '원동력'이라는 명제는, 이제 행위자간의 갈등이 계급구조 내의 위치에 의해 규정된다는 것을 의미하게 된다. 갈등은 사회 변화의 궤적에 시대적 경계선을 긋는 질적 변환을 설명한다.

이 명제는 초역사적 일반화라는 이유로 비마르크스주의자와 마르크스주의자 모두로부터 엄청난 비판을 받았다. 그러나 나는 계급투쟁이 한 사회 형태에서 다른 사회 형태로 움직이게 하는 기본적인 기제들을 구성한다는 명제가 아직도 광범위하게 마르크스주의자들에 의해 받아들여지고 있다고 말하는 것이 공정하다고 생각한다. 그 불확정성에도 불구하고 이것이야말로 마르크스주의 계급 개념의 독특한 점이라고 일반적으로 생각된다. 그러므로 나는 이 명제를 계속해서 마르크스주의 이론 내에서 특정한 계급 개념 형성에 이론적인 제약을 가하는 것으로 다루겠다.

2) 계급 개념의 구조적 속성

추상적인 개념으로서 마르크스주의 계급 개념은 네 가지 기본적인 구조적 속성을 전제하고 구축된 것이다. 계급은 관계적이다. 그 관계들은 적대적이다. 그러한 적대들은 착취에 뿌리박고 있다. 그리고 착취는 생산의 사회적 관계에 기반해 있다. 이들 속성 각각은 구체적인 계급 개념의 개념 형성 과정에 부과된 추가적인 개념적 제약으로 고려될 수 있다.

(1) 개념적 제약 3

계급 개념은 관계적인 개념이다. 계급이 관계적 개념이라고 이야기하는 것은 계급이 항상 사회적 관계, 특히 다른 계급과의 관계를 통해 규정된다는 것을 의미한다. '부모'와 '자식'이라는 지위가 그들을 함께 묶는 사회적 관계에서만 의미를 가질 수 있듯이 ─ 이와는 달리 '노인'과 '젊은 이'는 연령이라는 개인적 속성만으로도 엄밀히 정의될 수 있다 ─ 계급도 다른 계급과의 관계를 통해서만 정의할 수 있다.[19] 그러므로 계급의 명칭은 그들이 위치한 관계 ─ 영주와 농노는 봉건적 계급관계 내에서, 부르주아와 프롤레타리아는 자본주의 계급관계 내에서 ─ 로부터 도출된다. 그러한 관계적 계급 개념은 순수히 등위적인(gradational) 계급 개념과 대조를 이룬다.[20] 등위적 계급 개념에서 각 계급은 몇몇 속성(소득, 지위, 교육 등)의 질적 정도의 차이로 결정되지, 종국적인 관계(determinate relation) 내의 위치에 의해서 결정되지 않는다. 그러므로 등위적 접근에서는 계급의 명칭이 (상층계급, 중상층계급, 중간계급, 중하층계급, 하층계급과 같은) 엄격하게 질적인 성격을 갖는다. 물론 관계적으로 정의된 계급 역시 등위적 속성을 갖고 있다(예를 들어 자본가는 부유하고 노동자는 가난하다). 그러나 계급을 정의하는 것은 이들 분포적 속성이 아니다.

---

19) 얼핏 보기에 '계급'이라는 용어를 프티 부르주아(임노동을 고용하지 않는, 자가고용된 상품 생산자)를 묘사하기 위해 쓰는 것은 이 원칙에 대한 예외인 것처럼 보일지도 모른다. 그러나 이 경우에도 그 개념은 여전히 기본적으로 관계적이다. 왜냐하면 프티 부르주아는 그것이 다른 계급과의 체계적인 교환 관계에 속해 있을 때에만 하나의 계급이 되기 때문이다. 만약 모든 생산자들이 사실상 프티 부르주아인 경우라면 '계급'이라는 용어의 적절한 용법상 계급이라고 할 수 없을 것이다.

20) 관계적인 계급관념과 등위적인 계급관념 간의 대조는 Stanislaus Ossowski가 약간 다른 용어를 사용해서 *Class Structure in the Social Consciousness* (London: 1963)에서 강하게 전개한 바 있다. 현 분석에 직접 관계되는, 이 구분에 대한 보다 확장된 논의를 보려면 Erik Olin Wright, *Class Structure and Income Determination*, 1장을 보라.

마르크스주의자들은 세 가지 기본적인 이유에서 관계적 계급 개념을 수용해왔다. 무엇보다도 계급구조가 계급 형성과 계급투쟁을 설명하려면, 등위적 개념보다는 관계적 개념이 확실히 유리하다. 관계적 개념에서는 서로 대립하는 집단이 사회적 갈등을 만들어내고 그러한 대립은 집단들이 서로 어떤 종류의 사회적 관계를 맺고 있다는 것을 함의한다. 근저에 있는 계급구조를 관계적으로 정의하는 데 깔려 있는 전제는, 경쟁하는 집단으로 형성되는 직위들을 관계적으로 상세화하는 것이 비관계적인 상세화보다는 계급 형성을 설명하는 데에 더 힘이 있다는 것이다. '상층'계급과 '하층'계급은 서로 꼭 어떤 관계를 맺을 필요가 없다. 그러므로 등위적 구분 자체는 실제의 사회 갈등을 이해하는 데에 어떤 지렛대도 제공해주지 않는다. 특정한 사회에서 등위적 접근에 의해 '상층계급'이라고 명명된 직위들이 실제로 '하층계급'이라고 명명된 직위들과 어떤 종류의 확정된 사회관계를 맺고 있어서, 상층계급과 하층계급 사이에 갈등으로 대립하는 집단이 형성되는 구조적 기반이 생길 수도 있다고 해보자. 그러나 그러한 경우에도 균열선을 규정하는 것은 사회적 관계이지 단순한 등위적 구분이 아니다.

둘째, 오직 관계적 계급 개념만이 위에서 상술한 두 번째 제약조건을 충족시킬 수 있다. 물론 등위적 틀 내에서도 사회의 유형표를 구성할 수는 있다. 몇몇 사회에서는 중간계급이 많고, 다른 사회에서는 계급구조가 피라미드형으로 보이고, 또 다른 사회에서는 모래시계같이 보인다는 식으로 말이다. 몇몇 목적을 위해서는 그러한 분포에 기반한 유형들이 상당히 흥미로운 대상이 될 수도 있다. 그러나 이것이 사회 변화의 역사적 이력의 경계 기반을 형성하고, 그리하여 역사 이론의 기반으로 기능한다고 설득력 있게 말할 수는 없다.[21]

---

21) 이와 관련해서 계급구조에 대한 등위적 관념을 채택하는 이론가들이 계급을 극단적으로 몰역사적인 방식으로 다루는 경향이 있다는 것은 주목할 만한 점이다. 모든 사회에는 '상층'계급과 '하층'계급이 존재하며, 계급에 대한 등위적

  관계적 계급구조 정의를 채택하는 세 번째 이유는, 마르크스주의자들이 일반적으로 그러한 계급 개념이 등위적 불평등(분배적 불평등)의 본질적인 특징을 설명할 수 있다고 주장하기 때문이다. 소득 불평등은 대개 등위적 계급 개념 정의에서 핵심적인 축인데, 이는 특정한 사회관계의 구조, 특히 생산의 사회적 관계에 의해 근본적으로 설명된다고 마르크스주의자들은 말한다. 그러므로 계급을 사회관계에 의해 정의하는 것은, 분배라는 결과보다는 사회적 결정의 보다 근본적인 구조를 가지고 개념을 정하는 일이 된다.

  (2) 개념적 제약 4
  계급을 정의하는 사회적 관계는 대칭적이라기보다는 본질적으로 적대적이다. '적대적'이라는 단어가 뜻하는 바는 계급을 정의하는 관계가 본질적으로 대립하는 이익을 만들어낸다는 것이다. 한 계급의 이익 실현은 필연적으로 다른 계급의 이익 실현에 반하는 투쟁을 함의한다는 의미에서 말이다. 이는 적대적인 계급들 간의 '타협'이 절대 불가능하다는 것이 아니다. 단순히 그러한 타협은 다른 계급의 이익에 **상치**되는 어떤 이익의 실현을 수반해야만 한다는 것을 의미할 뿐이다. 불가능한 것은 타협이 아니라 조화다.

설명은 이들 용어를 역사적으로 구체적인 그 사회의 모습에 관계없이 동일한 의미를 지니는 것으로 다루는 경향이 있다. 그래서 예를 들어 Seymour Martin Lipset은 *Political Man* (Garden City, N.J.: 1963), p.311에서는, 미국에서 '지위 또는 계급 지위'와 정당에 대한 충성도 간의 관계는 18세기 이래 본질적으로 동일했다고 논한다. 모든 경우에서 상층계급은 보다 보수적인 정당을 지지한 반면 하층계급은 보다 '자유주의적인(liberal)' 정당을 지지했다. 물론 이는 어떤 종류의 행위자들이 '하층'계급에 존재하고 있었으며, 이로 인해 '자유주의적'이라는 그 내용에 어떤 영향을 미쳤는지와 관련된 거대한 변화를 완전히 무시한 것이다. 1980년의 프롤레타리아화된 노동자와 1800년의 소농은 질적으로 다른 관계적 계급에 속해 있다. 그리고 이러한 사실은 그들이 비록 같은 '하층'계급으로 지칭된다 하더라도 두 시대간의 정치의 내용과 갈등에 체계적으로 다른 결과를 가져온다.

(3) 개념적 제약 5

이들 적대적 이익의 객관적 기반은 착취다. 때때로 마르크스(와 그리고 확실히 많은 마르크스주의자)는 계급관계를 지배나 억압의 관점에서 묘사하지만, 계급 적대의 가장 기본적인 결정 요인은 착취다. 단순한 불평등과 착취를 구분되지 않으면 안 된다. 봉건 영주가 농노를 착취한다는 것은 영주는 부자이고 농노는 가난하다는 것 이상을 담고 있다. 착취라고 말하는 것은 영주의 부유함과 농노의 가난함 사이에 인과적 관계가 있다고 주장하는 것이다. 영주는 농노와의 계급관계에 기반하여 농노가 생산한 잉여를 전유할 수 있기 때문에 부유하다.[22] 한 계급의 부유함과 다른 계급의 궁핍이 이렇게 인과적으로 연결되어 있기 때문에 이들 관계에 의해 정의되는 계급간 적대는 '객관적인' 성격을 갖는다.

여기는 '객관적 이익'이라는 개념에 대해 까다로운 철학적 문제를 논의하는 자리가 아니다. 마르크스는 확실히 계급이익이 객관적인 지위를 가지는 것으로 간주했고, 여기서 쟁점은 그러한 주장을 정당화할 수 있는 무엇이 그들 관계에 있느냐 하는 것이다. 사람들은 항상 그들의 물질적 복지에 객관적인 이익을 갖는다는 가정이 그 주장에 깔려 있다. 여기서 물질적 복지란 그들이 얼마나 소비하며, 그 소비를 하기 위해 얼마나 열심히 일해야 하는가의 조합으로 정의된다. 그러므로 이 가정은 사람들이 보편적으로 그들의 소비를 증가시키는 데 객관적 이익을 갖고 있다는 가정이 아니다. 그러나 확실히 그들이 바라는 소비 수준이 어떻든지 간에 그 소비 수준을 얻기 위해 필요한 노고를 감소시키는 것이 그들의 이익이

---

22) 착취에 대한 이 개념화를 더욱 정교하게 논의한 것으로는 3장 이후의 글을 보라. 모순적 계급 위치 개념을 발달시키면서 노동가치설에 기반한 훨씬 더 고전적인 착취 개념을 받아들였다는 점이 주목되어야 할 것이다. 즉, 나는 착취관계를 한 계급이 다른 계급의 잉여노동을 전유하는 관계로 바라보았다. 자본주의의 경우 착취는 잉여가치를 전유함을 의미할 것이다. 나는 이제 여기서 제안된 착취에 대한 더 일반적인 설명을 선호하지만, 이 장의 기본적인 논의는 착취에 대한 어떤 설명 방식을 택하느냐에 의해 영향받지 않는다.

라는 가정은 옳다. 착취관계는 다른 사람들이 덜 일하기 위해서는 어떤 사람들이 더 고생스럽게 일해야 한다거나, 다른 사람들이 더 소비할 수 있도록 자신은 주어진 노동의 수준에서 더 적게 소비해야 한다는 것, 또는 이 둘 모두를 포함한다. 어느 경우든 사람들은 물질적으로 착취당하지 않는 것에 객관적인 이해관계를 갖고 있다. 왜냐하면 착취가 없으면 그들은 덜 일하거나(일하고) 더 소비할 수 있기 때문이다.[23] 이런 이유 때문에 착취에 의해 구조화된 이익이 객관적인 것이고, 그에 따라 계급간 적대를 우연적이기보다는 본질적인 것으로 묘사할 수 있는 것이다.

(4) 개념적 제약 6

착취의 근본적 기반은 생산의 사회적 관계에서 찾아야 한다. 모든 마르크스주의자들이 착취를 생산의 사회조직에 근거한 것이라고 이해하고 있기는 하지만, '생산의 사회적 관계'가 어떻게 정의되어야 하는지에 대해서는 합의된 바가 없다. 또한 그들 관계의 어떤 측면이 계급을 정의하는 데에 가장 본질적인가에 대해서도 합의된 바가 없다. 계급 개념에 대한 최근의 마르크스주의 논쟁의 많은 부분은, 일반적인 생산관계 관념 내에서 계급이 어떻게 구체화되어야 하느냐에 대한 논쟁으로 해석할 수 있다. 예를 들어 풀란차스는 계급을 정의하는 데에 생산관계의 정치적·이데올로기적 차원의 중요성을 강조했다. 로머는 계급이 엄격히 생산관계의 재산관계 측면에 의해 정의되어야 한다고 주장했다. 나는 생산 과정 내의 다양한 통제의 관계에 의해 계급이 정의된다고 논했었다. 그러나 이 모든 경우, 계급은 생산 중심적인 관계적 개념으로 정의된다.

---

23) 이 정식화는 명백히도 몇 개의 어려운 쟁점들, 특히 물질적 복지와 노고라는 쟁점을 회피한 것이다. 이들 각각의 구체적인 내용을 정의하는 데에 환원 불가능한 주관적 요소가 (결국에는) 있을지 모르지만, 나는 모든 맥락에 걸쳐서 이들 용어를 사용하는 데에 충분한 연속성이 있다고 믿는다. 그리고 착취와 그 착취에 의해 구조화된 이익을 객관적 지위를 갖는 것으로 다루는 것이 합리적이라고 생각한다.

마르크스주의 계급 이론에 의해 부과된 이 여섯 가지 제약은, 이데올로기적인 개념인 '중간계급'을 이론적 개념으로 변환하려는 시도 내에서 개념적 틀을 구성한다. 이들 기본적인 전제조건 중 몇몇을 재고하거나 변형하는 것이 필요한 더 복잡한 문제가 발생하는 경우 이 시도는 실패할지도 모른다. 그러나 논의를 시작하기 위해, 나는 이들 요소를 고정된 것으로 다루고 요구되는 개념을 만드는 데 그것들을 사용할 것이다.

5. 여러 해결책들

부르주아와 프롤레타리아로만 이루어진 (자본주의에 대한) 단순한 계급 지도와, 실제 자본주의 사회를 관찰해서 나온 구체적인 경험적 증거 사이의 간극은 오랫동안 마르크스주의자들에게 명백한 것이었다. 그 결과 최근 몇 년간 '중간계급'의 계급적 성격을 이론화하는 문제에 많은 주의가 기울어졌다. 일반적으로 이들 분석을 하게 만든 동기는, '중간계급'이라는 개념화를 명확하게 해야지만 노동계급 개념을 적절히 구체화할 수 있다는 깨달음이었다. 그러한 명확화는 두 가지 핵심적인 작업을 포함한다. 첫째, 노동계급을 비노동계급 임금생활자와 구분 짓는 개념적 기준을 세우는 것, 둘째, 이 기준으로 봐서 노동계급에서 배제되는 임금생활자 위치의 개념적 지위를 구축하는 것이다.

내가 계급 개념 문제에 대해 연구하기 시작했을 무렵에는 네 가지 해결책이 대부분의 토론을 지배했다. ① 양극화된 개념과 실제 사이의 간극은 단지 겉보기에만 그런 것이다. 자본주의 사회는 실제로 양극화되어 있다. ② 비프롤레타리아들, 비부르주아 직위는 프티 부르주아의 일부이고, 일반적으로 '신'프티 부르주아로 불릴 수 있다(그리고 때때로 보다 덜 엄격하게 '신중간계층'으로 불렸다). ③ 프롤레타리아가 아니고 부르주아가 아닌 위치는 역사적으로 새로운 계급을 구성하며, 때때로 '전문가-경영자

계급'으로 불리거나 단순히 '새로운 계급'으로 불린다.[24] ④ 프롤레타리아가 아니고 부르주아가 아닌 직위들은 '중간계층'으로 단순히 지칭되어야 한다. 즉, 어느 계급에도 '속하지' 않는 것이다. 나는 이들 논의에 대해 다른 곳에서 철저히 논했으므로, 여기서는 주해를 늘어놓지 않겠다.[25] 그 대신 각 입장의 핵심 논리를 간략히 설명하고 이들 논리가 일반적 계급 개념의 제약에 관해 갖는 몇몇 문제들을 지적할 것이다.

1) 단순 양극화론

자본주의 사회에서 노동계급에도 들어가지 않고 자본가계급에도 들어가지 않는 것처럼 보이는 사회적 직위가 출현한 사실에 대한 가장 단순한 반응은, 이러한 현상이 단순한 '겉모습'뿐이라고 주장하는 것이다. 즉, '본질'로 말하자면 이들 새로운 직위의 거의 모두가 실제로는 노동계급의 일부이라는 것이다. 기껏해야 전문가와 경영자 임금생활자가 특권화된 프롤레타리아층을 이루고 있을 뿐이고, 그들의 존재나 팽창으로 인해 자본주의의 기본적인 계급 지도에 어떠한 수정을 가할 필요가 없다.[26]

---

24) '전문가-경영자 계급(또는 PMC)'이라는 표현은 미국 좌파의 영향력 있는 논문에 의해 도입되었다. Barbara and John Ehrenreich, "The Professional-Managerial Class," *Radical America*, vol.11, no.2(1971). 이 논문과 이 논문이 촉발한 일련의 비판적인 반응들이 편집되어 다음 책으로 나왔다. Pat Walker, *Between Capital and Labour* (Boston: 1979). '신계급'이라는 용어에는 더 오래된 연원이 있는데, 최근에는 대부분 굴드너와 스젤레니의 글과 연관되어 사용된다. Alvin Gouldner, *The Future of Intellectuals and the Rise of the New Class* (New York: 1979), 그리고 George Konrad and Ivan Szelenyi, *Intellectuals and the Rise of the New Class* (New York: 1979); Ivan Szelenyi and Robert Machine, "Social Policy and State Socialism," in G. Esping-Anderson, L. Rainwater and M. Rein(eds.), *Stagnation and Renewal in Social Policy* (White Plains: 1985).

25) Erik Olin Wright, "Varieties of Marxist Conceptions of Class Structure," *Politics & Society*, vol.9, no.3(1980)을 보라.

26) 이 입장에 대한 사례는 다음과 같은 문헌들을 포함한다. Carles Loren, *Classes*

이 주장에 깔려 있는 이론적 논리는, 경영자와 전문직 피고용자들도 다른 모든 노동자들처럼 그들의 생산수단을 소유하고 있지 못하기 때문에 살기 위해서는 그들의 노동력을 팔아야 한다는 것이다. 그들의 주장에 따르면 이것만으로도 그들이 자본주의적으로 착취당하고 있다는 점을 보여주는 데 충분하며, 이는 곧 그들을 노동자로 정의하는 데에도 충분한 것이다. 그러므로 이 논리에 따르면, 스톡옵션 등을 통해서 실제로 회사의 부분적인 소유주가 된 회사의 최고위 경영자들을 제외하고 나면 모든 임금생활자는 노동계급의 일원이다.

단순한 임노동 기준은 확실히 누가 노동자이냐를 판별하는 데에, 앞서 논의했던 이론적 기준 중에서 몇 개에는 들어맞는다. 그 기준은 자본주의 이전 사회와 자본주의 사회를 구분하는 계급구조의 일반적인 역사 유형표와 일치한다(제약 2). 그것은 관계적인 개념이다(제약 3). 그 관계는 확실히 그들 계급에 적대적인 성격을 부여한다(제약 4). 거의 모든 임금생활자는 아마도 어떤 착취 때문에 고통받고 있다(제약 5). 그리고 문제가 되는 착취의 기반은 생산의 사회조직 내에서 정의된다. 비록 그 정의가 상당히 조잡한 방식으로 이루어질지라도 말이다(제약 6). '중간계급'에 대한 이 견해가 참담하게 실패하는 곳은 바로 첫 번째 이론적 제약이다. 노동계급을 모든 임금생활자로 정의하는 것이 계급 형성, 계급의식, 계급투쟁에 대해 설명할 수 있는 만족스러운 구조적 기반을 제공해준다고 보기는 매우 어렵다. '모든 것이 동일할 때' 최고위 경영자가 계급투쟁에서 부르주아보다는 산업노동자와 더 가깝다는 것은 확실히 사실이 아니다. 이런 것이 가능한 환경이란 정말로 생각하기 힘들다. 그러므로 노동계급의 경계를 임금생활자의 경계로 그어버리는 기준은 설명해야 할 점과 관련하여

---

in the United States (Davis, California: 1977); Francesca Freedman, "The Internal Structure of the Proletariate: a Marxist Analysis," *Socialist Revolution*, no.26(1975); James F. Becker, "Class Structure and Conflict in the Managerial Phase," *Science & Society*, vol.37, no.3 and 4(1973 and 1974).

실질적으로 어떠한 의미 있는 범주도 만들어내지 않는다.

계급구조에 대한 단순한 양극화 개념에 대한 대안은 통상, 노동력을 사고파는 것만으로 생산의 사회적 관계의 특성을 충분히 서술할 수 없다고 주장하는 것에서부터 시작한다. 임금-노동 교환이 중요하긴 하지만 다양한 다른 생산관계의 차원도 계급관계를 결정한다. 때로는 그들 관계의 정치적 측면(지배)이 강조되고, 때로는 이데올로기적 측면이, 때로는 둘 다 강조된다. 어느 경우든 생산관계가 이런 식으로 이해되었을 때 '중간계급' 문제에 대한 새로운 해결책이 열리게 되는 것이다.

2) 신프티 부르주아

지금 다루고 있는 개념적 문제에 대해 근래의 논쟁에서 마르크스주의자들에 의해 제안된 첫 번째 체계적인 해결책은, '중간계급'을 프티 부르주아의 일부로 분류하는 것이다. 중간계급을 여기에 놓는 이론적 이유는, 때때로 그러한 직위가 '기술'이나 '인간 자본'을 소유하며, 이것이 바로 그들을 전통적인 프티 부르주아(물리적인 개인 생산수단의 소유자)와 자본면에서 가깝게 만드는 사회적 관계에 놓는다고 지적되기 때문이다. 이 해결책을 지지하는 데 공통된 이론적 근거는 '비생산적 노동' 범주와 관련되어 있다. 비생산적 노동이란 잉여가치를 생산하지 않는 임노동이다(예를 들어 은행의 사무원). 그러한 임금생활자들은 생산적 노동자가 생산한 잉여가치를 '소비하면서 산다'고 볼 수 있고, 착취관계 내에서 노동자들과 다른 위치에 속한다고 논해진다. 몇몇 이론가들 — 그중에서 풀란차스가 가장 주목할 만한 방식으로 — 은 비생산적 노동 분석에 다양한 정치적·이데올로기적 기준을 추가했다. 감독 노동과 '정신'노동은 그것이 생산적이라 할지라도, 노동계급 바깥에 있다고 논하면서 말이다.[27] 그러

---

27) 특히 *Classes in Contemporary Capitalism* (London: 1975)를 보라. 풀란차스의 계급 연구에 대한 자세한 설명과 비판을 보려면 *Class, Crisis and the State*, 2장을 참조

나 그러한 비노동계급 임금생활자는 확실히 부르주아의 일원은 아니다. 왜냐하면 그들은 생산수단을 소유하기는커녕 실제로 통제하는 것조차도 하지 못하기 때문이다. 풀란차스는 이들 직위들이 두 가지 이유에서 프티 부르주아로 간주되어야 한다고 주장한다. 첫째, 그들의 이데올로기적 성향은 프티 부르주아와 본질적으로 비슷하다(개인주의, 노동계급에 대한 적대 의식 등). 둘째, 전통적 프티 부르주아와 마찬가지로 신프티 부르주아는 계급 갈등에서 프롤레타리아와 부르주아 사이에 끼어 있기 때문이다.

'신프티 부르주아'라는 개념은 단순한 양극화론이 겪었던 문제와 동일한 문제로 어려움을 겪는다. 비생산적이고(이거나) 감독하고 정신노동을 하는 임금생활자 ― 사무직, 전문가, 경영자, 국가에 고용된 비생산적 육체노동자, 판매직 등 ― 의 다양한 범주가 어떤 의미로 계급 형성, 계급의식, 계급투쟁에 관해 동질적이라고 하는지 이해하기가 매우 힘들다. 많은 경우 비생산적 임금생활자들은 산업노동자들과 구별되지 않는 이해관계를 갖고 있으며, 적어도 그들의 이익은 '신프티 부르주아'의 다른 '구성원'들보다는 산업노동자들의 이익에 훨씬 더 가깝다.

더욱이 우리가 비생산적 피고용자들이 노동계급 밖에 있다는 점을 받아들인다고 해도, 그들을 프티 부르주아로 넣는 것은 일반적 계급 개념에 대한 여섯 번째 기준을 위반한다. 생산의 사회적 관계 개념을 전혀 확장하지 않음으로써, 은행에서 일하는 비생산적 피고용자와 자영업자인 빵 굽는 사람을 생산의 사회적 관계 내에서 동일한 직위를 차지하고 있는 것으로 이해해버리기 때문이다. 그러므로 신프티 부르주아 개념은 불만족스럽다. 왜냐하면 그것은 첫째 제약의 요구 기준에 쉽게 들어맞지 않는 계급 경계의 기준을 사용할 뿐 아니라, 신프티 부르주아 기준에 의해 정의된 직위가 프티 부르주아의 두드러진 관계적 속성 중 어느 것도 공유하고 있지 않음으로 인해 여섯 번째 제약도 위반하기 때문이다.

하라.

3) 신계급론

단순한 양극화론과 신프티 부르주아론의 해결책이 모두 '중간계급' 문제에 대한 해결로써 불만족스럽기 때문에, 몇몇 마르크스주의자들은 이들 프롤레타리아도 아니고 부르주아도 아닌 직위가 그 자체로 새로운 계급을 형성한다고 주장하게 되었다. 신계급은 다양한 방식으로 정의된다. 굴드너는 주로 '문화자본'에 대한 통제로 신계급을 정의한다. 스젤레니와 콘라드는 지식인들의 '목적론적' 기능을 그들의 잠재적인 계급 권력의 열쇠로 강조한다. 바바라와 테렌라이히는 신계급 — 그들의 분석에서 '전문가-경영자 계급' — 이 자본주의 계급관계를 재생산하는 사회적 관계 내에서 공통된 직위를 갖고 있는 것으로 정의된다고 주장한다. 이러한 견해의 다양한 주창자들은 신계급이 본질적으로 자본주의 내에서 계속 발생하는 경향성을 갖고 있다고 보는지(스젤레니), 계급 지배에서 부르주아 계급의 라이벌인지(굴드너), 단순히 자본주의 내에서 새로운 종류의 종속계급인지(테렌라이히)에 대해 의견을 달리한다. 이들 견해 모두에는 한 가지 공통된 특성이 있다. 그들은 '중간계급' 문제를, 그러한 직위들이 이러저러한 방식으로 문화자본을 갖고 있다고 재정의함으로써 푼다는 것이다.

'중간계급' 범주의 이론 틀 문제를 이렇게 푸는 것은 다른 해결책이 직면한 몇 가지 문제를 피할 수 있다. 적어도 '중간계급'에 포함된 범주 중 몇몇은 확실히 집단적 행위를 위한 조직을 형성할 잠재력을 갖고 있으며, 부르주아와도 노동계급과도 구분된다. '신계급' 직위가 구별되는 의식을 형성한다는 점에 대해서는 좋은 증거들이 있다. 그러므로 그 개념은 일반적 계급 개념의 첫 번째 기준과 꼭 어긋나는 것으로 보이지는 않는다. 더욱이 굴드너와 스젤레니는 '신계급'이 어떤 방식으로 자본주의와 '현존하는 사회주의' 사이의 구분과 관련되어 있다는 주장을 한다. 그러므로 그 개념은 추상적인 계급 이론의 두 번째 기준도 준수하는 셈이다. 훨씬 덜 명백한 것은, 그 개념이 다섯 번째와 여섯 번째 기준을 지키고 있느냐는 점이다. '신계급'이라는 명칭에 포함되는 '지식인'의 다양한 범주가 착취에 기반한 어떤 공통된 이익을 갖고 있는지 또는 생산의 사회적 관계 내에서 어떤 공통된 직위에 있는지는 통상 명확하지 않다. 그들 중 몇몇은 자본주의 회사 내에서 경영자 직위에 있으며, 노동자들을 직접 지배하고 아마도 투자에 대한 통제에도 참여한다. 다른 사람들은 국가에 고용되어 있으며 다른 사람들에 대해 아무런 통제권도 행사하지 않는다(예를 들어 교사, 간호사). 다른 사람들은 자본주의 기업 내에서 기술직 피고용인이며, 경영의 위계 바깥에서 그들의 상관에게 할당받은 특정한 문제들만을 다룬다. 그러한 다양한 직위들이 교육이나 전문 지식의 측면에서 어떤 문화적 특징을 공통으로 갖고 있는지는 모르겠으나, 그들이 생산관계 내에서 공통된 직위를 점하고 있기 때문에 일반적 계급 개념에서 제시된 기준에 의해 단일 계급을 구성한다고 보기는 어렵다.[28]

4) 중간계층론

마지막 대안적 해결책은 의심할 여지없이 가장 인기 있는 것이다. 특정한 계급 개념 중 어느 것을 변형시키기보다는, 부르주아-프롤레타리아 이분법에 들어맞지 않는 것처럼 보이는 직위들에 단순히 '중간계층'이라는 딱지를 붙인다. 이런 종류의 공식은 마르크스주의 역사 서술에서 빈번하게 눈에 띄는 것이며 몇몇 사회학 연구에서도 발견된다. 때때로 이 해결책은 그러한 직위들이 어느 계급구조에 들어가느냐에 대한 논쟁적인 입장을 반영한 것이거나 이론적 정확성으로부터 후퇴한 것이거나 둘 중 하

---

28) 이것은 이들 두 가지 기준을 버리고 재생산과 문화적 생산의 사회적 관계가 특정한 계급을 지정하는 데 기초가 되는 것을 허용해야 한다는 것을 의미할지도 모른다. 이는 확실히 마르크스주의 계급 개념의 중대한 ─ 그러나 아마도 필요한 ─ 재구성이 될지도 모른다. 어떤 경우든 '신계급' 개념을 전개했던 이론가들 중 어느 누구도 일반적인 재구성을 시도하지 않았다. (3장 이후에 전개되어 있는) 계급 문제를 새로이 정식화하는 일은 (나의 원래) 모순적 계급 위치 개념보다는 '신계급' 접근법에 훨씬 더 우호적이라는 점이 주목되어야 할 것이다.

나다. 그러나 몇몇 경우에는 이러한 정식화 그 자체가 이론적 입장이다. 이 주장에 따르면 사회구조의 몇몇 직위들은 단순히 어느 계급 위치에도 들어가지 않는다. '중간계층'이라고 부르는 것은 그들의 사회적 위치의 특이성을 반영한다. 그들은 기본적 계급관계 밖에 있기 때문에 중간계급이 아니고 중간계층이다. 그들은 다른 종류의 사회적 범주라기보다는 중간계층이다. 왜냐하면 계급투쟁에서 그들은 부르주아와 프롤레타리아 가운데 어느 한쪽과 편을 먹어야만 하기 때문이다. 그런 의미에서 그들은 '중간에 끼어 있다'.

개념적 약점에 대한 임시적인 해결책으로, '중간계층'이라는 용어를 쓰는 것은, 우리가 이미 논했던 문제 많은 해결책들에 비해서는 의심할 여지 없이 선호할 만하다. 그러나 이 해결책은 특히 중요한 방식으로 잘못 나아간 것이다. 무엇보다도, '중간계층'이라고 정체성이 부여된 범주가 일반적으로 자본주의 사회의 기본적인 계급 '바깥'에 있다는 견해는 만족스럽지가 못하다. 이들 직위 중 많은 수가 생산에 직접 개입되어 있고, 그들은 생산 시스템의 지배와 착취관계에 의해 직접적으로 구조화된다. 그 직위들이 그 자체로서 계급을 구성하지는 않더라도, 그들은 분명히 계급적 성격을 갖고 있으며, '계층'이라는 명칭을 사용하면 이 성격을 놓치게 된다.

6. 새로운 개념을 구축하기

그러므로 활용 가능한 해결책 중 어느 것도 적절한 것으로 보이지 않는다. 이러저러한 방식으로 그들은 계급 일반 이론의 이론적 제약 중 적어도 몇 개를 위반한다. 그리하여 나는 '중간계급'을 일관된 계급 개념으로 변환시키는 다른 전략을 시도했다.

'중간계급'의 지도를 그리기 위한 새로운 개념을 형성시키는 출발점은 다른 모든 해결책들이 암묵적으로 하나의 명제를 공유하고 있다는 점에 대한 관찰이다. 공통된 명제란 계급구조 내의 모든 직위는 하나의 계급에 속하며 오직 하나의 계급에만 속한다는 명제였다. 계급구조의 범주와 개인들이 채우는 실제 위치 간에는 일대일 대응(isomorphic) 관계가 성립한다고 가정된다. 이 가정은 명시적으로 드러난 적은 없지만 우리가 검토했던 해결책 각각에 깔려 있다. 첫 번째 해결책에서 모든 직위는 노동계급에 속하거나 자본가계급에 속하거나 전통적인 프티 부르주아 계급에 속한다. 두 번째 해결책에서 유일하게 다른 점은 프티 부르주아를 두 분파(즉 신, 구)로 나누었다는 것뿐이다. 세 번째 해결책에서는 전통적인 자본주의 계급에 속하지 않는 모든 직위가 '신계급'에 속한다. 마지막 해결책에서는 전통적인 계급의 일원이 아닌 직위가 비계급 직위(중간계층)로 다루어진다.

만약 이 가정을 버린다면, '중간'계급의 지도를 개념적으로 그리는 문제에 대한 완전히 새로운 종류의 해결책을 찾을 수 있다. 모든 직위들이 특정한 계급 하나에 배치되고 그 자체로 일관된 계급적 성격을 띠는 것으로 여기는 대신, 어떤 직위들은 아마도 복수의 계급적 성격을 가진 것으로 이해해야만 할 것이다. 그들은 동시에 한 개 이상의 계급에 속할 수 있는 것이다. 그러한 직위의 계급적 성격은 그들이 소속되어(attached) 있는 기본적 계급에 기반하여 파생된 것이다. 그러한 직위들을 일컬어 나는 '계급관계 내 모순적 위치'라고 불러왔다.[29]

이 용어에 대한 간략한 설명이 필요하다. 왜냐하면 이 표현은 혼란스러울지도 모르기 때문이다. 여러 명의 비판자들이 자본주의의 기본적인

---

29) 카르체디는 그의 책, G. Carchedi, *The Economics Identification of Social Classes* (London: 1977)에서 유사한 개념화를 발전시켰다. 비록 그는 그러한 직위를 '신중간계급'이라고 명명하기를 더 선호했고, 그 계급의 계급 결정 속성을 '모순적'이라기보다는 '양가적'으로 다루기를 더 선호했지만 말이다. 그럼에도 불구하고 그의 논의에서 핵심은, 그러한 직위들이 자본의 기능과 노동의 기능을 동시에 수행하는 한 부르주아적이면서 동시에 프롤레타리아적이라는 것이었다. 카르체디의 개념화와 나 자신의 개념화 사이의 차이점에 대한 논의로는 "Varieties of Marxist Conceptions of Class Structure," pp.355~365를 보라.

<표 2-1> 모순적 계급 위치 개념의 발전에서 계급구조의 초기 유형

		자가고용	
		예	아니오
다른 사람의	예	자본가	경영자
노동 감독	아니오	프티 부르주아	노동자

계급관계가 '모순적'이라는 점을 지적했다. 그러므로 자본가와의 관계에서 노동자는 '모순적 위치'에 있는 것으로 간주되어야 한다. 나는 그 개념을 처음 선보이면서 온전한 표현은 다음과 같이 되어야 한다고 서술했다. '모순적 계급관계 내의 모순적 위치'라고 말이다. 그러나 더 간단한 표현인 '모순적 위치'가 편리함 때문에 쓰일 것이라고 말했다. 그러나 왜 동시에 부르주아적이며 프롤레타리아적인 직위가 어떤 의미에서든 '모순적'이라고 여겨져야만 하는가? 그 표현에 깔려 있는 이론적 이유는, 자본주의의 기본적 계급관계가 노동자와 자본가 간에 객관적으로 모순적인 이익을 발생시킨다는 사실이다. 이 이익은 (단순히 우연적으로가 아니라) 본질적으로 서로 대립하는 이익이다. 모순적 위치는 이 본질적으로 모순적인 이익의 양자를 모두 취한다는, 정확히 그 의미에서 모순적이다. 그러한 직위의 특성을 '모순적'이라고 서술하는 것은 자본주의 계급관계의 기본적인 모순성을 부정하는 것이 아니라 오히려 기본적인 모순성으로부터 끌어온 표현 방식이다.

이 새로운 개념이 형성된 실제 과정은 일찍이 말했던 소득 불평등에 대한 통계 연구에서 계급 위치를 형식적으로 조작화하는 문제 때문에 시작된 것이다. 우리가 계급을 조작화한 프로젝트에서 사용한 데이터에는 두 가지 종류 ─ ① 개인이 자가고용되어 있는가, ② 개인이 다른 사람의 노동을 감독하는가 ─ 가 있었다. 이 두 가지 기준은 각각 두 개의 값을 가졌는데, 이 기준을 가지고 즉각 네 가지 결과가 나오는 작은 표를 만들었다. 표에서 대각선의 셀들은(좌상측 우하측)은 아무런 문제를 발생시키지 않았다. 자가고용하면서 다른 사람을 감독하는 사람은 자본가였다(전형적으로 규모가 작았다). 부하가 없는 피고용자는 노동자였다. 그리고 부하가 없고 자가고용된 사람 역시 전통적인 마르크스주의 범주에 아주 잘 맞아 들어간다. 그는 프티 부르주아이다. 그러나 자가고용되지 않고 부하가 있는 직위는 어떤가? 우리는 연구의 첫 번째 발표에서 그들 경영자의 직위를 '양가적인' 계급적 성격, 즉 물고기도 새도 아닌(정체가 불분명한 — 옮긴이) 성격을 갖고 있는 것으로 언급했다. 개념적 틀에 대한 세미나 토론에서 이것은 별로 정확하지 않다는 의견이 나왔다. 실제 그러한 직위들은 물고기이면서 동시에 새라고, 그러므로 내적으로 양가적인 것으로 이해되기보다는 모순적인 것으로 이해되어야만 한다고 말이다.[30]

명칭의 변화 — 양가적 위치에서 모순적 위치로의 변화 — 는 새로운 개념 발전의 중대한 진척이었다. '양가성'은 문제가 분류에 관한 것이라고 시사한다(즉, 몇몇 사람들은 적절하게 자리에 들어맞지 않는다). 이와는 달리 '모순성'은 그 자리 자체가 내적으로 모순적이라고 파악된 복합적 성격을 갖고 있다는 점을 시사하며, 능동적인 이론적 지위를 부여한다.

모순적 위치에 대한 초기 정식화에서 그러한 위치로 논의된 직위, 즉 부르주아적이면서 동시에 프롤레타리아적인 직위는 경영자뿐이었다. 경영자들은 노동자에게 명령할 수 있는 능력을 가지고 노동자들이 일을 제대로 하지 않았을 때 처벌할 수 있으며, 다양한 방식으로 생산 과정에 관한 핵심적 결정에 직접 참여한다는 의미에서 부르주아로 간주되었다. 다른 한편으로, 그들은 무엇을 해야 할지 지시받고 그들을 고용한 사람에 의해 해고될 수 있으며, 생산에 투입되는 자원의 흐름에 대한 기본적인

---

30) 명명 방식의 변화는 인류학자 오래플린(Brigit O'Laughlin)이 제안했다. 오래플린은 그 때 스탠포드대학에서 교편을 잡고 있었다. 학회의 세미나가 흔히 그러하듯 비공식적인 방식으로 토론 중에 제안이 이루어졌지만, 그것은 즉각적으로 내가 부여잡고 있던 개념 문제를 급속히 명료화하는 작업을 촉발했다. 나는 오래플린이 그녀의 논평을 기억하는지 또는 그것이 촉발한 수정에 대해 알고 있는지에 대해서는 매우 의심스럽지만 그녀의 논평에 대해서는 언제나 고마워 하고 있다.

통제권에서 배제되어 있기 때문에 — 즉, 그들은 자본 자산의 소유자가
아니기 때문에 — 프롤레타리아로 간주되었다. 노동자를 지배하는 직위
로서 그들은 부르주아였다. 자본가에게 종속되어 있다는 관계로서는 노
동계급에 속했다. 이러한 초기 구성에서 두 가지 특성이 불만족스럽게 보
였다. 첫째, '경영자'를 모순적 위치에 집어넣는 것은 너무 차별화가 없어
보였다. 이 범주에는 단순히 서로 다른 '정도'의 통제를 행사하는 것이
아니라 매우 다양한 '종류'의 통제를 행사하는 직위들 — 작업 공정 감독
자와 최고위 경영자등 — 이 다 같이 포함되어 있었기 때문이다. 경영자
의 복잡 미묘한 모순적 위치의 계급 지도를 그리기 위해서는 예를 더 다
듬는 일이 필수적인 것으로 보였다. 둘째, 다른 사람의 노동을 감독-통제
한다는 기준은 충족시키지 않지만 노동계급의 객관적인 상에는 맞지 않
는 다른 직위들이 있었다. 자본주의 기업뿐만 아니라 국가에도 고용되어
있는 광대한 범위의 전문 기술직들은 '중간계급'이라고 통상 간주되나 감
독 사무를 포함하지 않는다.

　이 맥락에서 나는 알튀세의 후계자들이 계급 분석 문제를 다룬 몇 개
의 이론적 작업을 읽었다. 그중에서도 특히 발리바르의 에세이 「역사적
유물론의 기본적 개념」과 풀란차스의 책 『정치권력과 사회계급』, 『현대
자본주의의 계급』을 주의 깊게 읽었다.[31] 이 맥락에 사용되도록 고안되
지는 않았지만, 발리바르가 시도한, '소유자로서의 소유(ownership)'와 '점
유자로서의 소유(posession)' 간의 구분은 모순적 위치 개념을 더 다듬는 데
에 특히 도움이 되었다. 발리바르는 서로 다른 생산양식의 핵심적 차이를
상술하는 방식으로 이 구분을 사용했지만, 모순적 위치를 정교화하려는
나의 맥락에서 그 구분은 일반적인, 경영의 모순적 위치 내의 범주들을

---

31) 다음 문헌들을 보라. Etienne Balibar, "The Basic Concepts of Historical Material-
　　ism," in Louis Althusser and Etienne Balibar, *Reading Capital* (London: 1970); Nicos
　　Poulantzas, *Political Power and Social Classes* (London: 1973); *Classes in temporary
　　Capitalism* (London: 1975).

차별화하는 방법을 가르쳐주었다. 나는 발리바르의 구분을 사용하면서, '소유자로서의 소유'를 투자(재정적 자원 흐름을 생산에 투입하고 빼는 일)에 대한 실질적 통제로 정의했다. 이와는 달리 '점유자로서의 소유'는 생산수단의 실제 기능에 대한 통제를 일컫는다. 통제권은 여러 차원으로 분해될 수 있다[생산수단 그 자체에 대한 통제, 생산 내 노동 통제(권위 또는 감독권) 등].

자본가들은 이제 투자에 대한 통제권, 생산의 물리적 수단에 대한 통제권, 노동력에 대한 통제권을 갖고 있는 사람들로 정의된다. 그렇다면 경영자들은 이들 세 기준이 조합되어 나오는 결과 중 어느 하나에 해당하는 위치로 분류될 수 있을 것이다.

그러나 더 성찰해보면, 초기 기준을 이렇게 확장한 것도 아직 충분히 나아가지 않은 것이다. 확실히 통제의 세 차원의 '각 자원(돈, 물리적 생산수단, 노동력)과 관련하여, 그 직위가 통제를 포함하거나 포함하지 않는다는 것은 사실이 아니다. 왜냐하면 서로 다른 직위들은 지배관계의 복잡한 위계로 구조화되어 있어서 그들 직위들이 서로 다른 양의 통제권을 가질 수 있기 때문이다. 어떤 감독자들은 단지 부하들에게 경고만을 할 수 있을 뿐이다. 다른 감독자들은 부하 직원을 해고시킬 수 있다. 그리고 또 다른 사람들은 단순히 직속 부하 직원뿐만 아니라 권위 위계 그 자체를 통제할 수 있다. 몇몇 경영자들은 단지 생산 과정의 일상적 기능에 관해서만 결정을 내린다. 다른 경영자들은 사용해야 할 기술의 종류에 대한 기본적인 결정을 내린다. 자본과 노동 사이에서 모순적 위치가 어떤 조합 위에 구성되어 있는지를 적절히 그려내기 위해서는, 통제의 '수준'에 대한 어떤 설명이 필요하다.[32]

---

32) '수준'이라는 용어는 이 맥락에서 현저히 등위적인 계급 개념을 제안하는 것으로 보인다. 그러나 그 주장은 지위가 사회적 관계의 복잡한 위계 내의 위치에 의해 결정된다는 것이다. 그러한 관계의 결과로 특정한 직위는 의사 결정과 다른 사람에 대한 통제의 권능을 포함하게 된다. 그러므로 통제의 정도는 관계의 복잡한 패턴 내에서 차지하는 위치를 알려주는 표지로 사용된다.

이는 '모순적 위치'라는 개념을 공개적으로 도입했던 이론적 소논문에 제시되었던 계급 기준을 훨씬 더 복잡하게 정식화하도록 만들었다.[33] 계급관계에 대한 세 가지 기준 또는 차원 — 화폐자본, 물리적 자본, 노동력에 대한 통제 관계 — 이 있었다. 그리고 이들 각 관계 내의 다양한 통제권의 '수준' — 전적인, 부분적인, 최소한이거나 전혀 없는 — 이 있었다. 노동자와 자본가들은 이들 세 차원 모두의 경우에 양극화되어 있는 것으로 정의되었다. 경영자들은 각 차원 중 몇몇에 대한 통제권을 전적으로 또는 부분적으로 가지고 있는 사람들(최고위 경영자)로부터, 화폐자본이나 물리적 자본에 대한 통제권은 없고 단지 노동력에 대한 최소한의 통제권만을 가지고 있는 사람들(현장 주임, 작업 공정 감독자)까지 다양한 범위로 세분되었다.

모순적 위치를 다루는 이 형식적 기준을 고안하는 일은 또한, 첫 번째 정식화에 내재한 두 번째 일반적 문제에 대한 초기의 해결책도 제공해주었다. 이른바 비경영직 전문기술직(technical) 또는 전문직(professional)의 계급적 성격을 상술하는 일 말이다. 경영자들의 특성이 동시에 부르주아적이고 프롤레타리아적인 것으로 서술된 것에 비해, 그러한 전문기술직-전문직 직위는 일반적으로 프티 부르주아적인 특성과 프롤레타리아적인 특성을 함께 가지고 있는 것으로 서술되었다. 그들은 생산수단으로부터 분리되어 있기 때문에, 임금을 위해 노동력을 팔아야만 하고 생산 내에서 자본의 통제를 받는다는 점에서는 프롤레타리아적이다. 그러나 생산 내의 직접적인 노동 과정에 대해 고유한 실질적 통제권을 갖고 있었기 때문에 프티 부르주아적이라고 나는 논했다.

직접적인 노동 과정에 대한 실질적인 통제는 어떻게 형식적으로 세분화되어 서술될 수 있을 것인가? 초기 정식화에서 나는 세 가지 다른 세분화 서술 사이에서 왔다 갔다 했다. ① 자기 자신의 직접적인 노동 과정에 대한 통제는 계급관계의 세 번째 차원인 노동에 대한 최소한의 수준의

---

33) "Class Boundaries in Advanced Capitalist Societies," *New Left Review*, vol.98(1976).

통제로 고려되어야 한다(즉, 자기 자신의 노동에 대한 통제권). ② 물리적 생산수단에 대한 최소한의 수준의 통제로 이해되어야 한다(즉, 자기의 일을 어떻게 해나갈 것인가에 대한 통제권). ③ 투자에 대한 최소한의 수준의 통제로 이해되어야 한다(즉, 단순히 어떻게 생산하느냐가 아니라 무엇을 생산하느냐에 대한 통제권).[34] 이들 중 어느 것도 전적으로 만족스러운 것 같지 않았지만, 노동 과정에 대한 통제를 자신이 무엇을 생산하고 어떻게 생산하느냐에 대한 통제권은 있지만 다른 사람들이 무엇을 어떻게 생산하느냐에 대한 통제권은 없는 것으로 이해함으로써 문제를 해결했다. 이는 연구하는 과학자, 일부 디자이너, 교사, 다양한 전문 기술직과 전문직의 특성을 서술하는 것으로 보였다. 더 나은 이름이 필요해서 그러한 직위를 '반자율적 계급 위치'라고 불렀다.

마지막으로 한 가지 모순적 위치가 설명되지 않고 남아 있었는데 이 위치는 바로 부르주아와 프티 부르주아 계급이 혼합된 위치였다. 나는 이 위치의 정체성을 소고용주로 파악했다. 이 직위는 생산수단의 소유자가 자가고용된 직접 생산자인 동시에(그리하여 프티 부르주아이면서) 임노동의 고용자(그리하여 자본가계급)이다.

이러한 개념을 정교화하고 다듬은 결과가 바로 <그림 2-2>에 그려져 있는 '계급 지도'였다. 나는 이 그림에 계속 다양한 수정을 가해왔지만 ─경영자와 반자율 피고용인 사이에 '비경영직 전문 기술직'이라고 불리는 직위를 추가했고, 소고용주와 경영자 사이에 '프렌차이즈 운영자'를 추가했다─ 도해에서 내가 제안했던 재공식화된 계급구조에 대한 기본적인 표현을 바꾸지는 않았다.[35]

---

34) 1976년에 ≪신좌파평론≫에 출간된 소논문에서 나는 두 번째 정식화를 채택했다. 그리고 『계급, 위기 그리고 국가』에 나타난 수정판에서는 두 번째와 세 번째 정식화를 모두 채택했다. 노동에 대한 최소한의 통제라는 측면의 정식화는 유지되었지만 출판된 문헌에 나오지는 않았다.

35) 계급 지도에 대한 기준을 제공하는 형식적 유형표는 *Class, Crisis and the State*의 표 2.7, 2.8, 2.9에 나와 있다.

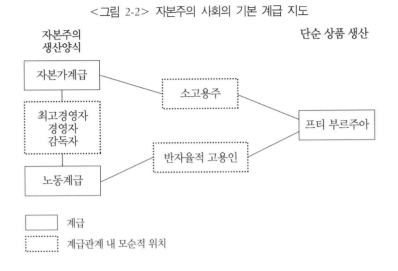

<그림 2-2> 자본주의 사회의 기본 계급 지도

이것이 1979년 모순적 위치 개념이 발전할 때까지 나의 계급 이론이 도달한 상태였다. 그 당시 나는 계급구조, 계급 경험, 계급의식에 대한 거대한 실증 프로젝트를 시작하고 있었다. 그 연구 조사의 핵심은 내가 제안한 선진 자본주의 국가의 계급 지도에서 나타난 계급 기준과 함께 넓은 범위의 다른 변수들─대안적인 계급 개념, 계급의식, 계급 이력, 성별 사고방식 등을 나타내는─을 조작화한 설문 문항을 발전시키는 일을 포함했다. 이 설문 문항은 몇몇 선진 자본주의 사회의 노동인구 중 표집된 무작위 표본에게 주어졌다.[36] 나는 이 책 이전에 출판한 모든 경험적 연구의 말미에, 통계적 연구에 쓰인 자료들이 비마르크스주의 범주를 사용하는 부르주아 사회과학자와 경제학자들에 의해 수집된 것이라는 사실에 대해 항상 탄식해왔다. 이것이 내 분석에 있는 문제점에 대해

---

36) 1984년부로 미국, 핀란드, 스웨덴, 노르웨이, 캐나다, 뉴질랜드에서 조사가 완결되었다. 이후에 서독, 덴마크, 오스트레일리아, 그리고 아마도 일본에서 조사가 이루어질 것이다. 미국의 자료는 미시간(앤아버)대학의 정치사회 연구를 위한 대학간 협회(ICPSR)로부터 얻을 수 있다. 비교 자료는 1986년에 ICPSR로부터 얻을 수 있게 될 것이다.

편리한 변명이 되어주기는 했지만, 마르크스주의 틀 내에서 명시적으로 수집된 통계 자료에 대한 실질적인 체계를 만드는 것이 유용하다고 느꼈다.

내가 제안한 계급 개념을 조작화하는 특수한 질문을 정식화하려고 하는 작업을 시작하게 되자, 어떤 중요한 방식으로 그 계급 개념이 모호하거나 불완전한 것으로 남아 있음이 매우 분명해졌다. 특히 '반자율 피고용자' 위치는 엄정한 방식으로 조작화할 수가 없었다. 이 실용적인 어려움이 이 범주의 논리에 대해 다시 생각하게 하는 자극을 줬다.

'반자율 피고용자' 범주를 다시 사고하는 일은 자본주의 이후 사회에 대한 나의 초기 연구와 논문에 포함되었고, 마침내 「자본주의의 미래」라는 논문으로 발표되었다.[37] 그 논문에 나타난 분석의 핵심은 내가 생산양식의 '상호 침투'라고 부른 것에 대한 토론이었다. '상호 침투'란 구별되는 생산양식의 각 면면들을 체계적인 방식으로 조합하는 생산관계 형태를 뜻한다. 이 개념은 자본주의 사회 자체에서 발생하는 자본주의 이후 사회를 향한 경향성을 엄밀히 상술하는 데에 중요한 역할을 하는 것이었다.

구별되는 생산관계의 상호 침투라는 개념은 반자율 피고용자를 적절히 정의해야 한다는 계속되는 문제와도 관련이 있었다. 나는 이전의 모든 작업에서 계급관계를 판별하는 일련의 기준을 상술했고, 그 공통된 일련의 기준에 대해 가지는 값을 통해 특정한 계급 위치와 모순적 위치를 정의했다. 그러나 특정한 계급이 서로 구별되는 유형의 생산관계(생산양식)에 의해 설명된다면 분명 서로 다른 기준이 필요하다. 예를 들어 봉건제의 농노는 자본주의적 기준에 기초한 가치(value)로는 정의할 수 없다. 인신적 구속 관계의 특수성을 판별해내는 기준, 즉 자본주의 생산양식의 모든 계급의 구체성으로부터 떨어져 나온 그런 기준이 필요한 것이다.

---

37) 「자본주의의 미래」의 초판은 1979년에 썼으며, 토론토대학의 회합에서 발표되었다. 개정판은 *Socialist Review*, 68(1983)에 발표되었다.

다른 말로 하면, 계급관계 내 모순적 위치라는 일반적인 개념을 형식적으로 두 가지 구별되는 하위 개념으로 나눌 필요가 있었다. 생산양식 내의 모순적 위치와, 생산양식간의 모순적 위치로 말이다.[38] 전자의 경우 모순적 위치는 기준들의 한 가지 조합에 의해 상술될 수 있다. 후자의 경우 모순적 위치의 성격에는 서로 다른 생산관계에 근거한 두 가지 서로 구별되는 기준들의 조합이 필요하다.

이러한 재개념화가 의미하는 바는, 반자율적 피고용자 범주를 적절히 정의하기 위해서는 프티 부르주아(즉, 단순 상품 생산 내에서 결정된 계급)를 판별하기 위한 적절한 기준을 구체화해야 한다는 것이다. 이 과업을 달성하기 위해 필요한 명확화는 계급 개념에서 지배의 역할에 대해 로머와 논쟁하면서 나온 것이었다.[39] 그 토론의 결과로 생산의 사회적 관계를 정의하는 핵심적인 기준은, 또 계급을 정의하는 기반을 제공하는 기준은 전유관계의 일체성과 지배관계라고 확신했다.[40] 이는 자본주의 계급관계를 구분하는 본래의 기준을 세 개에서 두 개로 단순화시키는 결과를 가져

---

38) 두 가지 간략히 짚고 넘어가야 할 용어상의 주의점이 있다. 첫째, 엄밀히 말해서 두 번째 유형의 위치는 생산양식'간'의 위치가 아니지만, 구별되는 생산양식의 요소를 결합한 위치다. 공간적 은유는 여기서 잘못된 이해를 초래할 수도 있는데, 이는 계급에 대한 일반적 토론에서 공간적 은유가 그런 것과 같다. 둘째, 나는 모든 종류의 구별되는 생산관계의 형태를 기술하기 위해 '생산양식'이라는 용어를 여기서 엄밀하지 않게 쓰고 있다. 그러므로 단순히 사회구성체 내에서의 지배적 형태만을 가리키는 것이 아니다. 대부분의 마르크스주의 이론가들은 단순 상품 생산 — 프티 부르주아가 결정되는 생산관계 — 을 생산 '양식'으로 언급하지 않고 단순히 생산의 '형태'로 언급한다. 현재 논의의 목적을 위해서는 이 정도 복잡한 사정은 중요하지 않다.

39) John Roemer, *A General Theory of Exploitation and Class(GTEC)* (Cambridge, Massachusetts: 1982)를 보라. 그리고 로머의 연구를 다룬 발행물로는 *Politics & Society*, vol.11, no.3을 보라.

40) '전유관계'는 '착취관계'보다 더 일반적인 용어이고, 사회적 잉여가 전유되는 모든 관계를 가리킨다. 잉여가 한 계급으로부터 다른 계급으로 전유될 경우 전유관계는 착취관계가 된다.

왔다. 나는 이제 물리적 생산수단의 기능에 대한 통제와 작업에 대한 직접적인 통제가 노동자를 지배하는 두 가지 기제로 다루어져야 한다고 느낀다. 투자에 대한 통제와 개념적으로 동등한 지위를 가진 계급관계의 두 차원으로서 다루기보다는 말이다. 그러므로 계급은(그리고 그에 따라 모순적 위치는), 전유관계와 지배관계의 특정한 유형들 내에서 그들이 차지하는 직위에 의해 정의되어야 한다.

이러한 의미에서 그 문제는 단순 상품 생산 내의 전유관계와 지배관계를 구체화하는 일 중 하나가 되었다. 일단 나는 자신이 생산해낸 것을 모두 가지는 것(즉, 자가고용)으로 개인적 전유를 정의함으로써, 전유관계 개념에서 그 이상의 복잡한 문제는 피했다.[41] 이와 유사한 방식으로 지배관계는 자기 통제로 정의된다(즉, 노동 과정 내의 개인적인 자기 감독). 그러한 '자기 감독'은 (조작적인 용어로) 자기의 고유한 생각을 작업의 실천으로 만들 수 있는 능력이었다. 또는 전통적인 마르크스주의 용어로 '구상과 실행의 일치'였다.[42]

이는 반자율 피고용자들이 이제 노동의 생산물을 자기가 전유하지 않는 — 즉, 자본주의적으로 착취당하는 — 직위이면서 동시에 작업의 자기 감독이 가능한 — 즉, 구상과 실행의 일치를 효과적으로 유지한다는 점에서 자본주의적으로 지배당하고 있지는 않은 — 직위로 정의됨을 뜻했다. 이 기준을 조작화하는 것은 여전히 힘든 일이었지만, 그 개념은 이전보다

---

41) 자가고용된 개인은 종종 그들의 노동 생산물 중 일부를 자본에 의해 신용 관계나 다른 종류의 교환 관계를 통해 전유당하므로, 자가고용 그 자체로는 자가 전유를 정의하기에 충분하지 않다.

42) 이 정식화는 Harry Braverman의 *Labor and Monopoly Capital* (New York: 1974)에 빚을 지고 있다. 브레이버만이 전통적인 장인 수공업의 특성을 구상과 실행의 일치를 구현한 것으로 설명한 것은, 그러한 임금생활자들이 불완전하게 프롤레타리아화되어 있어서 프티 부르주아적 요소(독립적이고, 자가고용된 장인 노동)와 프롤레타리아적 요소를 혼합한 특성을 갖고 있다고 말하는 것과 매우 밀접한 관련이 있다.

더 정확했다.

<표 2-2> 계급구조의 발전된 유형

| | 자본주의 생산양식 | | | | 단순 상품 생산 | |
| | 지배 | | 전유 | | 지배 | 전유 |
	지배	피지배	착취	피착취	노동 과정 내에서 자기 결정권	잉여의 개인적 자기 전유
부르주아	+	−	+	−		
경영자	+	+	+	+		
하급경영자와 감독자	+	+	−	+		
노동자	−	+	−	+		
반자율 피고용인	−	+	−	+	+	−
프티 부르주아					+	+
소고용주	+	−	+	−	+	+

+: 기준 있음   부르주아: 기본적 계급 위치
−: 기준 없음   최고경영자: 계급관계 내 모순적 위치

이러한 이론 수정은 <표 2-2>에 제시된 모순적 위치의 계급 유형표의 마지막 변형을 낳았다. 이것은 모순적 위치 이야기의 출발점이었던 간단한 2×2 행렬표로부터 많이 벗어난 것이다. 그리고 우리가 보게 될 것처럼, 이러한 수정 뒤에도 개념 틀에는 그것을 바꿔야 할 필요가 있다고 결국 확신하게 될 만큼 충분한 문제점이 남아 있었다.

7. 개념화에 따르는 문제들

계급관계 내의 모순적 위치 개념은 선진 자본주의 사회에서 '중간계급' 문제를 다루는 다른 방법들보다 진일보한 것이었다고 믿는다. 계급 개념이 설명력을 가져야 한다는 의제에 비추어 보아서나 개념의 구조적 속성의 측면에 비추어 보아서나, 그 경쟁자들보다 꽤 낫다. 그러나 시작부터

문제들이 존재했다. 이들 중 몇몇은 꽤 일찍부터 명백했다. 다른 몇몇은 개념을 발전시키고 사용하는 과정에서야 드러났다. 특히 나의 실증 조사 맥락에서 말이다. 이들 중 네 가지 문제가 특히 심각하다. 모순적 위치가 모순적이라는 주장, 계급의 기준으로서 '자율성'의 지위, 자본주의 이후 사회에 모순적 위치 개념이 갖는 관련성, 계급 개념에서 착취 개념의 주 변화가 그러한 문제들이다.

1) 모순적 위치의 모순성

모순적 위치 개념을 사용한 첫 번째 출판물은 '모순'이라는 용어를 사용한 점에서 비판받았다.[43] 경영자의 경우에는 그럴듯한 이야기가 제공될 수 있었다. 경영자 직위의 특성을 프롤레타리아의 관계적 속성과 부르주아의 계급 위치를 조합하는 것으로 받아들인다면 말이다. 그리고 우리가 노동자와 자본가의 객관적 이익은 본질적으로 상호 적대적이라는 명제를 받아들인다면, 경영자의 이익이 내부적으로 일관되지 않다는 점은 일리 있게 서술될 수 있다. 바로 이 비일관성의 체계적 성격 때문에, 이를 모순적이라고 표현하는 것은 비합리적인 일은 아닐 것이다.

그러나 왜 반자율적 피고용자가 내적으로 일관되지 않은 이익을 갖고 있는 것으로 간주되어야 하는가? 반자율적 피고용자들이 (단순히 이질적인 이해관계를 갖고 있는 게 아니라) 모순적인 이해관계를 갖고 있다고 말하는 것은, 그들 계급 위치의 프롤레타리아적 극단이 발생시키는 이익이 프티 부르주아적 극단이 발생시키는 이익과 모순됨을 함의하는 것이다. 아마도 이 프티 부르주아적 측면이 노동 과정 내에서 자율성을 보호하려

43) 다음 문헌을 보라. Stewart et al., *Social Stratification and Occupations* (London: 1980); J. M. Holmwood and A. Stewart, "The Role of Contradiction in Modern Theories of Social Stratification," *Sociology*, no.17(May 1983); Anthony Giddens, *Postscript to The Class structure of the Advanced Societies*, second edition(New York: 1979), p.304.

는 이익을 규정하는 것일 수 있다. 무엇에 의해 노동 과정 내 자율성은 노동계급의 이익과 모순되는 객관적인 이익을 규정하는가? 내가 제공할 수 있는 유일한 답변은 노동자들이 노동 과정에 대한 **집단적 통제** — 다른 말로 집단적 자율성 — 에 이익이 있다는 것뿐이었다. 여기서 집단적 통제란 반자율 피고용자들의 개별화된 통제와는 반대되는 것이다. 그러나 이것은 불만족스러운 답변이었다. 왜냐하면 노동 과정에 대한 집단적 통제는 자기 일에 대한 개별적 통제의 중요한 영역과 꼭 상치되는 일이라고 할 수 없기 때문이었다.

유사한 문제가 소고용주라는 모순적 위치에 대해서도 존재했다. 이 위치는 프티 부르주아와 자본가계급의 특성이 혼합된 위치이다. 소고용주들이 대자본가들과 경쟁할 때에는 대자본가와 상치하는 특수한 이익을 표면적으로 가질지 모르겠지만, 꼭 대자본가와 상치되는 근본적 이익이 있는지는 명백하지 않다.[44] 소자본가들은 아마도 대기업들의 세계에서 성공적으로 경쟁하는 데 다양한 종류의 딜레마를 겪겠지만, 이 사실이 그들이 내적으로 모순적인 기본적 이익을 갖고 있다는 것을 명백히 함의하는 것은 아니다. 그러므로 모순적 위치라는 용어는 내가 생산양식 내의 모순적 위치(경영자 — 옮긴이)라고 불렀던 것에는 잘 적용될 수 있었지만, 생산양식간의 모순적 위치(전문가, 소고용주들 — 옮긴이)에 대해서는 덜 적절한 것으로 보였다.

2) 계급 기준으로서 자율성

모순적 위치를 탐구하는 데 따르는 두 번째 문제점은 '반자율 피고용자'의 범주에 관한 것이다. 세 가지 쟁점이 특히 문제를 일으키는 것으로

---

44) 즉각적 이익과 근본적 이익 사이의 구분은 주어진 일련의 '게임 규칙' 내에서 정의된 이익(즉각적 이익)과, 기본 규칙 그 자체에 대한 이익(근본적 이익) 사이의 구분과도 같다. 이 구분에 대한 보다 온전한 논의를 보려면, *Class, Crisis and the State*, pp.88~91을 참조하라.

보인다. 자율성이 계급관계의 '프티 부르주아'적 특성이라는 주장, 특정한 작업 환경에서 불안정하거나 불확정적인 자율성의 성격, 개념 사용에서 나타나는 경험적 예외들이 그러한 것들이다.

자율성이 계급관계의 한 측면이라는 생각을 잠정적으로 받아들인다고 해도, 이를 '프티 부르주아' 계급의 성격으로 다루는 것이 이치에 맞는가? 이렇게 자율성의 특성을 서술하는 것에 대한 구조적인 반대도 있고 역사적인 반대도 있다.

구조적으로는, 자율성의 특성을 '프티 부르주아'로 서술하는 것은, '구상과 실행의 일치'라는 어구에 의해 그 특징이 표현되는, 독립적인 직접 생산자로서의 프티 부르주아에 대한 낭만적 이미지라고 할 수 있는 것에 크게 의존하고 있다.[45] 독립적인 생산자들(자가고용된 장인, 기능공, 상점주인, 농부 등)의 자율성과 프롤레타리아 임노동자의 자율성 결여 간의 대조는 단순히 틀린 것일 수 있다. 한편으로는, 다양한 종류의 이유 때문에 자가고용된 프티 부르주아들은 그들이 어떻게 생산할지에 대해서 거의 선택할 수 없을 수 있다. 또한 어떤 환경에서는 무엇을 생산할지에 대해서조차 선택할 수 없을 수도 없다. 그들의 선택지는 시장, 신용기관, 자본주의 기업과의 장기 계약 등에 의해 제약받는다. 다른 한편으로 현대 자본주의 기업에 종사하는 노동자들이 '착상이나 고안'으로부터 정말 완전히 분리되어 있다고 과장하는 것은 쉬운 일이다. 왜냐하면 많은 공장의 환경에서 생산의 실제 작동은 작업장에서 광범위하게 축적된 지식에 크게 의존하기 때문이다. 그러나 그 지식이 실제 쓰일 때는 관행화되지 않은 방식으로 계속 적용되어야만 한다.[46] 그러므로 자율성은 '프티 부르주

---

45) 이 이미지는 명백히 브레이버만의 노동의 탈숙련화에 대한 논의에 빚을 지고 있다. 비록 최근에 브레이버만의 연구가 계급투쟁을 최소화하고 탈숙련화를 독점화 과정으로 바라보며, 전통적인 장인노동을 낭만화했다는 등의 이유로 비판받고 있지만, 나는 그의 핵심적인 통찰—생산수단으로부터의 박탈, 생산수단에 대한 실질적 통제의 상실이라는 두 측면에서 동시에 프롤레타리아화가 진행되고 있다는 통찰—은 여전히 강건하게 남아 있다고 믿는다.

아'만의 독특한 특성이 전혀 아닐지 모른다. 프티 부르주아를 정의할 수 있는 유일한 기준은 특정한 종류의 자산 — 토지, 도구, 몇 대의 기계들, 아마도 몇몇 경우에는 기술이나 학력 — 소유와 자가고용이지 일의 자율성은 아니다.[47]

일의 자율성이 프티 부르주아적이라고 특정짓는 것은 역사적으로 보았을 때에도 문제가 많다. 반자율 피고용자 범주는 두 가지 종류의 상당히 구분되는 직위를 포함한다. 고도로 자율적인 기능공 임금생활자와 전문 기술직 임금생활자이다. 전자는 프티 부르주아와 프롤레타리아의 조합이라고 그럴싸하게 고려될 수 있다. 왜냐하면 독립적인 장인은 현대 기능공의 역사적으로 선행하는 형태의 직위이기 때문이다. 연구를 수행하는 과학자, 대학 교수, 산업공학자나 산업복지 상담가가 자본주의 생산양식과 단순 상품 생산양식의 요소를 결합한 프티 부르주아적 특성을 지니고 있다고 보는 것은 덜 그럴 듯하다. 현대의 관료 조직 내에서 발생하는 종류의 자율성은 '단순 상품 생산'의 잔존물로 간주될 수 없다. 그러나 반자율적 계급 위치를 프롤레타리아와 프티 부르주아 계급의 조합으로 다루면 그렇게 간주해야만 한다.

반자율성을 계급 기준으로 삼는 데 따르는 두 번째 문제는 구조적 불

---

46) 노동자들이 고도의 자동화된 조건 아래에서 어떻게 '구상(conception)'에 대한 실질적 통제를 유지하는지에 대한 흥미로운 논의를 보려면, David Noble, "Social Choice in Machine Design," *Politics & Society*, vol.8, no.3-4(1978)을 참조하라.

47) 자율성이라는 특성을 프티 부르주아의 특성으로 놓아두고 싶다면, 위의 자료들은 프롤레타리아와 프티 부르주아 계급의 특성을 결합한 모순적 위치가 하나가 아니라 둘임을 시사하는 방식으로 해석될 수 있을 것이다. 반자율 피고용자(자본주의 생산 내에서의 프티 부르주아 자율성)와 반프롤레타리아화된 자가고용자(프티 부르주아 생산 내에서의 프롤레타리아적 종속)가 그것이다. 전자의 경우 직위는 전유관계에서는 프롤레타리아의 위치를 차지하지만 지배관계에서는 프티 부르주아의 위치를 차지한다. 후자의 경우에는 전유관계에서는 프티 부르주아의 위치를 차지하지만 지배관계에서는 프롤레타리아의 위치를 차지한다.

확정성이라고 불릴 수 있는 것이다. 어떤 직업이 '반자율적'인지 여부는 작업 환경의 다소간 우연적인 성격의 결과로 쉽게 달라질 수 있다. 예를 들어 연구 조사를 하는 기술자는, 상관인 과학자가 전문 기술자는 불완전하다고 생각해서 아무런 책임도 부여하지 않는 직장에서, 과학자가 게을러서 전문 기술자에게 많은 신뢰를 부여하고 결정권을 남겨 놓는 연구실로 옮겨갈 수 있다. 두 번째 직업에서 전문 기술자는 아마도 반자율적인 범주로 분류될 것이다. 첫 번째 직업에서는 아마도 프롤레타리아화된 범주로 분류될 것이다. 그렇게 직장을 바꿨다고 기술자의 계급 성격에 변화가 일어났다고 봐야 한단 말인가? 첫 번째 직위는 순수하게 노동계급이고 두 번째 직위는 반(半)프티 부르주아인가? 계급 개념은 상당히 안정적으로, 그리고 구조적으로 생산의 사회적 관계의 위치가 갖는 속성을 결정해야 한다. 적어도 특정한 직업에서 나타나는 자율성의 우연적인 성격은 자율성을 계급의 기준으로 삼는 이론의 약점이라고 할 수 있다.[48]

자율성을 계급 기준으로 쓰는 데 따르는 마지막 문제점은, 그 개념을 포함하는 실증 연구 과정에서 나타나는 몇 가지 경험적 예외와 관련되어 있다. 예를 들어 자율성이 무엇을 어떻게 생산할 것인가에 대한 통제권의 측면에서 정의된다면, 학교에서 근무하면서 다양한 종류의 자질구레한

---

48) 이 비판에 대해 대응하는 한 가지 방법은 분석 단위가 특정한 개인이 실제로 종사하고 있는 구체적인 직업이 아니었다고 논하는 것이다. 위의 전문 기술자 사례에서 보면, 전문 기술직은 구조적으로 개인적 자율성의 잠재성에 의해 그 특성이 설명된다고 논할 수 있지만 자율성의 실제 수준은 상대적으로 우연적인 과정에 의해 경험적으로 나타난다는 식으로 말이다. 예를 들어 실험실 연구 지도자의 개인적 성격이나 특정한 전문 기술자의 특정한 훈련이나 이익 같은 것에 의해서라고 할 수 있다. 이러한 추론에 따르면, 전문 기술직위는 특정한 개인이 자율적으로 행동하는 것에 관심을 가지지 않거나 상사와 맺는 개인적인 관계 때문에 자율적으로 행동할 수 없다 하더라도 일반적으로 반자율적인 직위로 간주될 수 있다. 그러나 자율성에 대한 그러한 접근법은 일련의 문제들을 추가적으로 발생시킨다. 특히 직종간의 경계를 어떻게 의미 있게 그을 것이냐 하는 문제와, '잠재적' 자율성을 어떻게 정의할 것이냐의 문제를 발생시킨다.

잡일을 하는 수위들이 항공기 조종사들보다 더 자율적이라고 판별하게
되어버린다. 직관에 명백히 반하는 성격에도 불구하고 이것을 조종사의
계급 위치 본질에 대한 깊이 있는 발견으로 간주할 수도 있다. 그러나 그
러한 결과가 자율성을 계급 판별의 기본적인 기준으로 간주하는 주장에
문제가 많다는 점의 증거라고 보는 것이 훨씬 설득력이 있다.

3) 자본주의 이후 사회의 계급

고전적 마르크스주의는 자본주의의 역사적 전망에 대해서 완전히 목
소리를 같이 했다. 사회주의(궁극적으로는 공산주의)가 자본주의 사회의
미래였다. 그리고 그 필연적인 미래의 담지자는 노동계급이었다. 따라서
자본주의 내에서 부르주아와 프롤레타리아의 양극화된 계급구조는 자본
주의와 사회주의 사이의 양극화된 역사적 선택이었다.

20세기의 실제 역사 경험은 이 역사적 전망을 의문시하게 만들었다.
물론 이 의문이 비록 전혀 반박되지 않은 것은 아니지만 말이다. 그리하여
자본주의 이후 사회에도 계급구조가 존재할 가능성을 적어도 염두에 둘
필요가 생겼다. 여기서 어려움은, 아주 적은 예외를 제외하고는, 마르크스주
의자들이 자본주의 사회의 계급을 분석하는 데 채택한 개념적 틀이 자본주
의 이후의 사회를 체계적으로 이해하는 데 적합한 기준을 담고 있지 않다는
것에 있다. 봉건 사회의 분석에서는 자본주의 계급이 출현하게 되는 기초를
설명하면서도, 자본주의 이후 사회의 계급을 체계적으로 개념화하거나 이
들 계급이 자본주의 사회 내에서 어떻게 출현하는지를 보여주는 이론적
작업은 거의 없었다.[49] 그 결과 자본주의 이후 사회의 계급구조 — '현존하

---

49) '신계급'에 대한 어떤 분석들은 예외다. 굴드너의 『지식인의 미래』나 스젤레
니와 마틴의 『신계급 이론과 그것을 넘어서(*New Class Theoris and Beyond*)』
(unpublished manuscript, 1985)와 같은 분석들은, 자본주의 내에서의 계급 분석
이 자본주의 이후의 계급구조 분석을 가능하게 하는 방향으로 어떻게 전개될
수 있는지에 대해 적어도 그 요소들 몇 가지는 시사하고 있다.

는 사회주의'의 계급구조 — 에 대한 토론은 매우 임시방편적인(ad hoc) 성향을 갖게 되었다.

계급관계 내 모순적 위치 개념은 특히 이 비판에 취약했다. 나의 분석에서 모든 계급 범주는 자본주의 관계에 확고히 뿌리박고 있는 것이거나(부르주아, 경영자, 노동자), 기본적으로 자본주의 이전 사회의 관계를 포함하는 모순적 위치(반자율적 피고용자, 프티 부르주아, 소고용주)였다. 아마도 이보다 더 나빴던 것은, 계급에 대한 실증 분석의 많은 부분에서 사용된 형식적 조작 기준이 자본주의나 '현존하는 사회주의'에 거의 아무런 수정 없이 적용되었다는 것이다.[50] 그 계급관계 분석에는 자본주의 이후 사회의 계급구조에 진정한 특수성을 부여할 수 있는 요소나, 자본주의 내에서 자본주의 이후 사회의 계급이 출현하는 것에 대한 분석에 방향을 제시하는 요소가 아무것도 없었다. 계급을 판별하는 조작적 기준이 동구와 서구 사이의 경험적 차이에 무감각하다는 점은 실제 계급구조의 기본적 유사성을 반영하는 것이고, 약점이라기보다는 강점이라고 주장될 수 있다. 그러나 나는 사실상 국가사회주의가 '실제로는' 자본주의라고 믿지 않기 때문에, 이 무감각성은 심각한 문제로 남았다.

4) 착취에서 지배로의 이동

모순적 계급 위치 개념이 발전하는 전반에 걸쳐 나는 이것이 다른 이론과 구별되는 마르크스주의적 계급 개념의 재공식화라고 주장했다. 그리고 그러한 기획에 따르는 수사의 일부로 계급과 착취 간의 관계를 확인한 바 있다.

---

50) 미국에 대한 분석에서 사용되었던 계급을 위한 조작적 기준이 국가사회주의 사회에 아주 조금만 수정을 가하면 동일하게 적용될 수 있다는 점은, 헝가리 사회학자인 로버트 맨신과 함께 진행했던 미국과 헝가리의 비교 조사 연구 과정에서 깨닫게 되었다. 맨신은 나의 자본주의 사회의 계급구조 개념화에 대해 이 점이 갖는 비우호적인 함의를 지적해주었던 첫 번째 사람이었다.

그럼에도 불구하고 실제 이론을 전개하면서는, 계급관계 내 모순적 위치 개념은 착취가 아니라 지배 개념에 거의 전적으로 의존했다. 착취에 대한 언급은 계급구조 분석을 구성하는 요소라기보다는 계급에 대한 토론의 배경적인 개념으로만 기능하는 경향이 더 많았다. 예를 들어 경영자들은 그들이 지배하면서 동시에 지배당한다는 이유 때문에 모순적 위치로 정의되었다. 지배관계는 '반자율적 피고용자'들의 계급 성격을 정의하는 데에도 역시 결정적이었다(나는 이 위치가 노동 과정에서 자기 감독도 이루어진다는 의미에서 동시에 프티 부르주아적이고 프롤레타리아적이라고 주장했다). 왜냐하면 '자율성'은 지배에 관한 조건을 정의하기 때문이었다. 계급 개념의 핵심에서 착취를 지배로 대체하는 이러한 동일한 경향은 다른 대부분의 신마르크스주의자들의 계급구조 개념화에서도 발견된다.

물론 몇몇 사람들에게는 착취 개념을 주변화하는 것이 죄가 아니고 미덕일 것이다. 그러나 나의 견해로는 두 가지 이유에서 이는 심각한 약점이 된다. 첫째, 지배 중심적 계급 개념은 계급 위치 분석과 객관적 이익 분석 간의 연결고리를 약화시킨다. '지배' 개념은 그 안에(그리고 그 자체로) 행위자가 어떤 특유한 이익을 갖고 있다고 함의하지 않는다. 부모는 어린 자식을 지배하지만, 이러한 사실이 부모와 자식의 이익이 본질적으로 상치됨을 함의하는 것은 아니다. 그 이익을 적대적으로 만드는 것은 부모와 자식 간의 관계가 착취적이기도 할 때이다. 착취는 본질적으로 일련의 상치되는 물질적 이익을 함의한다. 둘째, 지배 중심적 계급 개념은 사회를 이해하는 데 '다중 억압'적 접근을 취하는 쪽으로 나아가게 한다. 다중 억압 접근에 의하면 사회는 복수의 억압에 의해 그 특성이 서술되고 각 억압은 서로 다른 지배 형태(성적, 인종적, 국가적, 경제적 지배 등)에 뿌리박고 있으며, 어느 것도 다른 것에 비해 설명에서 우선성을 가지지 않는다. 그렇게 되면 계급은 다른 많은 억압 가운데 하나가 되어버리고, 사회와 역사 분석에서 어떠한 특별한 중심성도 갖지 않게 된다.[51] 계급을

---

51) 계급이 중심성을 가질 필요가 없는 사회에 대한 다중 억압 관점은 때때로

중심 무대에서 끌어내리는 것은 문제라기보다는 성취로 간주될 수도 있다. 그러나 마르크스주의가 계급 개념에 부여했던 전통적인 중심성을 유지하고 싶은 사람에게는, 지배 중심적 계급 개념은 진정한 문젯거리를 부과한다.

이 네 가지 개념적 문제 — 모순적 위치의 모순성, 자율성의 지위, 자본주의 이후 사회에 대한 분석의 결여, 계급 개념에서 착취를 지배로 대체하기 — 중에서 네 번째가 나에게는 가장 근본적인 문제로 보인다. 각각 다른 쟁점들도 이러저러한 방식으로 착취 개념을 주변화시키는 것과 연관되어 있기 때문이다.

이러한 상황을 깨닫고 나면, 추구할 수 있는 이론적 대안은 주요하게는 두 가지가 있다. 한 가지 가능성은 지배 중심적 개념으로 이동한 것을 축하하면서 이 새로운 계급 개념을 자본주의 사회와 자본주의 이후 사회 분석의 기초로 사용하는 것이다. 그렇게 되면 계급을 권위 관계 내의 직위로 보았던 다렌도르프의 계급 분석 방향으로 확고히 나아가게 되는 셈이다.[52] 두 번째 대안은 자본주의의 '중간계급'의 경험적 복잡성 문제와 자본주의 이후 계급구조의 역사적 현실성 문제를 모두 해결하는 방식으로 계급 분석의 중심에 착취를 복원하는 것이다. 나는 이 두 번째 행동 경로를 다음 장에서 추구하겠다.

'포스트 마르크스주의'라고 불리는 급진 이론의 특징이다. 선두 제안자들에는 다음과 같은 사람들이 포함된다. Michael Albert and Robin Hahnel, *Marxism and Socialist Theory* (Boston: 1981); Jean Cohen, *Class and Civil Society* (Amherst Massachusetts: 1982); Stanley Aaronowitz, *The Crisis of Historical Materialism* (New York: 1981).

52) Ralph Dahrendorf, *Class and Class Conflict in Industrial Society* (Stanford: 1959)를 보라.

제3장

계급 분석을 위한 일반적 틀[1]

앞 장에서는 계급관계 내 모순적 위치의 개념이 어떻게 발전했는가에 대해 이야기했고, 그 개념 안에 있는 몇 가지 중요한 약점과 문제의 원천에 대한 일반적 처방을 논의하는 것으로 끝을 맺었다.

개념의 특정한 배열에 존재하는 약점, 비일관성, 간극을 규명하는 것은 또 하나의 독립된 일이다. 그리고 이 약점들을 극복하는 개념을 재구성하는 것은 이와는 상당히 다른 일이다. 모순적 위치 개념에 대한 불만은 오랫동안 쌓여만 갔다. 내가 그것을 건설적인 방식으로 전환시킬 가능한 전략이 있다는 것을 깨닫기 전까지, 즉 로머의 작업을 확장해서 연구해보기 전까지는 말이다. 특히 그의 착취에 관한 작업을 통해 나는 이 문제들에 대한 일관된 해결책을 깨닫기 시작했다.[2] 로머 자신은 계급구조에 대한

---

1) 나는 계급과 착취의 문제에 대해 일요일 오후에 집중적인 토론을 해준 데 대해 맨신에게 특별히 감사하고 싶다. 그 토론은 이 장의 핵심 아이디어를 발전시켜 주었다. 그의 아이디어는 아래에 논의되는 '조직 자산'의 개념을 발전시키는 데 특히 중요했다.

2) 로머는 그가 마르크스주의의 '미시 기초'라고 부르는 것을 재구성하는 장기

경험적 조사나 개념 지도의 고안이라는 문제에 특히 관심을 가진 적은 없었지만, 그럼에도 불구하고 그의 작업은 그러한 노력에 풍부한 기반을 제공해준다. 그의 분석 전략에 적절한 수정과 확장만 가해지면 모순적 계급 위치 개념에 훨씬 더 일관된 기초를 제공할 수 있다.

1. 계급과 착취에 대한 로머의 설명

1) 착취의 개념

우리는 소득 분배의 불평등과 소비할 수 있는 물품들의 개인, 가족, 집단간 불평등을 관찰할 수 있다. 착취 개념은 그러한 불평등을 분석하는 특별한 방식이다. 착취를 반영하는 것으로서 불평등을 분석한다는 것은, 서로 다른 행위자의 소득 간에 특정한 종류의 인과적인 관계가 존재한다고 주장하는 것이다. 더 구체적으로 말해서, 로머의 분석에서는 부자의 복지가 가난한 자의 궁핍에 인과적으로 의존할 경우 부자가 가난한 자를 착취한다고 이야기된다.[3]

이러한 사정이 모든 불평등에 적용될 필요는 없다는 점에 주목하라. 두 명의 자급자족하는 농부가 각각 동질의 땅을 갖고 있는데 한 명은 게으르

프로젝트에 참여하고 있는 마르크스주의 경제학자이다. 그의 가장 중요한 업적은 『착취와 계급의 일반 이론(*A General Theory of Exploitation and Class*)』(Cambridge, Massachussets: 1982)에 담겨 있다. 나도 참여한, 이 연구에 대한 토론은 *Politics & Society*, vol.11, no.3(1982)에 나와 있다.

3) 만약 빈자가 부자의 소득을 일부 재분배하는 것을 강제할 수 있다면 이 정의에 의해 빈자가 부자를 착취하는 상황으로 간주될 수 있는 것처럼 보일지도 모르겠다(빈자는 부자의 희생을 바탕으로 덜 가난해진다). 그러므로 착취관계를 평가하기 이전에 전체 인과적 맥락을 검토하는 것이 중요하다. 문제의 경우 만일 부자가 착취를 통해 그들의 소득을 획득했다면, 재분배는 반대 방향의 착취가 아니라 착취의 감소로 간주되어야 할 것이다.

고 최소한의 일만 일하는 반면 다른 한 명은 부지런하다고 가정해보자. 이 경우에 한 명의 부유함은 다른 이의 가난함과 아무런 인과적 관계가 없다. 게으른 농부가 더 열심히 일하기 시작한다고 해도 부유한 농부는 나빠지지 않는다. 착취로 간주하기 위해서는 한 개인의 복지가 다른 개인의 복지를 희생해서 얻어지는 것이라는 점이 보여져야만 한다.

전통적인 마르크스주의 착취 개념은 확실히 이 일반적인 개념 중에서도 특수한 경우를 가리킨다. 마르크스주의의 착취 개념에서는, 한 계급은 다른 계급에 의해 생산된 잉여노동을 다양한 메커니즘을 통해서 전유한다. 착취 계급의 소득은 피착취계급이 수행한 노동으로부터 나온다. 피착취자의 가난과 착취자의 부유함 사이에는 직접적인 인과관계가 존재하는 것이다. 부유한 자는 가난한 자의 희생에 의해 이익을 얻고 있는 것이다.

로머는 두 가지 전략을 쓰면서 착취의 관점을 고안하고자 노력했다. 첫 번째 전략은 한 범주의 행위자로부터 다른 범주의 행위자로 잉여노동이 다양한 교환 관계를 통해 흐르는 것을 매우 상세하게 연구하는 것을 포함한다. 두 번째 전략은 서로 다른 형태의 착취를 상술하는 일종의 게임 이론적 접근 방식을 포함한다. 이 전략 각각을 순서대로 간략히 검토해보자.

(1) 노동 이전 접근

노동 이전의 분석은 착취에 대한 전통적인 마르크스주의의 관점을 확장한 것이다. 비록 로머가 그러한 노동 이전을 탐구하기 위해 의식적으로 노동가치 이론에 의존한 것은 아니지만 말이다.[4] 로머 분석의 주요 목표는 마르크스주의자들이 공통으로 견지하는 관점이다. 즉, 시장 경제에서

---

4) 로머의 연구가 노동가치 이론에 대한 '스라파주의적' 사례로 간주되어서는 안 되지만, 그는 스티드만[Ian Steedman, *Marx After Sraffa* (London: 1977)]과 같은 스라파주의 경제학자와 노동가치 이론은 전적으로 기각되어야 한다는 명제를 공유하고 있다. 로머의 견해로는, 노동가치 이론은 교환에 대한 이론적 이해로서 단순히 잘못되었을 뿐만 아니라 자본주의적 착취를 이해하는 데 불필요하다.

노동 착취의 필요조건은 임노동제도라는 견해이다. 로머는 두 가지 기본적인 명제를 제시한다. 첫째, 착취는 모든 생산자들이 그들 자신의 생산수단은 소유하고 있지만 지적·육체적 능력의 정도가 다를 때에도 일어날 수 있다. 둘째, 자본이 임노동을 고용하는 시스템의 착취구조와 노동이 자본을 고용하는 시스템의 착취구조에는 완전한 대칭성이 존재한다.

로머는 모든 생산자가 자신의 생산수단을 소유하고 노동시장이 없고 대부도 없는(예를 들어 신용시장도 없는) 경제에서도 착취가 일어날 수 있다고 논증한다. 생산물만이 교환되는 그러한 경제에서 생산자들이 소유한 생산 자산의 양이 다르기 때문에, 생존을 위해 꼭 필요한 만큼의 교환물들을 얻기 위해 서로 다른 시간을 일해야 한다면, 생산자들 간의 자유로운 교환은 자산이 풍부한 자가 자산이 빈곤한 자를 착취하는 결과를 낳을 것이다. 이는 단순히 몇몇 생산자들은 다른 생산자들보다 생존을 위해 적게 일한다는 의미가 아니라, 적게 일하는 노동자들은 보다 적은 자산을 가지고 있는 생산자들이 더 많이 일해야만 하기 때문에 적게 일할 수 있다는 의미이다. 이 예의 증명 논리 중 핵심은, 자산이 빈곤한 사람이 생산하기를 그만두게 되어서(죽어서) 부유한 사람이 빈곤한 사람의 자산을 차지하게 되었을 때, 그는 동일한 수준의 생활상태를 유지하기 위해 더 많은 시간을 일해야 한다는 점이다.[5] 그러므로 이 경제에는 생산자들

---

[5] 그 논변의 기술적 형태는 행위자의 상대적으로 단순한 극대화 행동에 기반한 일반 균형 모델을 구성하는 것을 포함한다. 모든 일반 균형 모델에서처럼 이들 모델은 선호구조와 생산함수에 대한 특수한 가정에 의존한다. 최근에 로머는 결과가 착취의 개념 논리를 위반하는 모델을 구성하는 것이 가능하다는 것을 보여주었다. 예를 들어 노동에 비해 여가를 선호하는 현상이 자산 소유가 증가함에 따라 감소한다면, 어떤 제도적 환경 아래에서는 노동 이전이 부자로부터 빈자에게로 일어날 수 있다. Roemer, "Should Marxist be Interested in Exploitation,"(University of California, Department of Economics, working paper no.221, Davis: 1983)을 보라. 현 분석의 목적을 위해서 나는 이러한 복잡한 사항은 무시할 것이다.

<표 3-1> 자본주의에서의 자산 소유, 착취, 계급

계급	노동력 고용	노동력 판매	자가고용	착취	자산의 규모
자본가	예	아니오	아니오	착취자	아주 많음
소고용주	예	아니오	예	착취자	중간
프티 부르주아	아니오	아니오	예	모호	일인당 자본 몫에 가까움
반노동자	아니오	예	예	피착취자	거의 없음
프롤레타리아	아니오	예	아니오	피착취자	없음

출처: 존 로머, 『착취와 계급의 일반 이론』 2장에서 인용.

사이에 단순한 불평등이 존재하는 것이 아니라 착취가 존재하는 것이다.

신용시장과 노동시장에서 일어나는 착취의 분석에서, 로머는 가상의 두 섬에서 계급구조와 착취의 패턴을 비교한다. 이 두 섬은 노동시장 섬과 신용시장 섬이다. 두 섬 모두에서 일부 사람들은 생산수단을 소유하지 않고 나머지 다른 사람들은 서로 다른 양의 생산수단을 소유하고 있다. 이들 자산의 분포는 두 섬에서 동일하다. 그리고 두 섬의 사람들은 모두 동일한 동기를 가지고 있다. 그들은 모두 공통된 생계수준을 달성하기 위해 필요한 노동시간의 양을 최소화하려고 한다. 두 섬은 오직 한 측면에서만 다르다. 노동시장 섬에서는 노동력을 사고파는 것이 허용되어 있는 반면, 신용시장 섬에서는 노동력을 사고파는 것이 금지되어 있으나 이자를 내고 생산수단을 빌리는 것은 허용되어 있다.

로머는 이들 모델을 사용하여 두 가지 주요 명제를 논증한다. 우선 그는 이 두 섬 사이에 계급 위치, 착취 지위, 개인들이 소유한 자산에서 정확한 조응이 이루어짐을 보인다. 이것이 바로 그가 계급 착취 조응 원리라고 부르는 것이다. <표 3-1>은 노동시장 섬에서의 이 조응을 설명한다. 표의 논리는 다음과 같다. 각 개인들은 노동력을 고용할지, 노동력을 팔지, 아니면 그 사람이 소유하고 있는 생산수단을 사용하여 일할지 결정한다. 각 개인은 정해진 소비수준에 필요한 노동량을 최소화하기 위해 이러한 결정을 한다. 이들 결정의 결과로 두 가지 사태가 발생한다. 첫째, 사람들은 다섯 가지 계급 중 한 가지에 속한다. 이 계급은 생산의 사회적 관계 내에서 구별되는 위치들로 정의된다. 둘째, 일부의 사람들은 다른 사람에 의해 전유되는 노동을 수행하고, 다른 일부의 사람들은 다른 사람들의 노동을 전유하고, 또 다른 일부의 사람들은 착취자도 피착취자도 아니다. 본질적인 결론은, 행위자들의 선택으로부터 나오는 두 가지 결과 사이에 정확한 조응이 있다는 것이다.[6]

로머가 이 모델 분석으로부터 이끌어내는 두 번째 기본 명제는, 그들의 상대적 계급구조가 완전히 같은 모양이라는 점이다. 한 섬에 있는 모든 개인은 다른 섬에서 자신과 똑같은 착취 지위와 계급 위치를 가진 사람을 찾을 수 있다.[7]

이 두 가지 논증을 기초로, 로머는 시장에 기초한 착취와 그와 연관된 계급관계는 단순히 생산수단에 대한 소유권의 불평등한 분포로부터 형식적으로 도출될 수 있다고 논한다. 역사적으로 착취가 전형적으로 노동시장의 작동을 통해 나타났을지는 모르나, 그것은 착취의 가능한 제도적 형태 중 한 가지에 불과하다. 노동시장은 착취가 일어나기 위한 필요조건이 아니다.

(2) 게임 이론 접근

착취와 계급을 연구하기 위한 노동 이전 접근은 단순화된 특정한 조건

---

6) 이 논증의 중요한 성격은, 계급과 착취 둘 다 생산수단의 초기 소유권(재산 관계)으로부터 도출된다는 것이다. 계급은 착취에 의해 처음부터 정의될 필요가 없다. 오히려 계급관계가 착취적이라는 것은 모델 내에서 발견되는 성격이다.

7) 노동시장 섬이 신용시장 섬과 동형이라는 주장은, 자본이 노동을 고용하든 노동이 자본을 임대하든 중요하지 않다는 신고전주의 경제학의 주장에 해당한다. 로머는 신고전주의 경제학의 주장에 동의하지만 중요한 관찰 사항을 덧붙인다. 두 가지 경우 모두에서 노동을 착취하는 것은 자본이다. 신고전주의 경제학에서는 물론, 두 상황의 동일성이 착취관계보다는 소득 보상의 동일성에 의해서 파악된다.

아래에서는 강력하고 설득력이 있다. 그러나 이들 조건이 완화되면 노동 이전 접근은 어려움에 빠진다고 로머는 논한다. 특히 생산에 투입되는 노동이 이질적일 때 노동 이전을 일관성 있게 정의하기가 힘들어진다(예를 들어 서로 다른 수준의 생산성). 이러한 복잡성 때문에 로머는 착취를 탐구하기 위한 두 번째 전략을 도입한다. 이 전략은 게임 이론에 뿌리를 두고 있다. 그리고 (우리가 보게 될 것처럼) 서로 다른 계급구조 유형 내에서 서로 다른 착취를 특징지을 수 있는 특별히 정교한 방식을 제공하는 장점을 갖고 있다.

이 접근법의 기본 아이디어는 생산조직을 게임으로 다룸으로써 서로 다른 착취 시스템을 비교하는 것이다. 이 게임의 행위자들은 다양한 생산 자산(예를 들어 기술이나 자본)을 소유하고 있다. 생산 자산들을 생산에 투입하고 구체적인 규칙의 조합을 기초로 이 자산들을 이용하여 소득을 얻는다. 착취 분석을 위해 채택된 핵심적인 전략은, 각 구조별로 특정한 과정을 통해 참여자의 특정한 연합이 다른 게임을 하기 위해 이 게임에서 철수한다면 그들이 더 잘살게 될 것인가를 질문하는 것이다. 대안적 게임은 자산이 분배되는 방식에서 다르다. 착취의 서로 다른 유형은 어떤 주체들은 더 잘살게 만들고 어떤 주체들은 더 나빠지게 만드는 특정한 철수 규칙에 의해 정의된다.

보다 형식적으로, 로머는 다음의 조건이 충족될 때 행위자의 연합 S는 착취당하고, 다른 행위자들의 연합 S′(S의 여집합)는 착취자라고 볼 수 있다고 논했다.

① 가설적으로 실현할 수 있다고 인지될 수 있는 대안이 있고, 그 대안 체제에서 S가 현 상태보다 나아진다.
② 이 대안에서 S의 여집합, 즉 S′ 연합은 현재보다 나빠진다.[8]

---

8) Roemer, *GTEC*, p.194.

조건 ①이 필요한 이유는, 착취가 없어지면(즉, 대안적 게임에서) 피착취자가 나아지는 것만이 사리에 맞기 때문이다. 조건 ②가 필수적인 이유는 (로머의 용어로) 자연이나 기술이 아니라 다른 '사람'에 의해 피착취자 연합이 착취당하는 경우여야만 하기 때문이다.9)

그러나 착취를 적절히 정의하기에 그 두 기준만으로는 불충분하다. 어떤 종류의 세 번째 기준이 없이는 사리에 맞지 않는 착취 판단을 낳을 우려가 있다. 예를 들어 이 두 기준만 가지고는 어떤 두 섬 간에 아무런 상호작용이 없고, 한 섬에 자본이 많고 다른 한 섬에는 적은 경우도 착취적인 상황으로 묘사할 수 있는 것이다. 만약 빈곤한 섬의 시민들이 두 섬의 총자본 중 그들의 일인당 몫을 가지고 게임에서 철수한다면 그들은 나아질 것이고, 자본이 풍부한 섬의 시민들은 나빠질 것이다. 그러한 부유한 섬이 빈곤한 섬을 착취하고 있다고 묘사하는 것은 전혀 이치에 맞지 않는다. 또 다른 예를 들자면, 비장애인이 장애인에게 보조금을 주는 경우, 인용된 두 가지 기준은 장애인들이 비장애인들을 착취하고 있다고 시사할 것이다. 이는 다시금 개념의 설명적 목적에 어긋난다.

그래서 로머는 이러한 경우들을 배제하기 위해 가능한 보조 기준을 다양하게 제안했다. 이것들 중 가장 일반적인 것은 S′가 S를 지배하는 관계에 있다는 기준을 추가하는 것이다. 이 맥락에서 지배는, S′는 S가 대안적 게임으로 철수하는 것을 막는다는 사실을 뜻하는 것으로 이해되어야만 한다. 장애인은 비장애인을 지배하지 않고, 부유한 섬은 빈곤한 섬을 지배하지 않으므로 그들은 더 이상 착취의 예로서 간주되지 않을 것이다.10)

---

9) 같은 책, p.195.

10) 대안적인 기준은 'S가 단순히 생산하기를 멈추면 S′가 나빠질 것이라고' 이야기하는 것이다. 이렇게 하면 두 섬의 문제가 풀린다. 왜냐하면 부자 섬은 가난한 섬의 활동에 의해 영향받지 않을 것이고, 이것은 두 연합이 받는 보상간에 인과관계가 있다는 생각이 그대로 들어가 있는 결론이기 때문이다. 그러나 이 대안은 장애자의 경우는 해결하지 못하는데, 장애자는 비장애인이 생산하기를 그만둔다면 더 나빠질 것이기 때문이다. 이것 때문에 나는 이 논의에서 지배

로머는 착취에 대한 분석에서 기본적으로 이 기준을 일종의 배경 조건으로 다루면서, 그의 형식적 수학 모델에서 처음 제시한 두 조건의 작동에만 전적으로 초점을 맞추고 있다.

이들 형식적 기준의 목적은, 착취의 틀로 경제적 불평등을 규명하는 방법과 어떤 상황에서 착취가 존재하는지(그리고 존재하지 않는지)에 대한 사람들 간의 이견을 조정하는 방법을 제출하는 데 있다. 어떤 범주의 행위자가 착취당하고 있는지 아닌지에 대해 사람들의 의견이 다를 때, 착취 검증에 사용되는 적절한 대안 게임의 선택에 대해 서로 다른 견해를 가지고 있는지, 아니면 그들이 동일한 검증을 하고서도 다른 평가 때문에 다른 판단을 내리는지를 검토할 수 있다.

로머는 이 전략을 써서 네 가지 종류의 착취를 정의한다. 봉건적 착취, 자본주의적 착취, 그가 사회주의적 착취라 명명하는 착취, 지위 착취라 부르는 착취이다. 자본주의적 착취부터 시작해보자. 노동자들은 아무런 물질적 자산(생산수단)을 소유하지 못하므로 그들의 노동력을 자본가에게 임금을 받고 판다. 노동자들은 자본주의하에서 착취당하고 있는가? 게임 이론 공식에서 이 질문에 대한 대답은, 위에서 구체화된 두 조건이 충족되는 대안을 제시할 것을 요구한다. 무엇이 대안인가? 그것은 바로 각 노동자가 사회의 **총생산 자산의 일인당 몫**을 받는 게임이다. 로머가 논증한 것은, 모든 임금생활자 연합이 각자 사회 자산의 일인당 몫을 갖고서 자본주의 게임을 떠난다면 그들은 자본주의에 머무르는 것보다 더 나아질 것이고 자본가들은 더 나빠질 것이라는 점이었다. 그렇다면 이 경우 철수 규칙 — 물질적 자산의 일인당 몫을 갖고서 게임을 떠나는 것 — 은 특정한 사회 시스템이 자본주의적 착취를 포함하느냐 그렇지 않느냐에 대한 형식적 검증이 될 것이다.

이와는 대조적으로 봉건적 착취를 구체화하는 철수 규칙은 봉건제의 농노가 개인적 속박 때문에 짊어진 노동의 의무로부터 해방되는 상황과

기준에 더 의존했다.

동등하다. 농노들은 그러한 환경에서 더 나아지고, 봉건영주들은 더 나빠질 것이다. 봉건적 착취를 이런 식으로 구체화하면 자본주의 내의 노동자들은 봉건적으로는 착취되고 있지 않다. 그들이 개인적인 자산만을 가지고 자본주의 게임에서 철수한다면 나아지는 것이 아니라 나빠질 것이다. 로머가 논하듯이, 신고전적인 이론가들에 의한 주장, 즉 임노동자들은 자본주의 내에서 착취당하지 않는다는 주장은 일반적으로, 임노동자들이 **봉건적으로는** 착취당하지 않는다는 의미의 주장이다. 즉, 그들은 개인적 구속 관계에 기초한 잉여 추출, 그들의 한계생산성 가치 이하로 영속적으로 임금을 받게 만드는 잉여 추출을 당하고 있지 않다.[11] 이러한 측면에서, 자본주의 내에 착취가 존재하는지 여부에 대한 마르크스주의자들과 신고전주의 경제학자들 간의 이견은 어느 철수 규칙이 검증을 위해 사용되어야 하는가에 대한 이견인 것이다.

사회주의적 착취에 대한 개념은 로머의 분석 중에서 덜 체계적으로 정리된 부분이다. 이 경우 철수 규칙은 양도할 수 없는 자산의 일인당 몫을 가지고 게임을 떠나는 것이다. 만약 일인당 기술을 갖고 떠남으로써 어떤 연합이 나아지고 그 연합의 여집합은 나빠진다면, 사회주의적으로 착취당하고 있다고 할 수 있다. 이는 현재 게임에서 기술 수준이 높은 사람들은 단순히 그들의 기술 수준이 높기 때문이 아니라 행위자 사이에 기술 차별화가 존재하기 때문에 높은 대우를 받고 있기 때문이다. 고도로 숙련된 사람은 비숙련자가 숙련되면 나빠진다. 그러므로 그들은 기술 차별화를 유지하는 데 이해관계가 있다. 바로 이것이 그들의 소득이 착취를 반영한다는 주장을 뒷받침하는 것이다.

만약 기술을 가진 사람의 소득이 그 기술을 획득하는 데 걸린 시간과 동일한 만큼의 증가만을 반영한다면 기술에 기반한 착취는 없을 것이다. 더 높은 소득수준은 단순히 발생된 실제 비용에 대한 보상일 뿐일 것이

---

11) Roemer, *GTEC*, p.206을 보라. 사실상 인신의 구속은 시장 기제가 한계생산의 가치에 따라 임금을 주는 식으로 작동하는 것을 방해한다.

다. 기술 착취 배후의 쟁점은, 희소한 기술을 가진 사람들이 그러한 기술을 익히는 데 드는 비용 이상의 소득을 얻는다면 곧 그들의 소득에 지대 부분이 있다는 것이다. 그것이 바로 착취를 구성하는 요소인 것이다.

마르크스가 사회주의 사회에서 착취의 결과로 생긴 소득 불평등에 대해서 언급하지도 않았고 숙련자와 비숙련자 간의 계급관계도 언급하지 않았지만, 그럼에도 불구하고 로머의 설명은 마르크스가 「고타 강령 비판」에서 전개했던 사회주의의 불평등에 대한 분석과 잘 조응한다. 마르크스는 그 문서에서 기술에 기초한 불평등은 사회주의에서 지속될 것이고, 분배는 각자의 능력에 따라 일하고 각자에게 일한 바에 따라 분배하는 원칙에 기초하게 될 것이라고 강조했다. '일한 바에 따라'라는 문구가 의미하는 바가 다소간 애매하기는 하지만, 사회주의 사회에서도 기술에 기초한 착취가 존재할 것이라는 관념과는 일치하는 것이다. 오직 공산주의 사회에서만이 필요에 따른 분배가 이루어질 것이다. 이는 사실상 기술이 개인적인 사유자산의 형태를 더 이상 띠지 않는다는 것을 뜻한다.[12]

로머에 의해 논의된 착취의 마지막 형태는 그가 지위 착취라고 이야기했던 것이다.[13] 관료에 의해 행해졌던 착취는 원형적인 사례이다. 로머는 다음과 같이 썼다.

---

12) 로머는 그가 "착취를 요구한다"고 일컫는 것을 사회주의에서 공산주의로의 이행을 이해하는 데 부가적인 개념으로 도입했다. 만약 사람들이 진정한 필요를 가지고 있다면, 완벽하게 평등한 소득 분배는 "착취를 요구하는" 상황, 즉 더 많은 필요를 가진 사람이 더 적은 필요를 가진 사람에 의해 착취당하는 상황에 해당할 것이다(*GTEC*, pp.279~283을 보라). 필요한 착취 개념이 다른 종류의 착취와 구분되는 논리를 가지고 있고 이것은 계급관계와 조응하지 않기 때문에 ─ 필요한 것이 더 많은 사람은 필요한 것이 더 적은 사람과 생산의 사회적 관계를 맺고 있지 않다 ─ 나는 여기서 이 문제를 더 깊게 논하지 않을 것이다.

13) 로머는 경제학자이고, '지위'라는 용어는 사회학에서 이 단어에 일반적으로 부여된 의미로 사용되지 않았다.

만약 이들 직위들이 특별한 기술을 요구한다면, 그들 직위에 따르는 차별적인 보상을 (기술에 기초한) 사회주의적 착취의 한 측면이라고 부르는 것이 정당화될 수 있을 것이다. ……(그러나) 이 직위들에는 오직 그 직위 자체의 이점만으로 축적하게 되는 얼마간의 추가적인 보상이 있다. 이것은 직업의 과업을 수행하기 위해 필요한 기술 때문에 받는 소득이 아니다. 이러한 직위에 주어지는 특수한 임금은 지위 착취라는 것을 발생시킨다. 어떤 행위자 연합이, 그들 소유의 자산을 갖고 지위 때문에 생기는 의무로부터 면제되면서 철수한다면 더 나아지고 그 연합의 여집합은 더 나빠진다면, 지위에 의해 착취되고 있는 것이다.14)

지위 착취는 그가 탐구한 다른 형태의 착취들보다 훨씬 덜 체계적으로 이론화되어 있다. 그것의 이론적 기능은 현존하는 사회주의 사회의 관료주의적 착취를 이해하는 길을 제공하는 것이었다. 그러나 그 개념은 그 길은 제공했으나 분석의 나머지 부분과 매끄럽게 맞아 들어가지 않는다. 구체적인 계급구조 분석을 위해 로머의 접근을 이용하려면 지위 착취 개념을 변환시킬 필요가 있다.

2) 계급과 착취

착취를 분석하는 로머의 모든 전략의 핵심적 메시지는 착취의 물질적 기반이 생산적 자산, 흔히 재산 관계라고 이야기 되는 것의 불평등한 분배에 놓여 있다는 것이다. 자산-착취관계는 그 자신이 양도할 수 있는 것이든 양도할 수 없는 것이든, 자산 소유자가 다른 사람들의 자산에 대한 평등한 접근을 막는 능력에 달려 있다. 한편으로 자산의 불평등은 잉여노동의 이전을 설명하기에 충분하다. 다른 한편으로 자산 불평등의 서로 다른 형태는 서로 다른 착취 시스템의 조건을 지정한다. 그렇다면 계급은 착취 패턴을 결정하는 재산 관계로부터 도출되는, 생산의 사회적 관계 내의 지위로 정의된다.

---

14) Roemer, *GTEC*, p.243.

이러한 결론에 의해 로머는, 생산 내의 지배관계에 의해 계급을 정의하는 마르크스주의의 경향에 정면으로 도전하게 되었다. 물론 착취계급은 피착취계급이 생산 자산— 그것이 양도 가능한 것이라면— 을 취하는 것이나, 자산의 재산권을 분배하는 것을 막는다는 의미에서 지배한다. 우리가 위에서 주목했던 바대로, 로머는 착취를 온전히 상술할 수 있기 위해 심지어 게임 이론 접근에서도 지배 개념을 도입해야만 했다. 그러나 이 맥락에서 지배는 개념적으로 분명히 착취에 종속되어 있는 것이다. 신마르크스주의 계급구조 분석의 많은 세력이 이에 대해 가하는 가장 중요한 공격은, 착취란 생산 과정 내의 지배나 노동 과정 내의 지배이고, 따라서 이는 로머의 계급관계 정의에는 포함되지 않았다는 것이다.[15]

나도 이전의 연구에서 이 점을 이유로 로머를 비판했다.[16] 나는 계급관계가 본질적으로 **생산 현장**에서의 지배를 포함하고 있다고 논했다. 단순히 재산 관계의 억압적 방어 그 자체에서가 아니라 말이다. 나는 이제 로머가 이 점에 관해서 옳았다고 생각한다. 자본가들이 생산 내에서 노동자들을 감독한다는 사실은 의심할 여지없이 자본주의 생산에서 가장 역사적인 형태의 중요한 특징이고 계급 조직의 형태와 생산 내의 계급 갈등을 설명하는 데 중요한 역할을 하겠지만, 자본-노동 관계의 기초는 생산자에 대한 효과적인 통제(즉, 실제 경제적 소유권) 관계 그 자체에 의해 정의되어야 한다.

내가 재산 관계로 계급을 개념화하는 로머의 방식을 거부했던 이유 중한 가지는 그것이 계급에 대한 마르크스주의 정의와 베버주의 정의를 섞

---

15) 이것은 노동 과정 내의 지배가 제도적으로 중요하지 않다거나, 그러한 지배가 실제 관행에서 자본주의적 착취의 강도를 높이고 자본-노동 관계를 재강화하지 않는다는 것을 함의하지 않는다. 로머의 요지는 지배가 계급관계의 실질적 기준이 아니라는 것이다. 계급관계의 실질적 기준은 단연코 재산 관계 그 자체에 기반하고 있다.

16) Erik Olin Wright, "The Status of the Political in the Concept of Class Structure," *Politics & Society*, vol.11, no.3(1982)를 보라.

어놓은 것처럼 보였기 때문이다. 내가 그때 해석한 바에 따르면 베버주의 정의는 '시장에 기초한' 계급 정의였는데 반해, 마르크스주의 정의란 '생산에 기초한 정의였다. 후자의 장점이라고 일컬어지는 것은 바로 생산이 교환보다 '근본적'이라는 것이었다. 따라서 생산에 기초한 계급 개념이 시장에 기초한 계급 개념보다 더 설명력이 있다는 것이었다.

지금 내게 분명해 보이는 사실은, 재산 관계로 파악한 계급 정의가 시장에 기초한 계급 정의와 엄밀하게 동일시되어서는 안 된다는 것이다. 재산 관계로 계급을 설명하는 틀에서는, 계급이 소득의 몫이나 시장 교환의 결과로 정의되지는 않는다. 계급이 통제하는 생산 자산 — 각 개인으로 하여금 교환 관계 내에서 특정한 전략을 택하게 하고, 그리하여 시장 교환의 결과를 결정짓는 그러한 생산 자산 — 에 의해 계급을 정의한다. 제4장에서 보게 되듯이, 계급을 정의하는 시장 기준을 베버주의자가 사용하는 것과 마르크스주의자가 재산 관계를 사용하는 것 사이에는 중요한 차이가 있다. 그러나 이 차이는 단순히 '교환'과 '생산'을 비교하는 것으로는 포착되지 않는다.

2. 계급 분석의 일반적 틀을 향해

로머식 분석의 핵심 틀은 다양한 종류의 자산에 대한 재산권 분배와 착취 사이의 연결 관계이다. 착취의 서로 다른 기제들은 서로 다른 종류의 자산에 의해 정의되고, 서로 다른 계급 시스템은 그러한 자산에 대한 재산권 위에 구축된 생산의 사회적 관계에 의해 정의된다. 이러한 통찰은 일반적으로 계급구조를 분석하고 특히 중간계급의 문제를 재개념화할 수 있는 포괄적인 틀을 고안하는 데 기초를 제공해준다.

그러나 일반적 틀을 검토하기 전에 몇 가지 측면에서 로머의 분석을 수정하고 확장할 필요가 있다. 첫째, 경제적 착취와 경제적 억압 간의 구분을 도입하는 것이 도움이 될 것이다. 둘째, 봉건적 착취에 대한 로머의 설명을 다른 것과 구별되는 생산 자산의 유형으로 고쳐 만들 필요가 있다. 셋째, 지위 착취라는 로머의 개념을 내가 '조직 착취'라고 이름 붙일 새 개념으로 대체할 필요가 있다.

1) 경제적 착취와 경제적 억압

서로 다른 착취의 형태를 정의하기 위해 '게임으로부터' '철수'하는 규칙을 사용하는 로머의 방법론적 도구에 대해 종종 가해지는 비판 중 하나는, 그것이 한 범주의 행위자로부터 다른 범주의 행위자로의 노동 이전이라는, 착취에 대한 마르크스주의적 정의를 버렸다는 것이다. 로머의 과정은 행위자의 인과적 상호 연결 관계의 결과인 불평등을 평가하는 것을 가능하게 해주지만, 문제의 불평등이 한 행위자로부터 다른 행위자로 실제 이전에 의해 발생된다는 관점의 추가적인 힘은 결여되어 있다.

로머 자신은 착취에 대한 노동 이전적 관점을 거부하기에 이르렀다. 그 이유는 부자로부터 가난한 사람에게로 노동이 이전되지만, 빈자가 부자를 착취하고 있다고 말할 수 없는 상황이 있다는 것이었다.[17] 예를 들어 부자 농부들과 가난한 농부들이 있는 사회를 상상해보라. 이 사회에서 모든 사람들은 여가의 소비와 관련하여 노동 수행에 대해 다음과 같은 선호를 가지고 있다. 그들은 부유해질수록 노동에 비해 여가의 가치가 덜하다고 평가한다. 이제 어떤 부유한 농부가 그 자신의 땅에서 모든 필요한 일을 마쳤고 빈둥거리는 가난한 농부에게 얼마간의 땅을 더 빌려 일하는 것을 선호한다고 해보자. 상술한 선호구조 때문에 가난한 농부는 자신이 직접 일하기보다는 지대를 받고 많은 여가를 즐기는 쪽을 택할 것이다.

---

17) 이러한 입장은 로머의 소논문 「왜 마르크스주의자는 착취에 관심을 가져야 하는가?」에 가장 강력하게 명시되어 있다. 여기서 논의된 설명에 도움을 주는 사례는 이 소논문으로부터 나왔다.

이러한 상황에서는 오직 부유한 농부로부터 가난한 농부로만 (지대의 형태로) 노동이 이전된다. 노동 생산물의 흐름이 그러한 상황에서, '빈농이 부농을 착취하고 있다'고 말하는 것이 옳은가? 어떤 사람은 이 사례를 단지 가상에 지나지 않은 것이라고 치부할지 모르나, 로머의 이 사례가 노동이나 노동생산물의 단순한 흐름만으로는 우리가 '착취'로 의미하는 바를 정의하기에 충분하지 않다는 점을 보여준다는 것은 부인할 수 없는 사실이다.

나는 이른바 '경제적 억압'과 경제적 착취를 구별함으로써 전통적 마르크스주의 착취 개념의 핵심적인 취지를 복원하는 것이 가능하다고 생각한다. 나는 철수 규칙 과정 자체는 단순히 경제적 억압의 상황만을 정의한다고 주장한다. 위의 사례에서 가난한 농부는 토지 재산권을 통해 부자 농부에 의해 경제적으로 억압받고 있다. 이와는 달리 착취는 단순한 경제적 억압보다는 더 많은 것을 포함한다. 착취는 경제적 억압도 포함하고 한 계급이 다른 계급의 노동의 성과를 전유하는 것(이는 한 계급에서 다른 계급으로 잉여가 이전하는 것과 동일한 의미다)도 포함한다.[18] 그 사례에서 가난한 농부는 부유한 농부를 경제적으로 억압하고 있지 않기 때문에, 착취하는 것이 아니다.

이러한 용어 사용을 바탕으로, 경제적 억압이라는 기초 위에서는 비판

---

18) 두 가지 기술적인 요점이 있다. 첫째, 나는 '노동'이라는 표현보다 '노동의 성과'라는 표현을 쓴다. 왜냐하면 노동의 성과 정의는 노동가치 이론의 교의와는 독립적이기 때문이다(착취를 노동가치의 전유라기보다는 노동 성과의 전유라고 간주하는 견해를 구분 짓는 구체적인 논의는 다음의 문헌을 보라). G. A. Cohen, "The Labour Theory of Value and the Concept of Exploitation," in *The Value of Controversy*, Steedman et al.(London: 1981). 둘째, '잉여'는 노동 가치 이론이 일단 포기되고 나면 엄밀히 정의하기 힘들기로 악명이 높다. 왜냐하면 잉여의 양(즉, 그 '가치')이 더 이상 가격과 독립적으로 정의될 수 없기 때문이다. 여기서 이루어지는 논의 전반에 걸쳐 잉여의 이전이나 잉여에 대한 권리를 일컬을 때 착취계급에 의해 전유되는 잉여 생산물을 지칭하고 있는 것이다.

할 수 있지만 착취의 사례는 아닌, 꽤 넓은 범위의 불평등을 정의할 수 있게 된다. 예를 들어 장애인이나 실업자들의 영속적인 빈곤은 일반적으로 경제적 억압의 경우지만 착취의 경우는 아니라고 할 수 있다. 그들은 확실히 가상적인 철수 규칙의 조건에 의해 더 나아질 수 있지만 그들 노동의 성과는 어느 계급에 의해서도 전유되고 있지 않다(왜냐하면 그들은 아무것도 생산하고 있지 않기 때문이다). 노동자의 자녀에 대해서도 똑같이 이야기할 수 있다. 그들은 자본에 의해 경제적으로 억압당하고 있으나 자본에 의해 착취당하고 있지는 않다.19)

이제 경제적 억압이라는 개념만으로도 계급 개념에 기초를 제공하기에 충분하다는 주장이 있을 수 있다. 왜냐하면 경제적 억압도 일련의 객관적인 물질적 이익을 정의하기 때문이다. 그렇다면 노동 성과의 전유를 포함하는 경제적 억압과 포함하지 않는 경제적 억압을 구분함으로써 추가되는 것은 무엇인가? 중요한 추가 사항은, 착취의 경우에는 착취계급의 복지가 피착취계급의 노동에 의존하고 있다는 점이다. 단순한 경제적 억압의 경우 억압하는 계급은 그들 자신의 재산권을 보호하는 데에만 이해관계를 가지고 있다. 착취의 경우에는 착취자가 피착취자의 생산적 활동

19) 로머는 자본주의 내에서 노동자의 착취와 실업자의 착취 간에 차이가 있음을 인식했다. 그는 이 차이를 각주 10)에서 언급되었던 추가적인 기준을 도입함으로써 포착했다. 자본가는 노동자가 생산하기를 그만둔다면 나빠질 것이지만, 실업자가 생산을 그만둔다고 해도 나빠지지 않는다. 로머가 이 부가적인 기준을 도입했을 때 그는 실업자를 착취당하는 존재로 보기보다는 '부당하게 다루어지는' 존재로 일컬었다. 여기서 부당한 대우라는 것은 본질적으로 내가 여기서 '경제적 억압'이라고 부르고 있는 것과 동일하다. 나는 이를 형식적으로 증명할 수는 없지만 로머가 이 경우에 채택한 기준이 내가 '피착취자에 의한 노동 성과의 전유'라고 부르고 있는 것과 동일하다고 믿는다. 노동자가 생산을 그만두면(또는 이와 같은 뜻으로 그들이 개인 자산을 가지고서 자본주의 게임을 떠난다면 — 이 경우 그들의 자산은 오직 그들의 노동력이 될 터인데 —) 자본가가 나빠진다고 말하는 것은, 사실상 노동자로부터 자본가에게로의 잉여 이전이 발생하고 있다는 것과 같은 뜻이다.

과 노력에도 이해관계를 갖고 있다. 경제적 억압의 경우 억압자의 물질적 이익은 모든 피억압자들이 단순히 사라지거나 죽으면 피해를 보지 않을 것이다.[20] 이와는 달리, 착취의 경우에는 착취계급이 피착취계급을 필요로 한다.[21] 피착취자들이 모두 사라져버리면 착취자들은 피해를 볼 것이다. 그러므로 착취는 경제적 억압에는 필수적이지 않은 방식으로 착취자와 피착취자를 함께 묶는다. 물질적 이익의 적대와 상호 의존의 독특한 조합이 바로 착취에 다른 억압과 구별되는 성격을 부여하고, 계급투쟁을 그토록 잠재적인 폭발력을 가진 사회적 힘으로 만드는 것이다.

봉건적 착취의 경우 착취의 관념은 상대적으로 직설적인 직관적 의미를 갖고 있다. 봉건 영주는 농노에 의해 생산된 잉여를 직접적으로 전유한다. 자본주의적 착취의 경우에는 자본가가 노동자에게 임금을 주고 남은 총생산물을 전유한다. 로머가 기술에 기반한 착취(즉, '사회주의적 착취')라고 부르는 것이 이런 면에서 착취로 간주되어야 하는지는 덜 명확하다. 기술에 기초한 착취를 이와 같은 방식으로 정의되는 착취의 사례로 고려해야 하는지를 이해하기 위해 좀더 자세히 살펴보자.

어떤 사람이 다른 사람의 노동 성과를 전유한다는 것은 결국 그 사람이 자신이 생산하는 것보다 더 많이 소비한다는 것이다. 기술 자산을 가진 사람의 개인 소득이 경제학자들이 주장하기 좋아하는 것처럼 '한계생산'과 동일하다면, 그들이 고유한 기여보다 '더 많이' 소비하고 있다고 어

---

20) 정말로 많은 실제 경우에서 억압자는 피억압자가 죽는다면 더 나아진다. 왜냐하면 억압은 전형적으로 사회적 통제에 드는 지출이라는 형태로 — 때때로 (복지주의 국가에서 최소생계비 기준에 대한 법 조항에 말미암아) 피억압자에게 보조금이라는 형태로 — 억압자에게 비용을 부과하기 때문이다. 위에서 든 부농과 빈농의 사례에서 빈농에게 지불된 지대는 부농이 지불한 국가 보조금과도 같다. 부농은 단순히 그가 빈농을 죽이고 그들의 땅을 차지한다면 더 나아질 것이다.

21) 그것은 특별한 상황을 제외하고 대체로 다음을 따른다. 즉, 비착취적 억압자들이 그러한 것과는 달리 착취자는 피착취자의 대량 학살을 통해 물질적 이득을 얻지는 않는다.

떻게 말할 수 있는가? 어떤 기제를 통해서 그들이 다른 사람들의 노동의 성과를 전유하고 있단 말인가?

이 질문에 대한 대답은 가장 쉬운 것이라 할 수 있다. 기술-자산 착취가 학력에 근거한 것이고 학력이 기술의 공급을 제한하는 효과가 있다면 말이다.[22] 두 가지 상황을 비교해보자. 한 상황에서는 어떤 기술의 공급을 제한하는 학력 수여 기제가 작동하고 있고, 다른 상황에서는 그런 기제가 없다. 학력이 작동할 때 고용자는 학력 소유자의 임금을 그 기술이 생산하는 비용 이상으로 다투어 올릴 것이다(학력 부여 과정이 없는 경우 임금이 기술 생산비용보다 높으면 추가적으로 노동자들이 기술을 습득할 것이고, 궁극적으로는 임금을 그 비용의 수준으로까지 낮출 것이다). 이것의 결과는 바로, 그러한 기술을 사용하여 생산된 상품의 가격이 학력이 없었을 경우보다 높아지게 된다는 것이다. 결과적으로 학력 소유자는 한계생산물의 가격과 동일한 임금을 받고 있지만, 이 가격은 한계생산물의 가치(또는 학력이 없었을 경우의 한계생산물 가격)보다 높은 수준에 설정되어 있는 셈이다.[23]

---

22) 학력 부여 체계는 숙련노동력 공급을 다양한 방식으로 제한할 수 있다. 학력을 수여하는 학교에 입학이 허락되는 사람들의 숫자에 직접적인 제한이 있을 수도 있다. 문화적 기준 — 몇몇 사회학자들은 '문화자본'이라고 부르기 좋아하는 것에 기반한 기준 — 이 형식적인 제한은 부과되지 않으면서도 입학자의 숫자를 제한하는 데 효과적으로 사용될 수 있다. 간접비용이 아예 학력을 획득할 엄두를 내지 못할 정도로 높을 수도 있다. 물론 획득한 다음에는 그 수익이 비용을 보상하고 남을 정도로 높겠지만 말이다. 현 논의의 목적을 위해서는, 이 다양한 기제 중에 정확히 어떤 것이 숙련노동력의 공급을 제한하는지 잘 설명하는가는 중요하지 않다. 현대 계층화 구조에서 학력의 중요성을 논의한 문헌으로는 R. Collins, *The Credential Society* (Orlando: 1979)를 보라.

23) 물론 상품의 가치와 가격을 구분하는 것은 노동가치 이론의 초석 가운데 하나이다. 그러나 노동가치 이론이 이질적인 노동 및 다른 쟁점들을 다룰 때 맞닥뜨리는 다양한 종류의 기술적인 문제 때문에 노동가치 이론을 포기한다 해도 경험적으로 드러나는 가격과 구분되는 종류의 가치를 정의할 수 있다. 가치에 대한 이런 종류의 정의는 우리가 이야기하고 있는 종류의 이전을 설명해줄 수 있다. 상품의 '가치'는 노동이나 자본에 어떠한 진입장벽이 없었을 경우에

그러한 가격 차액이 바로 학력 소유자들에 의해 전유되는 착취적 이전이 된다. 이러한 이유로, 학력 소유자는 기술 차별화 그 자체를 유지하는 데에, 즉 학력의 획득에 제약을 유지시키는 데에 이해관계가 있다.

물론 학력이 숙련된 노동력의 가격이 그 생산비용을 초과하게 만드는 유일한 경로는 아니다. 천부적 재능은 두 번째 기제이다. 재능은 기술을 획득하는 효율성에 영향을 미치는 것으로 간주될 수 있다. 재능 있는 사람은 어떤 기술을 더 적은 비용, 시간, 노력, 자원으로 습득하는 사람이다.

극단적인 경우 재능 없는 자들의 기술 습득비용은 무한대가 될 수도 있다(즉, 문제의 기술을 습득하는 것이 불가능하다). 천부적 재능 그 자체도 우리가 논의하고 있는 의미에서 착취의 기초로 간주되어야 할 것인가? 개인이 극단적으로 드문 재능을 소유하고 있어서 그로 하여금 그 재능만큼이나 드문 기술을 습득하는 것을 가능하게 해줄 경우 그 사람의 '한계생산'의 가격이 그 가치에 비해 크다고, 학력의 경우와 마찬가지로 이야기할 수 있는가?

이 입장을 엄격하게 방어할 수는 없지만, 천부적 재능이 있는 사람들에게 주어지는 초과 수익을 일종의 '지대'라고 간주하는 것이 적절하다고 생각한다. 이 지대는 특별히 비옥한 토지의 소유자가 획득하는 지대와 상당히 유사한 것이다. 이 추가적인 소득은 재능(또는 토지의 비옥도)의 차별화 그 자체로부터 나온다. 단순히 그 재능을 바탕으로 하여 기술을 갖게 되어서 나오는 실질적 생산성으로부터가 아니라 말이다. 만일 이 추론이 정확하다면, 재능은 학력처럼 단순히 어떤 기술의 안정적인 희소성을 창출하는 특정한 종류의 기제로 다루어져야만 한다. 그리고 이 희소성은 착취적 전유를 위한 기초가 될 것이다.

물론 재능의 불평등과 제도화된 학력에 의해 발생된 불평등 중 어느 것이 기술 착취의 기초가 되는 기술 자산을 창출하는 데 더 중요한지는 경험적인 문제이다. 나는 일반적으로 학력을 강조할 것이다. 왜냐하면 학

_____

가졌을 가격이다. 가격이 이 가치보다 높다면 전유가 발생한다.

력이 '재산권'으로서 상대적으로 명확한 지위를 갖고 있기 때문이다. 그러나 그렇다고 해서 재능이 덜 중요하다는 점을 의미하는 것은 아니다.

이 절의 요점을 반복하자면 다음과 같다. 이 책의 나머지 부분에 걸쳐 착취는 한 계급이 다른 계급의 노동 생산물을 전유하는 경제적 억압으로 정의될 것이다. 모든 전유가 경제적 억압인 것은 아니고, 모든 경제적 억압이 전유를 포함하지도 않는다. 착취를 물질적 이익에 대한 객관적 적대감의 (그토록) 강력한 기초로 만드는 것은, 바로 이 경제적 억압과 전유의 조합이다.

2) 봉건적 착취 개념 고쳐 만들기

로머 자신의 공식화에서는 오직 두 가지 종류의 자산만이 공식적으로 고려된다. 물질적 자산(그의 용어로는 양도할 수 있는 자산)과 기술 자산(양도할 수 없는 자산)이다. 그의 설명에서 봉건적 착취와 자본주의적 착취 간의 구별은 자산의 성질 그 자체라기보다는 물질적 자산과 관련된 철수 규칙의 성격에 달려 있다. 로머는 봉건적 착취의 철수 규칙을, 개인이 자신의 물질적 자산을 가지고 철수하는 것으로 정의했다. 이와 대조적으로 자본주의에서는, 총자산에서 일인당 몫을 가지고 철수하는 것으로 정의했다.

그러나 봉건제의 경우는 이와는 다소 다른 방식으로 정의될 수 있다. 노동력은 생산적 자산이다.[24] 자본주의 사회에서는 모두가 자기 자산, 즉 자기 자신을 소유하고 있다. 봉건제에서는 이와는 달리, 노동력에 대한 소유권이 불평등하게 분배되어 있다. 봉건 영주는 한 단위 이상의 자산을 가지고 있고, 농노는 한 단위보다 적게 갖고 있다. 이것이 바로 '인신적 구속'이 경제적으로 의미하는 바이다. 봉건 영주는 농노의 노동력을 부분

---

24) 왜 노동력이 생산력(즉, 생산적 자산)의 일부로 간주되어야 하는지에 대한 논의로는 G. A. Cohen, *Karl Marx's Theory of History*, pp.401~441을 보라.

적으로 소유하고 있다. 확실히, 봉건제의 전형은 농노가 아무런 노동력도 소유하지 못하고 있는 상황이 아니라, — 농노들은 일반적으로 그들의 노동력에 대한 모든 소유권을 빼앗긴 노예가 아니다 — 그들 자신에 대해 생산적 행위자로서 온전하고 효율적인 통제권을 갖고 있지 못하는 상황이다.25)

전통적인 봉건제에서 노동력 소유권의 불평등한 분배가 현실에서 발현되는 방식은, 바로 농노로부터 노동을 강제적으로 뽑아내는 형태이다. 강제 노동이 일종의 지대로 전환되고 결국에는 화폐지대로 전환되었을 때, 착취관계의 봉건제적 성격은 농부들이 토지로부터 이동하는 것을 금지하는 법에 반영되었다. 농부들이 '떠나서' 도시로 이동하는 것은 사실상 일종의 도둑질이었다. 그 농부는 영주에 의해 소유되는 노동력 가운데 도난당한 부분이 되는 셈이다.26)

봉건적 착취를 정의하는 철수 규칙은, 노동력 부문에서 사회 자산 중 일인당 자산, 즉 한 단위를 가지고 봉건제 게임을 떠나는 것으로 서술될 수 있다. 그러므로 봉건제적 착취는 노동력 자산 분배의 불평등으로부터 나오는 착취이다(피억압자의 노동이나 생산물의 이동이 억압자에게로 이전되는 경제적 억압이다).27)

---

25) 그러므로 노예제는 봉건제의 극단적인 사례로 간주되어야 한다. 이 경우 노예는 자신의 노동력에 대한 어떠한 소유권도 가지고 있지 않다. 반면 노예 소유자는 노예에 대한 온전한 권리를 보유하고 있다. 이러한 정식화에 따르면 모든 전(前)자본주의 사회를 동일한 명칭('전자본주의') 아래에 묶어 버리는 것이 얼마간의 정당성을 지닌다. 왜냐하면 그 모든 차이들에도 불구하고 잉여 추출에 관해서는 동일한 논리에 기반해 있기 때문이다.

26) 이러한 논리로, 일단 농부가 자유롭게 이동할 수 있고 봉건적 제약에서 자유롭게 벗어날 수 있다면, 봉건 지대(그리고 봉건 착취)는 자본주의적 착취의 형태로 변환되는 과정에 놓이게 될 것이다. 그 변환은 토지가 '자본'이 되고 나면 — 즉, 토지를 시장에서 자유롭게 사고팔 수 있게 되면 — 완료될 것이다.

27) 이러한 정식화에 따르면, 다양한 형태의 차별 — 예를 들어, 인종, 성별, 국적과 같은 인신 귀속적 기준을 사용하여 사람들이 특정한 직업에 종사하는 것을

봉건제적 착취를 이러한 방식으로 재공식화하는 것은 로머의 분석에서 서로 다른 착취의 게임 이론적 서술을 대칭적으로 만든다. 봉건제적 착취는 노동력 자산 소유권에 의해 발생한 불평등에 기초하고 있다. 자본주의적 착취는 양도할 수 있는 자산의 소유권에 의해 발생된 불평등에 기초하고 있다. 사회주의적 착취는 양도할 수 없는 자산의 소유권에 의해 발생한 불평등에 기초하고 있다. 이들 착취를 발생시키는 자산 불평등 각각에 대응하여 특수한 계급관계가 존재한다. 봉건제에서 영주와 농노, 자본주의에서 부르주아와 프롤레타리아, 사회주의에서 전문가와 노동자가 그것이다.

3) 조직 자산 착취

러시아에서 일어난 반자본주의 혁명은 생산수단의 사적 소유를 실질적으로 없앴다. 개인은 중대한 정도로 생산수단을 소유할 수 없고, 그것을 상속하거나 시장에서 처분할 수도 없다. 그러나 소련과 같은 사회의 특징을 단순히 기술에 기초한 착취로만 서술하는 것은 만족스럽지 않다. 전문가들은 그러한 사회에서 '지배계급'으로 보이지 않고, 사회의 역동성은 기술 불평등 그 자체에 연계되어 일어나는 것 같지 않다. 그렇다면 '현존하는 사회주의'의 착취는 어떻게 이해되어야 하는가?

이미 썼듯이, 로머는 이 문제를 그가 '지위 착취'라고 부른 것을 도입함으로써 다루려고 했다. 그러나 나는 이것이 아주 만족스러운 해결책은 아니라고 생각한다. 특히 이 개념에는 두 가지 문제가 있다. 첫째, '지위 착취'라는 범주는 로머의 착취 분석의 다른 부분들이 지니는 논리 바깥에 있다. 다른 경우에서는 모두 착취가 생산력에 대한 사람 또는 사람들의

막는 행위 — 은 봉건적 착취의 한 형태로 간주될 수 있다. 다른 사람들과 동등하게 그 능력을 쓸 수 없다면, 사실상 그 사람은 자기 자신의 노동력에 대한 동등한 소유권을 가지고 있지 않은 셈이다. 차별을 이렇게 바라보는 관점은 차별이 '부르주아적 자유'에 반대되는 것이라는 관점과 일치한다.

연합 관계에 근거를 두고 있다. 다른 형태의 착취는 모두 '유물론적'이다. 단순히 그 개념이 물질적 분배를 설명한다는 의미에서가 아니라, 그 개념이 생산의 물질적 조건에 대한 관계에 기초해 있다는 의미에서 말이다. '지위' 착취는 생산과 어떤 필수 불가결한 관계도 맺고 있지 않다. 둘째, 봉건제적 착취와 지위 착취를 엄격히 구별하는 것이 힘들다. '영주'는 영주라는 '지위'를 차지하고 있는 바로 그 덕택에 보상(remuneration)을 얻는다.[28] 그러나 현시대 소련에서의 착취 논리를 14세기 중세 유럽의 것과 본질적으로 동일한 것으로 간주하는 일은 매우 불합리해 보인다.

지위 착취 개념의 문제는 생산적 자산의 목록에 있는 네 번째 요소에 기초한 착취를 분석함으로써 잠재적으로 해결될 수 있다. 이 자산은 '조직'이라고 일컬을 수 있다. 아담 스미스와 마르크스가 모두 주목했듯이, 생산자들 사이에서 노동의 기술적 분업은 그 자체로 생산성의 원천이다. 생산 과정이 조직되는 방식은 노동을 한다거나 생산자의 생산수단과 기술을 이용하는 일과는 구별되는 생산적 자원이다. 물론 생산수단과 기술 간에 상호 관계가 있는 것처럼 조직과 다른 자산 간에는 상호 관계가 존재한다. 그러나 조직 — 노동의 복잡한 분업 상태에 있는 생산자들 간의 조정된 협동 조건 — 은 그 자체로 고유한 생산적 자원이다.

이 자산이 서로 다른 사회에서 어떻게 다르게 분배되어 있는가? 현대 자본주의에서, 조직 자산은 일반적으로 경영자와 자본가에 의해 통제되고 있다. 경영자는 자본가가 갖고 있는 자본 소유권에 의해 부여된 제약 하에 특정한 회사 내에서 조직 자산을 통제한다. 기업가적 자본가는 두 가지 종류의 자산을 직접 소유한다(그리고 아마도 기술 자산도 소유하고 있을 것이다). 순수 대부 자본가는 단지 자본 자산만을 소유한다. 자본 시장의 무정부성 때문에 어떠한 일련의 행위자들도 자신의 기업을 넘어서 노동의 기술적 분업을 통제할 수 없다.

[28] Roemer, *GTEC*, p.243에서는 봉건적 착취와 지위 착취 간의 유사성을 인정한다. 그러나 그는 이를 문제라기보다는 흥미로운 유사성으로 다루고 있다.

국가주의 사회(또는 아마도 '국가사회주의' 사회)에서는 조직 자산이 훨씬 더 큰 중요성을 갖는다.29) 노동의 기술적 분업 ― 노동 과정 내의 그리고 여러 노동 과정 사이의 생산적 활동의 조정 ― 은 중앙에서 조직되는 사회적 과업이 된다. 조직 자산에 대한 통제는 더 이상 단순히 기업 수준의 경영자가 하는 일에 머무르지 않고, 국가 내에서 계획하는 중앙기관의 일로 확장된다. 그러한 사회에서 착취가 관료제적 권력에 기초하고 있다는 말은, 조직 자산에 대한 통제권이 계급관계와 착취의 물질적 기초를 정의한다는 말이다.

조직 자산의 관념은 권위와 위계의 문제와 밀접한 관련이 있다. 자산이 조직이다. 그 자산을 사용하는 행위는 노동의 복잡한 기술적 분업을 조정하는 의사 결정이다. 그 자산이 불평등하게 분배되어 있을 때, 그래서 어떤 직위가 다른 사람들보다 그 자산에 대한 효과적인 통제를 가질 때, 그 자산에 관련된 사회적 관계는 위계적 권위의 형태를 띤다. 그러나 권위는 자산 자체가 아니다. 조직이 권위의 위계를 통해 통제되는 자산이다.

조직 자산에 대한 효과적인 통제권이 착취의 기초라고 하는 주장은 다음 주장과 동일하다. ① 만일 조직 자산의 일인당 몫을 가지고 비경영자들이 철수한다면(또는 같은 뜻으로, 조직 통제권이 민주화된다면), 비경영자들은 나아지고 경영자-관료들은 나빠진다. ② 조직 자산을 효과적으로 통제함으로써 경영자-관료들은 사회적으로 생산된 잉여의 일부나 전부를 통제한다.30)

---

29) '국가주의 사회'라는 용어가 다소간 거북한 것이기는 하다. 왜냐하면 '국가주의'라는 용어는 생산수단에 대한 중앙집중화되고 권위주의적인 국가 통제를 일컫기보다는, 정치적으로 국가 개입의 팽창에 대한 포괄적 반대와 연관되어 쓰이기 때문이다. 그러나 다른 용어는 더 큰 약점들을 갖고 있다. '국가 관료 사회주의'라는 표현이나 단순히 '국가사회주의'라는 용어는 (예를 들어) 사회주의를 권위주의적인 국가 통제 생산과 융합시켜버리는 데 공헌한다. 약간 마음의 동요가 있긴 하지만, 나는 '국가주의'라는 용어를 여기서 전개되는 설명에서 채택하겠다.

'조직'의 성격을 착취를 발생시키는 것으로 정의하는 데에 반대하는 두 가지 주장에 대해 이야기할 필요가 있다. 첫째, 이 자산은 '소유'되지 않으므로 재산 관계의 기초를 구성하지 않는다. 둘째, 착취 기제로서 그 것은, 생산수단 그 자체와 효과적으로 구분할 수 없다.

'소유'는 계급에 대한 현대 마르크스주의자들의 논의에서 두 가지 의미를 갖게 되었다. 재산권으로서의 소유와 경제적 통제로서의 소유이다. 첫 번째 용법에서 무엇인가를 온전히 '소유'한다는 것은 그것을 팔 수 있고, 처분하거나 줘버릴 수 있다는 것을 함의한다. 두 번째 용법에서, 무언가를 '소유'한다는 것은 그것의 사용에 대한 실질적 통제를 행사한다는 것이다. 경영자와 관료들이 조직 자산에 대해 효과적인 경제적 통제권을 갖고 있다는 것을 보여주는 좋은 사례들이 있다. 심지어 자본가들이 경영자들을 해고할 권리를 보유하고 있다 하더라도 현대 기업의 실제에서 조직 자산에 대한 실질적 통제권은 경영자의 손 안에 있다.

그러나 조직 자산의 '소유'를 재산권으로 이야기하는 것이 사리에 맞는가? 분명히 자본주의 기업이나 국가기업에서 경영자들은 그들이 통제하는 조직 자산을 실제로 팔 수는 없다. 그리고 이것은 그들이 그 자산을 '소유'한다고 이야기하는 것이 이치에 전혀 맞지 않는다는 것을 의미할지도 모른다. 그럼에도 불구하고, 경영자가 개별적으로 조직 자산을 팔 수는 없지만 그들이 그러한 자산에 대해 일종의 재산권을 갖고 있다고 볼

---

30) '잉여에 대한 통제'는 경영자와 관료의 실제적인 개인적 소비와 같은 뜻이 아니라는 점이 강조되어야 할 것이다. 이것은 자본 이윤이나 봉건 지대에 대한 통제가 자본가나 봉건 영주가 실제로 개인적으로 소비하는 소득이 아닌 것과 마찬가지다. 착취계급이 효과적으로 통제하는 잉여의 어느 부분이 다른 목적을 위해 쓰이는지는 역사적으로 한 사회의 유형 내에서도, 서로 다른 사회 유형들 간에도 다양하다(봉건제의 군사 지출, 자본주의적 축척, 조직 성장 등). 경영자나 관료가 조직 자산의 재분배라는 조건하에 '더 나빠질 것이다'라는 주장은 그들이 효과적으로 통제하는 소득의 양을 지칭하는 것이고, 따라서 단순히 실제로 개인적으로 소비하는 양이 아니라 개인적 전유를 할 수 있는 잠재량을 지칭하는 것이다.

수 있는 측면이 있다. 이것은 바로 그 자산을 사용할 수 있는 권리의 이전에 대한 그들의 집합적 통제권이다. 자본가들이 경영자를 고용하고 해고하고 승진시킬 권리를 형식적으로 보유하고 있지만, 실질적인 의미에서 한 사람으로부터 다른 사람에게 조직 자산을 통제할 권리를 이전하는 권능을 유효하게 보유하고 있는 것은 경영진 그 자신이다. 그리고 이것은 자산 그 자체에 재산권을 갖고 있다는 한 가지 중요한 측면으로 고려될 수 있다. 그러나 사람들을 조직 자산의 각 지위에 할당할 경영 권한이 이러한 재산 같은 성격을 갖고 있다는 사실에도 불구하고, 경영자가 그러한 통제의 결과로 개인적으로 자산을 소유한다고 이야기하는 것은 '소유권'이라는 용어의 남용인 것처럼 보인다. 결과적으로, 나는 조직 자산에 대한 분석에서 일반적으로, 이 자산들이 '소유된다'기보다는 '효과적으로 통제된다'는 식으로 이야기할 것이다. 이것은 조직 자산에 대한 효과적인 통제가 착취의 기초라는 주장을 침식하지는 않지만, 서로 다른 종류의 착취와 연관되어 있는 서로 다른 종류의 자산 분석이 갖는 엄격한 대칭성을 감소시킨다.

조직 자산을 노동력, 생산수단, 기술과 나란히 자산으로 다루는 것에 대한 두 번째 반대는, 그것은 생산수단 자체와 궁극적으로 구별할 수 없다는 것이다. '국가주의' 사회에서 국가 계획가들은 사회 전반에 걸친 투자 흐름을 통제한다. 그러므로 만약 그들이 어느 것이든 '소유하거나' '통제한다면', 그들은 단순히 '조직 자산'이 아니라 '생산수단'을 소유하고 있는 것이다. 그러므로 그들 직위의 조직적 측면을 구별하는 것이 어찌 이치에 맞겠는가?

국가 계획자의 경우를 검토함으로써 그 쟁점을 명확히 해보자. 모든 착취관계에서는 그것이 노동력, 기술, 생산수단, 조직 자산의 소유권 중 어느 것에 기초해 있든, 착취가 발생시키는 것은 바로 사회적 잉여에 대한 유효한 수취권이다. 다음으로 이것은, 적어도 그들이 투자 목적으로 잉여를 처분할 수 있는 능력에 있어, 착취자들에게 투자에 대해 얼마간 효과적인 통제권을 부여한다. 예를 들어 자본주의에서 기술 착취자는 그들이 학력을 통해 수취한 잉여를 투자할 수 있다.

그러나 현재 맥락에서 논의되고 있는 쟁점은, 착취자들이 통제하는 잉여를 갖고 무엇을 하느냐가 아니다. 그 잉여에 대한 통제권을 어떤 기반을 통해 획득하느냐이다. 그리고 이런 측면에서 자본주의와 국가주의 사회 사이에 예리한 차이가 생긴다. 자본주의에서는 기술 착취자나 조직 자산 착취자가 그들의 기술이나 조직 자산을 기초로 획득한 잉여를 투자하면, 투자 그 자체로부터 나오는 잉여의 흐름을 획득하기 시작한다. 다른 말로 하면, 그들은 기술과 조직 착취를 자본화할 수 있다. 이것은 정확히도, 국가주의 사회에서는 불가능한 일이다. 매우 제한된 방식을 제외하면, 경영자, 관료, 국가 계획자들은 그들이 통제하는 잉여를 미래의 착취 자원으로 전환시킬 수 없다. 잉여의 사용이 그들의 조직적 직위(즉, 조직 자산에 대한 그들의 통제권)를 향상시키는 경우를 제외하고는 말이다. 자본주의와 국가주의 간의 대조는 이 점에서 봉건제와 자본주의 간의 대조와 유사한 형태를 띤다. 자본주의에서 자본가들은 그들의 잉여를 봉건화하는 일이 금지되어 있다. 물론 초기 자본주의에서는 이것이 진지한 쟁점이었다. 그 시기 자본가들의 이윤은 종종 자본주의 투자로부터 봉건제의 직위와 부동산을 구입하는 일에 전환되어 쓰였다. 부르주아 혁명이 자본주의 착취를 봉건화하는 것을 막았던 것처럼, 반자본주의 혁명은 조직 자산 착취를 자본화하는 것을 막았다.

4) 계급과 착취의 일반적 유형

로머의 분석 리스트에 조직 자산을 추가하면, <표 3-2>에 제시된 보다 복잡한 유형표를 만들 수 있다. 간략히 이 표의 각 행을 살펴보고 그 논리를 검토해보자. 봉건제는 노동력 소유권의 불평등한 분배에 기반한 계급 시스템이다. 봉건 영주는 농노보다 더 많은 생산수단, 더 많은 조직

<표 3-2> 자산, 착취, 계급

계급구조의 유형	불평등하게 분배된 주요 자산	착취 기제	계급
봉건제	노동력	잉여노동력의 강제적인 추출	영주와 농노
자본주의	생산수단	시장에서 노동력과 상품의 교환	자본가와 노동자
국가주의	조직	서열체계에 기반한 잉여의 계획된 전유와 분배	경영자-관료와 비경영자
사회주의	기술	노동자에서 전문가에 이르기까지 잉여의 협상된 재분배	전문가와 노동자

자산, (물론 그럴 리는 없겠지만) 더 많은 생산적 기술을 가져서, 이들 자산과 관련해서도 착취자일 수 있다. 그러나 그 사회를 '봉건적'이라고 규정하게 만드는 것은 다른 것과 구별되는 봉건제적 착취 기제의 주요성이다. 그리고 이는 자동적으로 봉건적 계급관계가 계급투쟁의 주된 구조적 기반이 될 것이라는 점을 의미한다. 부르주아 혁명은 사람들의 생산 자산을 근본적으로 재분배했다. 모든 사람들은 적어도 원칙상으로는 한 단위(그들 자신)를 소유한다. 이는 '부르주아적 자유'가 의미하는 것의 핵심이며, 이러한 의미에서 자본주의는 역사적으로 진보적인 힘으로 여겨질 수 있다. 그러나 자본주의는 착취의 두 번째 유형을 만들었다. 이것은 바로 전혀 예상치 못했던 수준까지 일어났던, 생산수단의 재산 관계에 기반한 착취였다.[31]

자본주의 계급관계의 전형적인 제도적 형태는 자본가가 생산수단을 온전히 소유하고 노동자는 아무것도 소유하고 있지 못한 상태다. 그러나 역사적으로 다른 가능성도 존재해왔다. 초기 자본주의 면화산업의 노동

---

31) 자본주의가 하나의 착취 형태를 전반적으로 제거하면서 동시에 다른 형태의 착취를 두드러지게 하기 때문에, 봉건제에서 자본제로 이행하는 것이 전반적인 착취를 줄이는지, 늘리는지를 말하기가 힘들다.

자들은 얼마간 그들의 생산수단을 소유했으나, 자본가의 도움 없이 실질적으로 상품을 생산할 만큼의 충분한 자산은 갖지 못했다. 봉건제에서와는 달리, 잉여는 강제된 노동이나 세금의 형태로 노동자들로부터 직접 전유되지는 않는다. 그러한 형태보다는 시장 교환을 통해 전유된다. 노동자들은 그들의 노동력 생산비용을 보전하는 임금을 받는다. 자본가들은 노동자들이 생산한 상품을 팔아서 소득을 얻는다. 이 두 소득량의 차이가 자본가가 전유하는 착취적 잉여다.[32]

반자본주의 혁명은 자본주의적 착취의 특수한 형태, 즉 생산수단에 대한 사적 소유에 기반한 착취를 제거하려 했다. 주요 생산수단의 국유화는 자본 소유를 급진적으로 평등화하는 것이다. 모두가 시민 한 명분을 소유한다. 반자본주의 혁명이 꼭 없앴다고 할 수 없는 것은(그리고 실제로는 상당한 정도로 강화하고 심화시킨 것은) 조직 자산에 대한 효과적인 통제권의 불평등이다. 자본주의에서는 조직 자산에 대한 통제권이 기업을 넘어서 확장되지 못하지만, 국가주의 사회에서는 노동분업을 조정하여 통합하는 것이 중앙국가계획이라는 제도를 통해 전체 사회로까지 확장된다. 잉여의 착취적 이전을 발생시키는 기제는 중앙에서 계획된 관료적 전유와 위계적 원칙을 따라 잉여가 분배되는 일을 포함한다. 따라서 이에 조응하는 계급관계는 경영자-관료(조직 자산을 통제하는 사람)와 비경영자들이다.

국가주의 사회에서 혁명적 변환이 되는 역사적 과업은 조직 자산에 대한 효과적인 경제 통제권을 평등하게 만드는 일이다. 그러한 평등화가 정확히 의미하는 바는 무엇인가? 복잡한 노동분업이 있는 모든 사회에서,

---

32) 이 주장은 논리적으로 노동가치 이론에 독립적이라는 점에 주목해야 할 것이다. 상품 교환이 그 상품에 체현된 사회적 필요노동량에 의해 결정된다는 가정은 어디에도 없다. 여기서 주장하는 것은 자본가의 소득이 노동자에 의해 생산된 잉여의 화폐적 가치로 구성된다는 것이다. 자본주의의 착취와 노동가치 이론의 관계를 다룬 논의로는 G. A. Cohen, "The Labor Theory of Value and the Concept of Exploitaion"을 보라.

모든 생산자들이 조직 자산을 **실제로** 평등하게 함께 **사용하는** 것을 상상하는 것은 유토피아적인 태도일 것이다. 이는 생산수단의 평등화가 모든 행위자들이 실제로 동일한 양의 물질적 자본을 실제로 사용함을 의미한다고 상상하는 것과 동일하다. 조직 자산에 대한 통제권의 평등화는 본질적으로 관료기구의 민주화를 의미한다.[33] 이것이 모든 의사 결정이 민주적 회합에서 직접 결정되는 철저한 직접 민주주의를 뜻할 필요는 없다. 여전히 위임된 책임이 있을 것이고, 확실히 민주적 통제를 하는 대의 형태가 있을 것이다. 그러나 조직 자산의 평등화는, 사회 생산의 계획과 조정의 매개변수가 민주적 메커니즘을 통해 결정되고 조직적 책임을 갖는 위임된 직위가 그 대표에게 사회적 잉여를 개인적으로 수취할 권리를 주지 않는다는 점은 분명히 의미한다.

'소비에트' 민주주의에 대한 레닌의 원래 복안에서는, 관리들은 평균적인 노동자들보다 더 많은 보수를 받지 않으며 즉각적인 소환을 받게끔 되어 있었다. 그리고 사회 계획의 기본적인 틀은 급진적 평등화 원칙을 구현하는 조직 자산의 민주적 참여를 통해 토의되고 결정되는 것이었다. 이제는 알고 있듯이, 볼세비키는 일단 권력을 잡자 조직 착취를 없앨 수 없었거나, 진지하게 제거하기를 꺼렸다. 그러한 실패로 인해 새로운 계급 구조가 출현하고 공고화되었다.[34]

조직 자산의 평등화와 조직 자산에 기반한 계급관계의 근절은, 그 자체로는 기술-학력에 기반한 착취를 제거하지 않을 것이다. 그러한 착취는 사회주의의 핵심적인 특징으로 남아 있을 것이다.

사회주의를 이렇게 재개념화하면, 사회주의 사회는 본질적으로 일종의

---

33) 이것이 바로 '현존 사회주의' 내의 좌파 비판가들이 그들 나라의 급진적인 정치 변혁 의제의 핵심에 놓여 있는 문제라고 이야기하는 것이다.

34) 러시아 혁명과 노동자 민주주의에 대한 다른 시도의 맥락 안에서 조직 자산의 민주화 문제에 대한 논의를 보려면 Carmen Sirianni, *Workers Control and Socialist Democracy* (London: 1982)를 보라.

비관료주의적 기술자 지배 사회이다. 전문가들은 생산 내에서 그들 자신의 기술과 지식을 통제하고, 그러한 통제를 통해서 생산에서 나온 잉여의 일부를 전유할 수 있다. 그러나 조직 자산의 민주화 때문에 실질적인 계획 결정은 전문가의 직접적인 통제하에 놓여 있지는 않을 것이고, 어떤 종류의 민주적 과정을 통해 이루어질 것이다(이것이 실제로 조직 자산의 민주화가 의미하는 바이다. 사회 생산의 계획과 조정에 대한 통제권의 평등). 이는 사회주의의 기술자 지배 착취계급이 이전 계급 체계에서 착취계급의 계급 권력보다 훨씬 약할 것이라는 점을 의미한다. 그들의 소유권은 사회적 잉여의 제한된 부분에만 확장될 것이다.

기술에 기반한 착취에 함의된 훨씬 더 제한된 지배의 기반은 마르크스주의의 고전적 주장, 즉 노동계급(직접 생산자들)이 사회주의에서 '지배계급'이라는 주장과 일관된다.[35] 조직 자산의 민주화는 필연적으로, 노동자들이 사회 계획을 유효하게 통제함을 의미한다. 그렇다면 사회주의의 묘사는 다음과 같을 것이다. 사회주의는 지배계급과 착취계급이 분리되는 사회다.

실제로 이보다 좀더 강한 주장을 할 수도 있다. 즉, 사회주의에서 '전문가'는 실제로 계급이라고 불리기에 적절하지도 않다고 말이다. 자본 자산, 노동력 자산, 조직 자산의 경우와 달리 기술 자산은 소유 그 자체로부터 어떠한 관계적 소유권들을 끌어낼 수 있는지가 전혀 명확하지 않다.[36]

---

35) 또는 '세련된' 마르크스주의 학파에서는 더 이상 우호적이지 않은 표현, 즉 사회주의는 '프롤레타리아 독재'라는 말이다.

36) 다소간 달리 표현하면 <표 3-1>과 유사한 조직 자산과 관계적 위치 간의 조응에 대한 표는 노동력 자산과 조직 자산 간의 관계에 대해서도 구성될 수 있다. 그러나 기술 자산과 관련해서는 구성될 수 없다. 비록 관련된 도출 형태가 자본 자산의 경우와는 다를 것이지만, 노동력 자산과 조직 자산의 경우 자산의 소유로부터 일련의 관계적 속성이 직접 '도출'될 수 있다. 조직 자산의 경우 그 직위를 점유하고 있는 자에 의해 통제되는 조직적 자산은 그 직위에 부여되어 있는 권위관계로부터 도출될 것이고, 봉건적 자산의 경우 노동력 자산에 대한 소유와 노동력을 생물학적으로 소유하고 있는 자에 대한 인신적

확실히, 기술 자산이 조직적 위계 내에서 어떤 직위에 채용되는지 여부를 결정하는 기준이라면, 기술이나 학력을 가진 개인은 그러한 학력을 갖지 못한 사람들과 특별한 관계에 있을 수도 있다. 그러나 이는 기술과 조직 자산 사이의 연결 관계 때문이지, 기술 자산 그 자체 때문은 아니다. 여기서 이야기할 수 있는 최대한의 주장은, 전문가와 비전문가는 비전문가가 전문가에게 의존하는 일종의 느슨한 관계로 존재한다는 것이다. 이는 다른 세 유형의 계급관계보다 약한 의미의 '사회적 관계'이다.

그러므로 기술과 학력이 착취의 기반이 될 수 있을지는 몰라도, 그 자체가 적어도 노동력, 자본, 조직 자산과 동일한 의미로 진정한 계급관계의 기반은 아닌 것처럼 보인다. 사회주의는 (국가주의와는 달리) 착취가 있는 사회이기는 하지만 온전히 구성된 계급은 없는 사회로 볼 수 있다.[37] 사회주의의 성격을 그렇게 정리하는 것은 또한, 문구 그 자체에 정확히 들어맞지는 않는다 해도 사회주의가 공산주의의 '낮은 단계'라는 마르크스의 주장이 갖는 정신과도 일관된다. 왜냐하면 이미 기술에 기반한 착취만 있는 사회에서 계급은 부분적으로 해소되어버린 상태에 있기 때문이다.

'공산주의' 자체는 기술에 기반한 착취 자체가 사라져버린 사회로 이해할 수 있다. 즉, 기술에 대한 소유권이 평등화된 사회로 이해할 수 있다. 이것이 공산주의에서 모든 개인이 실제로 각자 동일한 기술을 보유한다고 의미하지는 않는다는 점이 강조되어야 한다. 평등화되는 것은 기술에 대한 소유권이다. 이는 물질적 자산에 대한 소유권의 평등화가 의미하는 바와 유사한 형태이다. 서로 다른 노동자들이 서로 다른 자본 집약도, 생산성, 물질적 자산의 양을 가진 공장에서 일하는 상황은 계속될 것이다.

통제 사이에 직접적인 상응 관계가 존재한다.

37) 자본주의 사회의 경우 기술과 학력 차이가 계급구조의 적절한 차원이라기보다는 노동자와 경영자-관료 내부의 분파와 파당에 기반이 되는 것으로 간주되어야 함을 함의할 수도 있다. 나는 이 책 나머지 부분 전반에 걸쳐서 <표 3-2>에 나타난 바대로 학력 착취를 계급관계의 기초로 다룰 것이다. 그러나 이러한 조치는 조심스럽게 다루어져야 할 것이다.

평등화는 모든 사람들이 물리적으로 **동일한 생산수단**을 사용한다는 것을 의미하지 않고, 단순히 그러한 생산수단에 차별적으로 **분배된** 소유권이 더 이상 존재하지 않는다는 것을 의미할 뿐이다. 이와 유사하게, 기술 소유권을 평등화하는 일은 차별적인 임금과 사회 잉여에 대한 통제권이 차별적인 기술 수준과 연결되는 상황이 중지됨을 의미한다.[38]

5) 중간계급과 모순적 위치

<표 3-2>에 나타난 착취 형태와 이에 조응하는 계급관계의 다소간 복잡한 목록은, 원칙적으로 생산 개념의 추상적 양식(봉건제, 자본주의, 국가주의 등)에 보다 정확성을 부여하기 위해 고안된 것이 아니다. 그렇기보다는 더 구체적인 수준의 현대 자본주의 계급구조를 분석하는 개념적 도구를 제공하기 위한 것이다. 제2장에서 강조된 바와 같이 특히 이 도구들은 '중간계급'의 계급 성격을 이론화하는 더 일관되고 설득력 있는 방식을 제공한다.

양극화되지 않은 두 가지 서로 다른 종류의 계급 위치가 이 틀의 논리에 의해서 정의될 수 있다.

- 착취자도 아니고 피착취자도 아닌 계급 위치가 있다. 즉, 보유한 자산 수준이 정확히 사회 전체 총자산 중 일인당 자산 분량만큼인 사람들

---

38) 평등화의 가능한 정도는 다음 세 가지로 분류할 수 있다. ① 자산의 실질적 소유를 평등하게 하는 것, ② 자산의 획득과 소유에 대한 통제권을 평등하게 하는 것, ③ 자산에 의해 발생되는 소득을 평등하게 하는 것이다. 착취를 종식시키려면 최소한 각 자산에 대해 ③의 평등화 조건을 만족시켜야 한다. 착취 종식 그 자체는 ①의 조건을 요구할 수도 있고 그렇지 않을 수도 있다. 예를 들어 봉건제로부터 자본주의로 이행한 경우에는 노동력에 대한 통제권뿐만 아니라 실제 소유권도 기본적으로 평등화되었다. 사회주의로부터 공산주의로 이행할 때에 기술 소유가 실제로 평등해진다는 것은 설득력이 없고, 아마도 사회적으로 생산적인 기술을 사용하는 데 대한 통제권이 평등해질 것이다.

이 있다. 예를 들어 프티 부르주아, 평균 자본금을 가진 자영 생산자는 자본주의적 관계 내에서 착취자도 피착취자도 아닐 것이다.[39] 이런 종류의 직위는 계급제도에서 특정한 종류의 '전통적' 또는 '구'중간계급이라 명명될 수 있다.

• 구체적인 사회가 단일 생산양식의 특성만을 갖고 있는 경우는 설령 있다 하더라도 거의 없다. 어떤 사회의 실제 계급구조는 상호 교차하는 착취관계의 복잡한 패턴이라는 특성을 띤다. 그러므로 몇몇 직위는 착취관계의 한 차원에 따르면 착취자이고 다른 차원에 따르면 피착취자이다. 자본주의에서 높은 기술 수준을 보유한 임금생활자들(예를 들어 전문직)이 그 좋은 예이다. 그들은 자본주의적으로 착취당한다. 왜냐하면 그들은 자본 자산이 없기 때문이다. 그렇지만 동시에 기술 착취자들이기도 하다. 그러한 직위는 전형적으로 계급제도에서 '신중간계급'으로 일컬어지는 위치들이다.

<표 3-3>은 자본주의에서 그러한 복잡한 계급의 도식적인 유형을 나타낸다. 그 유형은 두 부문으로 나누어진다. 생산수단의 소유자 부문과 비소유자 부문이다. 유형표의 임금생활자 부문에서는, 계급 위치가 자본주의 사회의 착취적 성격을 가진 두 하위 관계로 구분된다. 그것은 조직 자산과 기술-학력 자산이다. 그러므로 이 틀 내에서는, 자본주의 생산양식의 양극화된 계급과는 구별되는, 자본주의 사회의 계급 위치의 전반적 영역 — 전문직 경영자, 비전문직 경영자, 비경영직 전문가 등 — 을 분류할 수 있다.

중간계급의 이질성을 포착하는 착취 정의와, 그러한 직위를 계급관계 내의 모순적 위치로 개념화했던 나의 이전 작업과의 관계는 무엇인가? 그러한 직위가 '모순적 위치'라고 특징지을 수 있는 측면이 여전히 있다.

---

39) 이 정식에서 일부 프티 부르주아들은 최소한의 생산수단만을 갖고 있기 때문에 자본에 의해 실제로 착취당하고, 다른 일부 프티 부르주아들은 비록 그들이 임금생활자를 고용하지 않고 있다 하더라도 자본이 많기 때문에 자본주의적 착취자에 해당할 수 있음을 주목하라. 그러므로 착취 지위는 단순히 자가고용 또는 임금생활자라는 기준과 엄밀히 동일시될 수는 없다.

<표 3-3> 자본주의 사회에서 계급 위치의 유형

생산수단 자산

생산수단 소유자	비소유자(임금생활자)			
		기술-학력 자산		
	조직 자산	+	> 0	−
① 부르주아 자신은 일하지 않고 남을 고용할 만큼 자본이 충분함	+	④ 전문 경영자	⑦ 반전문 경영자	⑩ 비전문 경영자
② 소고용주 자신도 일해야 하나 남을 고용할 만큼 자본이 충분함	> 0	⑤ 전문 감독자	⑧ 반전문 감독자	⑪ 비전문 감독자
③ 쁘띠 부르주아 남을 고용할 수 없고 자신이 일해야 할 정도의 자본이 있음	−	⑥ 비경영 전문가	⑨ 숙련노동자	⑫ 프롤레타리아

<표 3-4> 연속적인 생산양식에서의 기본 계급과 모순적 위치

생산양식	기본 계급	주요 모순적 위치
봉건제	영주와 농노	자본가
자본주의	자본가와 노동자	경영자-관료
국가 관료 사회주의	관료와 노동자	지식인-전문가

왜냐하면 그들 직위는 전형적으로 자본주의 사회의 계급투쟁의 주요한 형태, 즉 노동과 자본 간의 투쟁에 관해 모순적인 이해관계를 갖고 있기 때문이다. 한편으로 그들은 생산수단의 소유로부터 배제된다는 점에서 노동자와 같다.[40] 다른 한편으로 그들은 노동자와 상치되는 이해관계를 갖고 있다. 왜냐하면 그들은 조직 자산과 기술 자산에 대해 효과적으로 통제하고 있기 때문이다. 그러므로 자본주의 투쟁에서 '신'중간계급은 모순적 위치를 구성한다. 또는 보다 정확하게 말해서 착취관계 내 모순적 위치를 구성한다.

중간계급에 대한 이런 개념화는 또한 모순적 위치의 주된 형태가 착취관계의 특별한 조합에 따라 사회마다 역사적으로 변화할 것이라는 점을 시사한다. 주요한 모순적 위치의 역사적 패턴이 <표 3-4>에 나타나 있다. 봉건제에서 핵심적인 모순적 위치는 부르주아로 구성되었는데, 이들은 바로 그 뒤를 잇는 생산양식의 지배자가 되었다.[41] 자본주의 내에서 착취관계 내의 핵심적인 모순적 위치는 경영자와 국가 관료로 구성되었

---

40) 이는 많은 전문가들과 경영자들이 그들의 높은 소득을 저축하여 자본 자산 소유자의 중요한 일부를 이룬다는 사실을 부정하는 것이 아니다. 그러나 이러한 사태가 일어나는 한 그들의 계급 위치는 객관적으로 이동하기 시작하여 부르주아의 위치로 들어가게 되는 것이다. 여기서 나는 부르주아 그 자체로 들어가는 임시적 지위로서의 전문가와 경영자 직위를 제외하고 이야기하는 것이다.

41) 다른 한편으로 봉건제 사회에서 구중간계급은 자유 신분의 농부(자유민 소지주 경작자)로 정의된다. 이들은 노동력 자산이 불평등하게 분배된 체계 내에서 그 자산의 일인당 몫을 소유하고 있는 사람들이다(즉, 그들은 '자유롭다').

다. 그들은 자본주의와는 확연히 구분되는 계급 조직의 원리를 구현하고 자본주의적 관계에 잠재적으로 대안을 설정한다. 이는 국영기업 경영자의 경우에 특히 진실이다. 사기업 경영자와는 달리, 이들은 자본가계급의 이익에 그들의 직업 전망이 덜 밀접하게 통합되어 있기 때문이다. 마지막으로 국가주의 사회에서는 넓은 의미의 정의로 '인텔리겐치아'들이 중추적인 모순적 지위를 구성한다.[42]

중간계급을 이렇게 재구성함으로써 나오는 결과 중 하나는 프롤레타리아가 자본주의 사회에서 고유하고 아마도 심지어는 보편적으로 핵심적인, 자본가계급에 대한 라이벌이라는 명제가 더 이상 공리로서 자명한 위치를 차지하지 않는다는 것이다. 고전적인 마르크스주의 가정은 자본주의 내에서 자본주의에 대한 대안의 '담지자'로 간주될 수 있는 다른 계급이 없다는 명제에 기초하고 있다. (공산주의로의 이행 단계로서) 사회주의가 자본주의의 대안이 될 수 있는 단 하나의 미래였다. <표 3-4>가 제시하는 바는 자본주의 내의 다른 계급의 힘이 자본주의에 대한 대안을 설정할 잠재력이 있다는 것이다.

굴드너와 다른 학자들은, 역사에서 사회 혁명의 수혜자들은 주요 생산양식에 의해 억압받는 계급이 아니라, '제3의 계급'이었다고 논한 바 있다. 가장 주목할 점은, 봉건제가 소멸되자 농부들이 아니라 봉건제의 주된 착취관계의 바깥에 위치하고 있었던 부르주아가 지배계급이 된 것이다. 자본주의에서 경영자-관료의 관계나, 국가 관료 사회주의의 전문가에 대해서도 유사한 논의가 확장될 수 있다.

---

42) '현존하는 사회주의'의 계급구조를 '신계급'이라는 개념에 의해 분석하려고 시도한 이론가들은, 일반적으로 국가 관료와 전문가를 계급 권력을 위해 경쟁하는 두 집단으로 보기보다는 단일한 지배계급 위치로 융합시키는 경향이 있다. 몇몇 이론가들, 콘라드와 스젤레니(G. Konrad and I. Szelenyi, *Intellectuals on the Road to Class Power*)나 굴드너(Alvin Gouldner, *The Future of Intellectuals* ……)는 이러한 구분을 인식하고 있다. 비록 그들이 이 문제를 여기서 수행된 방식으로 이론화하지는 않았지만 말이다.

　　자본주의의 경우, 경영자와 국가 관료가 부르주아의 계급 권력에 대한 잠재적 위협 세력을 구성한다고 주장하는 것은 다소간 억지스러워 보일 수도 있다. 적어도 선진 자본주의 국가에서는 기업 경영자들이 사적 자본 축적의 논리에 너무도 긴밀히 통합되어 있어서, 어떤 종류의 국가주의 생산 조직을 찬성하고 자본주의를 반대한다는 것이 매우 설득력이 없어 보일 수 있다. '경영자 혁명' 명제에 대한 비판자들이 종종 논하듯이, 기업 경영자들이 가진 특수한 이익이나 동기가 무엇이든 간에, 그 이익의 실현은 회사의 이윤율에 의존하는 것이고, 그렇기 때문에 그들은 자본의 이익과 일치하는 전략을 채택할 것이다. 그리고 자본에 적어도 부분적으로 독립적인 국가 경영자의 경우에도, 권력 기반을 갖고 있다고 할 수 있는 그들이 일관되게 반자본주의적으로 된다는 것 자체가 일어날 가망이 희박한 일이다. 왜냐하면 국가의 이익이 자본의 이익에 종속되거나 자본의 이익에 의해 조정되는 매우 많은 경로가 존재하고 있기 때문이다. 자본주의 사회에서 국가의 수입은 사적으로 발생되는 이윤에 의존한다(왜냐하면 국가 자체는 생산을 조직하지 않기 때문이다). 그렇기 때문에 국가는 자본의 이윤율을 높이는 방식으로 행동하고, 자본주의적 착취를 지원하는 방식으로 행동하게 된다. 그러므로 그들의 개인적 선호와는 무관하게 국가 경영자들은 반자본주의적인 방식으로 행동할 수 없다.[43] 따라서 경영자와 관료를 부르주아의 계급 라이벌로 다루는 것조차도 완전히 비현실적인 것으로 보인다.

---

43) 자본주의 국가가 부르주아의 이익에 체계적으로 연결되는 방식에 대한 논의로는 다음 문헌들을 보라. Claus Offe, "Structural Problems of the Capitalist State: Class Rule and the Political System," in C. von Beyme(ed.), *German Political Studies*, vol.1(Russel Sage, 1974); Göran Therborn, *What Does the Ruling Class Do When it Rules?*(London: 1978). 이와 대조적으로 국가의 자율성을 훨씬 크게 인정하는 견해로는 다음 문헌을 보라. Theda Skocpol, "Political Response to Capitalist Crisis: neo-Marxist Theories of the State and the Case of the New Deal," *Politics & Society*, vol.2(1980).

경영자와 관료가 자본주의 사회 질서에 통합되어 있다는 주장의 배후에는 자본주의가 착취와 축적의 성공적인 체계라는 가정이 깔려 있다. 일반적으로 기업이 이윤을 낼 수 있는 한 경영자들을 자본 축적의 논리로 통합할 수 있을 것이다. 그리고 자본주의가 국가에 수입의 기반을 재생산해주는 한, 국가 경영자들은 자본의 이익과 그들의 이익을 한데 묶어서 다룰 것이다. 그러나 자본주의가 영속적으로 불황에 빠진다면 이들 이익과 전략에는 무슨 일이 발생할까? 이윤이 더 이상 장기적으로 확보되지 못한다면, 경영자 중 다수에게 경력 전망이 매우 불확실하고 위험한 것으로 된다면, 자본의 투자와 흐름을 통제하는 데 직접적인 국가 개입을 더 크게 늘리자는 국가주의적인 호소가 기업 경영자들에게 더 매력적이 될 것인가? 국가주의라는 선택지가 국가 경영자들에게 더 현실적인 것으로 여겨질 것인가? 자본가계급의 권력을 침식하는 국가주의적 해결책이 그러한 경제 조건에서 경영자와 관료들에 의해 자동적으로 추구될 것이라고 시사하는 것이 아니다. 그러한 전략을 가능하게 할 일정한 범위의 정치적·이데올로기적 조건이 있을 것이며, 그러한 조건들이 만성적인 불황 상황에서 반드시 나타난다는 법도 없다.[44] 현 논의의 맥락에서 중요한 논점은 그러한 조건이 출현하는 데에 어떤 불가피성이 있다는 것이 아니라, 경영자와 관료가 (제3세계는 차치하고서라도) 선진 자본주의 국가에서도 반자본주의적이고 국가주의적인 해결책이 매력적이라고 생각하는 역사적 조건을 상상할 수 있다는 점이다.

<표 3-4>에 있는 모순적 위치의 역사적 유형은, 봉건제-자본주의-국가주의-사회주의-공산주의라는 연쇄에 어떤 필연성도 함의하지 않는다. 국가 관료가 현재 자본주의 사회의 지배계급이 되는 운명이 존재한

---

44) 좌파가 사회 이론에서 '경제주의'의 기미를 비판하는 것이 매우 유행이 되어 오긴 했지만, 나는 그럼에도 불구하고 다음과 같이 믿는다. 즉, 경영자와 국가 관료가 반자본주의적인 입장을 발전시키는 데 필요한 정치적·이데올로기적 조건이 출현하는 일은, 자본주의적 팽창과 성장의 조건에서보다는 고질적인 경제 정체와 쇠락의 조건에서 일어날 가능성이 더 높다.

다는 함의는 어디에도 없다. 그러나 계급 형성과 계급투쟁의 과정이 전통 마르크스주의 서술에서 고려해두었던 것보다 훨씬 더 복잡하고 불확실하다는 것은 분명히 시사하고 있다.[45]

이렇게 모순적 계급 위치를 이해하는 방식은 내가 이전에 했던 개념화에 비해 몇 가지 장점을 지니고 있다.

(1) 계급관계 내 모순적 위치에 대한 초기 분석에 있었던 몇 가지 특수한 개념적 문제 중 일부분이 사라진다. 비행기 조종사 같은 직위가 다른 비숙련노동자보다 더 프롤레타리아화되어 있다고 간주되는 것과 같은, 자율성이라는 개념에 따르는 문제, 즉 예외로 남겨두어야 하는 상황 등이 그러한 문제들이었다.

(2) 모순적 위치를 착취관계에 의해 다루는 것은 생산양식에 걸친 개념을 일반화해준다. 그 개념은 이제 모든 계급제도에서 특수한 이론적 지위를 갖게 되고, 더 나아가 <표 3-4>에서 나타난 역사적 추진력에 훨씬 더 초점을 맞춘다.

(3) '중간계급' 위치를 개념화하는 이와 같은 방식은 계급이익의 문제를 이전보다 훨씬 명확하게 만든다. 계급관계 내의 위치는 그들이 소유하거나 통제하는 특정한 종류의 자산을 최적화하는 물질적 전략의 성격에 의해 정의된다. 그들의 특정한 계급 위치는 현존하는 자본주의 사회에서, 그리고 철수할 것을 원할지도 모르는 다양한 종류의 대안적 게임에서 그들의 이익을 상술하는 데에도 도움을 준다. 이전의 개념화에서는 특정한 모순적 위치의 물질적 이익을 정확히 구체화하는 것이 어려웠다. 특히 '반자율적 피고용자'의 물질적 이익을 노동자의 물질적 이익과 필연적으로 구별되는 것으로 다루는 데에 아무런 일관된 이유도 없었다.

(4) 이 착취에 기반한 전략은 계급 동맹 문제를 이전의 접근법보다 훨씬 더 체계적인 방식으로 명확히 하는 데 도움을 준다. 모순적 위치의 경우, 이전의 방식으로는 모순적 위치와 노동자 또는 비노동자 사이에 동맹이 맺어지는 경향을 어떻게 평가해야 하는지가 결코 명확하지 않았다. 나는 그러한 동맹의 경향이 정치적·이데올로기적으로 결

---

45) 여기서 전개된 논의가 마르크스주의 역사 이론에 대해 갖는 함의를 보다 충분히 토론한 것을 보려면 4장과 그 이후의 장을 보라.

정된다는 주장을 한 바 있으나, 그 주장에 내용을 채워 넣을 수는 없었다. 이와는 달리 (제4장에서 보게 될 바처럼) 착취에 기반한 모순적 위치 개념은 계급 동맹의 문제를 분석하는 데 훨씬 더 명확한 물질적 기초를 제공하는 것에 도움을 준다.

3. 다시, 미해결된 문제들로

개념 형성 과정이란 개념이 계속 변형되는 과정이다. 새로운 해결책은 새로운 문제를 부과하고, 이들 문제를 풀려는 노력이 새로운 해결책을 낳는다. 이 장에서 다듬어진 개념적 도구는 그런 식으로 새로운 일련의 어려움을 만들어냈다. 물론 궁극적으로 이들 어려움들은 제안된 개념에 '치명적인 것'으로 증명될 수 있다. 최소한 그 문제들은 더 명료화되고 정제될 필요가 있다.

그 문제들 중 네 가지가 특별히 절박한 것으로 보인다. ① 조직 자산에서 '조직'의 지위, ② 기술 착취와 계급의 관계, ③ 착취 형태간의 인과적 상호작용, ④ 자산에 기반하지 않은 착취 기제가 그러한 문제들이다. 나는 이들 쟁점들을 처리하기 위해 가능한 전략을 제안할 테지만, 전적으로 만족스러운 해결책을 아직 갖고 있지 않은 진정한 문젯거리라고 여긴다.

1) 조직 자산에서 조직의 지위

경영자와 관료가 착취자라는 주장을 받아들인다고 해도 그들이 착취하는 기반이 조직 자산에 대한 ('소유'는 차치하고) 통제라는 논변에는 여전히 의문을 가질 수 있다. 두 가지 대안이 고려될 수 있다. 첫째, 조직 자산은 실제로는 기술 자산의 전문화된 유형(경영 능력)에 불과하다. 둘째, 조직 자산은 '지위' 착취로 불릴 수 있는 보다 일반적인 개념의 특수한 경우에 불과하다는 주장이다.

경영자가 잉여에 대해 갖는 권리는 그가 소유한 전문화된 기술의 기능 때문이라는 주장은 확실히 그럴 듯하다. 이 기술은 경영자가 조직 내에서 일하면서 쌓은 경험을 통해 획득한 회사에 상당히 특수한 것일 수 있다. 그럼에도 불구하고 경영자적 착취의 기반은 그들이 통제하는 조직 자산이 아니라 그들이 소유한 기술이라고 주장될 수 있다.

이 논의를 경험적으로 어떻게 반박하기는 쉽지 않다. 나는 조직 자산에 대한 통제를 통해 그 직위에 부여된 책임이 그 직위를 실제로 차지하고 있는 사람에게 (기술-학력에 근거한 권리와는 구별되는) 잉여에 대한 권리를 부여한다고 주장한다. 그러나 회사에 특수한 기술은 그러한 통제-책임과 함께 변화하기 때문에, 이 주장을 모호하지 않은 방식으로 구축하기란 어렵다. 그러나 적어도 조직 자산이 기술이나 경험의 단순한 대리물이 아니라는 몇 가지 증거가 있다. 만약 경영자 직위에 연결된 착취가 전적으로 기술과 경험의 결과라면, 경영자와 비경영자 간의 소득 차이는 통계적으로 이들 두 변수를 통제했을 때 사라질 것이라고 기대할 수 있다. 그러나 이는 전혀 사실이 아니다. 교육, 연령, 근속연수 등의 변수를 조정하고 난 뒤에도 경영직 소득은 비경영직 소득보다 훨씬 높은 채로 남아 있다.[46] 물론 그러한 결과가 이 쟁점을 결정적으로 해결하지는 못한다. 왜냐하면 경영직과 비경영직 간에 남아 있는 소득 차이가 측정되지 않은 기술 차이일 가능성이 항상 존재하기 때문이다. 그럼에도 불구하고 이 증거들은 이 장에서 제안된 조직 자산 분석을 어느 정도 지지해준다.

착취의 기반이 되는 것은 조직 자산 자체가 아니라 직위가 갖는 일반적 속성과 조직 내에서의 '전략적' 중요성이라는 속성 때문이라는 주장이 옳을 가능성은, 그 개념에 더 심각한 문제를 제기한다. '전략적 직업'

---

46) 경영자와 노동자의 소득 차이에 대한 상세한 분석으로는 Erik Olin Wright, *Class Structure and Income Determination* (특히 pp.134~138)을 보라. 그 연구에서 경영자들은 평균적으로 노동자들보다 일 년에 7,000달러를 더 벌어들였다(1970년 자료). 교육 수준, 연령, 연공, 직업적 위치와 여러 가지 다른 변수들을 통제하고 난 뒤에는, 평균적으로 일 년에 3,200달러를 더 벌어들였다.

은 두 차원의 상호 교차로 정의될 수 있다. 첫째, 그 직업의 과업이 잘 정의되고 쉽게 지속적으로 감시·통제될 수 있는 정도, 둘째, 양심적이고 책임 있는 태도가 개인이 수행하는 과업에서 조직의 전반적 생산성에 끼칠 수 있는 영향의 정도가 그러하다. 이러한 의미에서 경영자적 직위는 전략적 직업의 한 예이다. 그러나 양심적인 정도의 차이에 매우 민감하고 감시·조정하기가 어려운 일의 유일한 예는 아니다.

전략적 직업은 고용주에게 심각한 사회적 통제의 문제이다. 감시·조정이 쉽게 잘 이루어지기 힘들기 때문에 사회적 통제의 전략으로 억압적인 규제에 기대기는 힘들다. 그러나 직업 수행이 생산에 미치는 잠재력은 그러한 사회적 통제를 필수적인 것으로 만든다. 이 문제에 대한 해결책은 긍정적 보상에 크게 기대는 것이다. 책임 있고 양심적인 행동을 유도해내는 방법, 특히 경력에 대한 보상에 말이다. 그러므로 경영자가 차지하는 착취 이전분은 '충성 수당'으로 보아야 한다. 조직 자산에 대한 통제가 그러한 직업의 가장 중요한 사례일 수는 있지만, 그럼에도 불구하고 보다 일반적인 문제의 특수한 경우에 지나지 않는다. 그러므로 그러한 직업의 착취는 조직 착취라기보다는 '직위적 착취'라고 서술되어야 한다.

이 대안에는 매력적인 특징이 있다. 그것은 경영자가 향유하는 특권이 기술에 기반했느냐 조직 자산에 기반했느냐의 문제는 그 직위가 충성 수당을 요구하는 사회적 통제의 딜레마를 부과하는 한 중요하지 않다고 주장함으로써, 경영자 직위와 해당 회사에 특수한 기술이라는 문제를 피해간다. 기술 자체에 관해서 보면, 사회적 통제라는 관점은 특정한 종류의 숙련노동력 공급을 제한하는 기제를 통한 기술에 기반한 착취와, 일의 조직 그 자체에 관련된 기술에 기반한 착취를 구분할 수 있게 해준다. 마지막으로 이 대안은 조직 자산도 기술 자산도 포함하지 않으면서 '충성 수당'을 요구하는 전략적 직업에 해당하는 어떤 직위들을 규명할 수 있게 해준다.

어떤 사람은 다음과 같이 물을지도 모르겠다. 전략적 직업 개념이 갖는 이러한 명백한 이점이 있는데도 조직 자산 개념을 왜 유지해야만 하는가? 그 핵심적인 이유는 조직 자산에 대한 통제가 특정한 사회관계(경영자와 노동자의 관계)의 구조에 기초를 둔다는 데에 있다. 분석 목적은 단순히 가능한 착취 기제들을 규명하는 것이 아니라 착취-계급 연계를 밝혀내는 것이다. 전략적 직업 자체에 대한 분석에서는 어떠한 명확한 계급관계도 이끌어낼 수 없다. 그러한 직업에 종사하는 사람들은 비전략적 직업에 종사하는 사람과 아무런 특유한 사회적 관계도 갖지 않는다. 그러므로 그러한 직위가 다른 것과 구분되는 계급적 성격을 갖는 것으로 규정하기가 힘들다. 그들 직업이 착취 형태의 기반을 구성한다는 사실에도 불구하고 말이다. 그러므로 조직 자산에 대한 효과적인 통제는 전략적 직업의 기반 중 하나이면서, 이 특수한 전략적 직업(경영직 — 옮긴이)에 있어서는 계급관계의 기반이기도 한 것이다.

2) 기술과 계급

전략적 직업 분석이 야기한 쟁점은, 기술과 계급 간의 관계에 대한 보다 일반적인 문제와 연결되어 있다. 그 이슈는 사회주의 사회의 전문가를 논의하면서 이미 언급한 바 있다. 기술 자산의 소유가 시장 교환과 내부 노동시장에 의해 중개되는 착취의 기반일지는 모르나, 계급관계의 기초인지 여부는 훨씬 덜 명확하다. 기술이나 재능이 다른 종류의 자산을 얻게 하는 경우를 제외하고는 말이다. 전문가들이 비전문가들가와 구분되는 이익을 가질 수는 있겠지만 비전문가와의 관계에서 하나의 계급을 확고히 구성하는 것은 아니다.

이러한 사실에도 불구하고 나는 계급 분석에서 기술 자산 개념을 계속 유지하겠다. 특히 기술-학력 자산은 자본주의의 중간계급 문제를 분석하는 데에 중요한 역할을 한다. 그러나 이 자산이 계급 개념에 대해 갖는 연관성은 만족스럽게 이론화되지 않았다.

이 상황을 처리하는 한 가지 가능한 전략은 기술 착취를 계급 내의 내부적 분업의 기초로 다루는 것이다. 실제로 이것은 계급 '분파'를 엄밀히 규정하는 적절한 방식이 될 수도 있다. 계급 분파는 계급관계 내에서 공통된 위치를 갖지만 착취에 관해서는 서로 다른 위치에 속하는 직위로 정의된다. 나는 착취에 기반한 계급 내 계층의 문제를 여기서 다루지는 않을 것이다. 그러나 이 방법은 일관된 방식으로 이러한 문제를 다루는 가장 적절한 방법일지 모른다.

3) 착취 형태의 상호작용 [47)]

조직 소유나 기술 자산의 소유가 착취의 기반을 구성한다는 사실을 인정한다고 해도, 이들 기제를 계급구조에 연결시키는 것에는 중요한 잠재적인 문제가 있다. 착취 기제들 간에 상당한 정도의 체계적인 상호작용이 있다고 가정해보자. 예를 들어 사회적 잉여에 대한 권리를 주장할 수 있는 조직 자산을 '통제하는 자'의 능력은 자본주의적 착취가 없는 사회에서보다는 자본주의적 착취가 있는 사회에서 더 클 수 있다. 자본주의적 착취는 조직(또는 기술) 자산의 착취 능력을 증가시킬 수 있다. 그러한 상황에서 개별 경영자나 전문가가 아무런 자본 자산을 소유하고 있지 않다고 해도, 그들은 자본 자산들이 평등하게 분배되었을 때 더 나빠질 수 있다. 그렇다면 사실, 경영자가 관계적 의미에서는 자본가계급이 아니라 할지라도 자본주의가 그들의 조직 착취를 증가시킨다는 의미에서 그들은 자본주의 착취에 참여하고 있고, 그에 따라 기본적으로 계급이익을 자본가와 공유하고 있다.

나는 이 장 전반에 걸쳐서 착취의 서로 다른 기제들이 엄격하게 부가적인(plus) 효과만을 가지고 있는 것으로 가정했다. 착취 기제들 중 어느

---

47) 이 특수한 쟁점에 주의를 집중시키게 해준 데 대해 빈(Robert van der Veen)에게 감사드린다.

하나의 효과는 다른 것과 독립적이라고 말이다. 경험적으로 보자면 이는 설득력 있는 가정이 아니다.

만약 착취 형태가 서로를 강화하지 않는다는 가정을 버린다면, 계급 위치 지도의 객관적 계급이익과의 관계가 훨씬 더 성가신 것이 된다. 이는 꼭 이 장에서 제안된 기본적인 분석 전략의 유용성을 파괴하지는 않지만, 자산 착취와 계급 간의 상호 관계 분석에 복잡성을 상당히 더하는 것은 사실이다. 이렇게 추가된 복잡성이 갖는 힘 중 몇몇은 다음 장에서 계급 동맹에 대해 논의할 때 이야기될 것이지만, 나는 일반적으로는 착취 형태 가 서로 독립적이라는 단순화 과정을 계속해서 채택할 것이다.

4) 착취의 비자산적 기반

나는 의식적으로 이 장의 분석 전반에 걸쳐 생산력(즉, 생산에 사용되는 다양한 종류의 투입물)에 대한 통제나 소유에 근거한 착취로 논의를 국한 했다. 그러나 개인이나 집단이 사회 잉여의 일부를 전유할 수 있는 다른 기제들이 있을 수 있다. 군사적 폭력에 대한 통제권은 국가가 생산력의 통제 측면에 관련되어 있는지 여부와 상관없이 사회 잉여의 일부를 전유 할 수 있는 능력을 준다. 가족 내에서 남성 지배는 남성이 아내의 가사노 동 형태로 잉여노동을 전유하는 것을 가능하게 한다. 인종 지배는 경제 적 계급과 관계없이 백인이라는 그 자체만으로 흑인을 착취할 수 있게 한다.

그렇다면 쟁점은 다음과 같은 것이 된다. 왜 재산 관계가 계급 분석에 특권화되어야 하는가? 왜 분석이 생산력에 대한 소유-통제와, 그 소유 위 에 구축된 착취와 계급관계를 중심으로 이뤄져야 하며, 왜 종교적 계급, 군사적 계급 또는 성 계급, 인종 계급에 대해서 이야기하지 않는가?

우선 성직자, 장교, 남성 또는 백인들이 다른 사람들을 착취하는 기제 는 생산적 자산에 대한 소유-통제라는 점이 주목되어야 할 것이다. 그렇게 보면 이 장에서 제안된 분석 전략에 아무런 특별한 위협도 가해지지 않은 셈이다. 이들 비자산적 사회 기준은 생산 자산의 사회적 분배를 설명하는 데에는 중요하겠지만, 계급과 착취는 여전히 재산 관계로 정의되어야 한다.

비생산적 범주가 잉여에 대해 생산 시스템과의 관련을 통해 중개되지 않고 직접적이고 강제로 실행할 수 있는 권리를 갖게 될 때에 어려움이 생긴다. 예를 들어 남성은 여성으로부터 생산 자산의 성별 분포 때문이 아니라 성별 관계에서 단순히 남성이라는 사실 때문에 잉여노동을 전유할 수 있을지도 모른다. 그러한 가능성은 내가 추구해온 접근법에 더욱더 심각한 도전을 제기한다.

나는 기본적으로 두 가지 이유 때문에 계급 개념이 생산관계에 제한되어야만 하고, 착취가 일어나는 모든 가능한 사회적 관계를 모두 포함하도록 확장되어서는 안 된다고 생각한다. 첫째, 계급 개념은 본질적으로 사회적 변화와 역사 발달의 전반적인 궤적의 신기원에 관한 이론을 규명하려는 것이다. 그러한 이론에서는 생산력 — 기술과 그 밖의 다른 생산성의 원천 — 발달이 중심적인 역할을 한다.[48] 생산력의 발전이 역사 이론에 자동적이고 초역사적이며 역동적인 역할을 하지 않더라도, 역사의 발전 방향은 생산력 발전의 결과라고 논할 수 있다.[49]

우리가 이 점을 인정한다면, 생산력에 대한 유효한 통제와 그러한 통제

---

48) 여기는 역사 이론에 대한 일반적 토론을 하거나 특별히 그러한 이론에서 생산력이 갖는 역할을 논의할 자리가 아니다. 이들 문제에 대한 논의로는 다음 문헌을 보라. Andrew Levine and Erik Olin Wright, "Rationality and Class Struggle," *New Left Review*, 123(1980); Erik Olin Wright, "Giddens' Critique of Marxism," *New Left Review*, 139(1983).

49) 이 논변은 기본적으로 기술 변화가 역사를 거꾸로 가는 것을 막는 일종의 쐐기를 만들어내서, 역사가 그대로 머물러 있거나 앞으로 전진할 가능성에 비해 역행하는 사태의 가능성을 줄인다는 것이다. 기술 변화가 무작위로 드문드문 일어난다 해도, 그것은 역사적 변화가 방향을 갖게 하는 약한 경향성을 발생시킬 것이다.

를 낳는 착취는 역사 이론에서 특별히 중요한 전략적 의미를 갖게 된다. 그러한 통제(넓은 의미에서 재산 관계)는 역사 발전과 관련된 이익의 기본적인 영역을 규정한다. 이러한 이유로 계급 개념을 재산 관계에 국한하는 것이 적절하다.

생산력이 역사 이론에서 중심적인 역할을 한다는 명제를 받아들이지 않는다 해도 계급 개념을 생산관계에 국한하는 것이 좋다는 두 번째 논변이 있다. 만약 재산 관계에 근거해 있는 착취가 다른 관계에 근거한 착취의 논리와는 구별되는 논리를 갖고 있다면, 재산에 근거한 착취와 그에 연관된 사회적 관계를 다른 것과 구별되는 범주인 '계급'으로 다루는 것이 정당화될 것이다.

다른 것과 '구별되는 논리'란 무엇인가? 무엇보다도 생산관계는 착취의 구별되는 기반이다. 왜냐하면 생산관계는 피착취자의 기본적인 생존에 체계적으로 관련되어 있기 때문이다. 재산 관계는 잉여가 전유되는 기제를 결정할 뿐만 아니라, 동시에 피착취자가 생활하고 존재하기 위한 수단에 접근할 수 있는 기제도 결정한다. 본질적으로 다른 착취 기제들은 일련의 재산 관계 내에서 사회적 생산이 이미 생산해놓은 것을 재분배하는 것이다. 재산에 기반한 착취는 사회적 생산의 생산 과정 자체에 처음부터 직접적으로 속박되어 있는 것이다. 생산에 기반한 착취는 착취자와 피착취자 사이에 특수한 유형의 상호 의존을 창출하므로, 생산에 기반하지 않은 착취와 구별되는 범주로 간주되는 것은 정당화된다.

이 특이성은, 그 자체로는 다른 착취 형태에 비해 계급 착취가 상대적으로 얼마나 중요한지에 대해 아무것도 이야기하지 않는다. 군사적 착취나 성 착취는 사회적 갈등을 이해하는 데 계급 착취보다 근본적인 문제일 수 있다(비록 사실 나는 그렇다고 생각하지 않지만 말이다). 그러나 생산에 기반한 착취에 의해 구성되는 상호 의존의 특이한 형태는 '계급'이라는 개념의 사용을 그러한 종류의 착취에 국한시키는 것에 대한 이론적 이유를 제공한다.

이들 문제들 중 어느 것에도 전적으로 만족스럽게 답했다고 느끼지 않는다. 그럼에도 불구하고 개념 형성 과정에서 어떤 지점에서는 개념의 일관성과 논리의 정교성에 대해 마음을 비운 채, 개념을 이론적·경험적으로 실제로 사용하기 위해 미리 만들 필요가 있다. 이는 이 책의 나머지 부분의 목적이 될 것이다. 다음 장에서는 이 장에서 다듬어진 틀을 사용하여 일련의 이론적 이유를 탐구할 것이다. 이어지는 2부의 세 개의 장에서는 이 개념을 사용하여 다양한 경험적 문제들을 조사할 것이다.

제4장

일반적 틀의 함의와 정교화

제3장에서는 계급구조 개념을 착취관계로 체계적으로 재사고하는 일반적 전략을 제안했다. 이전 연구와 많은 다른 마르크스주의자들의 연구에서, 계급 개념은 실질적으로 착취 중심적 개념에서 지배 중심적 개념으로 이동했다. 비록 착취가 계급에 대한 토론에서 배경적 맥락의 일부로 남아 있었지만, 체계적인 방식으로 실제 계급 지도의 정교화로 이어지지는 않았다. 그러한 이동은 계급 개념의 일관성과 힘을 침식했다. 이제, 이는 엄밀히 착취 중심적인 개념화로 대체되어야 한다.

이 장의 작업은 <표 3-2>에서 도식적으로 요약되었던 재개념화의 이론적 함의를 훨씬 더 상세하게 탐구하는 것이다. 특히 다음과 같은 문제들을 검토할 것이다.

① 마르크스주의 계급 이론과 다양한 비마르크스주의 계급 이론 간의 관계
② 생산양식과 사회구성체
③ 전통적 마르크스주의 역사 이론: 사적 유물론

④ 정당성과 유인의 문제
⑤ 계급구조와 국가 형태
⑥ 계급구조와 계급 형성 간의 관계
⑦ 계급 동맹의 문제
⑧ 여성과 계급구조

내 논평은 각 문제에 대해 해답을 완전히 내리기보다는 제안하는 성격을 띤다. 이를 통해 출발점에서 따라 나올 수 있는 기본적인 일련의 질문을 제시할 것이다.

1. 대안적 계급 이론

여기서 다듬어지는 계급구조 개념의 몇몇 요소와 다른 사회학적 계급 개념, 특히 베버주의 전통에서 발견되는 요소 사이에는 어떤 유사점(parallel)이 도출될 수 있다. 예를 들어 착취가 핵심적 생산 자산의 독점에 근거하고 있다는 명제는, 파킨이 사회적 닫힘이라는 베버의 개념 특성으로 설명했던 명제와 유사하다. 사회적 닫힘은 사회의 각 집단들이 제한된 자격자만 접근할 수 있도록 자원이나 기회를 제한함으로써 보상의 극대화를 추구하는 과정이다.[1] 비록 파킨의 중심적 관심은 사회적 닫힘이 조직되는 자원(생산적 자산)의 성격보다는 닫힘의 기반으로 작용하는 다양한 속성들 — 인종, 종교, 언어 등 — 이었고, 그의 이론적 의제는 계급 분석을 사회학 이론의 중심 무대에서 끌어내리는 것이었지만, 그럼에도 불구하고 그와 내가 모두 계급관계의 물질적 기반으로서 자원에 대한 효과적인 통제를 강조한다는 것은 사실이다.

계급과 착취 간의 관계에 대해 여기서 제시된 개념화는 또한 어떤 면에서 굴드너의 문화자본이나 '신계급' 개념과도 유사하다. 굴드너는 '신

---

1) Frank Parkin, *Marxism and Class Theory: A Bourgeois Critique* (New York: 1979), p.44.

계급'을 문화적 부르주아로 정의한다. 문화적 부르주아란 '문화자본'을 통제하는 사람이다. 여기서 '자본'이란 '팔 수 있는 유용물을 만드는 데 사용되는, 소유자에게 '소득'을 제공하거나 그 소득을 경제적 생산성에 대한 기여도에 의해 정당하게 주장할 수 있는 권리를 발생시키는 모든 생산물이다. 굴드너는 소득에 대한 이러한 권리 주장이 '다른 사람들이' 자본재에 접근하는 것을 제한하거나, 제한할 것이라고 위협함으로써 강제적으로 인정된다고 논한다.[2]

아마 가장 명백하게도, 내가 전개했던 논변과 베버에 의해 제안되고 기든스와 다른 사람에 의해 더 다듬어진 익숙한 3계급 모델 간에 중요한 관계가 존재한다. 기든스는 이렇게 썼다.

> 통상적으로 [계급구조화에서] 중요성을 띤다고 말할 수 있는 세 가지 시장 능력이 있다. 생산수단에서 재산권의 소유, 교육-기술 자격의 소유, 육체 노동력의 소유가 그것들이다. 이들 요소들이 세대간(그리고 세대 내)의 닫힌 패턴에 의지하고 있는 한, 자본주의 사회의 3계급('상층', '중간', '하층' 또는 '노동'계급) 체계의 기초를 제공한다.[3]

생산 자원에 대한 효과적인 통제는 계급관계의 물질적 기초이다. 그리고 서로 다른 계급들은 서로 다른 자원의 보유자로 정의된다.

이 장에서 정교화되는 계급구조의 개념과 베버주의 개념과의 이러한 유사성은, (나를 포함하여) 마르크스주의자가 경쟁적인 계급 개념들의 구분되는 특징을 서술하는 보통 방식에 의문을 갖게 한다. 구별되는 특성에 대한 전형적인 서술은, 베버는 시장 또는 교환 관계에 기반한 계급 정의를 채택하는 데 반해 마르크스는 생산관계에 기반한 정의를 채택한다는 것이다.[4] 실제 차이는 보다 더 미묘하다. 마르크스와 베버 모두 생산 자

---

2) Alvin Gouldner, *The Future of Intellectuals and the Rise of the New Class* (New York: 1979), p.21.

3) Anthony Giddnes, *The Class Structure of the Advanced Societies* (New York: 1973), p.107.

산에 대한 유효한 소유에 기반하여 계급을 정의한다는 의미에서 생산에 기반한 정의를 채택한다. 베버에게 이 자산들은 자본, 노동력, 기술이다. 마르크스에게는 (자본주의 분석에서) 자본과 노동력이다. 그들 사이의 차이는, 베버는 시장 교환의 관점에서 생산을 바라보는 데 반해 마르크스는 생산이 발생시키는 착취의 관점에서 생산을 바라본다는 것이다. 이는 (내가 아래에서 논할 것처럼) 사회에 대한 문화주의 이론과 유물론의 근본적인 차이점을 반영한다.

생산을 교환의 관점에서 보느냐 착취의 관점에서 보느냐의 차이는 이러한 기초 위에 구축된 계급 이론의 종류에 심대한 함의를 갖는다. 베버에게는, 자본가, 노동력, 기술의 소유자들은 모두 시장에서 만나고 단 하나의 계급 체계나 계급 논리의 일부이다. 왜냐하면 교환이란 동일한 제도적 맥락 내에서 일어나기 때문이다. 한편 마르크스는 자본주의 계급구조를 단지 자본과 노동의 교환을 포함하는 고유한 체계로 간주했다. 왜냐하면 자본과 노동의 교환이야말로 자본주의적 착취 형태를 다른 것과 구별되게 만들기 때문이다. 기술 소유는 **자본주의적** 계급관계를 상술하는 일과 무관하다. 물론 실제 세계의 자본주의 사회는 단순히 자본주의적 착취 이상의 것을 포함하고 있으며, 분석의 더 구체적인 수준에서는 기술 문제가 분석 대상에 들어가게 된다. 그러므로 베버가 계급 분석에서 두 가지의 상당한 차이가 있는 추상 수준, 즉 **생산양식의 추상 수준**과 **사회구성체의 추상 수준**을 한데 묶어버렸다는 점이 마르크스주의자들의 비판의 초점이 된다.[5]

왜 이것이 문제가 되는가? 이 두 추상 수준을 융합해버리는 것은 베버가 계급을 시장제도에 한정해서 다루는 태도를 암시하는 것이며, 역사적 발전

---

4) 베버와 마르크스의 차이를 이런 식으로 묘사한 예로는 다음을 보라. Erik Olin Wright, *Class Structure and Income Determination*, chapter one; Rosemary Crompton and John Gubbay, *Economy and Class Structure* (New York: 1978), chapter two.

5) 이 구분에 대한 상세한 설명을 보기 위해서는 1장을 보라.

을 질적으로 구별되는 계급구조 형태의 궤적으로 다루기를 꺼려하는 태도를 암시하는 것이다. 그러므로 베버에게는 자본주의 이전 봉건제 사회의 사회구조는 그 시대에 고유한 착취 형태에 뿌리내리고 있는 계급 적대에 기반해 있기보다는 지위 질서에 기반해 있는 것이다. 그리고 비록 베버 자신이 체계적으로 자본주의 이후 사회를 분석하지는 않았지만, 전형적인 베버주의 분석에 따르면, 사회들은 어떤 근본적인 면에서도 계급과 착취에 의해 구조화되지 않은 것이고, 정치적·관료적 관계에 의해 구조화된 사회인 것이다. 계급은 자본주의에서만 사회구조의 중심적인 특징이다. 다른 유형의 사회는 다른 종류의 사회적 관계에 의해 구조화된다.

봉건제에서 자본주의로, 자본주의에서 자본주의 이후로 감에 따라 설명의 원리를 이처럼 명백하게 옮겨버리는 태도는 베버주의에 공통된 근본적 원리이다. 즉, 사회질서와 그 발전의 논리를 실제로 설명하는 것은 사회적 행위를 형성하는 의미의 체계라는 것이다. 베버에게서 지위에서 시장으로의 이동은, 무엇보다도 행위에 함축된 의미 체계의 이동인 것이다. 봉건제 사회에서는 지위 질서가 집단적 정체성과 의미의 중심적 원리를 제공한다. 전통 사회가 현대 사회로 오면서 일어난 변환은 무엇보다도 합리화의 과정이며, 이 과정에서 합리적 계산이 전통적 규범을 대체하여 주요한 행위 지향성이 되었다. 계급은 사회계층화와 집단 정체성의 중심 원리가 되었다. 이는 현대 사회에 출현한 합리화라는 의미 체계에 조응하는 것이다.

이것이 함의하는 바는, 비록 자본주의 사회에서 계급을 판별하는 형식적 기준이 베버주의와 마르크스주의 분석에서 밀접히 연관되어 있지만 이러한 기준을 사용하는 논리는 상당히 다르다는 것이다. <표 3-2>에서 정교화된 틀은 물질적 착취제도와 연관된 계급관계를 결정한다는 것을 근거로 그 기준들을 선택한 것을 옹호한다. 베버는 같은 기준들 중 몇몇을 주어진 역사적 조건하에서 행위자의 의미 체계에 대한 강조에 기반하여 사용하고 있다. 마르크스주의 틀에서는, 착취 과정에 배태되어 있는 물질적 이익은 행위자의 주관적 상태와 무관하게 객관적인 성격을 갖고 있다. 베버주의 관점에서 계급관계로 그들 관계를 서술하는 것이 정당한 이유는, 단지 합리화가 물질적 이익에 대한 행위자의 특정한 종류의 주관적 이해를 내포하고 있기 때문이다. 그러므로 베버주의와 마르크스주의 계급 개념이 서로 구분되는 중심 지점에는 사회와 역사에 대한 본질적으로 문화주의적인 이론과 유물론 사이의 대조가 놓여 있는 것이다.

2. 생산양식과 사회구성체

착취관계의 형식적 유형과 이에 조응하는 계급구조는 본질적으로 생산양식의 유형이다. 내가 논했던 바대로, 실제 사회에서는 한 가지 유형의 착취만 가진 것으로 서술할 수 없다. 실제 사회는 항상 생산양식의 복잡한 조합이다. 이것이 바로 사회구성체로 사회를 분석한다는 것이 의미하는 바이다.

'조응한다'는 말은 명백히 모호한 말이다. 구체적인 사회 분석에서 이론적 구체성을 이 개념의 사용에 부여하려면, 훨씬 더 정확한 내용이 이 개념에 들어 있어야 한다. 무엇보다도 이는, 이들 조합들이 변화하는 두드러진 방식을 분류하고 서술하는 것을 의미한다. 변화성의 세 척도가 특히 중요한 것으로 보인다. ① 어떤 사회의 서로 다른 착취 유형의 **상대적 비중**, ② 이들 다양한 착취들이 내부적·외부적 관계를 통해서 연결되어 있는 정도, ③ 내부적 관계에서 착취관계가 중첩되거나 분리되는 정도가 그것들이다. 어떤 사회의 계급구조에 대한 충분히 발달된(full-fledged) 지도에는 이들 모두에 대한 주의가 필요하다. 각각을 간략히 살펴보자.

1) 상대적 비중

어떤 사회를 봉건제, 자본주의, 국가주의, 사회주의라고 이야기할 때는,

착취의 특정한 형태가 그 사회에서 주요하다(primary)는 점을 주장하는 것이다. 주요성은 서로 다른 생산양식이 갖는 상대적 비중에 대한 특정한 종류의 주장이다. 그러나 상대적 비중은 단순히 주요성에 대한 문제는 아니다. 무엇이 부차적인 착취 형태인가, 그리고 주요한 착취 형태가 부차적인 착취 형태에 비해 상대적으로 얼마나 중요한가는 어떤 사회의 정치적 갈등을 이해하는 데에 매우 중요하다. 심지어 주요한 착취관계가 없는 경우도 가능하다. 마르크스주의자들은 이러저러한 생산양식이 지배적이어야 한다고 논하는 경향이 있을지라도 이는 의심의 여지없는 주장이다. 복수의 착취 형태들이 정확히 서로 어떻게 연결되어 있는가에 좌우되고, 서로 구별되는 착취 형태들이 상대적으로 동일한 중요성을 지닐 가능성을 배제할 어떠한 선험적인 이유도 존재하지 않는다. 그러므로 필요한 것은, 특정한 사회 내의 가능한 착취 형태의 모든 혼합 범위를 규명하는 어떤 방법이다.

어떤 사회에서 착취 형태의 상대적인 비중을 규명하는 데는 몇 가지 선택지가 있지만, 그중 어느 것도 조작화하기가 쉽지 않다. 첫째, 상대적 비중에 대한 주장은 사회적 잉여의 종착지에 대한 것일 수 있다. 서로 다른 착취를 발생시키는 자산의 소유자는 그들의 재산권에 기반하여 잉여의 일부를 전유한다. 상대적 비중은 그들 전유의 상대적 총량에 대한 서술이다. 만약 잉여의 가장 큰 부분이 봉건 자산의 소유자에게로 가면 그 사회는 봉건제이다.

둘째, 상대적 비중은 서로 다른 기제를 통해 잉여를 획득하는 행위자의 계급 권력에 대한 주장일 수 있다. 봉건 사회는 봉건 영주(다른 자산과 구별되는 독특한 봉건 자산의 소유에 의해 잉여를 전유하는 사람들)가 '지배계급'인 사회이다. 심지어 총잉여 중 더 많은 부분을 어떤 다른 계급이 가져간다고 해도 말이다. 결국 계급 권력은 단순히 그 구성원에 의해 통제되는 잉여의 총량의 함수가 아니다. 그것은 또한 성원들이 잉여의 일부를 개인적으로 전유하는 것에 근거하는 개인적 계급 능력을 집단적 능력으로 전환할 수 있는 능력에도 의존한다. 원칙적으로 미국에서 기술의 소유자가 전유한 잉여의 총량이 자본가에 의해 전유된 잉여의 총량보다 클수도 있는 것이다. 그러나 관련된 사람들이 너무나 많고 일반적으로 개인의 착취량은 너무도 적기 때문에, 이를 집단적 계급 권력으로 전환하는 능력에서 보다 떨어진다.

셋째, 상대적 비중은 알튀세주의 전통에서 생산양식을 취급하는 특수한 방식의 특징인 기능주의에 의해 해석될 수 있다. 이 전략에서 지배적 생산양식은 사회의 구조화된 총체의 형태(gestalt) 내에서 종속적인 생산양식에 특정한 기능이나 역할을 할당하는 것으로 이야기된다. 제3세계 자본주의 사회에서 소농 생계 생산이 지속되는 것에 대한 토론은 이와 같은 성격을 띠고 있다. 소규모 자본 소유자의 생산이 계속 존재하는 이유도 자본주의에 기능적인 그 역할에 의해 설명된다(예를 들어 노동자들의 평균 임금을 낮춘다). 그렇다면 생산양식의 주요성에 대한 주장은 종속적 생산양식이 체계적으로 지배적 양식의 재생산을 위한 기능을 충족시키는 방식을 보여줌으로써 구축된다.

마지막으로, 착취의 서로 다른 형식이 갖는 상대적 비중은 서로 다른 착취의 역동적 효과에 의해 규명된다. 이러한 의미에서 한 사회는, 만약 그 사회의 발전 논리가 자본주의적 착취의 속성이 가장 지배적으로 구조화된다면 자본주의로 특징지어질 수 있을 것이다. 마르크스주의자들이 서유럽 사회가 자본주의라고 주장할 때, 약 40퍼센트의 노동력이 국가에 고용되어 있는 스웨덴의 경우나 국유화된 생산 부문이 거대한 프랑스 같은 경우도, 일반적으로 이들 사회의 핵심적 역동성이 자본주의적 착취와 축적의 논리에 의해 지배된다고 주장한다. 이는 모든 종속적 착취 형태가 지배적 형태에 기능적일 필요가 있다는 것을 함의하지는 않는다. 이는 단지 사회 변화의 전반적 이행이 지배적인 생산양식의 역동성에 의해 근본적으로 제한되어 있다는 점을 의미할 뿐이다.

마르크스주의 이론의 전반적인 설명 대상을 두고 볼 때, 많은 측면에서 역동적 주요성이 서로 다른 생산양식과 사회구성체 내에서 이와 연관된 착취 형태가 갖는 상대적 비중의 가장 근본적인 의미라 할 수 있다. 불행하게도 자본주의 이외의 착취 형태 각각에 근거한 역동성에 대한 우리의 이해가 이론적으로 미비하기 때문에, 이들 착취 형태의 구별되는 조합에 의해 만들어지는 서로 구별되는 '운동 법칙'의 가능성은 고사하고, 미묘한 차이만을 구별하여 서로 다른 착취 형태의 상대적 비중을 평가하는 데에도 이 방법을 쓰기가 극도로 어렵다.

2) 내부적 관계 대 외부적 관계

서로 다른 착취 형태가 현실에서 연결될 수 있는 방식에는 주요하게 두 가지가 있다. 하나는 '외부적' 연결인데, 이것은 두 착취 형태가 서로 구별되는 생산양식 내에 각각 존재하나 상호작용한다는 뜻이다. 자본주의 사회와, 대체로 봉건제나 국가주의 사회라 할 수 있는 사회 간의 무역은 이 경우에 해당하는 역사적으로 중요한 사례이다. 그러나 착취 형태간의 외부적 관계는 한 사회 안에서도 존재할 수 있다. 단순 상품 생산자와 자본주의 기업 간의 상호작용이나, 국가 생산 기구와 자본주의 기업 간의 관계가 그 예이다.

한편 '내부적' 관계는, 단일한 과정 내에서 서로 다른 착취 형태들이 동시에 작동함을 함의한다. 현대 기업에서 조직 자산 착취의 역할이 주된 사례라 할 수 있다. 특정한 역사적 조건하에서 소작제도는 봉건제와 자본주의적 관계의 내부적 조합으로 간주될 수 있다. 그러한 경우는 생산양식의 '상호 침투'가 일어난 경우로 간주될 수 있다. 이는 외부적 관계를 맺는 생산양식간의 보다 단순한 '접합(articulation)'과는 대비된다.[6]

운동의 형태와 계급 형성의 패턴은 착취관계의 상호 침투나 접합이냐

---

6) 상호 침투와 접합 간의 구분에 대한 상세한 설명으로는 Erik Olin Wright, "Capitalism's Future"를 보라.

에 따라 상당히 다를 가능성이 높다. 서로 다른 착취 형태가 접합되었을 때에는 상호 침투했을 때보다 (상대적인) 착취-피착취계급에 고유한 이익을 발생시키는 고유한 논리를 각각 갖고 있는 것으로 보일 가능성이 더 높다. 예를 들어 경영자는 자본주의 기업 내에 위치해 있을 때보다 국가 안에 있을 때 부르주아의 이익과 보다 상치되는 것으로 인지될 가능성이 높다.

3) 중첩되는 관계 대 구별되는 관계

마지막으로, 개인과 가족에 종사하는 실제 직위를 창출하는 착취관계의 조합 방식에 따라 각 사회는 달라진다. 예를 들어 기술 착취와 조직 착취는, 기술을 가진 대부분의 사람들이 조직 착취를 포함하는 직위에 충원되는 곳에서는 서로 매우 근접하게 조응할 수 있다. 비경영직 기술직과 전문직에 많은 수의 사람들이 있다면 그들도 잘 구별될 수 있다. 예를 들어 스웨덴과 미국 간의 중요한 차이 중 하나는 정확히 다음과 같다. 스웨덴은 계급구조 내에서 비경영직 전문가의 비율이 미국보다 더 높다. 비록 두 나라를 따로따로 보았을 때는 경영자와 전문가의 비율이 거의 같다고 해도 말이다.

착취관계의 중첩 정도는 계급 형성의 문제가 계급 동맹의 문제가 되는 정도를 부분적으로 결정한다. 동맹은 중첩이 거의 없을 때에 훨씬 더 중요해진다. 왜냐하면 착취관계 내의 모순적 위치('중간계급')가 더 중요해질 가능성이 높아지기 때문이다. 서로 다른 착취 기제가 대체로 일치할 때 구체적인 계급구조는 더욱 양극화되는 성격을 띤다.

함께 고려해보면, 변화성의 세 가지 차원은 사회 형태에 대한 보다 세부적인 유형을 고안하는 기초를 제공한다. 단순히 단일 생산양식만으로 사회를 규명할 때에 가능한 것보다 훨씬 더 세부적으로 말이다. 생산양식 조합 문제를 이렇게 다루는 것은 화학적 화합물을 원소의 조합으로 다루는 것과 비슷하게 여겨질 수 있다(즉, 생산양식이 원소이고 사회구성체가 화합물이다). 상대적 비중은 화합물에서 차지하는 각 원소의 비율이라고 할 수 있다. 내부적·외부적 관계는 혼합(suspersion: 용해되지 않고 그냥 섞여 있는 것 — 옮긴이)과 용해의 구분에 비유될 수 있다. 그리고 중첩은 원소들을 연결하는 화학 결합의 유형에 정확히 대응된다.

물론 화학에서 모든 원소들이 다 결합될 수 있는 것은 아니다. 어떤 것은 아예 서로 결합되지도 않는다. 몇몇 화합물들은 불안정하다. 어떤 화합물들은 특별한 조건을 충족하는 실험실 안에서만 만들어질 수 있다. 다른 몇몇 화합물들은 세계에 '자연적으로' 존재한다. 사회구성체의 경우도 이와 유사하다. 이들 세 차원의 모든 조합이 사회적으로 가능한 것은 아니며, 확실히 이 모든 조합들이 역사적으로 다 일어난 적도 없다.

착취 형태 요소의 화합물에 대한 향후의 이론화는 현대 마르크시즘이 직면해왔던 몇 가지 이론적 문제를 해결할 수 있게 해줄 것이다. 두 가지 예('아시아적 생산양식'에 대한 계속되는 문제, 그리고 자본주의 다양성의 문제)만 간략히 논의해보자.

'아시아적 생산양식(또는 동양적 전제정치)'은 마르크스가 중국, 이집트 등지에서 일어난 고전적 문명화가 지녔던 계급구조와 사회적 역동성의 특이성을 이론화하려고 시도하면서 사용한 개념이다.[7] 이 개념의 핵심적

---

7) 최근의 토론들에서는 아시아적 생산양식이라고 불리는 것이 적절한 생산'양식'이라는 생각이 널리 거부되어왔다고 할 수 있다. 그럼에도 불구하고 다른 사회와 구분되는 형태(gestalt)가 이들 사회에 존재해서 계급구조와 계급 갈등에 특별한 성격을 부여한다는 점은 아직까지 일반적으로 인정되고 있다. 아시아적 생산양식 개념에 대한 비판으로는 특히 다음을 보라. Perry Anderson, *Lineages of the Absolutist State* (London: 1974); Barry Hindess and Paul Q. Hirst, *Pre-Capitalist Modes of Production* (London: 1975). 그 문제를 전반적으로 다루고 있는 소논문 모음집으로는 다음을 보라. Ann M. Bailey and Josep R. Llobera, *The Asiatic Mode of Production: Science and Politics* (London: 1981). 이 문제에 대한 마르크스의 관점에 대한 흥미롭고 중요한 토론으로는 Theodor Shanin, *Late Marx and the Russian Road* (New York: 1984)를 보라.

인 아이디어는, 이들 문명화는 대규모 관개사업의 건설과 감독—그 때문에 '수력 문명'이라고도 불리는— 을 맡았던 강력하고 중앙집권화된 국가 기구가 대체로 경제적으로 자급자족하는 농경 공동체와 조합된 것이라는 생각이다. 이 특별한 조합의 결과로 사회구조에 외재적으로 질적인 변화를 일으킬 수 있는 어떤 역동적인 사회적 힘도 존재하지 않게 되었다. 그 결과 이들 사회들은 영구적으로 정체될 수밖에 없었고, 계속해서 꼭 평화롭게 재생산된 것은 아니지만, 본질적으로 동일한 계급구조를 재생산하게 되었다.

여기서 제시된 분석 용어에서 '아시아적 생산양식'은 착취의 기본 형태의 특정한 조합으로 이해될 수 있을 것이다. 상대적으로 동일한 비율까지도 가능할 것이다. 그러므로 그 용어는 생산양식이 아니라 사회구성체 중 특별한 종류를 가리킨다. 서구 유럽 봉건제의 지배적인 성격은 오랫동안 봉건적 착취가 압도적으로 우위에 있는 와중에 자본주의적 착취가 이차적인 착취 형태로 점차적으로 대두하기 시작했다는 것이다. 조직 착취는 실질적으로 없었다. 수력 문명에서는 대규모 치수(治水)공사 때문에 조직 착취가 훨씬 더 중요한 역할을 하게 되었다. 그러한 조직 자산 착취가 이 사회의 중심을 차지한 일이 상대적으로 강하고 중앙집권화된 국가의 발달과 연결되었기 때문에, 이 사회들에서 적절한 자본주의적 관계가 내재적으로 출현하려는 경향이 그토록 적었다고 설명하는 데에 도움을 줄 수 있을지 모른다고 시사하기를 원하는 이들도 있을 것이다.

착취 형태의 조합에 대한 분석은 서로 다른 자본주의 유형에서 계급구조의 변이에 대해 더 철저히 설명할 수 있는 전략을 제공해줄 수 있다.[8] 자본주의 사회는 이들 서로 다른 착취 유형이 혼합된 방식에서 확실히

---

8) 자본주의 사회는 그들의 계급구조를 제외하고도 명백히 다양한 방식으로 차이가 난다. 그리고 여기서 주어진 논평은 계급구조의 다양성을 연구하는 논리가 자본주의 사회의 다양성 지도를 구성하는 데 충분하다는 점을 의미하는 것은 아니다.

서로 다르다. 예를 들어 거대기업과 국가의 팽창은 조직 자산 착취의 역할이 증가된 것으로 여겨질 수 있으며, 이러한 분석은 선진 자본주의 국가와 경쟁 자본주의 국가 안에 구별되는 차이를 규명할 수 있을지도 모른다. 고도로 자본주의적인 착취 형태가 지배적으로 존재하면서 적당한 규모의 인구가 일인당 자본 자산의 몫을 소유하고 있고 봉건제적 요소도 상당한 정도로 존재하고 있는 상황은, 많은 제3세계 국가들의 '혼합'의 특징이다. 어떤 사회에서 조직 자산 착취가 상대적으로 강하게 존재하고 있다는 추가적인 사실은, '과잉 발달된 국가'를 갖고 있는 것으로 종종 묘사되는 탈식민 사회에 특징적인 '혼합'일지도 모른다.

명백히도, 생산양식과 사회구성체 분석은 이 혼합을 이론적으로 진지하게 분해하는 일을 시작조차 못했다. 사실 이 요소에 대한 우리의 지식은 아직 다소 조잡한 편이다. 마르크스주의 분석이 보다 강력하면서 미묘한 차이들을 설명하는 이론으로 발전하려면 이들 혼합에 대한 연구가 핵심적이다. 어떻게 실질적인 혁명이 수행되고 사회 변화의 가능성이 열리느냐 닫히느냐를 설명하는 일은 바로 여기에 달려 있다.

3. 역사 이론

고전적 마르크스주의의 핵심에는 계급 사회학뿐만 아니라 역사 이론도 존재한다. 계급 분석에 대한 이론적 동기는 정확히, 역사 발달의 전반적 이해를 추구하는 과정에서 계급구조와 계급투쟁의 역할을 이론화하는 것으로부터 생겼다.

여기는 역사적 유물론이라는 이론의 일반적인 강점과 약점을 논의하는 곳이 아니다.[9] 내가 하고 싶은 것은 <표 3-2>에 나타난 계급 틀의 함의

---

9) 나는 이 쟁점에 대해 『자본주의의 미래』에서 어느 정도 다루었다. 그리고 레빈(Andrew Levine)과 공동으로 저술했던 『이성과 계급투쟁』에서도 다루었다. 사

<표 4-1> 계급구조, 착취, 역사적 이행의 유형

사회구성체	착취를 발생시키는 자산 불평등				변혁의 역사적 과업
	노동력	생산수단	조직	기술	
봉건제	+	+	+	+	개인적 자유
자본주의	−	+	+	+	생산수단의 사회화
국가주의	−	−	+	+	조직 통제의 민주화
사회주의	−	−	−	+	본질적 평등
공산주의	−	−	−	−	자기실현

를 역사 발달의 전반적인 궤적을 특징짓는 방식과 관련하여 탐구하는 것
이다.

<표 4-1>은 계급구조, 착취 형태, 역사적 이행의 유형을 나타낸다. 이
표의 행은 '생산양식'이 아니라 ('사회구성체'의 추상 수준에서) 복수의 착
취관계가 서로 다른 방식으로 결합되어 있는 사회 유형이다. 이 표의 각
행에서 아래로 내려갈수록 자산 불평등의 형태가 하나씩 제거되고, 이에
따라 연관된 계급관계와 착취도 사라진다.

어떤 의미에서 우리는 위에 나와 있는 일련의 역사적 궤적이 이행의
의미 있는 연쇄를 구성한다고 말할 수 있는가? 이것이 어떤 종류의 궤적
을 구성한다는 점이 어떻게 논증될 수 있는가? 기본적인 논변은, 이들 각
이행을 **성공적으로** 달성할 가능성이 사회적 생산성 발달 수준이 증가함
에 따라 단조(單調)적으로 증가한다는 것이다. 생산수단을 성공적으로 사
회화하려면 노동력 자산의 소유권을 평등화하는 것보다 더 높은 수준의
사회적 생산성이 필요하다. 조직 자산에 대한 통제권을 성공적으로 민주
화(평등화)하는 데는 더 높은 수준이 필요하고, 기술 자산에 대해서는 또
한 더욱더 높은 수준이 필요하다. 여기서 '성공적'이라는 단어가 중요하
다. 이 주장은 부르주아의 자유를 창출하거나, 생산수단을 사회화하거나,

적 유물론에 대한 강건한 방어 중 가장 뛰어난 것으로는 다음을 보라. G. A.
Cohen, *Karl Marx's Theory* ……

조직을 민주화하거나, 기술을 사회화하려는 시도가 생산성 수준이 일정 수준이 되기 전까지는 일어날 수 없다는 것을 의미하지 않는다. 그 주장은 단순히, 그러한 시도가 목적을 달성할 가능성이 생산력의 발전 수준에 의존한다는 점을 이야기하고 있을 뿐이다. 예를 들어 노동자들이 사회의 기본적인 생활필수품을 생산하기 위해 긴 시간을 일해야 하는 상황에서 조직에 대해 안정된 민주적 통제를 창출하려는 시도는, 높은 수준의 자동화가 이루어지고 노동자들이 경영의 의사 결정에 참여할 시간을 갖고 있으며, 경제계획이 민주적으로 수립되고 경영 과업이 합리적인 방식으로 순환되는 것과 같은 조건이 갖추어진 사회에서보다 훨씬 성공할 가능성이 적다.

여기서 하는 주장은 철칙이 아니라 확률적인 이야기라는 점이 강조되어야 한다. 다른 말로 하자면, <표 4-1>의 이행이 성공적으로 일어날 수 있을 만큼 생산력이 충분히 발달해 있지 못하다면 불리한 물질적 조건을 보상하는 다른 종류의 촉진 기제들이 존재해야만 한다는 것이다.

그러한 가능성 가운데 혁명적 마르크스주의자들이 종종 호소해왔던 것 중 하나가 이데올로기적 헌신이다. 만약 그러한 변환을 시도하는 행위자들 쪽에(또는 적어도 그러한 행위자들 가운데 핵심적인 부문이) 충분히 높은 수준의 이데올로기적 헌신이 존재한다면, 그들은 상대적으로 비우호적인 물질적 조건을 극복하는 데 필요한 종류의 희생을 견뎌내도록 동기화될 수 있을지도 모른다. 그러나 이데올로기적 열정을 오랫동안 유지하는 것이 힘들기 때문에, 이러한 조건하에 발생한 혁명적 변환 다음에는 적어도 착취와 지배의 몇몇 형태가 되살아나는 경향이 있을 것이다. 생산력의 초기 발달 수준이 높을수록 이행을 일으키는 다른 조건들이 더 유동적으로 될 것이다. 혁명적 변환의 성공 확률이 변환을 시도하는 확률에 영향을 미치는 정도만큼 — 왜냐하면 의식적이고 합리적인 인간 행위자들은 성공할 가능성이 높다고 믿는 기획을 더 시도하는 경향이 있기 때문이다 — 생산력의 발전 역시 (아주 미약하게라도) 시도하는 확률을 증

가시키게 될 것이다.[10]

계급관계의 이러한 형태들이 연쇄(계급관계 형태의 궤적)를 구성한다는 주장은, 사회가 실제로 이들 단계를 불가피하게 거쳐 갈 것이라는 점을 함의하지는 않는다. 궤적은 역사적 가능성과 사회 형태의 연쇄이다. 그리고 이들은 특정한 선행조건이 충족되었을 때 가능해지는 것이다. 그러나 한 형태에서 다른 형태로의 이행은 이제껏 다듬어진 이론 외부에 있는 광범위한 우연적 요소들에 의존할지도 모른다. 이것이 바로 전통적인 사적 유물론의 중심 문제 중 하나였다. 사실상 전통적인 사적 유물론에서는 계급관계의 한 형태가 다른 형태로 이행하는 것이 역사적으로 가능해진 때는 언제나 계급투쟁에 의해 그러한 이행이 보증받았다고 논했다. 체계적으로 논증된 바는 없지만, 투쟁의 '역사적 과업'이 임박했을 때는 언제나 계급투쟁이 출현할 것이라고 주장되었다. 계급이익은 계급 능력을 낳는다. 고전적인 사적 유물론이 이 가능성에 대해 설득력 있는 설명을 제시했을지는 몰라도, 그 가능성을 실제 일어나게 하는 이행의 필연적 발생에 대한 일관된 이론을 만들어내지는 못했다.

또한 이들 형태를 연쇄로 다루는 것은 특정한 사회가 단계를 뛰어넘는 것이 불가능함을 함의하지 않는다. 생산력 발달에 대한 논의가 합리적인 성공 가능성을 갖는 이행에 필수적인 최소 조건을 각각 상세화하기는 하지만, 어떤 사회가 그러한 이행(혁명적 변환)이 시도되는 데 필요한 최소치를 훨씬 넘어 발달한다는 것은 전적으로 가능한 이야기다. 예를 들면, 현대 선진 자본주의 사회가 충분히 발달해 있기 때문에 생산수단을 사회

---

10) 위에서 진술된 명제들에서 '생산력의 우선성' 논변의 의미를 명확히 하는 것이 중요하다. 주장된 우선성은 G. A. Cohen의 *Karl Marx's Theory of History*······에서 전개된 기능적 설명에 기반하고 있지 않다. 생산력의 발전 수준이 한 계급구조에서 다른 계급구조로 성공적으로 이행할 가능성을 결정한다는 것이 주장된 바의 전부다. 그리고 이러한 이행이 꼭 필수적으로 일어난다고 주장되지도 않았다. 그러므로 생산력 발전의 직접성은 역사에서 잠재적 직접성으로 바뀌며, 필수적인 종착지를 구성하지도 않고 변하지 않는 운동을 발생시키지도 않는다.

화하는 동시에 조직 자산에 대한 통제를 민주화하는 것도 가능하다. 선진 자본주의 국가에서 사회주의로 이행하기 위한 핵심 요구로 모든 삶의 영역에서 민주주의를 확대할 것을 요구하는 정치적 입장은 사실상 생산수단에 대한 권리와 조직 자산을 동시에 재분배할 것을 요구하는 것이고, 이는 곧 공고화된 생산양식으로서의 국가주의를 건너뛰는 것이다.11)

사적 유물론을 재개념화하는 이러한 방식은 의심할 여지없이 많은 마르크스주의자들이 반대할 만하다. 왜냐하면 그것은 전통적인 마르크스주의 주장에 어긋나기 때문이다. 특히 세 가지 전통적 명제가 도전받는 셈이 된다. 첫째, 사회주의가 자본주의에 즉각적으로 임박한 미래라는 견해가 의문시된다. 자본주의의 사회주의로의 이행은 두 가지 착취 자산(생산수단과 조직)을 평등화하는 것이다. 그리고 이 두 가지 평등화가 동시에 일어난다는 논리적 필연성은 어디에도 없다. 그러므로 자본주의로부터 나올 수 있는 미래 사회는 적어도 두 가지(국가주의와 사회주의)가 있다. 그러므로 자본주의의 운명은 종종 생각되는 것보다 훨씬 덜 결정되어 있다.12) 둘째, 자본주의의 미래가 상대적으로 열려 있다는 것은 더 이상 프롤레타리아가 자본주의 내에서 혁명적 과업의 유일한 담지자로 추정되지 않음을 함의한다. 제3장에서 '중간계급'을 논하면서 주목했듯이, 다른 계급들도 이 역할에서 노동계급을 대체할 잠재력을 갖고 있다. 셋째, 다른 것과 구별되는 고유한 착취 형태를 가진 사회로 사회주의의 특징을 설명

---

11) 미국 사회의 맥락에서 사회주의에 대한 민주적 이론의 탐구로는 다음을 보라. Joshua Cohen and Joel Rogers, *On Democracy* (New York: 1983); Sam Bowles, David Gordon and Thomas Weiskopf, *Beyond Wasteland* (New York: 1984).

12) 물론 조직 자산 착취가 있는 사회를 '사회주의'라고 호명하면서도 사회주의가 직접적으로 자본주의를 대체한다는 공식적인 외관을 유지하는 것은 가능하다. 그러나 이러한 이행의 논리는 마르크스가 염두에 두었던 이행과 더 이상 유사성을 띠지 않는다. 왜냐하면 이 논리에 의하면 사회주의는 계급에 기반한 고유한 착취를 포함하게 되고, 자본주의와 사회주의 간의 구별과 동일한 정도의 이론적 지위를 지닌 차이를 가진, 질적으로 구별되는 두 가지 사회주의가 있다는 것을 함의하게 되기 때문이다.

하는 것은, 사회주의를 단순히 공산주의로 가는 이행기라고 보았던 전통적 마르크스주의의 견해에 상치된다. 전통적 마르크스주의 이론에서 사회주의 그 자체는 확고한 생산양식이 아니다. 확실히 마르크스는 사회주의 사회에서도 계급이 계속해서 존재하리라는 점을 인정했으나, 그 계급 관계를 기본적으로 사회주의 자체의 내적 관계에 기반한 것으로 보지 않고 자본주의의 잔존물로 바라보았다.

다음과 같은 질문을 할 수 있겠다. 역사 발달 단계를 재구성하는 것이 역사는 진보한다는 전통적 마르크스주의의 견해를 침식하는가? 나는 그렇지 않다고 생각한다. 일련의 각 단계는 착취 형태들이 하나씩 제거된다는 특성을 갖는다. 이러한 의미에서 자본주의는 봉건제에 비해 진보적이고, 국가주의는 자본주의에 비해 진보적이며, 사회주의는 국가주의에 비해 진보적이다. 자본주의는 더 이상 인류 발전의 이행에서 적대적 형태를 띠는 마지막 사회라고 생각될 수 없을 것이다. 그러나 이행이 진보적인 성격을 띤다는 명제는 계속 유지된다.[13]

4. 정당화와 동기

착취는 피착취 생산자에게 직접적이고 계속적인 강제를 가하는 것에 기반하는 반면, 계급제도는 일반적으로 계급구조의 정당성에 대한 어떤 종류의 합의가 구축되는 정도만큼 더 안정적이고 재생산 가능할 것이다.

---

13) 궤적이 '진보적'이라고 이야기하는 것이 반드시 한 단계에서 다른 단계로 이행함에 따라 사람들이 완전히 단조적인(monotonic) 방식으로 덜 억압받게 된다는 것을 의미하지는 않는다. 초기 자본주의의 노동자들은 봉건제의 특정 단계에 살았던 농노들보다 더 착취당했을 수도 있다. 그리고 국가주의 발달 단계 중 어느 한 시대의 노동자들은 특정 자본주의 사회의 노동자들보다 더 억압받을 수도 있다. 궤적의 진보적인 성격은 해방을 향한 잠재성에서부터 오는 것이지, 모든 사회의 실제 억압의 경험적 기록에서 도출되는 것이 아니다.

특히 착취의 특징 중 하나는 착취자의 복지가 피착취자의 노고에 의존한다는 점이기 때문에, 현존 계급 시스템의 정당성(또는 적어도 그 필요성)에 대한 동의가 이루어지는 정도만큼은 피착취자가 보다 기꺼이 노동할 것이라는 점을 통상 예상할 수 있다. 따라서 각 착취제도는 소득 불평등이나 특정한 자산 불평등을 자연스럽거나 정의로운 것으로 옹호하는 특정한 이데올로기를 갖게 된다. 그리고 각 이행에서 앞 단계의 이데올로기는 사기로 간주되며, 계속 비판된다.[14]

계급제도는 두 가지 서로 다른 종류의 이데올로기에 의해 정당화된다. 하나는 특권을 옹호하기 위해 명시적·묵시적으로 다양한 종류의 권리에 호소하는 방식이고, 다른 하나는 특권을 옹호하기 위해 일반적 복지에 호소하는 방식이다. 권리에 대한 공식적인 언어는 아마도 17세기 이전으로는 거슬러 올라가지 않는다. 그러나 권리 비슷한 것에 기반한 정당화의 기원은 고대까지 거슬러 올라간다. 신성에 의해 부여된 왕의 지위 논변과 같은 봉건제에 대한 이데올로기적 옹호는, 강압이나 사기에 의하지 않고 획득된 자기 재산에서 나왔다는 이유로 그 생산물을 취하는 '자연적 권리'가 있다는 (자본주의에 전형적인) 주장과 마찬가지로, 권리에 기댄 옹호라고 할 수 있다. 여기서 나는 복지 논변에 초점을 맞추고 싶다. 권리에 기댄 논변은 특정한 역사적 환경하에서는 중요할 수도 있지만, 계급제도가 긴 시간에 걸쳐 지속될 수 있는지 여부는 복지 이데올로기의 설득력에 보다 널리 의존한다고 믿기 때문이다. 복지에 기반한 특권 옹호가 신뢰를 잃는 곳에서는 시간이 지남에 따라 권리에 기댄 옹호의 힘도 침식당할 것이다.[15]

---

14) 로머는 봉건적 착취와 자본주의적 착취를 정당화하는 이데올로기라는 쟁점에 대해 흥미로운 토론을 전개한 바 있다. *GTEC*, pp.205~208.

15) 이것이 특권 그 자체가 시간이 지남에 따라 침식될 것이라는 점을 의미할 필요는 없다. 왜냐하면 착취는 이데올로기뿐만 아니라 힘에 의해서도 재생산되기 때문이다.

복지 논변이라는 말로 내가 의미하는 바는, 특권을 가진 자들이 향유하는 더 큰 이익이 없어지면 특권을 가지지 않은 사람들이 실제로 더 나빠질 것이라고 주장하면서 불평등 제도 — 우리의 용어로는 계급제도 — 를 옹호하는 주장을 의미한다.[16] 봉건주의에서는 영주의 군사적 보호가 없으면 농노가 더 나빠질 것이고 봉건적 특권이 없다면 그러한 보호는 제공되지 않을 것이라고 주장될 수 있다. 자본주의에서는 노동자들은 투자와 위험을 부담하는 자본가가 없다면 더 나빠질 것이고 그러한 투자는 자본가들이 그들의 직위 덕택에 어떤 특권을 갖지 않는다면 이루어지지 않을 것이라고 주장될 수 있다. 국가주의 사회에서는 관료들이 계획을 책임 있고 충실하게 실행하지 않으면 더 나빠질 것이고 그러한 업무 수행은 관료들의 특권 없이는 이루어지지 않을 것이라고 주장될 수 있다. 사회주의에서는 비전문가들은 전문가의 지식이 없어지면 더 나빠질 것이고 그 지식은 전문가에게 주어지는 특권이 없으면 획득되거나 효율적으로 사용되지 않을 것이라고 이야기될 수 있을 것이다. 각각의 경우 특수한 형태는 생산이 효율적으로 진행되어 일반적 복지를 낳는 데에 필요하다. 사실상 이들 불평등 상태는 그들이 진작할 것으로 추정되는 일반 복지의 명목하에, 착취적이라는 점이 이데올로기적으로 부정된다.

착취관계를 이런 식으로 복지에 기반하여 옹호하는 것은 아무런 근거 없이 억지로 꾸며내서 나온 것이 아니다. 각 이데올로기는 그것에 신뢰성을 부여하는 물질적 기초를 갖고 있다. 예를 들어 자본주의 내에서 모든 자본주의적 이윤이 과세되지만 — 그리하여 자산에 기반한 착취적 이전을 제거하지만 — 자본가들은 여전히 자산 운용과 처분에 대한 통제권을

---

16) 이 맥락의 '복지' 옹호론은 철학적 논쟁에서 '복지주의'라고 알려진 것을 지칭하는 것이 아니라, 행위자의 복지에 대한 실제 결과에 따라 주어진 불평등구조를 정당화하는 모든 논의를 의미한다. 나는 이러한 의미로 노직(Robert Nozick)의 *Anarchy, State and Utopia* (New York: 1974)를 권리 관점의 명료한 진술로, 롤스(John Rawls)의 *A Theory of Justice* (Cambridge, Massachussets: 1971)를 불평등에 대한 복지주의적 관점의 사례로 본다.

보유하고 있다면 어떤 일이 생길까? 거의 100퍼센트의 확률로 그들은 단순히 자산을 소비하기 시작할 것이다. 즉, 투자를 하지 않을 것이다. 그러므로 자본주의적 착취는 현존하는 자본주의 재산 관계에서는 투자를 위해 필요한 유인이다. 만약 이들 재산 관계가 변화될 수 없거나 자연적인 것으로 보인다면, 단순히 재산을 소유하는 대가를 소득으로 보상하는 것을 옹호하는 복지 논변은 꽤 설득력을 가지게 된다. 유사한 논변이 다른 착취 형태의 경우에도 구성될 수 있다.

이들 모든 경우에 착취를 정당화하는 이데올로기 제도의 사실상 객관적이고 동기가 되는 기초가 존재한다. 각각의 경우 착취가 없으면 문제의 생산 자산은 생산으로부터 철수되거나 덜 생산적으로 쓰일 것이라는 점은 사실상 진실이다.[17] 그러나 정당화는 문제의 자산 불평등이나 그 불평등과 연관된 동기 부여를 변화시킬 수 없다는 견해에 의존한다. 그리고 다시 그 결과, 모든 유인의 문제는 이들 재산 관계를 고정된 것으로 취급하는 견해에 의존한다.

그렇다면 중요한 쟁점은, 이들 자산 불평등과 그와 연관된 동기 부여가 실제로 얼마나 바뀔 수 있느냐가 된다. 마르크스주의자들은 종종 그러한 불평등이 '자연적'이거나 '불가피한 성격'이라는 것이 순전히 신비화(mystification)라고 논한다. 나는 이들 다양한 생산 자산의 재산권이 근본적으로 변할 수 있다는 점을 정말로 믿지만, 그들의 불가피성이나 불변성에 대한 신념이 완전히 비합리적인 신비화는 아니라고 생각한다. 사람들이 현존하는 계급구조가 불가피하다고 믿는 것이 합리적인 데는 두 가지 주요한 이유가 있다. 첫째는 그 구조를 변환하는 시도의 실제 비용에 관련된 것이고, 둘째는 그 시도가 실제로 성공할 확률과 관계가 있다.

착취가 제거되는 실제 역사 과정은 엄청난 비용을 일으킨다. 왜냐하면

---

17) 굴드너가 논하듯이, "소득에 대한 이들 권리 주장(다양한 종류의 자본 소유자에 의한 권리 주장)은 통상적으로 자본재를 철수하거나 철수하겠다는 위협에 의해 수행된다"(*Future of Intellectuals*, p.21).

착취계급은 그들의 전략적 자산을 재분배하려는 시도에 극렬하게, 때로는 폭력적으로 저항할 것이기 때문이다. 이는 그들이 착취 형태를 제거하려고 시도하면 실제로는 착취자가 더 나빠지는 상황도 당연히 있을 수 있음을 의미한다. 비록 가상적으로는 그러한 착취가 없으면 더 나아지리라고 추론되더라도 말이다. 쉐보르스키의 표현에 따르면, '이행비용'이 충분히 높고 오랫동안 계속되는 것이라면, 현존하는 재산 관계의 형태를 실용적인 의도와 목적을 위해서는 불가피한 것으로 다루는 태도가 합리적이라고 한다.[18] 이는 어느 정도까지는 자기 충족적 예언이 될 것이다. 왜냐하면 계급구조를 바꾸는 비용을 수용하지 못하는 태도 그 자체가 구조를 변화시키려는 시도의 비용을 상승시킬 것이기 때문이다. 그러한 경우에 계급구조를 변환시키는 것이 실제적으로 불가능하다면, 정당화 이데올로기는 사회적 생산이 일어나는 데 필요한 동기와 유인을 진정으로 반영하고 있는 셈이다.

위협을 받는 착취계급에 의해 부과되는 이행비용과는 완전히 별도로, 착취 형태를 제거하려는 시도가 성공할 확률이 매우 낮은 경우도 있을 수 있다. 예를 들어 러시아 혁명으로 자본주의 재산 관계를 파괴할 수는 있었지만, 생산력 발달 수준이 매우 낮았기 때문에 조직 착취와 기술 착취를 제거하는 것은 불가능했다. 조직 착취는, 러시아 혁명의 특수한 역사적 조건하에서는, 로머가 말한 '사회적으로 필요한 착취'였을 수도 있다. 이에 따라 그 착취에 의해 발생되는 불평등을 정당화하기 위해 출현한 이데올로기도 피할 수 없는 유인 제약을 반영했다.[19]

어떤 자산 불평등을 제거하는 이행비용이 그것을 시도하지 못할 정도로 높지는 않고 역사적 조건이 구조적으로 그러한 평등화를 허용할 때에도, 문제의 불평등이 갖는 동기 부여와의 상관관계가 얼마나 근본적으로

---

18) Adam Przeworski, "Material Interest, Class Compromise and the Transition to Socialism," *Politics & Society*, vol.10, no.2(1981).

19) '사회적으로 필요한 착취'에 대한 로머의 논의로는 *GTEC*, p.248을 보라.

변환될 것인가는 실제로 지켜보아야 하는 문제다. 만약 그 관계에 근본적인 변환이 일어나지 않는다면 착취가 없는 상황에서 심각한 유인 문제가 출현하게 될 가능성이 높고, 그러한 유인 문제가 일반적 복지의 감소라는 결과를 낳을 우려가 있다. 복지가 그런 식으로 장기적으로 감소하리라는 전망 자체가 착취 체계를 정당화하는 기반으로 작용할 것이다.

전형적으로 이 쟁점에 대한 두 가지 상반되는 입장이 있다. 많은 마르크스주의자는 착취 체계와 연관된 동기 부여는 착취 체계 그 자체에 의해 직접적으로 발생된 것이라고 논한다.[20] 만약 자본주의가 파괴된다면 이들 동기 부여에 근본적인 변화를 일으킬 수 있다. 이와는 달리 비마르크스주의 이론가들 — 특히 신고전주의 경제학자들 — 은 자본주의만의 고유한 동기 부여 패턴을 기본적으로 초역사적이고, 인간 본성의 근본적인 속성으로 간주하는 경향이 있다. 착취 없이는 (또는 자본, 기술, 책임에 대해 차별적으로 보상하지 않고서는) 아마도 생산성이 쇠퇴하고 적어도 침체될 것이다.[21]

---

20) 테어본(Göran Therborn)은 '종속'과 '자격 부여'의 패턴을 통해 이데올로기와 인간의 주관이 형성되는 방식에 대한 그의 분석에서 강력하게 이 입장을 주장한다. Göran Therborn, *The Power of Ideology and the Ideology of Power* (London: 1982). 물론 갈등은 자본주의의 동기적 요구조건과 행위자의 실제 동기 간의 차이로부터 발생할 수도 있다. 그러한 갈등 — 때때로 '동기 부여 위기'라고 불리는 — 은 계급 질서의 소멸이 오고 있다는 신호 중의 하나일지도 모른다. 여기서 요점은, 동기 부여가 착취 형태와 밀접하게 연결되어 있으며, 계급관계가 변함에 따라 고도로 변하기 쉬운 것으로 간주된다는 것이다.

21) 이들 보수적인 동기 부여 가정이 정확하다고 해도 착취가 없으면 일반적인 복지가 필연적으로 감소할 것이라는 증명은 되지 않는다. 생산성은 감소해도 복지는 증가할 수 있다. 예를 들어 만약 낭비적인 생산이 감소되고 — 대폭적인 군사비 지출 감소, 광고비 감소 등 — 인간의 필요를 충족시키는 부문에 보다 지속적으로 투자가 이루어진다면 이러한 일이 발생할 수 있다. 생산성 논변이 곧 복지주의 논변이 되는 경우는 오직 동일한 생산품이 생산된다는 가정이 유효한 경우뿐이다. 일반적인 복지에 근거하여 사회주의가 호소력을 갖는 실질적인 힘은 그것이 자본주의보다 더 큰 기술적인 효율성을 달성한다

물론 이 두 가지 경쟁하는 주장 중 어느 것이 옳은지 엄격하게 판별하기란 어려운 일이다. 양측 모두 역사적 증거는 기껏해야 불충분할 뿐이다. 착취 없이 평등주의 원리에 따라 조직된 생산이 전체 경제와 따로 존재한 적은 있지만, 복잡한 경제 전체가 그렇게 조직된 적은 한번도 없었다. 이 문제에 대한 체계적인 지식을 얻기 위해서는 사회주의라는 역사적 조건이 필요하다. 왜냐하면 사회주의 사회에서만이, 유인구조와 다양한 종류의 불평등 관계를 탐구하는 대안적 '실험'을 진지하게 할 수 있기 때문이다. 그러한 실험의 결과로 아마도 우리가 자본주의적 착취라고 불러왔던 것이 어느 정도는 바람직할지도 모른다는 판단을 내릴 수도 있다. 그러나 그러한 평가 자체는 사회주의적 재산 관계에서만 얻을 수 있다.

5. 계급구조와 국가 형태

앞에서 살펴본 서로 다른 계급 착취의 논리는 이들 계급관계에 정치제도의 본질이 연관되어 있다는 어떤 체계적인 함의를 갖고 있다.[22] 봉건제

는 데 놓여 있지 않고, 그것이 더 큰 사회적 효율성을 달성한다는 데에 놓여 있다.

22) 나는 '그럴 가능성이 높다'라는 용어를 이 토론에서 주의 깊게 쓰고 있는데, 그 이유는 국가에 대한 '자본의 논리'[John Holloway and Sol Picciotto(eds.), *State and Capital* (Austin, Texas: 1978)]와 같은 방식으로 계급관계 형태의 '기능적인 요구조건'으로부터 국가의 형태를 경직적으로 '도출'한다는 함의를 피하기 위해서이다. 나는 그러한 기능적 요구조건에 대해 이야기하는 것이 합당하다고 정말로 믿고 있고, 그러한 요구조건들이 정치제도의 적절한 형태를 발생시키는 경향을 가지는 일련의 압력과 결과의 연쇄를 함의하는 것이라고 믿는다. 그러나 이것들은 필연적인 결과라기보다는 강력한 경향성에 불과한 것이다. 나는 압력, 기제, 결과 연쇄의 문제를 여기서 다루지 않을 것이기 때문에 그 관계를 단순히 계급관계의 형태와 국가의 형태를 연결 짓는 예측된 관계로 다루겠다.

에서 착취관계가 사람들에 대한 소유권 차이에 기반해 있다고 본다면, 착취계급이 그 소유권을 행사하기 위해서는 억압 수단에 대해 직접적인 접근권을 가질 필요가 있을 가능성이 높다. 그러므로 봉건제에 고유한 재산 관계와 국가제도가 융합되는 경향이 있을 것이다.

이와는 대조적으로 자본주의에서는 사람들에 대한 소유권이 제거되었기에, 자본가계급은 노동력에 대한 직접적인 정치적 통제를 더 이상 행사하지 않아도 된다. 재산 관계 그 자체를 보호하기 위한 지배는 필요하지만, 잉여를 전유하기 위해 직접적으로 정치적 통제가 이루어질 필요는 없다. 그리하여 국가 기구와 사적 재산이 제도적으로 분리될 가능성은 훨씬 더 높아진다. 나아가 생산수단 소유자간 경쟁의 성격상, 각 자본가들은 국가로 하여금 어느 특정한 자본가나 자본가 집단에 포획되지 않은 채 게임의 법칙을 강제하게끔 만드는 데 능동적인 이해관계를 갖고 있다. 그러므로 국가와 재산의 제도적 분리는 가능할 뿐 아니라 자본가의 관점에서 바람직한 것이다.

앞서 논했듯이 국가주의에서 중추적인 착취 자산은 조직이다. 이 맥락에서 국가는 조직을 구성하고 전체 사회를 위해 조직 자산을 관리하는 중심 영역이 된다. 만약 조직 자산이 불평등하게 분포되어 있고 위계적으로 통제되면, 국가 형태가 중앙집권화되고 권위적인 형태가 될 가능성이 극단적으로 높다. 이런 사회에는 착취관계를 중개하는 자본시장의 비인격성이 존재하지 않기 때문에 국가의 진정한 민주화는 조직 자산에 대한 통제의 민주화가 될 가능성이 높고, 이는 곧 조직 자산 착취자의 계급 권력에 대한 심각한 도전이 될 것이다.[23]

---

23) 이는 국가주의 사회에서도 여전히 경제적 기구와 국가의 정치적 기구를 구분하는 것이 가능하다는 점을 함축한다. 여기서 주장하고 있는 것은, 국가주의 생산양식이 지배적인 곳에서 정치적 기구가 급진적으로 민주화된다면 중앙집권화된 계급관계를 국가의 경제적 기구 내에서 재생산하는 일은 힘들 것이라는 점이다. 그보다 더 있을 법한 일은, 중앙집권화된 계급관계가 본질적으로 자본주의적인 관계로 복구되거나 사회주의적인 관계로 변환되는 것이다.

마지막으로, 사회주의에서는 국가가 다양한 참여민주주의의 형태를 취할 가능성이 높다. 조직 자산의 불평등을 제거하는 것은 계획과 생산 조정에 대한 의사 결정을 민주화하는 것을 의미한다. 그리고 직접적인 참여 형태를 포함하면서도 국가의 정치기구가 압도적으로 민주화되지 않는 지속가능한 사회를 생각하기는 어렵다.

6. 계급구조와 계급 형성

일반적으로 고전적 마르크스주의에서 계급구조와 계급 형성의 관계는 상대적으로 문제가 없는 것으로 다루어졌다. 특히 노동계급의 분석에서는 구조적으로 정의된 프롤레타리아와 계급투쟁에 참여하는 집단적 행위자로서의 프롤레타리아 간에는 일대일 대응 관계가 있다고 추정되었다. 즉자계급(구조적으로 결정된 계급)으로부터 대자계급(계급이익에 대해 집단적으로 투쟁하는 의식적 계급)으로의 전환은 매끄럽고 말썽 없는 과정으로 이해되지는 않았을지 몰라도, 불가피한 것으로는 이해되었다.

대부분의 신마르크스주의 계급 이론가들은 계급구조와 계급 형성의 관계가 단순하다는 주장에 의문을 품었다. 두 수준의 계급 분석에는 훨씬 덜 결정적인 관계가 존재한다는 점이 광범위하게 주장되었다. 쉐보르스키가 논했듯이, 계급투쟁은 계급간 투쟁이기 이전에 우선 계급에 대한 투쟁이다.[24] 노동자들이 계급으로 조직될지, 아니면 종교, 인종, 지역, 언어, 국적, 부족 같은 다른 종류의 집단으로 묶일지는 언제나 미리 정해지지 않은 문제다. 계급구조는 계급 형성 시도의 기반이 되는 물질적 이익의 영역을 정의하기는 하지만, 그러한 시도를 단일하게 결정하지는 않는다.

이 책에 제안된 개념적 틀은 계급구조와 계급 형성 간의 관계가 상대적으로 비결정적이라는 점을 강조한다. 만약 그 논변이 타당하다면, 계급

---

24) "From Proletariat into Class," Kautsky, 7:4.

구조는 착취에 기반한 이익의 모형(母型)이 되는 사회관계의 구조로 여겨질 수 없다. 그러나 계급구조 내의 많은 위치들이 착취 이익의 복합적인 다발을 갖고 있기 때문에 이들 이익은 **잠재적인 계급 형성의 다양한 물질적 기반을 구성하는 것으로 여겨질 수 있다.** 계급구조 그 자체는 계급 형성의 패턴을 하나로 결정하지 않으며, 그보다는 서로 다른 종류의 계급 형성을 낳는 근저의 확률을 결정한다. 이들 여러 계급 형성 중 실제로 어느 하나가 일어나는 것은, 계급구조 자체에는 구조적으로 우연적인 여러 요소들에 의존한다. 그러므로 계급구조는 여전히 계급 형성의 구조적 기초이기는 하지만, 그 기초 위에 일어난 실제 형성이 어떤 종류인가에 대해서는 사회에 대한 구체적인 역사적 분석을 통해서만 설명할 수 있다.

7. 계급 동맹

계급 분석이 단순히 양극화된 계급구조라는 관점에서 멀어지면, 계급 동맹의 문제가 계급 형성 분석에서 매우 중대한 자리를 차지하게 된다. 조직화된 계급투쟁이 각각 동질적인 두 진영 사이의 갈등으로 나타나는 경우는 있다손 치더라도 매우 드물다. 전형적인 상황은 계급간, 계급 분파간, 무엇보다도 모순적 계급 위치간에 맺어지는 상황이다.

계급관계 내에서 모순적 위치에 있는 개인들은 계급투쟁과의 관계에서 세 가지 넓은 전략 가운데 하나를 선택해야만 한다. 첫째, 그들은 지배적인 착취계급 자체에 개인적으로 들어가기 위해 착취자라는 직위를 이용할 수 있다. 둘째, 지배계급과의 계급 동맹을 형성할 수 있다. 셋째 주요 피착취계급과 일종의 동맹을 맺을 수 있다.

모순적 위치에 있는 사람들의 즉각적인 계급적 열망은 착취 지위에서 나온 산물을 지배 자산에 '화폐화하여 투입'함으로써 지배계급에 들어가는 것이다. 그러므로 봉건제에서 신흥 부르주아들은 빈번하게, 자본주의적 착취를 통해 획득된 잉여를 토지와 봉건적 작위를 사는 데 사용했다 (즉, '봉건적 자산'을 얻는 데 사용했다).25) 이와 유사하게, 자본주의에서 경영자와 전문가들에게 개인적으로 사용할 수 있도록 착취를 통해 이전된 잉여는, 자본 소유로부터 불로 소득을 얻기 위해 자본, 재산, 주식 등을 사는 데 쓰인다. 마지막으로, 국가주의에서 전문가들은 관료기구에 들어가 조직 자산에 대한 통제권을 얻기 위한 방편으로 지식에 대한 통제권을 사용한다.

일반적으로 지배적인 착취계급은 모순적 위치와의 계급 동맹을 추구한다. 적어도 그들이 재정적으로 그럴 수 있는 여유가 있을 때는 말이다. 그러한 전략에 의해 자신의 이익과 그들의 이익을 연결시킴으로써 모순적 위치 계급으로부터 나오는 잠재적 위협을 무력화하려고 시도한다. 그러한 '헤게모니 전략'들이 효율적일 때, 그 전략은 모든 착취계급들이 피착취계급의 투쟁을 저지할 수 있는 안정적인 기반을 창출하는 데에 도움을 준다. 그러한 전략의 요소 가운데 하나는 모순적 위치에 있는 개인들이 지배계급에 들어가는 것을 상대적으로 쉽게 만드는 것이다. 두 번째 요소는 지배적인 착취계급이 모순적 위치를 착취하는 정도를, 그러한 모순적 직위가 '순' 착취를 낳을 정도(즉, 피착취 잉여보다 착취 잉여가 많아서 흑자 착취가 되도록 — 옮긴이)까지 감소시키는 것이다. 거대기업에서 상층 경영자들에게 지불되는 고임금은 확실히 그들이 순 착취자라는 것을 의미한다. 이는 그러한 직위와 지배적 착취계급 간의 가능한 이익 갈등을 최소화하는 효과를 갖는다.

그러나 그러한 전략은 비싸다. 그것은 모순적 위치의 거대한 부문이 사

---

25) 이러한 의미에서 프로테스탄트 윤리와 자본주의 정신에 관한 베버의 유명한 분석은, 특정한 이데올로기 형태가 자본주의적 착취를 봉건화하는 것을 막는 기제로 작동하여 자본 축적의 성장을 촉진했다는 것을 설명하는 한 가지 방식으로 간주될 수 있을 것이다. 칼뱅주의가 이데올로기적으로 달성한 것을, 부르주아 혁명은 자본 축적을 봉건화하는 것을 법적으로 금지함으로써 정치적으로 달성했다.

회 잉여의 상당한 부분에 접근하는 것을 허용하도록 요구한다. 몇몇 경제학자들은 이러한 기업 헤게모니 전략은 선진 자본주의 국가에서 경제가 정체되는 일반적 경향의 핵심적인 원인이라고 논했다. 그리고 이로 인해 그 전략 자체의 실행 가능성이 침식될지도 모른다고 주장했다.[26] 계급 동맹의 경제적 기반이 침식되면 보다 반자본주의적인 경향의 동맹이 전문가들 사이에(그리고 심지어 경영자들 사이에) 나타날 수 있다. 특히 국가 부문에서는 전문가와 관료의 경력이 기업 자본의 복지에 덜 직접적으로 연결되어 있기 때문에, 그 부문에서는 경제를 어떻게 경영해야 하는가의 문제에 대해 보다 '국가주의적인' 견해가 신뢰를 얻을 것이다.

모순적 위치의 잠재적 계급 동맹은 단순히 부르주아와만 맺어지는 것은 아니다. 어떤 역사적 상황에서는 '보다 인구가 많은 피착취계급 — 어느 자산 차원에서도 착취자가 아닌 계급(즉, 착취관계 내에서 모순적 위치에 있지 않은 계급) — 과 동맹할 잠재력이 있다. 그러나 그러한 하위계급과의 동맹은 일반적으로 부르주아와의 계급 동맹보다 더 어렵다. 일반적으로 피착취계급에게는 그러한 모순적 위치 직위에 있는 사람들에게 상당한 뇌물(bribes)을 줄 능력이 없기 때문이다. 그러나 이는 노동자와 모순적 위치의 몇몇 부문 간의 계급 동맹이 불가능하다는 것을 의미하지 않는다. 특히 모순적 위치가 '지위 격하'의 과정(탈숙련화, 프롤레타리아화, 권위의 관습화)을 겪기 쉬울 때에는 명백히 순 피착취자인(net-exploited) 모순적 위치에 있는 사람들의 이익 균형이 자본가계급보다 노동계급과 보다 가깝다고 생각하게 될 가능성도 상당하다.

노동계급과 다양한 범주의 경영자·전문가 간에 계급 동맹이 생길 때, 동맹의 정치적·이데올로기적 방향을 정의하는 일이 노동계급의 핵심적인 문제가 된다. 앞서 논했듯이, 이들 모순적 위치는 자본주의의 가능한 미래

---

26) Bowles, *Gordon and Weiskopf*, pp.166~167을 보라. 여기에는 초거대기업의 성장으로 인해 발생한 경영비용 증가가 특정한 자본주의 국가에서 생산성 성장을 저해하는 핵심 요소 중 하나라는 논의가 담겨 있다.

중 어떤 하나의 미래 — 노동계급이 피착취·피지배계급으로 계속 남아 있을지도 모르는 미래 — 로 가는 '담지자'이다. 노동자가 그러한 동맹을 지지해야 하는가? 노동자들이 비자본주의적인 방식으로 여전히 착취되는 그러한 사회를 위해 투쟁하는 것이 그들에게 이익인가? 나는 이들 질문에 일반적이고 보편적인 답이 존재한다고 생각하지 않는다. 어떤 환경에서는 혁명적 국가 관료 사회주의가 노동계급의 진정한 이익이 되는 경우가 있을 수 있다. 비록 노동자들이 그러한 사회에서 계급적으로 착취된다 하더라도 말이다. 나는 이것이 오늘날 많은 제3세계 국가의 경우 진실이라고 생각한다. 이와는 달리 선진 자본주의 국가에서는 급진적인 민주 사회주의가 가능하다. 즉, 자본의 사회화와 조직 자산의 민주화가 동시에 이루어진 사회를 정치적으로 실행할 수 있다. 오랜 후라 해도 쟁점은 다음과 같다. 어떤 사회에서 노동계급과 다른 계급들이 직면하고 있는 실제 역사적 가능성은 무엇인가? 계급 동맹이라는 구체적인 정치적 문제의 해결은 바로 그러한 실제 가능성을 바탕으로 해야만 가능하다.

8. 계급구조에서 여성

나는 이제껏 계급 이외의 억압 형태에 대해서는 거의 말하지 않았다. 급진 이론의 최근 논쟁 중 많은 부분은 바로 그러한 억압들이라는 쟁점, 특히 성 지배와 계급 사이의 관계에 관한 것이었다.[27] 나는 여기서 계급구조와 젠더 간의 일반적 관계에 대해 일관된 논의를 제시하려고 하지는

---

27) 인종과 계급이라는 쟁점은 몇몇 동일한 문제를 제기하는데, 성과 계급이라는 문제에 주어졌던 것과 동일한 이론적 관심을 집중적으로 받지는 못했다. 나는 인종 문제가 매우 중요하고 — 특히 미국의 정치적 맥락에서는 아주 중요하다고 믿으며 — 계속적으로 주의를 기울여 다룰 필요가 있다고 생각하지만, 여기서 제시된 계급 틀과 인종 문제 간의 관련성을 다룰 만큼 충분히 인종과 계급 문제를 연구하지는 못했다.

않을 것이다. 그보다는 훨씬 협소한 쟁점에 초점을 맞추고 싶다. 자산 착취 접근법이 계급구조에서 여성의 위치를 이해하는 데에 갖는 직접적인 함의 말이다. 나는 특별히 세 가지 쟁점을 다룰 것이다. 첫째, '남성과 여성 간 자산 획득과 분배의 문제, 둘째, 노동인구 바깥에 있는 여성이 갖는 계급 위치의 문제(특히 가정주부), 셋째, 여성 자체가 하나의 '계급'으로 다루어져야 하는지 아닌지의 문제이다.

1) 자산 취득과 분배

임금으로 생활하는 여성의 평균임금이 남성보다 훨씬 낮다는 사실은 자주 주목되어왔다(미국에서는 남성 임금의 60퍼센트이고, 스웨덴에서는 85퍼센트이다). 이 책에서 발전시킨 틀 내에서 어떻게 이 임금 차별에 접근할 수 있을까? 세 가지 주요한 가능성이 있는데 꼭 상호 배제적이지는 않다.

첫째, 남성과 여성의 임금 차별에서 일부 또는 전부는 남성과 여성의 기술과 조직 자산 분배 (차이 ― 옮긴이)탓이다. 젠더 관계는 사람들 사이의 착취 자산 분배에 대한 설명을 돕는 많은 기제 중 하나이다. 분석 전반에 걸쳐 생산적 자산 소유의 결과에 초점이 맞추어졌다(생산적 자산의 취득 문제는 대개 무시되어왔다). 몇몇 사회에서 여성들은 핵심 착취 자산을 소유할 가능성 자체로부터 체계적으로 배제되어 있다. 다른 사회들에서는, 그런 것을 소유하는 것이 법적으로 금지되어 있지는 않지만 젠더 관계가 상속 패턴, 학력 취득 과정, 경영직 승진 관행 등을 통해 심각한 장애를 부과한다. 그러한 기제들의 작동 결과 여성들의 계급 분포는 남성들의 계급 분포와 매우 달라진다.[28]

둘째, 성 자체는 기술-학력 착취에서 특별한 종류의 자격증으로 인식된

---

28) 미국과 스웨덴에서 남성과 여성의 계급 분포에 대한 경험적 조사를 보려면 6장과 그 뒤의 장을 보라.

다. 학력 차별이 착취를 발생시키는 기제를 상기해보라. 학력은 노동의 공급을 감소시켜 기술 생산비용보다 높은 수준으로 임금을 유지시킨다. 학력은 직업에 대한 진정한 자격 증명을 구성할 필요가 없다. 단순히 특정한 종류의 노동력 공급을 제한하기만 하면 되는 것이다. 직업의 성별 분리는 이와 상당히 유사한 방식으로 기능할 수 있다. 몇몇 범주의 직업에 여성들을 '지나치게 많이 몰아넣고' 남성이 가진 특정 직업에서 경쟁을 감소시킴으로써 말이다.

마지막으로 성차별은, 우리가 '봉건적' 착취라고 부른 것의 불완전한 형태로 개념화될 수 있다. 사실상 다른 주체와 동등한 만큼, 자신이 원하는 대로 노동력을 쓸 수 있는 능력이 결여되어 있다면 노동력에 대한 소유가 평등하지 않은 것이다. 성차별이 '부르주아적 자유'를 위반하고 있다는 마르크스주의자와 자유주의자 모두의 공통된 관찰은, 가부장제(그리고 이와 유사한 인종차별)의 이러한 '봉건적' 성격을 반영하는 것이다. 봉건제와 가부장제 모두 가부장적-인격적 지배 형식으로 종종 묘사된다는 사실은 관계의 이러한 공통 구조를 반영한다. 이러한 봉건적 성격은 적어도 현대 자본주의 사회에서는 불완전하게 되었다. 왜냐하면 여성들이 차별 때문에 그들 자신의 노동력에 대한 온전한 권리로부터 배제되어 있을지는 모르지만, 여성 노동력에 대한 권리를 남성들이 공식적으로 소유하고 있다는 것은 더 이상 사실이 아니기 때문이다.[29]

2) 가정주부와 계급구조

노동인구에 속하지 않는 가정주부의 계급 위치는 항상 마르크스주의 이론에서 난처한 문제였다. 다양한 해결책이 제안되었다. 몇몇 이론가들

---

29) 19세기에는 남성이 배우자의 노동력을 다양한 방식으로 통제할 수 있는 법률적 권한을 사실상 갖고 있었다. 이것은 그 성격상 훨씬 더 온전히 봉건적인 것이다.

은 노동자의 가정주부는 남편의 생존에 기여함으로써 자본가가 직면하는 비용을 낮춘다는 의미에서 자본에 간접적으로 착취되고 있는 노동자라고 제안했다. 다른 이론가들은 가정주부들은 가정 내 또는 생산의 생계 양식에 속해 있으며 그러한 보조적 계급관계 내에서 남편에게 착취당하고 있다고 논했다. 나를 포함한 또 다른 사람들은 계급 개념은 단순히 노동인구 바깥에 있는 사람들에게는 아무에게도 적용되지 않는 것이며, 따라서 가정주부는 아예 어느 계급에도 속하지 않는다고 논했다.

이 책에서 다듬어진 계급과 착취에 대한 접근은, 이 질문을 하기 위해서는 가정주부가 유효하게 통제하는 관련 자산, 더 좋아질 수도 있고 나빠질 수도 있는 가상적(counterfactual) 게임, 그러한 자산들의 소유에 의해 시작되는 사회적 관계에 대해 적절하게 정의해야 한다고 시사한다. 이러한 의미에서 나는 다음과 같은 것을 이야기할 수 있다고 생각한다. 첫째, 노동계급 가정주부는 아무런 조직 자산이나 학력 자산이 없다. 그리고 생산수단 자산 측면에서는, 기껏해야 가재도구 같은 대단히 제한된 자산만을 보유하고 있을 뿐이다. 둘째, 그들은 노동자와 마찬가지로, 남편들과 함께 자본주의 게임에서 일인당 자본 자산을 갖고 철수한다면 더 나아지고 자본가들은 더 나빠질 것이다. 따라서 자본주의에 관한 그들의 착취 이익은 배우자와 다르지 않다.[30]

그러나 생산의 사회적 관계는 어떠한가? 이것은 물론 어려운 쟁점이다. 노동자의 가정주부는 두 가지 생산관계에 묻혀 들어가 있다. 첫째, 그들

---

30) 제3장의 토론 용어로 말하자면, 기술적으로 내가 보인 것은 노동자들의 가정주부가 경제적으로 자본에 의해 그들의 남편과 동일한 방식으로 억압받고 있지만 자본에 의해 착취당하고 있지는 않다는 것이 전부였다. 몇몇 마르크스주의자들은 가정주부들이 남편의 노동력을 재생산하는 화폐비용을 감소시킴으로써 간접적으로 자본에 의해 잉여노동을 전유당한다고 주장한다. 나는 이러한 주장이 적절하게 논증될 수 있다고 생각하지 않는다. 나는 어느 경우든 현재 논의의 맥락에서는 경제적 억압과 경제적 착취의 구분이 큰 차이를 만들어 낼 것이라고 생각하지 않는다.

은 가정의 생계 생산 내에서 남편과 사회적 관계를 맺고 있다. 둘째, 그들의 가족은 임금을 통해 소득을 얻기 때문에, 가족의 일원으로서 자본과 사회적 관계를 맺고 있다. 그러므로 그들의 계급 위치와 남편의 위치는 이 두 가지 관계가 서로 맺는 연관에 의해 평가되어야만 한다. 남성 노동자들이 부인을 가사 생산관계 내에서 착취하는 정도에 따라 그들은 일종의 모순적 계급 위치를 점하고 있다. 그들은 한 관계(가정 관계)에서는 착취하고 다른 관계(자본주의 관계)에서는 착취당하고 있다.

나는 남편들이 보편적으로 가사 생산 내에서 여성들을 착취한다는 것이 명백한 진실이라고 생각하지는 않는다. 이런 주장은 엄밀히 구축된 논리 위에 있지 않다. 노동 이전 관점으로 볼 때, 가정주부로부터 노동계급 남편으로 순 잉여노동 이전이 일어나는지가 명확하지 않다.[31] 게임 이론적 관점으로 볼 때는 이보다 더 불명확하다. 한 가구 내에서 남편과 아내가 가사와 직장 일을 완전히 반반으로 각각 나누어 담당할 때 남성 노동자는 더 나빠지고 여성은 더 나아질지는 그보다 더 불명확하다는 것이다. 이는 두 명의 노동자 가족에 의해 취득되는 총임금이 가족 내에서 어떻게 분배되고 둘에 의해 수행되는 총노동량이 가상적 조건하에서 얼마나 변할지에 따라 달라진다. 현존하는 노동시장의 성차별을 그대로 두고 (가구별 배우자간 분업만이 평등화된 — 옮긴이) 가상적 조건하에서라면, 배우자 둘 모두 물질적으로 전적으로 더 나빠질 것이다.[32]

---

31) 연구 조사 자료는 주부들이 집 밖에서 일하면서 가정에서도 '가사노동'을 추가적으로 수행하는 경우 남편보다 일주일당 더 많은 시간을 일하는 것은 사실이지만, 집 밖에서 일하지 않는 경우에는 사실이 아님을 보여준다. 주부들이 주당 평균적으로 일하는 총시간은 남편들보다 적다. Heidi Hartman, "The Family as the Locus of Gender, Class and Political Struggle: The Example of Housework," Signs, vol.6, no.3(1981), p.380, fig.1.

32) 산업혁명이라는 역사적 조건에 대해 이 요지를 강력하게 옹호하는 것으로는 다음 문헌이 있다. Johanna Brenner and Maria Ramas, "Rethinking Women's Oppression," New Left Review, 144(March~April, 1984), pp.33~71.

그렇다면 나의 결론은 다음과 같은 것이다. 노동자들의 가정주부는 자본과의 관계에서는 노동계급에 속하며, 남편의 계급에 따라 다양한 계급의 가정주부가 가능하다. 노동계급이 아닌 가정주부로 평가하는 것은, 가족 내에서의 자산, 소득, 노동시간에 대한 실제 통제 관계에 따라 달라진다.

3) 여성은 하나의 계급 그 자체인가?

특정한 역사적 조건하에서 여성들이 그 자체로 하나의 계급을 구성하는 일은 확실히 가능하다. 여성들이 남편의 소유물인 곳에서는 단순히 여자라는 사실 때문에 생산의 사회적 관계 내에서 특수한 위치에 놓이게 되고, 그리하여 하나의 계급을 구성한다.

그러나 어떤 급진주의 페미니스트들이 여성은 하나의 계급이라는 주장을 할 때, 그들은 단순히 특별한 역사적 조건 아래에서 그런 일이 일어날 수 있다고 주장하는 것이 아니다. 그 주장은 '가부장적' 사회에서 여성들의 보편적 조건이라는 것이다. '계급'이라는 용어가 여기서 고안된 이론적 논의 맥락으로 사용된다면 이 보편적인 주장은 유지될 수 없다. '계급'은 '억압'과 동일한 의미가 아니다. 그리고 서로 다른 범주의 여성들이 유형과 양에서 서로 다른 생산 자산을 소유하는 만큼, ─ 그리고 그 소유로 인해 생산의 사회적 관계 내에서 서로 다른 직위에 들어가게 된다면 ─ 여성이라는 이유만으로 하나의 '계급'으로 간주될 수는 없다. 자본가 여성은 자본가이며, 노동자 남성과 노동자 여성 (그리고 다른 계급) 모두를 자본가이기 때문에 착취한다. 그녀는 그와 동시에 다양한 방식으로 여성으로서 억압받을 수 있으며, 이는 그녀가 착취하는 여성과 어떤 비계급적 이익을 공유하게 한다. 그러나 이것이 자본가 여성과 그녀의 여성 피고용자를 공통된 젠더 '계급'으로 묶지는 않는다.

급진주의 페미니스트들이 때때로 계급과 억압 개념을 융합할 필요를 느끼고 그렇게 함으로써 여성을 하나의 계급으로 다룰 필요를 느끼는 이유는, 마르크스주의자가 급진적 사회 이론에서 역사적으로 두드러졌기 때문이라고 믿는다. 많은 마르크스주의자들은 적어도 묵시적으로라도, '계급'만이 단 하나의 중요한 억압 형태이며 계급투쟁만이 고유한 변혁 잠재력을 갖고 있는 투쟁이라고 주장해왔다. 이러한 특정한 담화의 언어 아래에서, 여성 해방을 위한 투쟁을 정당화시키는 유일한 방법은 그것을 계급투쟁의 한 종류로 다루는 것이었다. 그러나 여성에 대한 억압을 계급 억압의 문제로 흡수시키려는 이러한 시도는 여성에 대한 억압의 특수성을 흐리게 하고 계급 개념의 이론적 일관성을 감소시켰다. 보다 건설적인 전략은 계급 억압과 젠더 억압 기제들 간의 관계를 검토하고 그들 사이의 상호작용과 각각의 억압을 변환시키기 위한 조건을 연구하는 일이다.

9. 결론

앞의 두 장에서 전개한 논의가 설득력이 있었다면, 내가 고안한 특정한 착취 중심적 계급 개념은 계급에 대한 다른 접근 방법에 비해 몇 가지 중요한 이점을 갖게 된다. 첫째, 착취 중심적 개념은 다른 이론들이 할 수 있었던 것보다 계급구조의 유형 사이의 질적 차이를 서술하는 훨씬 더 일관된 방법을 제공한다. 어떤 사회의 계급관계를 평가하는 추상적인 기준은 질적으로 구별되는 사회에 걸쳐 모두 일관되며, 그러면서도 탐구되어야 할 특정한 사회의 계급구조의 특수성을 인정한다. 사회구성체를 서로 구별하기 위한 정교하고 강력한 일련의 개념을 만들어낼 잠재력 역시 착취 중심적 계급 개념에 의해 증가한다. 그리고 역사적으로 서로 질적으로 구분되는 사회에 적용될 때, 대부분의 다른 계급 개념들에 만연해 있는 임시방편적인 성격을 띠지 않는다.

착취 중심적 개념은 현 시기 자본주의에서 '중간계급'의 계급적 성격을 분석하는 데 훨씬 더 일관된 전략을 제공한다. 모순적 위치의 모순적 성격은 이전보다 훨씬 더 명확해졌으며, 특정한 사회에서 그러한 위치의 양극화된 계급간의 관계도 보다 정확하게 구체화되었다. 그것도 제2장에서 다듬어진 계급 개념에 대한 여섯 가지 이론적 제약을 만족시키는 방식으로 성취되는 것이다.

셋째, 착취 중심적 개념은 이익의 문제에 대해 지배에 기반한 개념보다 훨씬 더 명료한 연결고리를 제공해준다. 그리하여 계급구조의 객관적 성격과, 계급 형성, 계급 동맹, 계급투쟁 문제 간의 관계를 보다 체계적으로 분석할 수 있는 기초를 제공한다.

넷째, 새 개념은 지배 개념보다 더 체계적으로 **유물론적이다**. 계급은 생산력 측면에 대한 유효한 소유 패턴으로부터 나온다. 서로 다른 종류의 계급을 규정하는 서로 다른 착취관계는 모두 이들 생산력의 서로 다른 측면의 질적 성격에 연결되어 있다.

다섯째, 새 개념은 다른 개념들보다 역사적으로 더 일관된다. 획기적인 사회 변화에 어떤 방향이든 부여하는 것은 바로 생산력의 발전이다. 여기서 계급-착취 연계는 특정한 종류의 생산력과 관련지어 정의되었기 때문에, 생산력 발달은 바로 계급관계 체계에 역사적 궤적을 부여하는 힘이다.[33] 그러므로 <표 3-2>와 <표 4-1>에 나타난 사회 형태에 부여된 순서는 자의적인 것이 아니라 계급구조의 발전적 경향을 규정하는 것이다.

마지막으로, 이 장에서 고안된 계급 개념은 특히 비판적 성격을 유지하고 있다. 로머가 발전시킨 착취 정의 자체가 그 뜻 안에 현존하는 사회구조에 내재하는 대안적 사회 형태라는 관념을 담고 있다. 그리고 가능한 사회 형태에 대한 분석의 역사적 성격은 계급 개념의 비판적 특성이 순수하게 도덕적이거나 유토피아적이지 않다는 점을 함의한다. 질적으로 구분되는 자산에 기반한 착취 형태로 정의되었을 때, 계급은 그 사회에서 계급관계의 본질과 계급관계가 부과한 변환의 내재적 가능성의 본질을

---

33) 생산력이 역사에 방향을 부여하는 것으로 설득력 있게 간주될 수 있는지 그 이유를 보려면 "Giddens' Critique of Marxism"을 보라.

서술하는 방식을 제공한다.

개념은 특이한 종류의 가설이다. 실제 기제와 그 결과를 구분하는 경계가 되는 기준에 대한 가설이다. 모든 가설이 그러하듯이 개념 자체도 잠정적이다. 특정한 개념이 그것과 경쟁하는 개념보다 더 일관된 만큼, 이론 전체와 더 잘 맞물리는 만큼, 경험적 조사에서 더욱더 큰 설명력을 제공하는 정도만큼, 그 개념은 선호되어야 한다.

그러한 의미에서 자본주의와 다른 사회의 계급구조 분석을 위해 여기서 제시된 도구들은 개념적으로 유효하다. 이는 그 도구들에 문제가 없다는 이야기가 아니다. 그중 일부는 궁극적으로 폐기될 수도 있다. 그러나 현재로서는 그 개념들은 라이벌 개념들보다 더 잘 작동한다.

이제까지는 이론적 기원과 새 개념화의 발전, 다른 주요 대안과 비교했을 때 드러나는 이론적 장점만을 탐구했다. 다음 장에서는 아마도 이보다 더 논쟁적인 일을 시도할 것이다. 그것은 바로 경쟁하는 (계급 개념에 대한) 정의들 간에 경험적인 우열을 판별하는 일이다.

classes

___

제2부 **경험적 조사**

___

제5장

경쟁하는 정의들의 우위를
경험적으로 판별하기

이 장에서는 마르크스주의 계급 이론 내에서 경쟁하는 정의들의 우위를 경험적으로 판단하려고 시도할 것이다. 제2장에서 논했듯이, '중간계급' 문제는 계급구조에 대한 마르크스주의 개념을 현대적으로 재사고 하는 데에 핵심적인 위치를 차지하고 있다. 그러므로 이 장의 경험 조사는 노동계급과 '중간계급' 임노동자 간의 경계에 대한 논쟁에 초점을 맞출 것이다.[1] 더 구체적으로 말하면, 제3장에서 다듬어진 노동계급을 정의하는 접근법과, 다른 두 가지 중요한 접근법의 상대적 장점을 경험적으로 평가하는 전략을 제안할 것이다. 그중 하나는 노동계급을 육체노동자라고 단순히 정의하는 것이다. 그리고 노동계급에 대한 이보다 더 복잡한

---

1) 편의를 위해 이 장 전반에 걸쳐 '중간계급'이라는 용어를 '비노동계급 임금생활자'라는 표현과 같은 뜻으로 사용하겠다. 비록 그 용어가 우리가 논의할 이론가들에 의해 꼭 채용되고 있지는 않다고 해도 말이다. 예를 들어 풀란차스는 비노동계급 임금생활자를 명명하기 위해 '쁘띠 부르주아'라는 용어를 사용한다. 나는 '모순적 위치'라는 표현을 선호해왔다.

개념화가 풀란차스에 의해 제시된 바 있다. 물론, 이것들이 접근법의 전부는 아니다. 많은 마르크스주의 사회학자들은 모든 비감독직 육체노동자에 '프롤레타리아화된' 사무직 노동자를 합친, 노동계급에 대한 꽤 느슨한 정의를 채택하고 있다. 그러한 정의는 제3장에서 제안한 착취 중심적 개념에 극도로 근접해 있는 것이다. 그리고 실용적인 의미에서는 거의 구분이 안 된다. 그러므로 나는 이들 두 가지 특정한 선택지에 초점을 맞추기로 했다. 경험적인 개입이 토론에 상대적으로 튼튼하고 해석 가능한 결과를 낳을 가능성이 높다는 것도 그렇게 하는 부분적인 이유 중 하나이다.[2]

이 장의 첫 번째 절에서는 나의 경험적 전략의 기본 논리를 드러내 보일 것이다. 이에 뒤이어 이 전략에 사용되는 변수를 조작화하는 실용적인 문제에 대해 논의할 것이다. 이 장의 마지막 절에서는, 이 조작화를 이용한 통계적 연구의 결과를 검토할 것이다.

---

[2] 나는 이전의 모순적 위치 개념과 현재의 틀을 경험적으로 조정할 수 있는 가능성이 있는지에 대해서도 역시 연구해보았다. 이 조정에서 발생하는 문제점은, 노동계급에 대한 두 정의가 서로 너무 많이 중첩되어서 경험적 비교를 수행하는 것이 힘들 뿐만 아니라 채택된 경험적 조작화의 세부 사항에 따라 결과가 너무 달라진다는 것이었다. 이 장에서 채택한 조작화에 근거하면, 93.5퍼센트의 개인이 착취 개념에서 노동계급으로 분류되고, 나의 이전 개념화에서도 역시 노동계급 범주로 분류된다. 그리고 이전 접근 방법에서 노동자로 분류된 사람들 중 96퍼센트가 착취 개념으로는 노동자나 주변적 노동자로 분류되었다. 그러므로 착취 개념화는 이전 접근의 경험적 해석과 단절하는 것이라기보다는 이전에 채택되었던 기준을 재이론화하는 것이다. 이들 두 개념의 예측에서 경험적 차이를 검사한 실증 분석에서 나온 기록을 볼 때, 두 개념 중 상대적 이점이 큰 쪽이 어디인지 애매하다. 논쟁이 되는 범주에서 매우 적은 차이만 나타나고 채택된 조작적 기준의 작은 변화에 결과가 매우 민감하기 때문에, 나는 이들 결과가 두 개념화의 경험적 예측력에서 진정한 차이를 반영하는지에 대해 확신할 수 없었다.

1. 경험적 전략

특정 계급에 대한 정의는 특정한 종류의 명제로 간주될 수 있다. 모든 사항이 동일하다면, 어떤 계급 내의 모든 단위(개인 또는 가족인데, 이는 논의하고 있는 구체적인 쟁점에 따라 달라진다)는 계급이 설명하려고 하는 바와 관련하여 다른 계급들의 단위들보다 서로 훨씬 비슷하다. '계급이 설명하려는 바에 관하여'라는 조건부 구절은, 이러한 종류의 정의적 명제가 항상 어떤 이론적 대상에 관한 것이라는 점을 말하는 것과 동일하다. 문제의 논쟁은 용어를 어떻게 가장 잘 쓰느냐에 관한 것이 아니다. 비록 그러한 이슈가 이론적 논의에서 혼동을 피하기 위해서는 중요할 수 있지만 말이다. 토론은 기본적인 동의를 받고 있는 이론적 대상을 지시하는 개념을 어떻게 가장 잘 정의할 것인가에 관한 것이다. 예를 들어 계급 개념은 각 계급의 정해진 선호가 무엇이라고 꼭 설명할 필요는 없다. 그러므로 같은 계급에 있지만 인종이 다른 사람들이 다른 계급이지만 같은 인종인 사람들보다 그러한 선호에 관해서 더 비슷할 것이라고 믿을 아무런 이유도 없는 것이다. 다른 한편으로 계급구조는 (다른 기제들과 함께) 계급 갈등을 설명하려는 것이다. 그러므로 노동계급에 대한 특정한 정의는 갈등이 발생하는 과정에서 그어지는 경계선에 관한 명제이다. 여기에서는 모든 노동자들이 동일한 방식으로 행동한다는 말과 같지 않다는 점이 강조되어야 한다. 왜냐하면 계급의 경계선에 대한 주장은 계급 위치가 계급 행동에 영향을 미치는 유일한 기제라는 것이 아니기 때문이다. 노동자들 사이에는 인종이나 성별 또는 다른 기제들이 다양하게 분포되어 있으므로, 계급 결정 요인이 같음에도 불구하고 경험적으로 이질적인 결과를 낳을 수 있다. 그러나 계급 경계는 그 경계선의 다른 쪽에 있는 사람들보다는 같은 쪽에 있는 사람들이 계급 갈등 내에서 유사한 방식으로 행동할 가능성이 높다는 점을 주장한다. 이에 따라 동일한 계급에 대해 경쟁하는 각 정의는, 그 정의가 구체화하려는 구조가 발생시키는 효과가 동

<표 5-1> 경쟁하는 노동계급에 대한 정의의 우위 판별에서 문제가 되는 범주들

		정의 A	
		노동계급	중간계급 임금생활자
정의 B	노동계급	[1] 합의된 노동계급	[2] 논쟁적인 범주 1
	중간계급 임금생활자	[3] 논쟁적인 범주 2	[4] 합의된 중간계급

질적이라고 암묵적으로 전제하는 명제이다.

만약 정의가 동질성 효과를 낳는 경계선에 대한 명제라면, 계급 정의에 대한 논쟁을 경험적으로 따지는 적절한 전략이란 각 정의가 경계선의 서로 다른 쪽에 있는 두 편을 다른 직위에 놓는 데 비해 다른 라이벌 정의들은 그 두 편을 같게 다루는 경우에 초점을 맞추는 것이라는 점을 시사한다. 이것이 바로 정의가 달라서 경험적 함의가 다른 경우이다.

이렇게 논쟁이 많은 경우들은 두 정의의 단순 교차표로 살펴볼 수 있다. 노동계급에 대해 두 가지 경쟁하는 정의가 <표 5-1>에 설명되어 있다. 이 표의 셀 1은 두 정의 모두가 노동계급으로 정의하는 직위들로 구성되어 있다. 셀 4는 두 정의 모두 '중간'계급으로 간주하는 임노동 직위로 구성되어 있다. 정의 A는 셀 3이 셀 4보다는 셀 1과 더 유사해야 하며, 셀 2는 셀 1보다는 셀 4와 더 유사해야 한다고 주장한다. 이에 반해 정의 B는 셀 3이 기본적으로 셀 4와 유사해야 하며, 셀 2는 기본적으로 셀 1과 유사해야 한다고 주장한다. 노동계급에 대한 경쟁하는 이 정의들의 경험적 우열을 가리는 일은, 논쟁이 되고 있는 범주가 둘 다 노동계급이라고 동의하는 범주에 가까운지, 아니면 두 정의 모두가 '중간'계급으로 간주하는 범주에 가까운지를 살펴보는 일이다. 이때 기준은 두 정의 모두가 동의하는 노동계급과 '중간'계급의 차이가 된다.

이러한 우위 판별 전략의 논리는 그 정의가 논쟁이 되는 범주가 속해야 한다고 주장하는 계급과 구별할 수 없음을 의미하지 않는다는 점에 주목해야 한다. 노동계급을 육체노동자로 정의하는 문제를 생각해보라.

<표 5-2> 착취 중심적 계급 개념과 비생산적 노동 개념 간의
우위 판별에서 문제되는 범주들

착취 중심적 정의	라이벌 정의	
	노동계급	중간계급
노동계급	[1] 합의된 노동계급	[2] 논쟁적인 범주 1
주변적 노동계급	[3] 모호	[4] 모호
중간계급	[5] 논쟁적인 범주2*	[6] 합의된 중간계급

*: 셀 [5]는 비생산적 노동을 이용한, 노동계급에 대한 풀란차스의 정의와의 비교에서는
빠져 있다.

이것이 노동계급을 정의하는 적절한 방식이라는 주장을 거부한다 해도,
육체노동자와 비육체노동자가 노동계급 내에서 구분된다고 여전히 믿을
수 있다. 이는 예를 들어 사무직 노동자가 육체노동자보다는 이데올로기
적으로 덜 친노동자적이지만 여전히 노동계급 내에 있다는 것을 함의할
수도 있다. 그러므로 그 가설은 논쟁이 되고 있는 범주가 모두 합의된 범
주의 어느 쪽과도 구별할 수 없다는 것이 아니라 하나에 다른 하나보다
의미 있는 정도로 더 가깝다는 것이다.

이 장에서 하게 될 구체적인 비교에서 이들 가설의 정확한 공식은
<표 5-1>의 단순 모델과는 다소간 다르다. 두 가지 수정이 있었다. 첫
째, 착취 중심적 계급 개념은 어떤 종류의 '주변적(marginal)' 계급 위치가
있다고 구체적으로 인정한다. 특히 주변적 학력 자산을 갖고 있는 임금
생활자들과 주변적 조직 자산을 갖고 있는 임금생활자들을 인정한다. 그
러한 직위들은 우위 판별에서 노동자나 비노동자 범주에 단순히 합쳐져
서 다루어질 수 없다. 왜냐하면 그렇게 하면 아마도 결과 해석에 심대한
영향을 미칠 것이기 때문이다. 그러므로 형식적으로 그러한 주변적 노동
자를 우위 판별 유형에 따로 넣는 것이 더욱 적절할 것이다.

이는 <표 5-2>에 설명되어 있다. 우위 판별 분석의 대부분은 이 표의
모서리 셀들에 초점을 맞출 것이지만, 주변적 범주를 명시적으로 따로

두면 필요한 곳에서 보다 정교한 차이를 드러내는 분석을 할 수 있을 것이다.

<표 5-1>의 단순 우위 판별표를 두 번째로 수정한 것은, 풀란차스의 노동계급에 대한 정의와 비교할 경우에는 표의 좌측 하단 모서리 셀이 없다는 것이다(셀 5). 풀란차스는 노동계급으로 간주하는 반면 착취 중심적 개념에서 모호함 없이 노동계급 바깥에 위치한다고 간주하는 범주는 없다. 그러므로 풀란차스의 정의와의 토론은, 이 책에서 다듬어진 틀에 의하면 노동계급이지만 풀란차스에 의하면 '신프티 부르주아', 특히 비생산적 임금생활자의 계급 위치 문제일 것이다.

이 과정에서 한 가지 정의가 명백히 다른 것보다 열등하다고 해도 결정적으로 그 정의가 '부정확하다'고 의미하는 것은 아니라는 점이 강조되어야 할 것이다. 결과를 혼동시키는 어떤 독립적인 기제가 작동하고 있을 가능성은 항상 존재한다. 예를 들어 여성들이 두드러지게 종속적인 사무직 피고용자라 하고 우위 판별 과정에서 소득을 '종속'변수로 다룬다고 해보자. 그리고 더 나아가, 실제로 그런 것처럼, 여성에 대해 일반화된 체계적인 임금 차별이 있다고 가정해보자. 이 경우 경쟁하는 계급 기준과 젠더와의 관계는, <표 5-2>의 셀 2의 전반적인 평균 소득을 낮추어 이를 셀 1에 더 가깝게 만드는 효과를 가져올 수 있다. 남성 또는 여성을 따로따로 다루어보아도 육체노동과 정신노동의 구분이 날카롭게 나타나며, 셀 2가 셀 6에 훨씬 더 가깝게 된다. 육체노동으로 노동자를 정의하는 방법을 옹호하는 사람들은 우위 판별 과정이 젠더 기제의 효과로 혼동되었다는 점을 보여줄 수 있다. 초기 우위 판별의 결과는 젠더 기제의 효과를 무시했으므로 이어지는 분석에서 뒤집어지는 것이다. 그러므로 경험적으로 나타난 차이는 경쟁하는 정의들 중 하나를 선택하는 임시적인 기초로 간주되어야만 한다.[3]

---

3) 이런 종류의 경험적 조정을 거쳐 도달한 결론의 잠정적 성격은 명백히 정의에 관한 논쟁에서 나타나는 문제와 확실히 구분되는 것이 아니다. 가설에 대한 모

이들 우위 판별 가설은 이 장에서 경험적 분석을 위한 기초를 형성한
다. 물론 이론적으로나 경험적으로나 '더 가깝다'는 것이 의미하는 바가
무엇인가를 지정하는 것은 사소한 문제가 아니다. 이 일은 설명 대상이
갖는 내용(예를 들어 의식, 집단행동의 형태, 소득 등)과 유사성을 정의하는
적절한 기준을 정의하는 것을 모두 포함한다. 그러나 일단 이 작업이 달
성되면 경험적 테스트는 직설적인 작업이 된다. 우리가 이제 주의를 돌려
야 할 것은 바로, 일반적 명제들을 보다 구체적인 '검증 가능한' 가설로
변환시키는 작업이다.

2. 우위 판별을 조작하기

경쟁하는 정의들의 경험적 우위를 판별하는 논리를 그리는 일과, 확신
이 가는 과업을 수행하기 위해 필요한 종류의 자료와 통계적 과정을 만들
어내는 일에 따르는 어려움은, 이 과업과 관련 있는 사회학적 자료들 중
가장 많이 존재하는 것이 마르크스주의적이지 않은 개념 틀 내에서 상당
히 다른 목적을 위해 수집되었다는 데에 있다. 착취 중심적 계급 개념을
조작화하거나 계급의식에 대한 마르크스주의 개념을 사용하는 종류의 쟁
점과 관계 있는 정보를 담고 있는 사회 조사 연구는 매우 드물다.

이 때문에 나는 계급구조와 계급의식에 대한 거대한 비교 조사 연구가
되어가는 계획을 1978년에 시작했던 것이다. 이 일은 우선 다양한 마르
크스주의 개념과 비마르크스주의 계급 개념을 일련의 다른 쟁점들과 함
께 적절하게 측정할 수 있는 설문조사 문항을 만드는 일을 포함했다. 다
음으로는 몇 개의 국가에서 성인들에 관한 전국적인 표본을 처리하는 일
을 포함했다.[4] 이 계획의 미국 자료가 우리가 고려하고 있는 논쟁의 경험

___

든 '경험적' 검증은 잠정적이다. 왜냐하면 위에서 열거된 종류의 혼동 기제가
존재할 가능성이 있기 때문이다.

적 우위 판별 기반을 제공해줄 것이다.

두 가지 우위 판별에 사용될 통계적 과정에서 다양한 계급구조 범주를 구체화하는 문제로 주의를 돌리기 이전에 개념 비교를 평가하는 '종속'변수를 먼저 검토할 것이다.[5] 이 조작화의 자세한 부분은 다소간 사소한 것으로 보일 수도 있으나, 그럼에도 불구하고 중요하다. 왜냐하면 최종 비교의 설득력은 분석을 선택하면서 내린 조작화에 관한 선택에 설득력이 있느냐 없느냐에 크게 의존하기 때문이다. 그러므로 나는 이 단계들을 상당히 조심스럽게 거쳐 지날 것이다. 이 과정을 자세히 살펴볼 인내심이 부족한 독자들은 이 절의 나머지 부분을 건너뛰고 뒤이어 나오는 통계적 결과를 바로 읽어도 된다.

1) 우위 판별을 위한 종속변수

많은 측면에서 개념의 우위 판별 과정의 가장 정교한 부분은 분석의 '종속변수'가 얼마나 상세하고 적실한가에 놓여 있다. 여기서 제안된 우위 판별은 라이벌이 되는 정의가 적어도 몇 가지 동일한 대상을 설명하려는 것이기 때문에 의미가 있는 것이다.

이 과업은 지금 다루고 있는 정의의 우위 판별에 다소간 실질적인 문제를 제기한다. 마르크스주의 이론에서 계급구조는 무엇보다도 일련의 거시적 사회 과정을 설명하는 것이다. 계급 형성, 계급 동맹, 사회 갈등, 사회 변화의 역사적 궤적 등이 그러한 것들이다. 물론 마르크스주의자들은 계급 위치가 개인들에게 미치는 결과(예를 들어 개인 의식에 대한 설명)

---

4) 제2장 각주 36)을 보라.

5) 나는 '종속변수'라는 용어를 이 토론 전반에 걸쳐 통계학의 표준적인 의미로 간주할 것이다. 심지어 그 용어가 통상적으로 '원인(독립변수)'과 '효과(종속변수)' 간의 견고한 구분을 다소 함의한다 하더라도 말이다. 이것은 마르크스주의 내부의 인과관계에 대한 보다 더 '변증법적인' 견해와는 일관되지 않는다. 변증법적 견해에서는 구조와 실천 간의 상호 효과가 중심적인 관심사항이다.

에 대해 빈번히 주장해왔다. 그러나 그러한 주장은 전형적으로 이론적으로 거의 발전되지 않은 것들이며, 어느 경우에나 계급구조 개념이 나타내고자 하는 측면에서 이론의 핵심으로 제시된 것이 아니다. 그러므로 계급구조에 대한 풀란차스의 일반적 입장으로서는, (다소간 정당화와 함께) 내가 조사하려고 하는 미시 수준의 변수들은 기껏해야 마르크스주의 이론 내에서 이차적인 중요성을 지닐 뿐이며, 그렇기 때문에 정의를 서로 비교하는 결정적인 기반을 구성하지 않는다고 주장할 수 있다.

  그럼에도 불구하고 나는 몇 가지 개인 수준의 변수가 우리가 논의하고 있는 개념 우위 판별 논쟁에 쓰여야 한다고 제안한다. 여기에는 두 가지 이유가 있다. 첫째, 마르크스주의 계급 분석이 무엇보다도 사회관계와 사회 변화에 대한 거시이론이라고 할지라도 그 이론이 완결적이기 위해서는 개인에게 발생하는 결과에 대한 미시이론과 연결되지 않으면 안 된다. 계급구조가 사회 변화를 설명하려면 개인의 행동에 체계적인 영향을 갖지 않으면 안 된다. 이는 개인의 실천이 계급관계나 다른 결정 요인에 의해 설명되는 정도에 관한 문제를 성급히 판단하는 것이 아니다. 그런데 계급과 관련된 개인의 행위들이 무작위적이라면, 어떻게 계급구조로 계급투쟁과 사회 변화를 설명할 수 있을지 상상하기 어렵다. 이는 개인 수준의 변수들은 비록 상대적인 장점에 대해 결정적인 판단을 내리기에는 충분한 기반이 안 될지 몰라도, 계급 개념을 비교하는 적절한 기준은 된다고 시사한다.[6]

---

6) 어느 경우든 풀란차스와 계급구조 분석에 대한 그의 일반적인 접근법을 사용하는 다른 이론가들은, 육체노동 정의를 받아들이는 이론가들과 함께 개인 수준의 과정을 설명하는 데 계급 개념을 쓰는 것을 망설이지 않는다. 비록 풀란차스가 '계급의식'이라는 용어를 사용하는 것을 피하기는 하지만, 그는 행위자가 지니고 있는 이데올로기가 생산의 사회적 관계 내의 위치에 의해 체계적으로 형성된다고 주장한다. 심지어 이것이 그의 주된 관심사가 아니라 할지라도 계급이 개인의 주관과 실천을 결정하는 요소라는 가정이 반복되고 있다. 그러므로 이 용어를 가지고 이론을 비교하는 것은 풀란차스의 이론이 설명하려는 바에 '불공정한' 것이 아니다.

둘째, 거시 역사적 자료를 쓰는 계급구조 개념에 대해 우위 판별을 적절히 하기 위해서는, 한편으로는 계급구조와 계급 형성, 다른 한편으로는 계급구조와 계급투쟁의 관계에 대한 매우 폭넓은 비교 분석이 필요하다. 거시 구조적 자료를 쓰는 우위 판별 논리는, 계급구조의 변이들을 분류해서 설명하는 하나의 방법이 시대와 사례 모두에 걸쳐 계급 형성과 계급투쟁의 편차들을 라이벌이 되는 설명보다 더 잘 설명할 수 있을 것이라는 논리이다. 이는 확실히 여기서 사용된 보다 더 미시 중심적인 접근법보다 훨씬 더 고된 경험적 작업이다. 이는 과업이 중요하지 않다고 이야기하는 것이 아니라 현재 나의 연구 능력 밖에 있는 일이라고 이야기하는 것이다.

그러므로 경쟁하는 계급 정의들의 우위를 판별하면서 개인과 직접 연결되어 있는 종속변수에 초점을 맞출 것이다. 특히 계급적 태도와 개인소득에 말이다. 이어지는 글에서 나는 이들 특정 변수의 사용을 정당화하고 그들 각각이 어떻게 측정될 수 있을지를 설명할 것이다.

(1) 태도: 정당화

태도를 계급 정의의 우위를 판별하는 기준으로 쓰자는 제안에 대해서 두 가지 중요한 반대가 있을 수 있다. 첫째, 태도는 계급의식을 지시하는 유효한 증거로 간주될 수 없다. 둘째, 태도가 계급의식을 완벽하게 반영한다고 해도 의식 그 자체는 계급 행동과 느슨하게 연결되어 있을 뿐이며, 계급 행동이야말로 계급 개념을 평가하는 유일하게 적절한 기준이다.

아무리 잘 설계된 설문 문항이 있다 할지라도 설문조사상의 태도 반응은 마르크스주의 '계급의식' 개념에 기껏해야 느슨하게 연관되어 있을 뿐이다.[7] 설문 조사의 비판자들이 종종 지적해왔듯이 개인이 표현하는 견해는 맥락에 심하게 의존하며, 설문조사 인터뷰라는 특이한 맥락 — 고립된 개인이 과학적이고 엘리트적인 기관의 대표와 이야기한다 — 은 의심

---

7) 계급의식의 문제에 대한 보다 온전하고 실질적인 토론을 보려면 제7장을 보라.

할 여지없이 반응의 특정한 패턴을 형성한다. 예를 들어, 노동자들은 직장 동료와 대화할 때보다 그러한 인터뷰에서 제시된 질문에서 훨씬 더 보수적인 견해를 보일 것이다.[8]

태도 변수를 구성하기 위해 우리가 사용할 질문들은 이들 잠재적 편이를 피할 수 없으며, 그러한 편이들은 자료로부터 끌어낸 결론에 영향을 미칠 법하다. 그러나 자료의 편이 그 자체는 가설을 '검증'하는 데에 그 자료들을 사용하는 일을 무효로 만들지는 않는다는 점을 기억하는 것이 중요하다. 왜냐하면 편이는 명제로부터 나오는 예측치와 관련해서 중립적일지도 모르며, 심지어는 가설의 설득력을 구축하는 것을 쉽게 하기보다는 다소간 더 어렵게 만들 수도 있기 때문이다. 정의에 대한 우위 판별 작업에서 중요한 경험적 검증은 항상 다양한 범주간의 차이에 대한 것이다. 편이가 비교되는 계급 범주들 간의 중요한 검증에 영향을 줄 만큼 차이가 나지 않는다면, 우위 판별 비교는 자료가 상당히 왜곡되었다 하더라도 완전히 타당할 수 있다. 예를 들어, 프롤레타리아화된 사무직 노동자의 응답 편이가 육체노동자의 그것과 반대 방향으로 나타난다면, 진짜로 문제에 봉착할 우려가 있다. 이렇게 되면 실제로 그들의 '진짜' 계급의식은 상당히 다른데도 (태도에 관한 질문을 통해 측정된) 계급의식이 두 범주 간에 유사하다고 보이게 만드는 효과를 가져올 우려가 있다. 편이가 그러한 복잡한 상호작용을 한다는 강한 이유가 없는 한, 나는 비록 태도 질문에 대한 응답에 다양한 종류의 심각한 편이가 있지만 그 편이들이 우리가

---

8) 마르크스주의 비판가들은 설문조사에 대해 전형적으로 이러한 종류의 주장을 편다. 원자화되고 인터뷰처럼 권위에 의해 조사받는 상황에서는 '헤게모니적인' 부르주아 이데올로기가 더 체계적으로 표현될 가능성이 높다는 근거에서 말이다. 그러나 편이가 이 방향으로만 작동할 것인지는 명백하지 않다. 노동계급 연합의 집합적 맥락에서 부르주아적 합의가 더 큰 반면, 자율적이고 사적인 인터뷰 환경에서 개별 노동자들이 보다 '주류에서 벗어난' 의견을 자유롭게 표현하는 일도 충분히 있을 법하다. 나는 통상적인 가정 — 부르주아 이데올로기를 더 많이 표현하게 될 것이라는 가정 — 이 옳다고 추정하긴 하지만, 그 추정은 검증되어야 하고, 내가 아는 한 그 추정이 검증된 적은 없다.

하려는 비교와 관련해서는 무작위적이라고 추정할 것이다.

　태도를 경쟁하는 계급 정의의 우위 판별에서 기준으로 쓰는 것에 대한 보다 심각한 반대는, 계급의식은 (적어도 그것이 개인이 의식적으로 이해하고 있는 신념의 안정된 형태를 지칭하는 것으로 이해된다면) 실제 계급 행위와는 매우 약한 연관성만을 가질 뿐이라는 주장이다. 이 주장에 의하면, 태도를 계급의식을 측정하는 수단으로 쓸 수 있는가라는 문제와는 별도로 계급의식 자체가 우위 판별의 기준으로 적절하지 않다. 왜냐하면 계급 구조에 대해 서로 경쟁하는 구체적 설명은 계급 실천과 계급투쟁을 설명하려는 것이고, 의식은 실제 행동에 매우 중요한 결정 요인이라고 할 수 없기 때문이다. 이는 계급 행위자가 자율적이며 드라마 각본 밖에서 무의식적으로 연기한다고 주장하는 것이 아니다. 이는 단지 계급 행동은 사람들이 주어진 상황에서 직면하는 구체적인 선택과 압력이 선택을 내리게 하는 안정되고 지속되는 의식 패턴(신념, 인지적 구조, 가치 등)보다 훨씬 더 크게 행위를 결정한다는 것을 단순히 함의할 뿐이다. 그러므로 유일하게 적절한 우위 판별의 기준은 실제로 이루어진 선택, 즉 계급 행동의 패턴뿐이라는 것이다.

　태도를 기준으로 받아들인 나의 가정은, 그 기준들이 사실상 '부산물적이고 징후적'인 존재가 아니라 계급 행동에 실질적인 결과를 가져오는 존재라는 것이다. 그리고 계급의식이 적어도 어느 정도까지는 계급 위치에 의해 결정된다고 가정한다. 태도를 기준으로 쓰는 이유에는 의식적인 주관과 계급 행동, 개인 계급 위치 간의 관계에 대한 인과적 논증이 포함되어 있다.

　계급 위치는 개인이 직면하는 객관적인 가능성이라는 모형(matrix)의 기본적인 결정 요인이며, 사람들이 결정을 내리는 데 직면하는 실질적 대안이다. 어떤 수준에서는 베버가 개인의 '생애 기회'라고 언급했던 것과 관련 있다. 이것은 개인이 생애 주기에 걸쳐 직면하는 가능성의 전반적인 이력이다. 더 세속적인 측면에서, 그것은 사람들이 직면하는 무엇을 어떻게 해야 할지를 결정하는 날마다의 선택이다.

그러나 개인들이 직면한 객관적 선택지들이 실제의 선택이나 실천으로 직접 변환되지는 않는다. 객관적 선택지들은 인식되어야 하고, 서로 다른 선택의 (물질적이고 규범적인) 결과들은 평가되어야 하며, 그러한 평가에 비추어 특정한 선택지가 선택되어야만 한다. 이 과정은 부분적으로는 의식적이고 능동적인 정신적인 평가와 계산의 결과이다. 부분적으로는 기든스가 '실천적 의식'이라고 부른 것, 즉 사람들이 그들의 사회 세계와 타협하고 그것을 이해하는 일상화되고 관행화된 방식의 결과이다. 그리고 그 과정은 또한, 부분적으로는 거대한 무의식의 심리적 결정 요인에 의해 구조화된다. 어느 경우에나 이 주관성은 계급 위치의 객관적 조건이 계급 행동의 능동적 선택으로 전화되는 길을 **중개**한다. 선택의 객관적인 사회적 맥락이 이 설명에서 명백히 중요하겠지만, 선택의 주관적 중개 역시 그만큼이나 그 과정의 핵심적인 부분이다.

우리의 현 목적을 위한 논증에서 핵심적인 연결고리는, 계급 위치와 계급과 관련되는 안정적인 주관의 형태 간의 관계이다. 예를 들어 의식의 형태가 계급투쟁을 설명하는 데 큰 부분을 차지한다 하더라도, 그러한 의식을 결정하는 기제는 계급관계 자체에 위치해 있지는 않다(또는 적어도 중요한 측면에서 그곳에 위치해 있지 않다). 학교, 교회, 가족, 미디어 등은 계급구조 내 의식 형태의 훨씬 더 중요한 결정 요인일 수 있다. 이것이 사실이라면, (계급의식으로부터 간접적으로 끌어낸 태도는 차치하고서라도) 계급의식 자체가 계급구조에 대한 정의의 우위를 판별하는 논쟁에 유효한 기준이 될 수 없을 것이다.

그러므로 나는 계급관계에서 어떤 이의 계급구조 내 위치가 의식 형태를 결정하는 중요한 기제라고 추정한다. 이 추정은 적어도 부분적으로는 계급 위치가 행위자의 이익을 객관적으로 구조화하고 사람들이 이들 이익을 알게 될 만큼 충분히 합리적이라는 견해에 근거하고 있다. 그러므로 계급의식과 관련된 의식의 측면이 계급 위치에 의해 구조화되는 경향성이 적어도 있어야만 한다.

만약 이런 종류의 추론을 받아들이게 되면, 계급의식은 경쟁하는 계급 개념의 우위를 판별하는 적절한 기준으로 다루어질 수 있다. 또한 연구의 설문조사는 계급의식에 대한 적절한 증거로 간주될 수 있다. 앞서 이야기 했듯이 이는 계급이 의식의 유일한 결정 요인이라는 주장이 아니라, 단순히 계급에 대한 경쟁하는 견해를 평가할 수 있는 기초로 의식이 쓰일 수 있게 만드는 충분히 체계적인 효과를 계급이 발생시킨다는 것을 의미할 뿐이다.

(2) 태도: 측정

이 분석에서 태도에 대한 대부분의 질문은 리커트(Likert) 항목이라고 불리는 것들이다. 응답자들은 문장을 읽고, 그들이 그 문장에 매우 동의한다, 약간 동의한다, 약간 동의하지 않는다, 매우 동의하지 않는다 가운데 하나를 골라야만 한다. 계급구조 조사 연구는 매우 다양한 주제에 걸쳐 많은 수의 그러한 질문을 포함하고 있다. 경쟁하는 계급 정의의 우위 판별이라는 목적을 위해 나는 조사 연구 목록 중 가장 명확하게 계급적인 내용을 갖고 있는 것에 분석을 제한하겠다. 왜냐하면 이들 항목이야말로 계급구조 내 개인의 위치에 의해 가장 체계적으로 형성된 종류의 태도일 것이기 때문이다.

1. 기업은 노동자와 소비자의 희생을 바탕으로 소유주에게 이익을 준다.
2. 파업자들의 자리를 대체하기 위해 파업 기간에 경영진이 노동자(파업 파괴자)들을 고용하는 일은 법으로 금지되어야만 한다.
3. 일반적으로 파업 노동자들이 파업 시 일하는 노동자들을 작업장에 들어가지 못하게 물리적으로 막는 일은 정당화된다.
4. 거대기업들은 오늘날 미국 사회에 훨씬 더 큰 권력을 가지고 있다.
5. 가난의 주된 원인은 경제가 사적 재산과 이윤에 기반하고 있기 때문이다.
6. 만약 기회가 주어진다면 당신이 일하는 비경영 피고용자들이 사장 없

　　이 더 효과적으로 회사를 운영할 수 있다.
　7. 근대 사회가 이윤 동기 없이 효과적으로 운영되는 것이 가능하다.

여덟 번째 항목은 다음과 같다.

　8. 주요 산업에 종사하는 노동자들이 노동조건과 임금 때문에 파업에 들
　　어갔다. 당신이 보기에 일어날 법한 일은 다음 중 어느 것인가?
　　① 노동자들이 그들의 가장 중요한 요구를 모두 따낸다.
　　② 노동자들이 그들의 요구 중 일부를 따내고 몇 가지 양보를 한다.[9]
　　③ 노동자들은 적은 수의 요구만을 따내고 주요한 양보를 한다.
　　④ 노동자들은 그들의 요구 중 어느 것도 성취하지 못한 채 다시 일
　　　을 하게 된다.

　　이 항목들 각각에서 응답자가 노동계급의 입장을 취하면 +1점을, 자
본가계급의 입장을 취하면 −1점을 부여하고, 모른다고 하면 0점을, 8번
항목의 경우 그들이 범주 ②로 답하면 0점을 부여했다. 이 여덟 가지 항
목에 대한 응답의 점수는 더해져서 −8(가장 친자본가적)에서 +8(가장 친
노동자적)의 범위를 갖는 하나의 척도를 낳는다. 이 척도는 이들 질문에
대한 순 친노동 성향과 친자본 성향을 측정한다. 음수는 응답자가 노동자
적 입장보다는 친자본가적 입장을 더 빈번히 취한다는 것을 의미하고, 양
수는 그 반대를 가리킨다.[10]
　　이렇게 구성된 의식 척도를 사용하는 데 더해, 계급구조와 계급 정체성

---

　9) 응답 ②는 순수한 '계급 타협' 응답이다. 즉, 노동자와 자본가 어느 쪽도 갈등에
　　서 큰 이익을 봐서는 안 된다는 것이다. 그렇기 때문에 평가척도에서 0이라는
　　점수를 받는다.

　10) 이 단순한 합계 과정은 여덟 개 항목 모두가 평가척도를 구성하는 데에 동일
　　한 비중을 부여받아야 한다고 가정하는 것이다. 물론 평가척도 내에서 비중을
　　할당하는 보다 정교한 전략(예를 들어 요소 분석)이 존재한다. 그러나 나는
　　평가척도의 척도지수의 의미가 상대적으로 단순하게 잘 와 닿도록 하기 위해
　　현 논의의 맥락에서는 단순한 접근법을 택했다.

을 측정하는 꽤나 전통적인 변수간의 관계를 검토할 것이다.11) 응답자는 우선 다음과 같은 질문을 받는다. "당신은 특정한 사회적 계급에 속한다고 생각하십니까?" 만약 '예'라고 답하면 "그 계급이 뭡니까?"라는 주관식 질문을 받게 되고, '아니오'나 '모르겠다'고 답하면 다음과 같은 객관식 질문을 받게 된다. "많은 사람들이 노동계급, 중간계급, 또는 중상계급에 속한다고 이야기합니다. 당신이 이들 중에서 골라야 한다면 어디에 속한다고 하겠습니까?" 우리는 그리하여 이 일련의 질문들로 강한 계급 정체성을 가진 사람들(첫 번째 질문에 예라고 대답한 사람들)과 약한 계급 정체성을 지닌 사람들을 구별할 수 있게 된다.12) 우리가 이 변수를 노동계급에 대한 경쟁하는 구조적 정의의 우위 판별에 사용할 것이기 때문에 이것을 단순히 '노동계급 정체성 변수'라 명명할 것이다.

(3) 소득: 정당화

소득은 마르크스주의 틀 안에서 경쟁하는 계급 정의의 우위를 판별하는 데에 어떤 의미에서는 태도 변수보다 덜 만족스러운 변수이다. 비록 태도와 의식을 사용하는 데에 위에서 논의한 것과 같은 문제점들이 있는 데도 말이다. 마르크스주의 이론이 노동과 자본 간의 소득 분포에 대해

---

11) 대부분의 주류 사회학에서는 계급 정체성 자체가 계급의식이다. 내가 계급 정체성을 분석에 포함시킨 이유는, 마르크스주의 이론에서 의식이 두드러지는 차원이라서기보다는 그것이 사회학 문헌에서 너무나 많은 관심을 끌어왔기 때문이었다. 비마르크스주의 관점에서 계급 정체성 문제를 검토한 것 중에서 가장 훌륭한 것으로는, 다음 문헌을 보라. Mary Jackman and Robert Jackman, *Class Awareness in the United States* (Berkeley: 1983).

12) 각주 11)에 소개된 문헌에서 잭맨과 잭맨(Jackman and Jackman, 같은 책)은, 계급 정체성에 대한 폐쇄적 범주 버전이 열린 범주 버전보다 우월하다고 논한다. 폐쇄적 범주가 '계급'이라는 용어의 의미를 응답자에게 지정해주는 데 핵심적이라고 보기 때문이다. 우리가 채택한 질문 형태에서는 각 전략의 미덕을 모두 포함시키려고 시도했다. 응답자들은 처음 질문에서 그들이 어떤 계급의 성원에도 속하지 않는다고 말할 수 있고, 그 질문에 답한 뒤에야 폐쇄적 범주로 구성된 질문에서 계급 정체성을 진술하도록 요구받았기 때문이다.

이야기할 수 있는 체계적인 이론을 가지고 있긴 하지만, 일반적으로 그 이론은 임금생활자 사이의 소득 불평등을 분석하기에는 훨씬 덜 다듬어져 있다. 문제의 논쟁이 임금생활자의 범주들 사이의 정의 문제와도 관련이 있기 때문에, 소득은 정의의 우위 판별에서 기준이 되기에는 상당히 약한 것으로 간주될 수 있다.

그럼에도 불구하고 나는 소득을 두 번째 기준으로 채택했다. 우리가 탐구할 계급에 대한 정의는 모두 전형적으로 '중간계급' 임금생활자의 특성을 특권을 가진 사회적 범주로 서술한다. 더 나아가 고려되는 우위 판별이 모두 착취 중심적 계급 개념과의 비교를 포함하고 있기 때문에, 그리고 그러한 개념은 확실히 소득 차이와 체계적인 관련을 갖고 있을 것이기 때문에, 소득을 우위 판별에 사용하는 것은 적절하다.

(4) 소득: 측정

조사 연구에서 응답자들은 그들의 개인 과세 이전 총소득이 지난해에 얼마였느냐는 질문을 받았다. 이 숫자는 모든 원천 — 임금과 급여, 국가 이전 소득, 저축 이자와 투자 이윤 등 — 에서 나온 소득을 모두 포함하는 것이다.

이 변수에는 우리의 분석에 영향을 미칠 법한 잠재적 오류를 발생시킬 우려가 있는 원천 세 가지가 있다. 첫째, 모든 조사 연구에서처럼, 응답자들 중 소득에 관한 질문에 답할 것을 거부한 사람의 비율이 약 15퍼센트 정도로 상대적으로 높았다. 둘째, 지난해 소득 자료는 응답자의 현재 직업이 아닐 수도 있는데, 우리 자료에서 계급 귀속은 응답자의 현재 직위 자료에 기초하고 있다. 셋째, 변수가 불로 소득을 포함한다는 사실은 소득 측정이 직위에 엄격히 연결되어 있지 않다는 것을 의미하며, 단지 개인이 벌어들이는 소득에 대한 자료일 뿐이라는 점을 보여준다. 반면에 우위 판별의 논리는 직접적으로 직위 그 자체에 관련되어 있다. 경쟁하는 계급 정의의 우위 판별에서 소득 변수를 사용하려면, 가능한 측정 오차가 분석에서 사용되는 핵심적인 범주와 관련해서 무작위적이라고 추정해야 한다. 예를 들어, 우위 판별에 사용된 계급 범주 중 한 계급 내의 소득 이동성이 다른 계급에서보다 크고 그 범주의 소득이 하향 편이되는 결과를 가져온다면, 우리가 내리는 결론에 영향을 미칠 법하다. 나는 이 편이들이 실제로 문제가 된다고 생각하지는 않지만 염두에 두고는 있어야 할 것이다.

2) 계급구조 변수의 조작화

(1) 착취 중심적 계급구조 개념

이 책에서 채택된 계급관계의 개념 지도는 꽤나 복잡하다. 그것은 다양한 방식으로 혼합된 주요한 세 가지 차원의 착취관계 — 자본, 조직, 학력-기술에 기반한 착취 — 에 기반해 있다. 계급 유형을 구성하는 핵심적인 과업은 이들 차원 각각을 조작화하고 나서 그것들을 결합하는 일로 구성된다.

내가 채택한 전략은 각 응답자가 이들 세 범주 — 명확한 자산 착취자, 명백한 자산 피착취자, 양가적임 — 에 속하는 자산과 어떤 관계를 맺고 있느냐에 따라 분류하는 것이다. 양가적인 범주는 이 맥락에서 다음 두 가지 이유 가운데 하나 때문에 그러하다. 응답자가 진짜로 자산과 관련한 착취관계 내에서 주변적 직위에 있는 것으로 보이는 경우와 응답자의 위치를 명확히 규명하기에 충분히 정확한 자료가 없을 경우이다. 양가적인 경우들은 '중간' 직위 — 문제의 자산과 관련하여 착취자도 피착취자도 아닌 직위 — 인 경우도 있을 수 있고 측정 오류인 경우도 있을 수 있다. 그러므로 대부분의 분석에 걸쳐 우리는 양가적인 위치보다는 양극화된 위치에 보다 주의의 초점을 맞출 것이다.

세 착취 차원에 각각 사용된 기본적인 조작화 기준은 <표 5-3>에 나타나 있다. 지나치게 자세히 다루지는 않을 것이고, 이들 조작화를 명확화하는 데 도움이 되는 몇 가지 언급만 하고 넘어가겠다.[13]

① 생산수단 자산

생산수단 자산을 차별적으로 소유하는 것은 자본주의에서 두 가지 주요 계급을 발생시킨다. 노동자는 생산수단이 하나도 없기 때문에 일하기 위해서는 노동시장에 그들의 노동력을 팔지 않으면 안 된다. 반면에 자본가는 상당량의 생산수단을 보유하고 있기 때문에 임노동자를 고용하여 생산수단을 사용하게 할 수 있고, 그들 자신은 전혀 일하지 않아도 된다.[14] 이들 두 범주는 자본주의 생산양식에서 양극화된 전통적 계급을 구성한다.

그러나 이들 양극화된 계급만이 자본 자산의 불평등한 분포에 의해 발생되는 계급 직위의 전부는 아니다. 세 가지 다른 계급 직위 역시 잠재적으로 중요하다. 무엇보다도, 그들 자신을 재생산하기에는 충분하지만 다른 누군가를 고용하기에는 충분하지 않은 생산 자산을 갖고 있는 사람들이 있다. 이들이 바로 전통적인 '프티 부르주아' 계급이다. 둘째로, 얼마간의 생산수단이 있어서 생계의 일부는 그것으로 충당하지만 재생산하기에는 충분하지 않기 때문에 노동시장에서 노동력을 팔 수 밖에 없는 사람들도 있다. 이들은 고전적인 초기 자본주의의 '반프롤레타리아화된 임금생활자'들이다(그리고 오늘날 많은 제 3세계 국가들의 시간제 농부들이 해당되는 경우이다).

---

13) 이 분석의 변수 구성 과정에 대한 보다 자세한 토론은 부록 II에서 볼 수 있다.

14) '자신들이 일할 필요가 없다'는 표현은 상세화에서 개념적으로 중요하다. 요점은 자본가들은 일하지 않아도 사회적으로 평균적인 삶의 수준을 유지할 수 있을 만큼 충분한 자본을 보유하고 있다는 것이다(즉, 그들은 다른 사람의 노동에 근거해서 그와 그들 가족을 재생산할 수 있다). 이것은 자본가들이 항상 일(사회적으로 생산적인 노동)을 하지 않는다는 의미가 아니라, 그들이 단순히 평균적인 삶의 수준을 얻기 위해서라면 일할 필요가 없다는 것을 의미할 뿐이다.

<표 5-3> 계급구조의 착취 자산 개념을 조작하기 위한 기준

I. 생산수단 자산		
	자가고용	피고용인의 수
1. 부르주아	예	10명 이상
2. 소고용주	예	2~10명
3. 프티 부르주아	예	0~1명*
4. 임금생활자	아니오	

*: 개념적으로 프티 부르주아는 피고용인이 없는 생산수단 소유자로 한정되어야만 한다. 그러나 설문지 문항상 의도되지 않은 애매함 때문에 실제로는 아무도 고용하고 있지 않으면서 한 명의 피고용인이 있다고 응답한(즉, 그들 자신을 피고용인 한 명으로 세어버린) 사람들이 있었는데, 그 비율은 알 수 없다. 그래서 우리는 프티 부르주아를 한명 이하의 피고용인을 가지고 있는 사람으로 정의했다.

II. 조직 자산		
	조직의 정책 결정에 직접적으로 관여	부하 직원에 대한 실질적 권한을 가진 감독직
1. 경영자	예	예
2. 감독자	아니오	예
3. 비경영자	아니오	아니오

설명: 실제로 사용된 기준은 여기서 실시된 것보다 다소간 복잡하다. 왜냐하면 특정한 종류의 성가신 사례를 다루는 데 사용된 다양한 다른 기준이 있기 때문이다(예를 들어 정책 결정을 직접 한다고 주장하면서도 부하 직원에게 실질적인 권위를 가지지 못한다고 대답한 응답자들). 자세한 사항은 부록 II의 <표 II-3>을 보라.

III. 기술-학력 자산			
	직업	학력	직업 자율성
1. 전문가	교수		
	경영자	대졸 이상**	
	기술자	대졸 이상	
2. 숙련직	교사		
	장인		
	경영자	대졸 이하	
	기술자	대졸 이하	
	판매원	대졸 이상	자율적
	성직자	대졸 이상	자율적

<표 5-3> 계급구조의 착취 자산 개념을 조작하기 위한 기준(계속)

	직업	학력	직업 자율성
3. 미숙련직	판매원	대졸 이하	비자율적
	성직자	대졸 이하	비자율적
	육체노동자		

**: 스웨덴의 경우에 채택한 기준은 고등학교 졸업 학력 이상이었다. 왜냐하면 미국과 스웨덴 두 나라에서 대학 교육이 팽창한 시대가 달랐기 때문에 고등학교 교육에 포함된 실제 교육의 성격이 다르기 때문이다.

마지막으로, 노동자들을 고용하기에 충분한 생산수단을 갖고 있기는 하지만 자신이 일을 아예 하지 않는다고 선택하기에는 불충분한 자산을 갖고 있는 사람들이 있다. 이들은 소고용주들이다. 다른 사람을 고용하는 장인, 소농, 상점 주인 등이 속하는 이들은, 피고용자와 함께 일하면서 피고용자가 하는 것과 매우 유사한 종류의 일을 빈번히 한다.

이 연구에서 사용된 자료에서 이들 범주 모두를 엄격히 구분할 수는 없다. 특히 소고용주와 자본가를 적절히 구분하는 데 유용한 유일한 자료는 응답자가 대답한 피고용인의 수뿐이었는데, 이는 기껏해야 약한 증거일 뿐이다. 왜냐하면 이것은 자본가가 소유한 자본량을 실제로 측정하는 것이 아니기 때문이다.[15] 그러므로 현 논의의 목적을 위해 나는 다소간 임의적인 약정을 채택하여, 열 명 이상의 사람을 고용하는 모든 고용주들은 성숙한 자본가로 정의하고 두 명에서 아홉 명 사이의 피고용자를 고용하는 고용주들은 소고용주로 정의하겠다. 프티 부르주아는 자기 자신과 함께 한 명 이하의 다른 사람을 고용하는 자로 정의된다. 자료 분석에서 완전히 프롤레타리아화된 임노동자와 반프롤레타리아화된 노동자를 구분하지 않을 것이다. 비록 부업과 가구 내 다른 사람의 직업에 대한 이어

---

15) 자본 집약적인 생산을 하는 까닭에 특정한 응답자들은 소고용주로 잘못 표시될 수도 있고 자본가로 그냥 표시되었을 수도 있다. 소규모 사업 내에서 노동 분업에 관한 자료를 모았더라면 소고용주가 사업의 생산적 노동에 실제로 참여했는지 여부를 알 수 있었겠지만, 안타깝게도 우리는 그러한 정보를 수집하지 않았다.

지는 자료 분석에서는 이 구분을 도입할 것이지만 말이다.

② 조직 자산

조직 자산은 노동분업을 조정하고 통합하는 일에 대한 유효한 통제로 구성된다. 전형적으로, 그러한 자산은 경영진의 착취관계를 정의하는 데 특별히 두드러진다. 비록 '경영자'라는 이름이 형식적으로 부여된 모든 직업들이 조직 자산에 대한 통제를 포함하고 있진 않지만 말이다. 몇몇 '경영자' 직업은 단순히 조직의 계획과 조정을 유효하게 통제하는 사람에게 조언을 주는 기술적 전문가일 수 있다. 착취 중심적 계급 개념에 의하면 그러한 '경영자'는 학력 착취자일 수는 있지만, 조직 착취자는 아니다.

조직 자산에 관해서는 세 가지 기본적인 직위를 구분할 것이다.

> 경영자: 작업장에서 정책 결정에 직접 참여하며 부하들에게 유효한 권위를 갖고 있는 직위.
> 감독자: 부하들에게 유효한 권위를 갖고 있지만 조직적 의사 결정에 참여하지는 않는 사람(나는 이들 직위를 주변적인 조직 자산을 갖고 있는 것으로 다루겠다).
> 비경영직: 생산 내에서 조직 자산이 없는 경우.

③ 학력 자산

학력 자산은 정교하게 조직화하기가 상당히 어렵다. 이러한 문제에 직면해서 형식적인 학위를 단순히 사용하는 것이 만족스러울지도 모른다. 그러나 그러한 전략에는 두 가지 기본적인 문제가 있다. 첫째, 지난 두 세대에 걸쳐 교육이 급속히 팽창해왔고 어떤 종류의 직업들에 대한 형식적 교육 이수 요건이 변해왔기 때문에, 형식적으로는 같은 학력 변수도 시간에 걸쳐 역사적으로 가치 절하된 것과 그렇지 않은 것이 섞이게 된다. 둘째, 형식적 학력은 오직 그것을 가지고 그러한 학력을 요구하는 직업을 가질 때에만 착취관계의 기초가 될 수 있다. 택시를 모는 영문학 박사 학위자는 학력 착취자가 아니다. 이것이 함의하는 바는, 학력 자산 위에 구축된 착취관계를 적절히 상술하기 위해서는 단순히 개인의 형식적인 학위뿐만 아니라 그 사람이 실제로 종사하고 있는 직업에 대한 정보를 알아내야 한다는 것이다.[16]

이것은 즉각 추가적인 문제를 발생시킨다. 많은 직위 명칭과 직무를 지칭하는 말이 그들이 요구하는 학력과 관해 극단적으로 모호하다. 이것은 전문직만의 문제가 아니라, 넓은 범위의 '경영자' 직업과 심지어 '판매'와 '사무직'에서도 적용되는 문제이다. 몇몇 판매직은 공학 학위를 요구하고, 실제적인 의미에서 단순한 판매직이라기보다는 공학자에 더 가깝다. 다른 한편으로 몇몇 경영자 직업은 특정한 학력을 전혀 요구하지 않는다. 그러한 경우 조직 자산과 관련해서는 착취자일지 모르나, 학력이나 기술과 관련해서는 착취자가 아니다. 사무직(clerical)으로 묶을 수 있는 몇몇 직업들은 매우 높은 수준의 훈련과 경험을 필요로 하는 반면, 다른 몇몇 사무직들은 그런 것을 거의 요구하지 않는다.[17] 좀더 자세히 기술된 직업

---

16) 착취관계와 계급 위치를 상세화하는 기준을 만드는 데 직업 명칭을 쓰는 것은, 내가 '직업' 개념이 노동의 사회적 분업이라기보다는 노동의 기술적 분업 내의 위치를 가리키는 것이라고 주장했던 초기 연구에서 많이 멀어진 것이다. 특히 다음 문헌을 보라. Erik Olin Wright, "Class and Occupation," *Theory and Society*, vol.9, no.1(1980). 이렇게 개념에 관한 입장을 바꾼 것은, '학력의 사적 소유'라는 조건하에서는 기술적으로 정의된 위치가 특정한 착취관계를 포함한다는 주장에 근거해 있다. 물론 직업적 명칭 그 자체로써 특정한 '계급'이 구성되지는 않는다는 것은 여전히 사실이다. 왜냐하면 학력 착취는 자본주의 사회 내의 착취관계의 여러 형태 중에서 단지 하나에 불과할 뿐이기 때문이다. 이 여러 개의 착취 형태가 구체적으로 결합되어 계급구조를 결정한다.

17) 예를 들어 공식적인 미국 인구조사의 직업 코드에서 병원의 행정부처를 책임지고 있는 사람('행정 간부')은 세 자리 숫자로 이루어진 직업 코드에서 '접수원'으로 분류되었다. 그런데 이 코드에는 사무실에서 사람을 맞이하는 안내원까지도 포함되었다. 우리의 견본 자료에는 한 명의 행정부처 간부가 있었는데 — 이 사례가 주의를 끄는 이유가 되기도 했는데 — 그 병원에서 25년간 경험을 쌓은 간호사인 그녀의 직위가 '접수원'으로 되어 있었다. 처음에 우리는 그녀를 접수원으로 분류한 것이 부호화(coding)상의 오류라고 생각했다. 그러나 우리가 그 문제를 깊이 조사하자, 이런 식의 분류야말로 직업 명칭에 따라 직업을 분류함으

명칭도 이러한 환경을 항상 만족스럽게 구분하는 것은 아니다.

우리는 특정한 학력 요건이 의무적인 직업에 종사하는 사람 ─ 그래서 학력 자산 착취를 포함하는 직위에 있는 사람 ─ 과 그렇지 않은 사람을 구분하는 기반으로 직업 명칭, 형식적 학력, 직업 속성의 조합을 사용함으로써 이 복잡한 쟁점을 해결할 것이다. 우리는 다른 자산들처럼 중간적 상황을, 개인이 실제로 통제하는 학력 자산이 정확히 무엇인가에 관한 양가적인 경우로 정의한다. 이로써 다음 세 가지 범주가 생긴다.

> 전문가: 모든 전문직, 대학 학력을 갖춘 전문 기술자와 경영자들(위에 상술된 조직 자산을 정의하는데 사용되는 기준에 의해서가 아니라 직업 명칭으로서).
>
> 숙련 피고용자: 학교 교사와 기능공, 대학 학위 미만의 경영자와 전문 기술직, 대학 학력을 갖추고 진정한 자율성 있는 직업을 갖고 있는 판매직 또는 사무직.[18]
>
> 미숙련직: 기술직 피고용자가 되기 위한 학력이나 자율성 기준을 만족시키지 못하는 사무직과 판매직, 기술 없는 육체노동직과 서비스직.

일련의 세 가지 착취-자산 기준을 함께 취하는 것은 제3장의 <표 3-3>에 나타나 있는 계급 위치의 전반적인 지도를 낳는다.

이 장의 초점은 계급 위치의 이 전체 모형이 아니라 노동계급을 '중간계급'으로부터 구별 짓는 경계 기준을 정의하는 데에 있다.[19] 앞서 언급했듯이 이것은 우위 판별 작업에서 이들 '주변적' 범주 ─ 특히 <표 3-3>에서 '주변적인 학력 자격을 갖춘 노동자'와 '학력 없는 감독자들' ─ 를 어떻게 다룰 것인가라는 문제를 발생시킨다. 내가 채택한 과정은,

───────────

로써 초래되는 실제 결과임을 발견했다.

18) 이 사례에서 '자율성' 기준은, 자율성이 그 자체로 착취 자산으로 간주되어서가 아니라 높은 학력을 가진 사람이 종사하는 판매직과 사무직이 유사 전문직 자격 직위라는 것에 대한 지시증거(indicator)로 간주되었기 때문이다.

19) 전반적 구조는 다음 장에서 이루어지는 조사의 목적이다.

그 두 주변적 범주를 고유한 하나의 범주로 만드는 것이다. 만약 실제적인 목적을 위해 이들 범주들이 노동자들과 기본적으로 유사하게 다루어질 수 있다고 판명되면, 이어지는 다른 분석에서는 더 제한적으로 정의된 노동계급과 이들을 합치는 것이 정당화될 것이다.

(2) 노동계급을 육체노동자로 정의하기

노동계급을 육체노동자로 정의하는 것이 확실히 가장 단순한 방법일지라도, '육체'노동과 '비육체'노동을 구분하는 적절한 기준을 엄밀하게 규명한다는 것은 결코 사소한 일이 아니다. 전통적인 접근은 '블루칼라' 직업과 '화이트칼라' 직업에 대한 순수히 이데올로기적인 구분과 실제 구분을 등치시키는 것이었다. 그러나 이것은 다양한 종류의 매우 관습화된 사무직과 반자율적인 사무실에서 일하는 사무직(키 천공기 작업자, 타이피스트 등), 즉 실제 의미에서는 많은 숙련 기능공보다 '정신노동'을 적게 하고 있는 직종들을 '중간계급'에 넣어버리게 된다. 이것이 바로 많은 이론가들이 단순한 정신노동과 육체노동의 구분을 노동계급에 대한 정의의 기초로 받아들이는 데 주저하는 이유이다.

이러한 유보 사항에도 불구하고 나는 전통적인 블루칼라 기준을 '육체노동자', 즉 노동계급을 정의하는 기준으로 채택할 것이다. 이 정의가 우리가 고려하고 있는 것들 중 가장 적은 정도로 자기 의식적으로 이론화된 것이고 일상 담화에서 주어진 범주에 실제로도 가장 크게 의존하고 있기 때문에, 이러한 조작화가 그 용법에 충실한 것이라고 믿는다.

(3) 노동계급을 생산적 노동자로 정의하기

계급에 대한 풀란차스의 논의는 복잡하고 항상 일관된 것도 아니다. 그러므로 그의 계급 개념에 대해 공정한 조작적 상세화를 제공하는 것은 단순한 작업이 아니다. 그러나 현 연구의 목적은 이 작업을 약간 쉽게 만들어준다. 문제는 두 이론가 사이의 논쟁을 충실히 해결하는 것이라기보다는, 경쟁하는 두 유형의 계급 정의가 갖는 적절성을 평가하는 것이다. 이러한 의미에서 풀란차스의 노력은 마르크스주의자들 사이에서도 보다 일반적인 직관의 특별한 예라 할 수 있다. 즉, 생산적·종속적 육체 임금생활자로 노동계급이 구성된다는 견해이다. 쉐보르스키나, 테어본의 글과 여러 다른 저작들의 실증 연구에서도 이 정의를 발견할 수 있다. 비록 개념적인 세부 사항이 풀란차스의 글과 여러 다른 저작들에서 그것과 완전히 동일하지는 않다 하더라도 말이다.

그러므로 풀란차스의 정의를 조작화하는 작업은 네 가지 핵심적인 기준을 상세화하는 일과 관련이 있다. 생산적-비생산적 노동, 정신-육체노동, 감독-비감독 노동, 의사 결정자와 의사 결정자가 아닌 자가 그러한 기준들이다.

① 생산적-비생산적 노동

생산적 노동은 잉여가치를 생산하는 노동으로 정의된다. 비생산적 노동은 그렇게 생산된 잉여가치로부터 대가가 지불되는 노동이다. 마르크스주의자들 사이에서는(적어도 노동가치 이론 틀을 받아들이는 사람들 사이에서는) 유통 영역(재정, 소매, 보험, 기타 등)의 피고용자들과 대부분의 국가 피고용자들이 비생산적인 반면, 제조업, 광업, 농업은 생산적이라는데 일반적으로 동의한다. 다른 다양한 범주의 직위들에 관해서는 훨씬 의견이 분분하다. 생산 현장 감독직, 다양한 종류의 서비스 노동자들(예를 들어 보건 의료 부문 노동자들), 제조업 내에서 전문 기술직과 과학 업무직 등에 대해 그러하다.

풀란차스는 이들 쟁점에 관해 다소간 극단적인 입장을 채택한다. 그는 물리적 상품 생산에 종사하는 사람들만이 생산적이라고 논한다(따라서 서비스직 노동자들은 항상 비생산적이다). 그러나 생산적 노동자들은 생산을 고안하고 계획하는 전문 기술직 노동자들(공학자, 설계가 등)을 포함한다. 이와는 대조적으로 많은 마르크스주의자들은, 상품 생산에 종사하는 자는 누구나 ─ 그것이 물질적이건 비물질적이건 상관없이 ─ 생산적이라고 주장한다. 마르크스 자신은 후자의 견해에 찬성했던 것으로 보인다. 그가 예능인과 학교 교사를, 자본을 위해 일할 때 생산적이라고 묘사한 것을 염두에 둔다면 말이다.

판명될 것처럼, 생산적-비생산적 노동의 기준을 어느 것으로 채택할 것인지는, 노동계급에 대한 정의 선택지를 비교하는 데에 어떤 중요한 영향도 주지 않는다. 그러므로 이 장의 분석 목적을 위해서 상품 생산에 개입된 모두를 생산적 노동자로 간주하는 폭넓은 정의를 사용한 결과만을 공표할 것이다.

변수를 구성하는 일은 산업과 직업 범주 통계를 생산적-비생산적 직업과 산업으로 재분류하는 일을 포함한다.[20] 생산적 노동자로 분류되려면, 생산적 부문에 고용되어 있으면서 **동시에** 생산적 직업에 종사하고 있어야 한다.

② 정신-육체노동

이 구분은 생산적-비생산적 노동의 구분보다 더 직설적이다. 풀란차스는 형식적으로 '정신노동'을, '생산의 비밀 지식(secret knowledge of prodution)'을 실제로 소유하고 있는 직위로 정의한다. '생산의 비밀 지식'이라는 말로 그가 의미하는 바는 생산 과정에 대한 지적 통제이다. 그는 육체노동이

---

20) 이 변수에 대한 정확한 부호화는 부록 II에 나와 있다. 특정한 직업 명칭이 상품의 생산에 관련되어 있는지 여부가 항상 명백한 것은 아니라는 점이 주목되어야 할 것이다. 예를 들어 컴퓨터 전문가는 회사의 재정 업무나 생산 그 자체(또는 둘 다)에 관련되어 있을 수도 있다. 그러므로 나는 애초에 직업을 세 가지 범주로 분류했다. 생산적, 양가적, 비생산적이 그러한 범주들이다. 이것은 생산적 노동에 대한 조작적 개념을 다소간 덜 제한적으로 구성할 수 있게 해주었다. 그러나 조사 결과 우리가 직업에 대한 제한적인 분류법을 쓰든 비제한적인 분류법을 쓰든 통계적 결과는 전혀 달라지지 않는다는 점이 드러났으므로, 나는 이 장 전반에 걸쳐 비생산적 노동에 대한 보다 제한적인 정의를 사용하겠다(즉, 양가적인 직종들은 생산적인 직종으로 간주될 것이다).

'손노동'과 같지 않고 정신노동이 '두뇌노동'과 같지 않다고 명시적으로 주장한다. 육체노동과 정신노동의 구별기준은 그보다는, 과정에 대한 인지적 통제와 더 관련이 있다.

그러나 만약 이 기준이 적용된다면 많은 사무직들은 비정신적 노동으로 되어버릴 것이고, 이는 사무직 피용자와 다른 '화이트칼라' 직업들이 진정 적절한 '육체'노동이 아니라는 많은 마르크스주의자들의 일반적인 직관과 모순된다. 이를 피하기 위해 풀란차스는 다소간 임시방편적인 주장을 한다. 즉 모든 사무직 피고용자들은 그들의 구체적인 상황에 관계없이 이데올로기적으로 '정신노동자'로 정의된 지위를 공유하며, 이 이데올로기적 요소로 인해 그들은 노동자가 아닌 것으로 간주되어야 한다는 것이다. 그러므로 풀란차스는 실제로는 구체적인 직업 개념적 차원에 대한 실질적 통제보다는 정신-육체의 단순한 기준, 즉 직업 범주의 이데올로기적인 지위를 채택하고 있는 것이다. 이는 사회학의 전통적인 화이트칼라, 블루칼라 직종 구분을 사용하여 그의 구분을 효과적으로 조작화할 수 있음을 의미한다.

③ 감독

풀란차스의 감독 개념은 통제와 감시를 핵심으로 삼고 있다. 그러므로 그 개념은 명목상으로만 감독자라고 불리는 직위를 배제한다. 정보를 수렴하고 배포하기는 하나 부하 직원에게 제재를 부과하는 권력은 없는 사람들을 배제하게 되는 것이다. 그러므로 필요한 것은 부하 직원에 대해 진정한 통제를 갖고 있는 개인을 규명하는 기준이다. 실제적인 의미에서, 이는 착취 중심적 계급 개념의 조작화에서 채택된 '주변적 조직 자산' 범주와 실질적으로 동일하다.

④ 의사 결정

의사 결정에 대한 풀란차스의 논의는 감독 그 자체에 대한 논의보다

<표 5-4> 노동계급에 대한 풀란차스의 정의의 조작화

투입 변수				해석
비생산적 노동	정신노동	제재, 감독	의사 결정	
아니오	아니오	아니오	아니오	풀란차스가 사용한 노동자
예 또는	예 또는	예 또는	예	신프티 부르주아

덜 명확하다. 그는 예산과 투자에 관한 기본적인 결정 — 기본적인 이윤과 축적에 대한 결정 — 에 참여하는 경영자가, 실질적으로는 신프티 부르주아도 아니고 부르주아의 일부로 간주되는 것이 적절하다고 주장한다. 그는 명시적으로는 결코 다양한 범위의 생산, 조직, 마케팅 결정을 기본적인 결정에 포함시킨 적이 없다. 그런데 이들 활동은 경영자들이 대부분의 시간을 들이는 일이다. 추측컨대, 풀란차스는 기본적으로 그러한 직위를 정신노동으로 다루고 있으며, 따라서 신프티 부르주아의 일부로 간주하고 있다. 그들이 감독에 직접 종사하고 있든지 않든지 관계없이 말이다.

그러므로 엄격히 말해서 문자 그대로 풀란차스의 이론적 상세화를 따르려고 한다면, 부르주아의 일부인 집단과 신프티 부르주아에 속하는 사람들을 구분해서 경영직 임노동자들을 살펴보아야 한다. 그러나 풀란차스 유형의 접근을 채택하고 있는 많은 마르크스주의자들은 부르주아 범주에 대기업의 최고 경영자만 포함시키고 나머지는 모두 제외시킬 것이다. 경영자를 이렇게 다루는 선택지 중 어느 것을 택하느냐가 아마도 결과의 패턴을 달리 만들 법하기 때문에, 자료 분석에서 경영자에 대한 두 가지 범주 모두를 조사했다. 결과는 둘 사이에 아무런 실질적인 차이가 없다는 것이었다. 그러므로 설명을 단순화하기 위해, 나는 모든 경영자가 신프티 부르주아로 간주되는 자료만을 제시할 것이다. 이 네 가지 기준을 함께 취하면 노동계급에 대한 풀란차스의 정의를 <표 5-4>에 나타난 바대로 조작화할 수 있다.

3. 가설의 재공식화

이제껏 우리는 다양한 노동계급 정의의 다양한 예측을 공식화하는 데에 '보다 가깝다'는 것이 무엇을 의미하는지에 대해 상당히 모호하게 다루어왔다. 실제로 이들 가설을 통계적으로 검증하려면 이 개념을 공식화해야만 한다.

이를 위해서는 우선, 고려 중인 모든 정의들 중에서 소득과 계급의식 측면에서 노동계급과 중간계급 사이에 체계적인 차이가 있다는 것이 단순한 주장뿐이지는 않다는 것을 유념해야 한다. 이들 개념들은 모두 그 차이의 직접성에 대한 주장도 함축하고 있다. 구체적으로 말해서, 현재 조사하려고 하는 모든 정의에 공통된 두 가지 가설을 정식화할 수 있다(<표 5-5>의 파트 I을 보라). 그러므로 경쟁하는 정의의 우위 판별에서 논쟁거리가 되고 있는 범주 분석은 논쟁이 없는 범주에 대한 일련의 공통된 예측과 연관되어 이루어져야 한다.

각 우위 판별 작업에서는 여러 개의 가설 짝들이 제시될 것이다. 각각의 짝에서, 개별 정의의 예측은 <표 5-5>에 상세화되어 있다. 그러므로 우리의 작업은, 각 가설 짝 내에서 경험적 결과가 어떤 가설을 상대적으로 얼마나 더 지지하는지를 항상 비교하는 일이 될 것이다. 단순히 자료에 의해 가설을 '검증하는' 일이라기보다는 말이다.[21] 이렇게 하면 검증되어야 할 형식적 가설의 목록이 다소간 길어지겠지만, 이렇게 공식화하는 것이 경험 조사를 질서 정연하게 만드는 데 도움이 된다. 노동계급에 대한 풀란차스의 정의와의 우위 판별은 육체노동 정의와의 우위 판별보다 다소간 단순하다(왜냐하면 풀란차스의 정의에는 논쟁의 여지가 있는 범주가 단 하나인 반면, 육체노동 정의에서는 두 개이기 때문이다). 그렇기 때문

---

21) 이것은 일찍이 표명되었던 일반적인 방법론적 입장에 따른 것이다. 이 입장에 따르면, 경험적 조정은 '실제 세계' 그 자체와 가정 사이에 직접적으로 이루어지는 것이 아니라 항상 라이벌 개념이나 가정 사이에 이루어진다.

<표 5-5> 경쟁하는 정의의 우위 판별을 위해 정식화된 가설

1. 공통 가설

1-1 합의된 중간계급 임금생활자들(셀 6)*의 평균 소득은 합의된 노동계급 임금생활자들(셀 1)보다 높을 것이다.

(셀 6)−(셀 1) > 0

1-2 합의된 중간계급 임금생활자들은 합의된 노동계급 임금생활자들보다 덜 친노동적이고 더 친자본적일 것이다.

(셀 6)−(셀 1) > 0

2. 생산적 노동 정의 가설과의 우위 판별

2-1-A 논쟁이 되는 범주(셀 2)와 합의된 노동계급 간의 임금 격차는 합의된 중간계급과의 임금 격차보다 의미 있는 정도로 작을 것이다.

| 셀 1−셀 2 | − | 셀 2−셀 6 | < 0

2-1-B 논쟁이 되는 범주와 합의된 노동계급 간의 임금 격차는 합의된 중간계급과의 임금 격차보다 의미 있는 정도로 클 것이다.

| 셀 1−셀 2 | − | 셀 2−셀 6 | > 0

2-2-A 논쟁이 되는 범주와 합의된 노동계급 간의 계급 태도 차이는 합의된 중간계급과의 임금 격차보다 의미 있는 정도로 작을 것이다.

| 셀 1−셀 2 | − | 셀 2−셀 6 | < 0

2-2-B 논쟁이 되는 범주와 합의된 노동계급 간의 계급 태도 차이는 합의된 중간계급과의 임금 격차보다 의미 있는 정도로 클 것이다.

| 셀 1−셀 2 | − | 셀 2−셀 6 | > 0

3. 육체(수작업)노동 정의 가설과의 우위 판별

3-1-A 논쟁이 되는 범주 1(셀 2)과 합의된 노동계급 간의 임금 격차는 합의된 중간계급과의 임금 격차보다 의미 있는 정도로 작을 것이다.

| 셀 1−셀 2 | − | 셀 2−셀 6 | < 0

3-1-B 논쟁이 되는 범주 1과 합의된 노동계급 간의 임금 격차는 합의된 중간계급과의 임금 격차보다 의미 있는 정도로 클 것이다.

| 셀 1−셀 2 | − | 셀 2−셀 6 | > 0

3-2-A 논쟁이 되는 범주 2(셀 5)와 합의된 노동계급 간의 임금 격차는 합의된 중간계급과의 임금 격차보다 의미 있는 정도로 클 것이다.

| 셀 1−셀 5 | − | 셀 5−셀 6 | > 0

<표 5-5> 경쟁하는 정의의 우위 판별을 위해 정식화된 가설(계속)

---

3. 육체(수작업)노동 정의 가설과의 우위 판별

3-2-B 논쟁이 되는 범주 2와 합의된 노동계급 간의 임금 격차는 합의된 중간계급과의
임금 격차보다 상당히 작을 것이다.
| 셀 1 - 셀 5 | - | 셀 5 - 셀 6 | < 0

3-3-A 논쟁이 되는 범주 1과 합의된 노동계급 간의 계급 태도 차이는 합의된 중간계
급과의 임금 격차보다 의미 있는 정도로 작을 것이다.
| 셀 1 - 셀 2 | - | 셀 2 - 셀 6 | < 0

3-3-B 논쟁이 되는 범주 1과 합의된 노동계급 간의 계급 태도 차이는 합의된 중간계
급과의 임금 격차보다 의미 있는 정도로 클 것이다.
| 셀 1 - 셀 2 | - | 셀 2 - 셀 6 | > 0

3-4-A 논쟁이 되는 범주 1과 합의된 노동계급 간의 계급 태도 차이는 합의된 중간계
급과의 임금 격차보다 상당히 클 것이다.
| 셀 1 - 셀 5 | - | 셀 5 - 셀 6 | > 0

3-4-B 논쟁이 되는 범주 1과 합의된 노동계급 간의 계급 태도 차이는 합의된 중간계
급과의 임금 격차보다 상당히 작을 것이다.
| 셀 1 - 셀 5 | - | 셀 5 - 셀 6 | < 0

---

*: 이들 가설에서 '셀'에 대한 모든 언급은 <표 5-2>의 우위 판별 유형표의 셀을 지칭
한다.
**: <표 5-5>의 형식적 가설들의 각 쌍에서 (A로 표시된) 첫 번째 가설은 착취 중심적
개념의 예측을 나타내고 (B로 표시된) 두 번째 가설은 라이벌 정의의 예측을 대변
한다.

에, 풀란차스와의 우위 판별을 먼저 검토하고 그 다음에 노동계급을 육체노
동자로 정의하는 문제를 살펴볼 것이다.

4. 통계적 과정에 대해

1) 표본

미국의 자료는, 미시간대학교 조사 연구 센터가 1980년 여름에 행한
전국적인 전화 질문 조사의 자료로부터 수집되었다. 응답자들은 전통적인

두 단계의 체계적인 미국 전화번호 표본 군집으로부터 추출되었다. 첫 번째 단계는 전화번호로부터 군집을 표본 추출하는 일로 구성되었다. 두 번째 단계에서 군집 내의 전화번호들을 무작위로 선택했다. 마지막으로 가구 내에서 전화를 받을 수 있는 응답자들은 무작위로 선택되었다.[22] 이 결과로 나온 표본은 노동인구 중에서 일하고 있고 16세가 넘는 총 1,499명의 성인, 92명의 실업 노동인구, 170명의 가정주부로, 총 1,761명이었다. 응답 비율은 78퍼센트였는데, 이것은 이런 종류의 조사에서 꽤나 전형적인 수치이다. 이 책 전반에 걸쳐 우리는 오직 노동인구 표본만을 분석할 것이다.

스웨덴 표본(이 장에서는 사용되지 않지만)은 18세에서 65세 사이의 1,145명의 성인으로 구성되었는데, 이들은 전국 거주자 리스트로부터 무작위로 선택되었다. 응답자들은 맨 먼저 질문지를 우편으로 받았고, 그들이 질문지에 답을 입력하여 돌려보내지 않으면 전화로 접촉했다.[23] 전반적인 응답 비율은 약 76퍼센트였다.

전화 인터뷰에 대해 한 마디 해둘 필요가 있다. 왜냐하면 그러한 설문조사에 익숙하지 않은 사람들은 전화 인터뷰의 유효성에 대해 다소간 의심스러워할 수 있기 때문이다. 전화와 개인 인터뷰를 비교해본 연구는 이 두 가지 기술을 써서 나오는 반응에 체계적인 차이가 없다는 점을 보여주었다.[24] 그러나 각각에는 장점과 단점이 있다. 대면 인터뷰는 훨씬 더 복잡한 질문을 할 수 있다. 특히 눈에 보이는 다양한 종류의 도움을 필요로

---

22) 이 설계에 대한 온전한 기술은 다음 문헌에서 찾을 수 있다. Robert M. Groves, "An Empirical Comparison of Two Telephone Sample Designs," *Journal of Marketing Research*, 15(1979), pp.622~631.

23) 스웨덴 응답자 중에서 60퍼센트가 처음 발송된 설문지에 답했으며, 27퍼센트가 전화를 받고 나서 발송된 두 번째 설문지에 답했다. 13퍼센트는 전화로 인터뷰했다.

24) Robert M. Groves and Robert L. Kahn, *Surveys by Telephone* (Orlando, Florida: 1979)를 보라.

하는 질문의 경우에 말이다. 전화 인터뷰에서는 상당히 단순한 질문으로 그 내용이 제한된다. 이와는 달리 대면 인터뷰는 전화 인터뷰보다 엄청 비싸고 표본 전략에서 훨씬 더 많은 표본 묶음을 필요로 하며, 어떤 측면에서는 (적어도 미국에서는) 더 편향된 표본을 낳을 우려가 있다. 왜냐하면 전화로는 기꺼이 낯선 사람과 이야기를 하고 싶어 하지만 집에 들여놓기는 꺼리는 사람들이 많기 때문이다. 결과적으로 좋건 나쁘건, 이 연구에서 미국의 데이터는 전적으로 전화 인터뷰로부터 나왔다.

2) 가중치

전적으로 명확하지는 않은 여러 가지 이유로, 미국 표본에서 응답자의 직업에 따른 교육 분포는 이런 유형의 설문조사에서 예상하는 것보다 훨씬 높은 수준의 직업과 교육 수준 쪽으로 다소간 편향되어 있다. 이 편향 중 일부는 전화 설문조사에 전형적인 것이다. 왜냐하면 미국에서는 오직 95퍼센트의 사람들만이 전화기를 갖고 있었고, 전화기가 없는 상황은 사회경제적 의미에서 평등하게 분포되어 있는 것이 아니었기 때문이다. 그러나 우리 조사에서는 대부분의 다른 조사들보다도 상층 지위 응답자들이 훨씬 과다하게 나왔다.[25] 그러한 편이는 제6장과 제7장에서 시도할 국가간 비교 결과 중 일부에 영향을 미칠 수 있기 때문에(그리고 이 장의

---

25) 내가 최대한 추측하기로, 편이의 많은 부분은 조사에 참여하기를 거부하는 사람들 때문에 생긴 것이다. 처음에는 참여하기를 거부했지만 이어지는 전화를 받고서 참여하기를 결정한 사람들은 ― 이들은 초기 거부자의 30퍼센트였고 최종 표본에서 9퍼센트였다 ― 인구조사통계의 교육과 직업 분포에 훨씬 더 가까웠다. '참여하기로 마음을 바꾼 초기 거부자들'이 처음부터 참여한 사람과 끝까지 거부한 사람들의 인구분포적 성격의 중간이라고 가정한다면, 참여한 사람들보다 끝까지 참여하지 않은 사람들에서 높은 사회적 지위에 있는 사람들의 비율이 더 낮았다고 할 수 있다. 나는 왜 지위가 낮고 교육을 적게 받은 사람들이 연구 조사 센터에 의해 수행된 전화 조사에서보다 우리의 이 조사에 참여하기를 더 거부하는 경향이 있는지 그 이유를 모르겠다.

자료 분석에도 역시 영향을 미칠 수 있기 때문에), 나는 자료에 일련의 사후 추가적인 가중치를 부여하여 우리가 사용할 1980년 직종별 교육 수준 분포에 관한 통계 조사 자료를 재가공했다. 가중치를 적용해도 전체 표본 수는 영향을 받지 않도록 고안되었다. 이 책의 분석 전반에 걸쳐 가중치가 부여된 자료를 사용할 것이다.

3) 통계적 검증

이 분석에서는 꽤 단순한 통계 검증에 의존할 것이다. 집단간 평균 차이를 우선적으로 검토할 것이며, 그리하여 전통적인 't 검증'을 사용해서 관찰된 차이의 통계적 유의성을 검증할 것이다. 모든 독자가 그러한 검증에 익숙해 있지는 아닐 것이기에, 그 자료들이 어떻게 해석되고 계산되어야 하는지에 대한 간략한 설명이 필요하다.

노동자와 감독자 표본으로부터 정보를 기록하고, 그 정보에 기반해서 노동자의 평균 소득은 1만 3,000달러이고 감독자의 평균 소득은 1만 6,000달러라고 가정해보자. 이 관찰된 소득 차이(3,000달러)가 '유의성이 있는지' 여부를 검증하는 것이 바로 우리가 원하는 것이다. 이 맥락에서 유의성은 관찰된 차이가 정말 영점으로부터 다른지에 대해 확신하고 있는 정도에 관한 진술이다. 결국 비교되는 두 집단의 실제 소득은 동일하지만 자료를 수집하면서 생기는 무작위적인 편차 때문에 차이가 관찰될 가능성은 항상 존재하는 것이다. 관찰된 차이가 0.01 수준에서 유의성이 있다고 말할 때 뜻하는 것은, 어떤 통계적 가정에 기반할 때 100개의 연구 조사 중 오직 한 경우에만 실제로는 차이가 없는데 이런 큰 차이를 관찰하게 된다고 우리가 최선으로 추정할 수 있다는 것이다.

이런 종류의 검증을 수행하는 기술적 과정은, 't 검증'이라고 불리는 계산을 포함한다. 이를 계산하려면 두 집단 간의 평균 차이를 측정한 것을 이 차이의 '표준오차(standard error)'로 나누어야 한다. 평균 차이에 관해 표준오차가 클수록 관찰된 평균 차이가 실제 차이를 반영한다는 것에 대해 확신을 가질 가능성은 줄어든다. 표준오차 자체는 어떻게 측정되는가? 표준오차의 계산은 두 가지 정보에 기반해 있다. 첫째, 관찰을 한 표본 크기, 둘째, 각 평균의 '표준편차'라고 불리는 것이다. '표준편차'는 기본적으로 평균 근처 값의 분산을 측정하는 것이다. 예를 들어 모든 이가 동일한 소득을 갖고 있다면 표준편차는 0이 된다. 소득 차이가 상당히 많이 나게 분산되어 있다면 표준편차는 클 것이다. 표본 크기가 클수록, 그리고(또는) 표준편차가 (평균 차이에 비해) 적을수록 표준오차는 적어진다.

보다 기술적인 용어로 말하자면, t 통계는 두 집단 간 평균 차이의 유의성을 검증하는 데 사용되며, 다음과 같이 계산된다.

$$t = \frac{(\text{집단 1의 평균}) - (\text{집단 2의 평균})}{\sqrt{\frac{(\text{집단 1의 표준편차})^2}{\text{집단 1의 표본 크기}} + \frac{(\text{집단 2의 표준편차})^2}{\text{집단 2의 표본 크기}}}}$$

t 통계의 값이 크면 클수록, 측정하는 과정에서 우연히 나온 차이라기보다는 집단간에 관찰된 차이가 세계의 실제 차이를 반영하는 것이라고 더 강하게 확신할 수 있다. 그 공식으로 비추어 보아, 두 집단의 평균 간에 관찰된 결과에 대한 확신이 높아지는 두 가지 길이 있다는 것이 명확하다. 첫째, 각 집단의 표준편차가 작을 때, 둘째, 각 집단의 표본 크기가 클 때이다. 표본이 아주 크면 각 집단 내의 값이 상당히 분산되어 있다 하더라도 평균의 상대적으로 조그만 차이도 단순히 표집의 무작위적인 결과가 아니라는 점에 대해 꽤 확신을 가질 수 있다.

t 검증은 단측 검증과 양측 검증에 사용될 수 있다. 양측 검증은 두 평균 간에 차이가 존재하는지 여부를 알아보기를 원하지만 두 차이의 방향에 대해서는 어떠한 예상도 미리 하고 있지 않을 때 사용된다. 이와는 달리 단측 검증은 한 집단의 평균이 다른 집단의 평균보다 큰지(또는 작은

지)를 검증하기 위해 고안되었다. 일반적으로 우리의 분석에서는 단측 검증을 사용할 것이다. 왜냐하면 우리는 문제의 차이가 갖는 방향성에 대해 강한 사전 예상을 하고 있기 때문이다.

우리가 탐구하고 있는 대부분의 가정은 단순히 집단간 평균 차이에 대한 것이 아니라, 집단간 평균 차이가 서로 얼마나 나느냐에 대한 것이다 (<표 5-5>에서 가설 2와 가설 3). 그러한 경우 t 검증의 사용은 더 복잡해진다. 비교되고 있는 집단이 서로 독립적이라는 가정은 t 검증을 할 때 통상적으로 하지 않기 때문이다. 이 독립성 가정은 노동계급 정의에 대한 우위 판별에서 논쟁이 되고 있는 노동자 범주, 비노동자 범주 간의 비교를 위해서는 효과적이다. 그러나 각 정의에 따르는 (비교) 차이를 비교하기에는 효과적이지 않다. 왜냐하면 논쟁이 되고 있는 범주가 두 정의 모두에서 나타나기 때문이다. 이것이 기술적으로 의미하는 바는, 두 범주의 평균 차이 값이 두 정의에 따라 얼마나 서로 다른지를 나타내는 차이의 표준오차를 계산할 때 두 차이 간의 '공분산(covariance)'을 포함시켜야만 한다는 것이다. 다음 공식을 통해 계산에 공분산을 포함시키는 일을 할 수 있다.[26]

---

26) 기술적으로, 이 등식에서 어떤 항의 양을 측정하는 가장 쉬운 방법은, 더미 변수 회귀등식을 사용하여 나온 격차를 분석하는 것이다. 만약 W가 두 정의 모두 노동자로 합의하는 범주에 대한 더미 변수이고, M이 합의된 '중간'계급에 대한 더미 변수라면, ― 논쟁이 되고 있는 범주는 회귀분석 바깥의 범주로 남겨두고서 ― 우리에게 필요한 것은 다음 회귀등식을 측정하는 것이다.

$$Y = a + B_1(W+M) + B_2(W-M)$$

항을 단순히 재배열함으로써 다음 사항을 볼 수 있다. ① 만약 논쟁이 되고 있는 범주가 합의된 두 범주 사이에 들어간다면 계수 B_1은 격차들 간의 차이의 두 배가 될 것이다. ② 만약 논쟁이 되고 있는 범주가 합의된 범주의 사이에 들어가지 않는다면 계수 B_2는 격차들 간의 차이의 두 배가 될 것이다(계수가 가설을 검증하는 방식이 바뀐 이유는 우리가 원래 격차의 절대값 사이의 차이에 관심이 있기 때문이고, 논쟁이 되고 있는 범주가 합의된 범주 사이에 존재하는지 여부에 따라 B_1이나 B_2만이 이를 검증하기에 적합하게 되기 때문이다.

$$t = \frac{|\,\text{차이 } 1\,| - |\,\text{차이 } 2\,|}{\sqrt{(\text{차이 } 1\text{의 표준오차})^2 + (\text{차이 } 2\text{의 표준오차})^2 - (\text{차이들의 공분산})}}$$

사회학자들은 종종 유의성 검증을 맹목적으로 믿는 경향이 있어서 통계적인 결과의 실질적 의미보다는 유의성 검증에 더 주의를 기울인다. 그러나 유의성 검증은 관찰된 결과가 무작위적이지 않다는 데에 대한 우리의 확신을 엄밀하게 측정하는 것에 불과하고, 이론의 관심이 되는 것은 결과 그 자체이다. 나는 특정한 주장에 설득력을 더하기 위해 때로는 통계적 검증에 상당히 강하게 의존할 것이지만, 토론의 실제 무게는 유의성 수준 자체가 아니라 실질적인 결과에 둘 것이다.

5. 경험적 결과

1) 노동계급을 생산적 노동자로 정의하는 것과의 우위 판별

노동계급에 대한 풀란차스의 정의와 착취 중심적 정의를 비교한 기본적인 결과는 <표 5-6>, <표 5-7>, <표 5-8>에 나타나 있다. 노동계급에 대한 두 경쟁하는 정의 모두를 공통적으로 지지하는 두 가설을 먼저 검토하고 나서, 각 정의의 경험적 예측치를 사용하여 실질적인 우위 판별을 하겠다.

(1) 공통 가설
우위 판별 전략이 작동하기 위한 선행조건은, 두 정의 모두 동의하는 노동계급 범주와 '중간'계급 범주가 우위 판별에 쓰이는 종속변수에 따라

그러므로 이 회귀계수의 표준오차는 t 통계를 계산할 수 있게 해준다. 하우저(Robert Hauser)와 할라비(Charles Halaby)가 나에게 이 검증을 수행하는 단순한 방법을 보여준 데 대해 매우 감사드린다.

예상된 방식으로 차이가 나야 한다는 것이다. 논쟁이 되고 있는 범주의 계급 위치를, 논쟁이 없는 범주간의 차이를 적절히 보여주지 못하는 기준에 기반하여 그 우위를 판별한다는 것은 확실히 말이 안 된다.[27]

<표 5-8>의 첫 번째 두 행은 우리가 사용하는 주요한 두 종속변수(소득과 계급의식)가 예상된 방식으로 정말로 움직인다는 것을 보여준다. 두 정의 모두 동의하는 노동계급 범주는 평균적으로 합의된 중간계급 임금생활자보다 일 년에 6,815달러 적게 버는 반면, 노동계급 태도 척도 값은 2.8점 더 높다(즉, 척도에서 사용된 여덟 개 항목 중 두 정의 모두 동의하는 노동자들은 평균적으로 '중간계급' 임금생활자보다 두 개 더 많은 항목에서 친노동자적인 태도를 보였다). 이들 결과들이 높은 '유의성 수준'을 갖고 있다는 사실은, 관찰된 차이들이 우연에 의한 것이 아니라는 점을 상당히 확신하게 해준다. 그러므로 만약 경쟁하는 정의의 우위를 판별하는 적절한 기준이 정말로 있다는 이론적 배경에 동의한다면, 우리의 구체적인 측정이 적절하다는 것을 가리키는 적어도 추정적인 경험적 사례가 있는 셈이다.

(2) 소득을 통한 우위 판별

소득변수를 사용한 우위 판별 결과는 노동계급에 대한 풀란차스의 정의를 전혀 지지해주지 않는 반면, 내가 옹호한 노동계급 정의와는 상당히 일치된다. 만약 논쟁이 되고 있는 노동자 범주가 실제에서는 합의된 '중간'계급으로 분류되어야 한다면, 우리는 다른 비노동자들처럼 그들의 소득이 노동자의 소득보다 높을 것이라 기대할 것이다. 다른 한편으로 만약 그들이 노동계급의 적절한 일부라면, 비노동자들보다 그들의 소득이 낮을 것으로 기대할 수 있다. 자료가 가리키듯, 논쟁이 되고 있는 범주의

---

27) 주어진 변수로 노동계급과 합의된 비노동계급을 차별화하는 데 실패하는 것은 몇 가지 이유 때문일 수 있다. 조작적 변수가 이론적 변수를 측정하기에 나쁜 변수일 수 있다. 합의된 범주가 이 이론적 변수와 관련해서 차이가 날 것이라는 이론적 예상 자체가 틀렸을 수 있다. 또는 합의된 범주가 사실상 구별되는 계급이라는 주장 자체가 오류일 수 있다.

<표 5-6> 생산적 노동계급 정의와의 우위 판별: 소득

칸 속의 수치: 평균 / (표준편차) / 표본 수(가중치가 부여됨)

착취 중심적 정의*	생산적 노동 정의		가로 합계
	노동계급	중간계급	
노동계급	[1] $13,027 (7952) 143	[2] $10,241 (6921) 340	$11,065 (7344) 483
주변적 노동계급	[3] $19,285 (8441) 55	[4] $13,822 (7757) 192	$15,032 (8217) 247
중간계급	[5] 빈 칸	[6] $19,843 (12422) 335	$19,843 (12422) 335
세로 합계	$14,760 (8543) 198	$14,744 (10476) 867	

*: 노동계급=<표 3-3>의 셀 12, 주변적 노동계급=셀 9와 셀 11, 중간계급=셀 4-8과 셀 10.

개인 소득은 '중간계급' 임금생활자들보다 9,000달러 이상 적다. 더욱이 착취 중심적 정의에 의해 '주변적 노동계급'으로 분류되는 범주들(표의 셀 3과 4) 가운데서 풀란차스가 노동계급으로 고려할 이들 직위는, 합의된 비노동자의 소득과 실질적으로 구별할 수 없는 정도의 평균 소득을 벌고 있다. 반면에 풀란차스가 프티 부르주아로 고려한 직위들은 합의된 노동자와 실질적으로 동일한 소득을 벌고 있다. 만약 소득을 우위 판별의 적절한 기준으로 받아들인다면, 이러한 사실은 착취 중심적 개념이 풀란차스에 의해 제시된 생산노동에 기반한 개념보다 낫다는 것을 강력하게 지지한다.

<표 5-7> 생산적 노동계급 정의와의 우위 판별: 계급 태도[*]

칸 속의 수치: 평균 / (표준편차) / 표본 수(가중치가 부여됨)

착취 중심적 정의[**]　　　　　　생산적 노동 정의

	노동계급	중간계급	가로 합계
노동계급	[1] 1.04 (3.18) 167	[2] 0.61 (3.39) 405	0.74 (3.33) 572
주변적 노동계급	[3] 1.02 (3.54) 62	[4] 0.36 (3.29) 211	0.51 (3.35) 271
중간계급	[5] 빈 칸	[6] -1.27 (3.20) 218	-1.27 (3.20) 218
세로 합계	1.04 (3.27) 227	-0.15 (3.52) 994	

*: 계급 태도 척도는 +8(가장 친노동계급적)에서 −8(가장 친자본가계급적)까지의 값임.

**: 노동계급=<표 3-3>의 셀 12, 주변적 노동계급=셀 9와 셀 11, 중간계급=셀 4-8 과 셀 10.

(3) 계급 태도에 의한 우위 판별

계급 태도에 대한 자료 역시 풀란차스의 정의보다 착취 중심적 노동계급 정의가 더 낫다는 것을 지지한다. 노동계급 태도 척도에서 합의된 노동자들의 평균치는 1이 약간 넘었고, 합의된 '중간계급' 임금생활자들은 약 -1.3이었다. 그리고 논쟁이 되고 있는 범주는 0.6이었다. 0.6이라는 값은 합의된 노동자 수치보다는 작지만, 합의된 '중간'계급보다는 노동계급에 가깝다는 것을 알 수 있을 만큼 충분히 결정적인 수치이다.[28)]

---

28) 노동자와 합의된 범주 간의 차이에 대한 t 통계 값은 1.44이며 단측검증에서 .075의 확률을 가진다. 반면에 격차 사이의 차이가 갖는 t 통계 값은 3.1이며 확률은 0.001보다 작다.

<표 5-7>의 셀 4 — 착취 개념으로는 주변적 노동자, 풀란차스에 따르면 신프티 부르주아 — 도 합의된 '중간계급'보다는 합의된 노동자에 가깝다. 만약 계급 태도를, 노동계급에 대한 경쟁하는 정의의 우위를 판별하는 정당한 기초로 받아들이기를 꺼린다 해도, 이들 결과는 착취 중심적 개념이 생산적 노동개념보다는 낫다는 것을 상당히 강하게 지지한다.

<표 5-8>의 결과에 대해 나올 수 있는 하나의 반론은, 그 수치가 총 척도에 관한 것이라는 주장이다. 그러한 척도가 실제 차이를 왜곡시킬 수 있는 가능성은 언제든지 있다. 예를 들어, 범주간의 차이가 대부분의 항목에서 반대 방향으로 작용하지만 한두 개의 항목에서는 특정한 한쪽 방향으로 너무 강하게 나타나서, 그 척도의 평균에 불비례적인 효과를 가질 수 있다. 그러므로 이런 일이 일어나지 않았는지 확실히 하기 위해

<표 5-8> 우위 판별 가설의 테스트: 생산적 노동 대 착취 정의

가설[*]	경험적 결과	t	유의성 수준 (편측검정)	결론
공통 가설				
소득				
1-1 (6)[**] − (1) > 0	$6,815	7.2	.000	지지됨
친노동계급적 태도				
1-2 (6) − (1) < 0	-2.30	7.6	.000	지지됨
우위 판별 가설				
소득				
2-1-A │1−2│ − │2−6│ < 0	-$6,815	7.0	.000	2-1-A가 2-1-B보다
2-1-B │1−2│ − │2−6│ > 0				강력하게 지지됨
친노동계급적 태도				
2-2-A │1−2│ − │2−6│ < 0	-1.45	3.1	.001	2-2-A가 2-2-B보다
2-2-B │1−2│ − │2−6│ > 0				강력하게 지지됨

*: 가설 숫자는 <표 5-5>의 숫자와 대응한다.

**: 괄호 안의 수는 <표 5-6>과 <표 5-7>의 셀을 참조한다.

개별 질문의 값을 살펴보는 일이 중요하다. 이것을 살펴본 결과가 <표 5-9>이다. 이 표의 결과는 상당히 두드러진다. 8번 항목을 제외하면, 척도에 포함된 모든 항목과 계급 정체성 질문에서 논쟁이 되는 범주의 평균값은 합의된 '중간'계급의 값보다 합의된 노동자의 값에 더 가깝다. 물론 이들 항목이 계급의식의 측정 방식으로 유효한지, 계급 정의의 우위 판별에 밀접한 관련이 있는지에 대해 의문을 가질 수도 있다. 그러나 총

<표 5-9> 비생산적 노동 정의와의 우위 판별을 위한 태도 척도에서
개별 항목에 대한 응답

	합의된 노동계급	논쟁적 범주	합의된 중간계급
1. 기업은 다른 사람들을 희생하여 이익을 얻는다.[*]	0.21[**]	0.26	0.04
2. 고용주들이 파업 중에 대체 노동력(파업 파괴자)을 고용하는 것은 금지되어야 한다.	0.35	0.12	-0.20
3. 파업에서 물리력을 사용하는 것은 정당화된다.	-0.14	-0.27	-0.53
4. 대기업은 오늘날 너무 많은 권력을 가지고 있다.	0.59	0.58	0.51
5. 가난의 주된 이유는 경제가 사적 이윤에 기반해 있기 때문이다.	0.22	0.18	-0.25
6. 비경영자들이 사장 없이 회사를 운영할 수 있다.	-0.03	0.08	-0.33
7. 현대사회는 이윤동기 없이도 효율적으로 운영될 수 있다.	-0.34	-0.37	-0.52
8. 파업이 일어났을 경우 파업 노동자들이 그들 요구를 대부분 따내는 것이 일반적으로 바람직하다.[***]	0.17	0.04	0.01
9. 노동계급 자기 정체성(그들이 노동계급에 속한다고 답한 사람들의 비율).	35.5	31.0	18.5

[*]: 질문 항목의 정확한 의의를 알려면 본문의 논의를 보라.
[**]: 수치는 계급 태도 척도로 환산된 각 항목의 평균이다(+1=친노동적, -1=친자본적, 0=모름).
[***]: 다수의 우위 판별 범주에 속하는 응답자들 중 65~82퍼센트는 이 변수와 관련하여 계급 타협적인 태도를 보였으며, 그 항목에서 0점을 받았다.

측정치에서 관찰된 차이는 개별 항목에서의 차이의 특이성에 의해서 설명되지는 않는다.

(4) 성별과 노조 가입 여부의 효과

이들 결과에 대한 하나의 분명한 응답은, 그것이 우위 판별 논쟁의 대상이 되는 범주와 상호 연관되어 있는, 소득과 태도에 대한 몇몇 다른 결정 요인들의 인위적 산물이라는 것이다.

그러한 가짜 결과를 발생시키는 두 후보는 성별과 노조 가입 여부이다. 풀란차스의 노동계급에 대한 정의와 내가 제안한 착취 중심적 개념을 비교하는 문제의 범주는 하류층 화이트칼라 노동자와 국가 노동자로 주로 이루어져 있다. 이러한 종류의 직위들은 풀란차스의 계급관계 분석에서 비생산적이고(이거나) 정신노동으로 간주되는 것들이다(그렇기 때문에 프티 부르주아의 일부로 간주된다). 그러나 그들은 학력 자산 또는 조직 자산이 없기 때문에 나의 분석에서는 노동자들로 간주될 것이다. 또한 우리가 알다시피 그러한 직위에는 불비례적으로 여성이 많고 합의된 노동자 범주보다 훨씬 적은 수가 노조에 가입되어 있다. 합의된 노동자 범주의 61퍼센트와 합의된 중간계급의 68퍼센트가 남성이다. 논쟁이 되고 있는 범주에는 30퍼센트만이 남성이다. 그리고 합의된 노동자의 45퍼센트가 노조에 가입되어 있는 것에 비해 논쟁이 되고 있는 범주는 15퍼센트 이하이고, 합의된 중간계급은 11퍼센트이다.[29] 관찰된 소득 차이와 태도 차이가 이들 요소의 결과일 뿐, 계급 효과 그 자체의 결과는 대체로 아닐 수도 있는 것이다.

<표 5-10>의 자료는 우위 판별 분석의 결과를 다양한 범주의 성별과 노조 가입 여부의 조합 탓이라고 할 수 없다는 점을 보여준다. 남성과 여성을 따로 취해 살펴봤을 때, 그리고 비노조원 피고용자, 노조원을 따로

---

29) 여기서 고려되고 있는, 노동계급에 대한 두 정의의 우열에 대한 토론이 여성의 계급적 위치를 평가하는 데 특히 결정적이라는 사실에 주목할 가치가 있다. 풀란차스의 정의에서는 노동인구 여성 가운데 오직 15퍼센트의 여성만이 노동계급에 속한다. 착취 중심적 개념에서 이 숫자는 60퍼센트가 넘는다.

소득 변수에 비추어 검토해봤을 때, <표 5-6>과 <표 5-7>에서 관찰된 기본적인 패턴이 유지되고 있다. 이전의 패턴과 비교해서 한 가지 예외는, 노조원인 임금생활자에 대한 계급 태도를 포함하는 우위 판별이다. 응답자들 중에서 논쟁이 되는 범주는 친노동계급적인 태도 척도에서 합

<표 5-10> 남성과 여성, 노조원과 비노조원 비교
: 생산적 노동계급 개념과의 우위 판별

	합의된 노동계급	논쟁적인 범주	합의된 중간계급
성별 비교			
소득($)			
남자	15,103	14,271	22,870
여자	9,742	8,429	13,551
친노동적 계급 태도			
남자	1.22	0.73	-1.43
여자	0.77	0.57	-0.92
표본 크기*			
남자	102	122	255
여자	65	283	123
남자 비율(%)	61	30	67
노조 가입 비교			
소득($)			
노조 가입	16,679	13,596	20,653
비가입	9,545	9,567	19,739
친노동적 계급 태도			
노조 가입	1.43	2.88	1.30
비가입	0.73	0.22	-1.57
표본 크기			
노조 가입	75	60	40
비가입	92	345	338
노조 가입률(%)	45	15	11

*모든 수치는 가중치가 부여된 것이다.

의된 노동자나 합의된 '중간'계급보다 의미 있는 정도로 더 높은 점수를 기록했다. 이에 반해 이 두 합의된 범주들은 상호간에 의미 있는 차이가 없었다.

이 결과들을 어떻게 해석해야 하는가? 주목해야 할 첫 번째 점은, 고려의 대상이 되는 다른 범주들에 비해 합의된 노동자들 사이에서 노조 가입 여부가 차이를 덜 만들어낸다는 것이다. 합의된 노동자들 가운데서 노조원과 비노조원의 점수 차이는 친노동계급 태도 척도에서 단지 0.7점에 불과했던 반면, 논쟁이 되는 범주와 합의된 '중간계급' 범주에서 노조 가입 여부는 상대적으로 2.7점과 2.9점의 차이 값이 생겼다.

이는 몇 가지 해석을 가능하게 한다. 한 가지 가능성은 여기서 어떤 자기 선택이 작용하고 있다는 것이다. 즉, 비노동계급 임금생활자들 가운데서 특히 부르주아지에 반대하는 강력한 이데올로기적 입장을 갖고 있는 사람들이 바로 처음부터 노조원이 되는 사람이다. 아마도 더 설득력 있는 주장은, 모순적 계급 위치에 있는 사람들이 노조에 들어갔을 때 — 즉, 전형적인 노동계급 조직 형태에 들어갔을 때 — 그들의 의식이 노동자를 훨씬 많이 닮게 된다는 점을 시사한다. 이는 정확히, 모순적 위치가 시사하는 바이다. 그러한 직위는 본질적으로 모순적인 성격을 갖고 있다. 즉, 착취자인 동시에 피착취자이다. 그러므로 그들의 태도는 노조 가입과 같은 조직적 또는 정치적 중개에 의해 강하게 영향을 받는다. 노조 가입이 가리키는 것은 그러한 직위들이 사실상 노동계급으로 '형성되었다'는 것이며, 한번 그렇게 형성되면 노동자에 더 가까운 의식 특성을 갖게 된다는 것이다. 이것은 제6장에서 더 철저히 탐구할 주제이다. 이들 결과에 대한 마지막 해석은, 그 직위들이 노조에 가입한 '중간계급' 범주 내에서 프롤레타리아화된 위치라는 것이다. 그리고 그렇기 때문에 노조 가입 여부 변수는 실제로는 위치의 프롤레타리아적 성격에 대한 간접적인 측정 방식에 불과하다는 것이다. 유형표에서 합의된 '중간계급' 셀 중 10퍼센트의 사람들만이 노조에 가입했다. 이에 비해 합의된 노동자들은 45퍼센트가 가입했다. 측정 오류를 감안하더라도, 이 10퍼센트는 애초부터 노동계급에 포함시켰어야 할 사람들 중 일부라는 것도 전적으로 가능한 일이다. 동일한 종류의 주장이 논쟁이 되고 있는 범주에도 적용될 수 있다.

이들 해석 중 무엇을 택하는지에 상관없이, 지금 다루고 있는 실증 작업에 의하면 <표 5-10>의 노조원에 대한 결과는 착취 중심적 계급 개념에 비해 풀란차스의 개념을 지지하지 않는다. 실로, 노조원 피고용자들 중에서 합의된 노동자들과 합의된 '중간계급'이 척도상에서 의미 있는 정도로 다르지 않다는 사실은 두 정의 모두에 공통된 가설 1-1에 모순된다.

이들 결과를 모두 함께 취해서 보았을 때, 생산적-비생산적 노동은 노동계급의 경계를 정의하는 적합한 기준이 아니다. 노동계급을 생산적·비감독적 노동으로 구체화한 풀란차스의 정의와 착취관계에 의한 노동자 정의 중에서, 우위를 판별하는 기준으로 계급 태도와 소득이 쓰인다면 후자가 경험적으로 훨씬 더 낫다.

노동계급에 대한 풀란차스의 일반적인 정의를 지지하는 사람들은 마지막 방어선을 하나 갖고 있다. 나는 노조 가입 여부를 의식을 생산하는 과정에서 조직적인 중개 역할을 하는 것으로 다루어왔다. 그러나 이와 동등한 설득력을 갖고서 노조 가입 여부는 계급 그 자체의 직접적인 영향으로 간주되고, 따라서 서로 다른 범주들 각각의 노조 가입 비율은 적절한 우위 판별 기준으로 간주되어야 한다는 것이다. 만약 이 입장이 채택된다면, 우리의 분석에서 논쟁이 되고 있는 범주는 합의된 비노동자와 훨씬 더 가깝게 보인다(15퍼센트와 10퍼센트가 상대적으로 노조에 가입되어 있다). 반면 둘 다 합의된 노동자들(45퍼센트의 노조 가입)과는 극적으로 차이가 난다. 추정컨대, 노조 가입 여부 이외의 경제적 계급 실천 — 파업에 참가하기, 노조의 투쟁성 등 — 은 아마도 대체로 유사한 패턴을 따를 것이다. 그러므로 우위 판별 분석에서 서로 다른 범주들의 노조 가입 비율은 이 책에서 제안된 정의보다 풀란차스의 노동자 정의를 더 크게 지지한다.

물론 이러한 결과는 놀랍지 않다. 화이트칼라나 비생산적 노동자들이 육체노동직, 비감독직 산업노동자에 비해 노조에 덜 가입되어 있다는 것을 보이기 위해 주의 깊은 통계 연구를 수고스럽게 하는 것은 거의 필요하지 않은 일이다. 그러나 이 사실은 이러한 종류의 정의 우위 판별을 수행하는 데 따르는 어려움을 정말로 드러내준다. 왜냐하면 어느 우위 판별 기준을 채택하느냐에 따라 결론이 달라질 수 있기 때문이다. 그렇다면 쟁점은 노조 가입 비율이 노동계급에 대한 경쟁하는 정의의 우위를 판별하는 적절한 기준이냐 아니냐가 될 것이다.

노조 가입 여부를 우위 판별 기준으로 쓰는 데에는 같은 계급에 있는 두 사람(예를 들어 두 명의 노동자가)이 서로 다른 계급에 있는 두 사람보다는 노조 가입 여부가 동일할 확률이 더 높을 것이라는 가정이 깔려 있다. 전반적인 노조 가입 수치는 확실히 이러한 가정에 들어맞는다. 그러나 논쟁이 되고 있는 범주가 노조 가입 수준에서 비노동자와 그토록 비슷한 이유는, 노조 가입의 계급적 결정 요인이 아니라 논쟁이 되고 있는 범주와 강하게 연관되어 있는 노조 가입의 어떤 다른 결정 요소(예를 들어 성별) 때문일 수도 있다.

우리가 우위 판별 유형들에서 세 범주의 노조 가입 비율을 성별로 살펴보면, 합의된 '중간'계급 가운데서 남성(12퍼센트가 노조 가입)과 여성(7.5퍼센트가 노조 가입)의 노조 가입률이 상대적으로 거의 차이가 없다는 것을 알 수 있다. 이와 유사하게, 합의된 노동계급 가운데서도 남성(46퍼센트)과 여성(41.5퍼센트) 간에는 오직 약간의 차이가 날 뿐이다. 논쟁이 되고 있는 범주에는 큰 차이가 나는데, 남성의 20.2퍼센트가 노조에 가입해 있는 데 비해 여성은 12.4퍼센트만이 노조에 가입해 있다. 이 결과 여성들 중에서 논쟁이 되고 있는 범주의 여성들과 합의된 '중간'계급은 노조 가입비율이 비슷한 데 비해, 남성들의 경우에는 논쟁이 되고 있는 범주의 노조 가입 비율이 합의된 노동자와 합의된 '중간'계급의 딱 중간이 되었다. 즉, 남성들의 경우에는 노조 가입 여부 기준이 노동계급에 대한 양쪽 정의 모두 지지하지 않는 반면(결론에 있어 우위가 불분명하다), 여성의 경우에는 형식적으로 풀란차스의 정의에 보다 일치한다.

이러한 사실들을 보고 어떤 이야기를 할 수 있을 것인가? 내가 생각하기에 그 결과들은, 하위 임금생활자의 특정한 범주의 노조 가입 수준은 노조의 전략, 어떤 노동 범주를 조직화하는 것을 방해하는 구조적 장애에 의해 의미 있는 정도로 형성된다는 것을 시사한다. 적어도 미국에서는, 왜 노조가 화이트칼라 피고용자(논쟁이 되고 있는 범주의 핵심 집단)들보다 제조업에서 일하는 육체노동자에 더 집중해왔는지를 설명하는 여러 이유가 있다. 노조 자체에도 있고 — 여성들보다 남성들을 조직하는 것을 선호 — 고용 상황에도 있는 — 고용주의 다양한 종류의 통제에 여성 피고용자는 훨씬 더 취약하다 — 성차별주의, 사무실에서 화이트칼라 노동자들의 파편화와 분산, 국가 부문을 조직화하는 데에 대한 법적 제약 같은 이유 때문이다. 비육체노동 하위직 피고용자들은 노동계급에 온전히 속할 수도 있었지만, 그러한 요소들 때문에 노조 가입 수준에서 극적으로 다르다. 스웨덴 같은 나라에서 화이트칼라 비감독직 피고용자들의 노조 가입 비율이 육체노동자의 노조 가입 비율과 실질적으로 동일하다는 사실은, 비감독직 육체노동자와 비육체노동 임금생활자의 노조 가입 비율의 편차가 계급 위치의 차이라기보다는 정치적·이데올로기적 결정 요인의 결과라는 관점을 지지해준다.

만약 노조 가입 비율에 대한 결과를 이런 식으로 해석하는 것이 옳다면 노조 가입 수준은 그리 만족스러운 우위 판별 기준이 못 되는 셈이다. 이에 따라, 노조 가입 비율이 분석에 얼마간의 양가성을 부여하기는 하지만 그럼에도 불구하고 전반적인 경험적 증거는, 생산적-비생산적 노동이라는 기준 위에 구축된 노동계급에 대한 정의를 거의 지지하지 않는다.

2) 육체노동 정의에 대한 우위 판별

이제 블루칼라 임금생활자를 노동계급으로 정의하는 방식과, 착취 중심적 개념을 비교해보자. 이 정의는 개념적으로나 조작적으로 매우 단순하지만, 우위 판별 작업은 풀란차스의 노동계급 정의와의 경우보다 훨씬 복잡하다. 풀란차스의 정의를 분석할 때에는 논쟁이 되는 범주가 단 한 개 — 나는 노동계급이라고 주장하나 풀란차스는 신프티 부르주아라고 주장하는 직위 — 였다. 육체노동 정의의 경우에는 논쟁이 되는 범주가 두 개 존재한다. 나는 노동계급이라 주장하나 육체노동 정의에서는 중간계급(원칙적으로는 프롤레타리아화된 화이트칼라 직업)이라고 주장하는 직위 하나와, 나는 '중간'계급이라 주장하나 단순 육체노동자 정의에서는 노동계급으로 간주하는 직위(주로 감독직이나 의사 결정직에 있는 블루칼라 임금생활자들)이다. 전자를 논쟁이 되는 범주 1로 지칭하고 후자를 논쟁이 되는 범주 2로 지칭하겠다. 그렇다면 우리의 과업은 <표 5-5>에 정리된 바와 같이 우위 판별 양자에 있는 일련의 가설을 탐구하는 것이다.

기본적인 결과가 <표 5-11>과 <표 5-12>에 나타나 있고, 다양한 우위 판별 가설의 통계적 검증은 <표 5-13>에 나타나 있다.

(1) 공통 가설

풀란차스 정의와의 우위 판별과 마찬가지로, 합의된 노동계급과 합의된 '중간'계급 육체노동 정의와의 우위 판별을 위한 계급 태도 척도에서 개별 항목에 대한 응답은, 육체노동자 정의와의 우위 판별 과정에서도 적절한 방식으로 달라진다. 합의된 '중간'계급은 평균적으로 1년에 1만 달러 이상을 더 벌며, 친노동자적 계급 태도 척도에서 평균 2.73점이 낮았다.

(2) 소득에 의한 우위 판별

본질적으로 소득에 의한 우위 판별은 논쟁이 되고 있는 범주 1의 경우

<표 5-11> 육체노동계급 정의와의 우위 판별: 소득 분석

칸 속의 수치: 평균 / (표준편차) / 표본 수(가중치가 부여됨)

착취 중심적 정의* 　　　　　　　　　육체노동 정의

	노동계급	중간계급	가로 합계
노동계급	[1] 합의된 노동계급 $10,733 (7523) 290	[2] 논쟁적인 범주 1 $11,756 (7040) 209	$11,161 (7335) 499
주변적 노동계급	[3] $16,326 (8995) 138	[4] $13,350 (7098) 118	$14,953 (8293) 256
중간계급	[5] 논쟁적인 범주 2 $16,434 (7791) 103	[6] 합의된 중간계급 $21,238 (13,590) 243	$19,812 (12,347) 346
세로 합계	$13,287 (8446) 531	$16,134 (11,264) 570	

*: 노동계급=<표 3-3>의 셀 12, 주변적 노동계급=셀 9와 셀 11, 중간계급=셀 4-8과 셀 10.

생산적 노동 정의와의 우위 판별에서와 같은 결과를 보여준다. 이 범주는 명확히, 합의된 비노동자들보다는 합의된 노동자에 훨씬 더 가깝다. 논쟁이 되고 있는 범주 2에 대한 결과는 엄격히 말해 두 정의 모두와 일치하지 않는다. 이 범주의 평균 소득은 합의된 노동자와 합의된 중간계급 소득의 정확히 중간이다.

<표 5-12> 육체노동계급 정의와의 우위 판별: 계급 태도 척도[*]

칸 속의 수치: 평균 / (표준편차) / 표본 수(가중치가 부여됨)

착취 중심적 정의[**]   육체노동 정의

	노동계급	중간계급	가로 합계
노동계급	[1] 합의된 노동계급 1.12 (3.17) 344	[2] 논쟁적인 범주 1 0.27 (3.42) 250	0.76 (3.30) 593
주변적 노동계급	[3] 1.44 (3.34) 154	[4] -0.50 (3.03) 130	0.55 (3.34) 284
중간계급	[5] 논쟁적인 범주 2 -0.28 (3.13) 111	[6] 합의된 중간계급 -1.62 (3.57) 280	-1.24 (3.19) 391
세로 합계	0.95 (3.26) 609	-0.68 (3.51) 660	

[*]: 계급 태도 척도는 +8(가장 친노동계급적)에서 −8(가장 친자본가계급적)까지의 값임.

[**]: 노동계급= <표 3-3>의 셀 12, 주변적 노동계급=셀 9와 셀 11, 중간계급=셀 4-8과 셀 10

(3) 태도에 의한 우위 판별

태도에 의한 우위 판별의 결과는 소득에 의한 우위 판별의 결과와 거의 흡사하다. 논쟁이 되고 있는 범주 1의 합의된 '중간'계급보다 합의된 노동자에 유의하게 가깝다는 것(가설 3-3-A)을 실질적으로 지지하는 셈이다. 그리고 두 번째의 논쟁이 되고 있는 범주와 관해서는 두 가설 모두 지지받지 못한다. 여기서도 그 결과는 두 합의된 범주의 중간에 위치한다. <표 5-14>에서 태도 척도를 항목별로 따로 살펴보았을 때 동일한 기본

적인 패턴을 볼 수 있다. 논쟁이 되고 있는 범주 1은 5개 항목에서 합의된 비노동자보다 합의된 노동자에 더 가까웠고, 세 개 항목에서는 중간에 상당히 근접해 있었다. 다른 한편으로 논쟁이 되는 범주 2는 두 항목에서 합의된 노동자와 더 가까웠다. 세 항목에서는 합의된 비노동자 계급에 가까웠다. 네 항목에서는 중간 위치에 있었다.

<표 5-13> 우위 판별 가정의 테스트: 육체노동 대 착취 정의

가설*	경험적 결과	t	유의성 수준 (편측검정)	결론
공통 가설				
소득				
1-1 (6)** − (1) > 0	$10,505	10.8	.000	지지됨
친노동계급적 태도				
1-2 (6) − (1) < 0	-2.73	10.0	.000	지지됨
우위 판별 가설				
소득				
3-1-A ｜1−2｜ − ｜2-6｜ < 0	-$8,459	5.3	.000	3-1-A가 3-1-B보다
3-1-B ｜1−2｜ − ｜2−6｜ > 0				강력하게 지지됨
3-2-A ｜1−5｜ − ｜5−6｜ > 0	$896	0.4	n.s.	두 가설 모두 지지
3-2-B ｜1−5｜ − ｜5−6｜ < 0				되지 않음
친노동적 계급 태도				
3-3-A ｜1−2｜ − ｜2−6｜ < 0	-1.04	2.1	.020	3-2-A가 3-2-B보다
3-3-B ｜1−2｜ − ｜2−6｜ > 0				강력하게 지지됨
3-4-A ｜1−5｜ − ｜5−6｜ > 0	0.06	0.1	n.s.	두 가설 모두 지지
3-4-B ｜1−5｜ − ｜5−6｜ < 0				되지 않음

*: 가설 숫자는 <표 5-6>의 숫자와 대응한다.
**: 괄호 안의 수는 <표 5-10>과 <표 5-11>의 셀을 참조한다.

<표 5-14> 육체노동 정의와의 우위 판별을 위한 계급 태도
척도에서 개별 항목에 대한 응답

	합의된 노동계급	논쟁적인 범주 1	논쟁적인 범주 2	합의된 중간계급
1. 기업은 다른 사람들을 희생하여 이 익을 얻는다.*	0.26**	0.20	0.06	0.03
2. 고용주들이 파업 중에 대체 노동력 (파업 파괴자)을 고용하는 것은 금지 되어야 한다.	0.31	0.04	-0.02	-0.26
3. 파업에서 물리력을 사용하는 것은 정당화된다.	-0.17	-0.29	-0.31	-0.60
4. 대기업은 오늘날 너무 많은 권력을 가지고 있다.	0.54	0.64	0.65	0.45
5. 가난의 주된 이유는 경제가 사적 이 윤에 기반해 있기 때문이다.	0.25	0.13	0.01	-0.33
6. 비경영자들이 사장 없이 회사를 운 영할 수 있다.	0.08	-0.01	-0.23	-0.38
7. 현대사회는 이윤동기 없이도 효율 적으로 운영될 수 있다.	-0.30	-0.44	-0.49	-0.52
8. 파업이 일어났을 경우 파업 노동자 들이 그들 요구를 대부분 따내는 것 이 일반적으로 바람직하다.***	0.15	0.02	0.05	-0.02
9. 노동계급 자기 정체성(그들이 노동 계급에 속한다고 답한 사람들의 비율).	36.7	25.9	29.5	14.8

*: 질문 항목의 정확한 의의를 알려면 본문의 논의를 보라.

**: 수치는 계급 태도 척도로 환산된 각 항목의 평균이다(+1=친노동적, -1=친자본
적, 0=모름).

***: 다수의 우위 판별 범주에 속하는 응답자들 중 65~82퍼센트는 이 변수와 관련하
여 계급 타협적인 태도를 보였으며, 그 항목에서 0점을 받았다.

(4) 성별과 노조 가입 여부의 효과

<표 5-15>는 육체노동 정의와의 우위 판별 결과를 남성과 여성, 노조
원과 비노조원을 따로 떼어내서 살펴본 결과를 나타낸다. 이들 결과들은
어떤 측면에서 다소 복잡하다. 소득에 의한 우위 판별의 경우, 논쟁이 되

고 있는 범주 1은 남성만 빼놓고는 이들 각각의 비교 모두에서 합의된 노동자에 가까웠다. 남성들의 경우에는 그 수치가 합의된 노동자와 '중간'계급의 중간에 있었다. 한편 논쟁이 되고 있는 범주 2의 경우에는 비교

<표 5-15> 남성과 여성, 노조원과 비노조원 비교
: 육체노동계급 정의와의 우위 판별

	합의된 노동계급	논쟁적인 범주 1	논쟁적인 범주 2	합의된 중간계급
성별 비교				
소득($)				
남자	13,306	19,413	18,120	25,453
여자	7,718	9,567	7,813	14,710
친노동적 계급 태도				
남자	1.50	-0.83	-0.11	-2.15
여자	0.69	0.56	-1.23	-0.81
표본 크기*				
남자	183	51	94	170
여자	161	199	17	110
남자 비율(%)	53	20	85	61
노조 가입 비교				
소득($)				
노조 가입	16,043	13,540	20,807	20,500
비가입	7,945	11,394	15,447	21,301
친노동적 계급 태도				
노조 가입	1.95	2.65	1.48	1.13
비가입	0.75	-0.15	-0.65	-1.85
표본 크기				
노조 가입	106	37	19	21
비가입	237	212	92	259
노조 가입률(%)	31	15	17	8

*: 모든 수치는 가중치가 부여된 것이다.

전반에 걸친 결과들에 상당히 일관성이 없었다. 남성과 여성을 따로 취했을 때 이 범주는 합의된 노동계급에 가까웠다. 노조원의 경우 이 범주는 합의된 '중간'계급과 동일했다. 비노조원의 경우에는 두 합의된 범주의 중간 수치였다. 노조원들 가운데서는 풀란차스의 계급 정의를 평가할 때와 마찬가지로 명확한 패턴이 없었다(즉, 논쟁이 되는 범주 1은 이 변수에서 가장 높은 값을 가지는 데 반해, 다른 나머지 범주들 모두는 대체로 같은 값을 가졌다). 한편 비노조원의 경우에는 논쟁이 되는 두 범주 모두 중간 수치를 보였다.

  (5) 육체노동 정의에 대한 전반적인 평가
  겉보기에 일관적이지 않은 이 증거들을 가지고 무슨 이야기를 할 수 있는가? 두 가지 점이 주목되어야 한다. 첫째, 어려움은 주로 논쟁이 되는 범주 2에 관한 것이다. 일반적으로 결과는 논쟁이 되는 범주 1이 합의된 '중간'계급보다 합의된 노동자에 더 가깝다는 점을 지지해준다. 비록 이 논쟁이 되는 범주의 수치가 합의된 두 범주의 중간 지점에 있는 몇몇 경우가 있긴 하지만 — 예를 들어 남성을 따로 살펴봤을 때의 의식 — 합의된 '중간'계급에 더 가까운 경우는 하나도 없다. 그러므로 프롤레타리아화된 화이트칼라 피고용자들과 관련해, 자료는 그들이 '중간계급'이라는 주장에 아무런 지지를 해주지 않는 반면, 그들이 노동계급의 일부라는 주장에는 상당한 지지를 해준다. 둘째, 논쟁이 되는 범주 2와 관련하여 거의 모든 경우에 결과는 완전히 불확정적이다. 그러므로 경쟁하는 정의들 중에서 하나를 우위 판별하는 문제로 보자면 우리가 다루어온 가설들 중 어느 것도 지지하지 않으며, 탐구 중인 두 정의의 우위를 판별하는 데 도움을 주지 않는다.
  나의 추측으로는, 논쟁이 되는 범주 2에 관한 결과를 설명할 수 있는 두 가지 주요한 방식이 있다. 첫째, 착취 중심적 계급 변수들을 구성하는 데 채택된 조작 기준의 문제, 둘째, 계급 이력(class biography)의 존재이다.

물론 모순된 결과를 측정과 조작화의 문제로 돌리는 것은 쉬운 일이다. 측정 문제의 보편성은 사회과학 연구 조사에서 연구자가 어려움을 벗어나는 방편 중 하나이다. 그럼에도 불구하고 우리가 관찰했던 몇몇 예외들은 측정하려는 쟁점과 연결될 수 있다고 볼 만한 합리적인 이유가 정말 있다고 생각한다. 이에 대한 몇몇 증거는 '주변적 노동계급' 범주를 살펴봄으로써 발견할 수 있는데, 이것은 <표 5-12>의 셀 3과 셀 4에 있다. 이 범주 내에서 육체노동과 비육체노동의 경계는 태도 척도에서 예리한 차이를 보여준다. 화이트칼라 주변적 노동자 — 대체로 화이트칼라 감독자들과 반학력 화이트칼라 피고용자들 — 는 척도에서 -0.50의 값을 가진다. 이에 비해 육체노동자들(대체로 기능공과 육체노동 감독직)은 1.44의 평균을 가진다. 이는 범주 3에 속하는 많은 사람들이 정말로 합의된 노동자 범주에 속하며, 범주 4의 사람들 중 일부는 합의된 '중간'계급에 속한다는 사실을 가리키는 것으로 보일지 모른다.

두 가지 측정 쟁점이 이들 분류에서 문제가 될 수 있다. 첫째, 경영 기구의 진짜 일부가 되는, 그리하여 적어도 주변적인 수준에서 조직 착취에 참가하고 있는 감독직 직위와, 상부에서 내려오는 명령을 전달하는 통로로 주로 기능하는 통상적인 감독직을 구분하는 문제이다. 우리들은 조직 자산 착취의 주변적 수준을 구체화하기 위해 감독직이 직원에게 무엇을 명령할 수 있는가에 대한 일련의 질문에 의존했다. 부하 직원에 대해 제재를 가할 수 있는 능력이 차별화의 중요한 구분선이라 논하면서 말이다. 사실 이것은 문제를 상세화하는 만족스러운 방법이 아닐지도 모른다(물론 조직 자산 착취의 기본적인 개념적 지위가 받아들여진다면 말이다). 조정적 의사 결정에 최소한도로 참여하는 몇몇 일 역시 필수적인 것일 수도 있다. 조직 자산 착취에 대한 보다 엄격한 기준을 들이대면, '주변적 노동계급'에 포함시켰던 대부분의 블루칼라 감독직 범주는 더 이상 적절한 감독직으로 전혀 간주되지 않을 것이고 합의된 노동계급 범주에 위치하게 될 것이다. 이는 논쟁이 되는 범주 2의 거대한 부분을 표의 셀 1과 셀

3으로 재분류해 넣는 결과를 가져온다.

조작화의 두 번째 문제점은, 기능공을 주변적인 기술-학력 자산을 갖고 있는 것으로 다루어 이들을 순수한 노동계급 바깥에 위치시킨 일과 관련된 것이다. 만약 그들이 감독직이기도 했다면 모호하지 않은 비노동계급 범주 중 하나에 위치했을 것이다. 만약 기능공이 이런 식으로 다루어지지 않았더라면 현재 셀 3에 있는 사람들 대부분이 셀 1에 있을 것이고, 논쟁이 되는 범주 2에 있는 사람 중 많은 수가 셀 3에 있게 되었을 것이다. 이는 다시금 이들 셀에 있는 종속변수의 값에 상당한 영향을 주었을 것이고, 아마도 우위 판별 분석에서 나온 결론에도 영향을 미칠 것이다.

이들 표에 제시된 결과들이 전적으로 개념의 조작화에서 판단을 잘못 내린 결과일 가능성은 없다. 이 문제들은 아마도 계급구조와 계급의식 간의 관계에서 작동하고 있는 실제 기제들의 두드러진 속성을 또한 반영하고 있을 것이다. 특히 나는 적어도 몇몇 결과들은 계급 이력의 문제에 의해 의미 있는 정도로 영향을 받았다고 의심한다. 범주 2 직위에 속하는 대부분의 사람들(주변적 감독직의 블루칼라 피고용자들)은 합의된 노동계급 범주와 긴밀히 묶여 있다는 이력을 갖고 있다. 많은 경우 그들은 유형표의 셀 1에서 시작하여 점차적으로 셀 3과 셀 5를 거친 직업 경력을 갖고 있다. 그리고 그들의 가족과 친구들을 통한 사회적 관계는 노동계급에 밀접히 연결되어 있을 가능성이 높다. 이와 유사하게 논쟁이 되고 있는 범주 2의 많은 사람들(프롤레타리아화된 화이트칼라 피고용자들)은 합의된 '중간계급' 위치와 연결된 이력을 갖고 있을 가능성이 더 높다. 실로 이것이야말로 그들의 이데올로기적인 입장이 (비록 합의된 '중간'계급보다는 합의된 노동계급에 더 가깝지만) 합의된 노동계급보다 의미 있는 정도로 덜 친노동계급적인 이유일지 모른다.[30] 계급의식은 사람들이 어느 한 시점

---

30) 합의된 노동자들과 논쟁이 되고 있는 범주 1 간의 거리가 여성의 경우보다 남성의 경우에 더 커서 이 해석을 지지한다(<표 5-15>를 보라). 왜냐하면 프롤레타리아화된 화이트칼라 여성들은 그들을 합의된 '중간'계급 범주로 상승시키

에서 차지하고 있는 지위의 관계적 속성으로부터 나오지 않는다. 그렇기
보다는 개인의 일대기를 구성하는 계급 경험의 축적을 통해서 형성되는
것이다. 그러한 이력이 우위 판별 유형들의 셀에 따라 다른 정도만큼 그
이력은 우위 판별에 혼란을 일으킨다.

6. 결론

이 장의 연구 조사는 계급구조 개념에 대한 논쟁에 체계적인 경험적
중재를 제공하기 위해 고안되었다. 두 가지 기본적인 결론이 조사로부터
나올 수 있다.

1. 풀란차스의 계급구조 개념화에 대한 토론에서 나타났던 바, 생산적
   노동이 비노동계급 임노동자들로부터 노동계급을 구분하는 적절한
   기준이라는 견해를 지지하는 증거는 거의 없었다. 우위 판별의 서로
   다른 범주의 노조 가입 비율을 제외하면, 논쟁이 되는 범주는 모든
   경우에 합의된 노동계급에 더 가까웠다. 구체적인 우위 판별이 관련된
   한, 노동계급을 비전문 비경영직 피고용자들로 정의하는 구조적 정의
   를 지지하는 증거가 훨씬 더 많았다.
2. 노동계급을 육체노동자로 정의하는 것에 대한 토론에서 나타났던 바,
   이 구분을 계급 경계로 다루는 것을 지지하는 증거는 사실상 거의
   없었다. 프롤레타리아화된 화이트칼라 노동자들은 프롤레타리아화된
   육체노동자(즉, 분석에서 합의된 노동계급)와 일반적으로 더 가까웠
   다. 프롤레타리아화되지 않은 육체노동 임금생활자를 어떻게 다루어
   야 하는지는 덜 명확했지만, 어느 경우에도 그들이 노동계급의 일부
   라는 명제를 지지하는 자료는 없었다.

말할 필요도 없이, 우리가 탐구한 자료와 분석을 가지고 이들 논쟁을
해결하기는 상당히 힘들다. 내가 비판했던 입장을 옹호하는 사람들은 그

는 계급 궤적 내에 있을 가능성이 더 적기 때문이다.

에 응답할 수 있는 다양한 방법이 있다. 첫째, 물론 경쟁하는 정의들에 대한 경험적 우위 판별 작업 전체를 거부할 수 있다. 정의는 엄격히 말해서 규약이며, 그들의 우위 판별은 결국 엄격히 말하자면 논리적 일관성의 문제라고 주장하면서 말이다.

둘째, 경험적 우위 판별의 필요성은 받아들이지만, 이 장의 경험 조사에서 사용된 미시 개인적 논리는 경쟁하는 계급 개념의 우위를 판별하기에 부적절하다고 여길 수 있다. 이들 개념들이 투쟁의 역사적 궤적과 변화를 설명하려는 것이라면, 이 장에서 조사된 자료들은 이 과업을 이행하기에 근본적으로 부적절한 것이라고 주장할 수 있다. 이것은 심각한 비판이며, 가볍게 기각해버릴 수 있는 성질의 것이 아니다. 그러나 그러한 비판에 대한 답변으로, 계급구조의 핵심은 그러한 거시 역사 동학적 문제에 대한 것이라고 할지라도 결국 계급구조에는 실제 사람들이 존재하는 것이고, 이들 사람들은 다른 계급이 아니라 어떤 한 계급에 속하기 때문에 다양한 방식으로 체계적인 영향을 받는다고 주장할 수 있다. 개입에 대한 계급의 효과가 전적으로 우연한 것 — 즉, 이들 영향에는 계급구조 그 자체에 뿌리박고 있는 체계적인 것이라고는 아무것도 없다 — 이라고 주장할 준비가 되어 있지 않는 한 이 장에서 보고된 결과들은 설명되어야만 하고, 그 설명들은 이론에서 채용된 계급관계의 구조적 지도와 일치해야만 한다.

셋째, 이 장에서 채택된 전반적인 전략의 일반적 논리는 받아들일 수 있지만 구체적인 경험적 증거와 기준은 오류로 간주될 수 있다. 한편으로는 경쟁하는 계급 정의에 대한 조작화가 흠이 있는 것이고 따라서 적절한 검증 기반을 제공해주지 않는다고 주장될 수 있다. 또는 이와는 달리 종속변수의 선택이나 측정이 불만족스러워서 그 변수에 기반한 결론이 정당화되지 않는다고 주장될 수도 있다.

우리는 이미 우위 판별 기준 변수의 선택이 문제될 수 있다는 것을 비생산적 노동 토론에서 노조 가입 변수를 어떻게 다룰 것인가의 문제에서 직면한 적이 있다. 그리고 착취 중심적 계급 개념의 조작화에서 감독직과 기술노동직을 다루면서 같은 문제에 직면했었다. 이러한 종류의 비판은 중요하다. 그리고 우리가 선택한 것과는 다른 조작화와 변수가 상당히 다른 결과를 낼 가능성은 항상 존재한다. 그러나 그러한 비판이 옳다고 증명할 책임은 비판자들에게 있다. 그들은 경쟁하는 계급 개념이나 우위 판별 기준을 써서 다르게 측정하면 실제로 다른 결과가 나온다는 것을 스스로 보여주어야 한다. 더 나아가 다른 측정 방법이 정말로 다른 결론을 낳는다면, 이 차이 자체도 구조적으로 설명되어야 한다. 구체적인 측정 방식의 채용에 따라 우위 판별 결과에 차이를 낳는, 세상에서 작동하고 있는 기제들은 무엇인가?[31]

마지막으로, 경험적 분석 결과는 채택될 수 있으나 그들로부터 나온 결론은 보증되지 않는다고 주장할 수 있다. 우리가 논의했던 결론 중 어느 것도 그 이론적 함의에서 설득력 있는 다른 해석이 없을 정도로 완전히 명백하다고 할 수는 없다. 예를 들어 우리가 탐구한 다양한 우위 판별에서, (<표 5-11>의 셀 2에 있는) 논쟁이 되는 범주의 사람들과 합의된 노동자들은 이데올로기적으로 차이가 난다는 명확한 증거가 있다. 비록 그들이 합의된 '중간'계급보다는 노동자에 더 가깝다고 하더라도 말이다. 풀란차스의 입장을 옹호하는 사람들은 다음과 같이 이들 범주와 노동계급의 친밀성을 설명할 수 있다. 일반적으로 미국에서는 노동자들 전체가 프티 부르주아 이데올로기에 영향을 받았기 때문에 노동자들이 비노동자와 덜 예리하게 차별화되는 것이라고 말이다. 그렇다면 논쟁이 되는 범주는

---

31) 계급의식에 대한 정보를 얻는 유효한 기술적 수단으로 설문조사 방법을 거부한다 하더라도, 왜 설문조사 결과가 이런 종류의 분석에서 그와 같은 방식으로 나타나는지를 설명할 필요는 여전히 존재한다. 만약 설문조사 결과가 몇몇 비판가들이 암시했듯이 문자 그대로 '무의미하다면', 조정 분석에서 채용된 구조적 범주들 간에 체계적으로 강한 차이가 있어서는 안 된다. 최소한 이들 결과에 대한 대안적인 설명이 필요하며, 이 설명은 자료로부터 끌어온 결론의 오류를 시사할 수 있어야 한다.

그 구성원이 노동자 출신인 신프티 부르주아의 일부로 간주될 수 있을 것이다. 자료의 역사적인 맥락은 계급 개념과 결과가 어떻게 해서 일관적인지를 설명하는 기초로 사용될 수 있다.

이러한 종류의 다른 설명들은, 우리가 탐구했던 개념적인 우위 판별을 심화시키기 위해서는 역사적·비교 사회적 연구가 필요하다는 점을 시사한다. 예를 들어, 만약 노동계급이 미국보다 더 계급의식적이며 더 동원되어 있고 더 조직화되어 있는 국가에서 본질적으로 우위 판별 결과가 동일하게 나온다면, 위에서 제시된 종류의 비판은 침식될 것이다. 만약 이와는 달리 우위 판별의 결과가 서로 다른 역사적 맥락을 가진 서로 다른 사회에서 매우 차이가 난다면, 이는 우리가 끌어낸 결론이 수정되어야 한다는 점을 시사할 것이다.

1) 양가성과 이후 작업을 필요로 하는 쟁점들

내가 이 분석 전반에 걸쳐 강조해왔듯이, 한 개념이 절대적으로 유효할 가능성은 없다. 우위 판별은 항상 실제로 경쟁하고 있는, 동일한 이론적 대상을 포착하려는 개념들과 그 라이벌 개념들에 관한 것이다. 그러므로 이 장에서 구축된 결론은 필연적으로 잠정적인 것이다. 내가 비판했던 개념의 옹호자들이 효과적으로 후속 연구를 하고 논의를 진행시킬 것이기도 하거니와, 내가 제안한 개념화에 대한 새로운 대안이 미래에 나올 수도 있기 때문이다. 그러므로 마지막으로 논의되어야 할 쟁점은, 우리가 탐구해온 우위 판별 분석이 그러한 미래의 개념적 고안에 어떤 방향을 제시하느냐이다. 자료에서 예외가 되는 것들은 무엇인가? 더 진행되어야 할 개념적 작업이 필요한 곳을 지적하는 결론은 무엇인가? 이들 양가성과 느슨한 결론이 낳는 문제는 두 범주로 나뉜다. 첫째, 노동계급을 판별하는 기준을 구체화하는 문제, 둘째, 이력에 기반한 계급 개념과 직위에 기반한 계급 개념 중의 선택이다.

(1) 노동계급을 지정하기

나는 노동계급 정의에 대한 토론에서 경험적 증거가 착취 중심적 개념을 가장 지지하다고 느끼지만, 분석의 몇몇 결과들은 좀더 정제될 필요가 있다는 점을 시사한다. 무엇보다도 학력 착취 기준의 논리에 연구가 더 필요하다는 증거들이 있다. 이 이슈는 계급구조를 육체-비육체로 정의하는 방식과의 우위 판별에서 드러난 양가성에서 특히 중요한 역할을 했다. 특히 주변적인 학력 자산 착취자로 기술노동을 다루는 것과 관련해서 말이다.

계급구조 분석에서 기술-학력 자산의 지위에 대한 문제의 핵심에는, 학력 자산의 소유와 연결된 명확한 관계적 기준이 없다는 것이 놓여 있다. 자본의 소유권은 고용자와 피고용자 간의 사회적 관계와 조응한다. 봉건제의 노동력 자산 소유는 영주와 농노 간의 사회적 관계에 조응한다. 조직자산에 대한 유효한 통제는 경영자와 노동자 간의 권위 관계에 조응한다. 학력 자산 착취의 경우에는 그에 조응하는 그러한 관계가 존재하지 않는다. 이것이 바로 사람들을 계급 직위에 정확히 배치하는 일이 학력 자산과 관련해서는 다른 자산보다 더 자의적으로 보이는 이유이다. 또한 기술적 노동을 다루는 데에 심각한 문제가 있는 이유이기도 하다. 계급 분석에서 학력 자산 착취의 개념을 조작화하여 사용하는 것의 자의성을 감소시키기 위해서는, 추가적으로 이론을 명확하게 하는 일이 필요하다.

(2) 계급 이력

우리가 이 장에서 탐구해왔던 모든 우위 판별들은 계급구조의 직위를 정의하는 방식을 서로 비교하는 문제였다. 즉, 본질적으로 계급관계 내에서 사람들의 위치가 갖는 특성을 정태적으로 서술하는 일이었다. 그러나 육체노동 정의와의 우위 판별 결과가 보여주듯이, 계급 이력의 존재는 관찰된 결과에 상당한 영향을 미칠 수 있다.

나는 궁극적으로 계급의 이력 개념이 직위적인 계급 개념에 유리한 결과를 낳을 것이라 믿는다. 이익이라는 개념은 항상 이익이 걸려 있는 행위자 측에서 어떤 종류의 시간 지평을 함의한다. 그러므로 착취 중심적 이익은 계급을 정의하는 기초를 구성하는 그 시간 지평에 임시적인 차원을 가진 것으로 다루어야 한다. 착취당하는 도제의 경우 장인 기술자가 될 것이라는 것을 안다면, 그런 일이 드물다 하더라도 착취와 연결된 실제 이익이 달라질 것이기 때문에 그 도제의 계급 직위 또한 달라질 것이다. 그러므로 프롤레타리아화된 화이트칼라 직업 중에서 정말로 경영직으로 가는 이전 단계로 간주될 수 있는 직종들은, 계급관계 내에서 그러한 경력 이력선 위에 있지 않는 프롤레타리아화된 직종과 같은 위치에 있는 것으로 다루어져서는 안 될 것이다.

계급구조에 대한 이러한 이력 개념은 주어진 직위가 두 가지 의미에서 확률적 의미로 간주되어야 한다는 것을 함의한다. 첫째, 제4장에서 계급형성을 논의하면서 강조했듯이, 직위의 관계적 속성은 계급 결과를 엄격히 결정하지 않고 단지 그러한 결과의 확률적 경향성만을 결정할 뿐이다. 우리는 이제 계급이 확률적 개념이라는 두 번째 의미를 추가할 수 있다. 직위의 관계적 성격은 직위 점유자의 관계적 위치를 시간에 걸쳐 오직 확률적으로만 결정할 뿐이다. 몇몇 직위에서는 직위 점유자가 시간이 지나도 같은 관계적 성격을 가진 직위에 머물러 있을 확률이 극단적으로 높다. 편차는 직위 그 자체의 효과에는 우연적인 요소들에 의해 발생한다.[32] 다른 직위들에서는 관계적 속성에 관련된 높은 이동 가능성이 존재한다. 그리고 또

---

32) 이는 직위의 성격에 외부적인 요인의 작동으로 인해 생기는 유동성으로부터 직위 자체의 성격 때문에 발생하는 이동성을 구분할 수 있다는 것을 함의한다. 전쟁은 상당한 사회이동을 발생시킬 수도 있고, 그리하여 노동계급 직위에 속하는 개인들이 노동계급으로 머물러 있는 확률에 사후적으로 영향을 미칠 수 있다. 그러나 이것은 노동계급 직위 그 자체의 구조적인 성격에 말미암은 것이 아니다. 이론적으로는 사회이동의 내부적 원인과 외부적 원인을 이와 같이 구분할 수 있지만, 실제로 이들을 분리해낸다는 것은 경험적으로 불가능하다.

다른 직위들의 경우에는 결과가 상대적으로 불확정적이다.[33]

그러한 이력의 중요성은 계급구조에 대한 직위적 설명이 중요하지 않다는 것을 함의하는 것이 아니다. 실제로 계급관계의 단기적 차원을 구체화하는 것을 시작하기 위해서라도 이들 확률이 연결되어 있는 종착지의 특성을 서술하는 것이 필요하다. 주변적 직위가 구조적으로 주변적이지 않은 직위와 계급적인 의미에서 다르다면, 그러한 직위로의 이동을 계급이력의 문제로 다룰 필요가 없게 된다. 그러므로 이 장에서 행해진 직위분석이 계급에 대한 이력 접근의 논리적 선행조건이라는 의미가 된다. 그럼에도 불구하고 '계급구조'에 대한 온전한 설명은 ― 즉, 계급구조가 이익을 발생시키는 착취 과정을 가리키도록 하는 설명은 ― 어떤 종류의 확률적 이력을 인지하는 일을 포함해야만 한다.[34]

경쟁하는 개념 정의간의 우위 판별이 과학적 연구의 중요한 측면이기는 하지만 과학 조사의 최종 산물은 아니다. 개념들은 단순히 생산되고 형성되고 변형되는 것이 아니다. 개념들은 또한 **사용되기도 한다**. 궁극적으로 정의의 정확성에 대해 염려하는 것은, 한편으로는 사회적 과정의 일반 이론을 구축하는 데에 그 개념을 사용하고 싶다는 것이고, 다른 한편으로는 다양한 종류의 구체적인 경험적 조사를 추구하고 싶다는 것이기도 하다. 착취 중심적 계급 개념의 사용을 탐구하는 일은 이 책 나머지 부분의 기본적인 목적이기도 하다.

---

33) 내가 여기서 탐구하지는 않을 테지만 여기에는 다른 복잡한 사항이 있다. 시간이 지남에 따라 사회구조가 변하면서 확률 그 자체가 바뀔 수 있다.

34) 광대한 마르크스주의 동향 내에서 이 문제에 대한 중대한 탐구를 살펴보려면 다음 문헌을 보라. Daniel Bertaux, *Destins personnels et structure de classe* (Paris: 1977). 동일한 이슈 중 많은 부분에 대한 비마르크스주의 논의로는 다음을 보라. A. Stewart, K. Prandy and R. M. Blackburn, *Social Stratification and Occupation* (London: 1980).

제6장

현대 자본주의의 계급구조

스웨덴과 미국의 비교

이 장에서는 선진 자본주의 국가의 계급구조와 관련된 경험적 문제 중 상당 부분을 계급관계에 대한 착취 중심적 개념을 사용하여 탐구할 것이다. 비록 형식적 가정을 여러 측면에서 검증할 것이지만, 대부분은 그 성격상 대체로 묘사적일 것이다. 마르크스주의 시각에서 이루어진 계급구조에 대한 체계적인 경험적 연구는 거의 없었다. 그리고 이 책에서 고안한 착취 중심적 개념을 사용한 연구는 하나도 없었다. 그러므로 계급구조에 대해 묘사하는 지도를 개선시키는 것은 어느 정도 중요한 일이다. 왜냐하면, 마르크스주의자가 연구하는 너무나 많고 다양한 종류의 문제들에서 그 개념들이 사용되기 때문이다. 따라서 그 일이 바로 여기서 우리의 기본적인 목표가 될 것이다.

자료 분석은 미국과 스웨덴 간의 체계적인 비교를 통해 이루어질 것이다. 고도로 발전한 자본주의 국가군 중에서 스웨덴과 미국은 중요한 대조를 이룬다. 한편으로 그들은 여러 측면에서 경제적으로 상당히 유사하다.

기술 발전 수준이 대체로 동일하고, 평균적인 삶의 기준이 매우 비슷하며, 산업생산에서 국가 소유가 매우 적다. 다른 한편으로 그들은 여러 측면에서 정치적으로 반대의 극에 위치해 있다. 한쪽 극인 스웨덴에서는 (과세 후, 그리고 이전 지출 후의) 소득 불평등 수준이 선진 자본주의 국가 중에서 가장 낮다. 반면에 미국은 가장 높은 국가들 중 하나이다.[1] 인구 중 95퍼센트의 실질 소득과 7퍼센트의 실질 소득을 비교해보면, 1970년 스웨덴에서는 이 비율이 단지 3:1에 지나지 않았던 반면 미국에서는 13:1이었다.[2] 스웨덴은 다른 어떤 선진 자본주의 국가보다 높은 비율, 즉 40퍼센트를 넘는 시민 노동력 비율이 국가에 고용되어 있다. 반면 미국에서는 가장 낮은 20퍼센트의 노동력이 고용되어 있다. 정치적으로 스웨덴은 사회민주주의 정당의 통치 수준이 어떤 선진 자본주의 국가보다 높았다. 반면 미국은 가장 낮았다. 그러므로 우리는 대체로 비슷한 경제 기반을 가졌지만 정치적 '상부구조'에서는 예리하게 차이가 나는 두 국가를 가진 셈이다. 이는 마르크스주의 시각에서 계급구조와 그 결과의 문제를 탐구하기에 아주 비옥한 토양이다.

제7장에서는 주로 계급구조의 결과로 계급의식에 초점을 맞출 것이다. 이 장에서 주의를 기울이는 초점은 계급구조 그 자체가 될 것이다. 탐구는 먼저 노동력이 각 계급에 기본적으로 어떻게 분배되어 있는가를 검토하는 것으로 시작될 것이다. 그리고 계급 분포와 성, 인종, 산업 부문, 고용 조직의 규모와 국가 간의 관계에 주의를 기울일 것이다. 이어지는 절에서는 계급구조에서 관찰된 차이들을 다양한 방식으로 분해함으로써 이러한 차이들을 설명하기 위한 시도를 할 것이다. 그 다음 절에서는 분석

---

1) 다음을 보라. Peter Wiles, *The Distribution of Income East and West* (Amsterdam: 1974).

2) 이 통계는 실질적으로 분배 분포의 양측 꼬리 간의 불평등을 측정하는 것이고, 그래서 사람들 다수가 상대적으로 잘살고 있다 하더라도 매우 가난한 사람과 매우 잘사는 사람들의 부에 상당히 민감하다.

단위의 초점을 개인에서 가족으로 옮길 것이다. 기본적인 질문은, 가족 내 계급 이질성 문제에 특별히 주의하면서 가족들이 계급구조에서 어떻게 분포되어 있느냐 하는 것이다. 마지막으로, 스웨덴과 미국의 경우를 검토하면서 계급구조와 소득 불평등 간의 관계에 대한 결론을 내릴 것이다. 이 분석 전반에 사용된 계급 개념은 착취 개념에 뿌리박고 있기 때문에, 계급 위치와 소득 모형 간에 직접적인 관계가 있다는 결론이 나와야 할 것이다.

1. 계급 분포

자료를 살펴보기 전에 조작화와 관련된 짧은 언급이 필요하다. 일반적으로 계급구조 개념 조작화에 채용하는 기준은 두 나라에서 동일하다. 하나의 예외는 '학력 자산'의 구체화이다. 특정한 학위 부여의 의미와, 서로 다른 종류의 학력 자산과 노동시장 사이의 관계가 거쳐온 역사적 진화의 의미가 국가마다 다르기 때문에, 착취를 발생시키는 자산을 기계적으로 동일한 형식적인 학위를 사용하여 설명하는 것은 이론적으로 이치에 맞지 않는다. 다른 한편으로 만약 학력이 서로 다른 국가들을 비교하는 기준으로 채택된다면, 자료의 엄밀한 비교 가능성을 훼손할 상당한 위험이 있다. 이상적으로는 노동력 그 자체의 기술 희소성을 직접 측정하는 것이 좋겠지만, 이것이 어떻게 측정될 수 있을지 나는 도저히 알 수 없고 설득력 있게 이를 측정할 수 있는 자료는 확실히 없다.[3]

이러한 다양한 사항들의 균형을 맞추어 고려하기 위해서는, 스웨덴의 학력 자산을 측정하기 위한 조작적 기준을 바꾸는 것이 권고할 만한 것으로 보인다. 필요한 학력 자산의 서로 다른 수준을 구분하는 지배적 기준

---

3) 내가 여러 번 강조했듯이, 학력 자산과 기술 자산의 기준을 구체화하기가 어려운 것은 그 개념 자체에 대한 이론적 발전이 미비하기 때문이다.

으로 대학 학위를 사용하기보다는, 고등학교 학위를 기준으로 채택한다(5
장의 <표 5-3>의 3을 보라). 스웨덴은 이 측면에서 미국과 같이 되어가는
과정에 있을 수도 있다. 최근까지는 고등학교 학위가 미국에서보다 스웨
덴에서 훨씬 더 실질적이고 중요한 자격이 되었다. 훨씬 더 적은 사람들
만이 대학교까지 진학했고, 그래서 대학 학위는 고숙련직에 필수적인 것
으로 간주되지 않았다.4)

　마지막으로, 드러난 결과들에 대해 선행하는 평을 하고자 한다. 많은
자세한 통계표들을 통해 작업하는 것은 종종 지루하고 성가신 일이다.
그 문제는 이 경우에도 혼합되어 있다. 왜냐하면 사용된 계급 유형이 복
잡하여 — 전부 해서 12개의 범주이다 — 유형의 논리적 구조(모형)가 다
소간 통제하기 힘든 표 목차를 만들어낼 수 있기 때문이다. 그러므로 나
는 다음 전략을 채택한다. 이 장에서 다루어지는 다양한 실질적인 주제
를 위한 완전한 자료표는 부록 III에 나타나 있다. 이 장의 본론에서 나는
다양한 방식으로 계급 유형을 뭉치고 단순화시켜서 이 글에서 강조하고
자 하는 일반화된 묘사에 적합한 표를 끌어낼 것이다.

1) 전반적인 계급 분포

　이제 계급 분석으로 주의를 돌리자. <표 6-1>은 스웨덴과 미국에서
노동인구가 각 계급으로 얼마만큼씩 분포되어 있는가를 나타낸다. 넓은
경계에서 두 나라의 계급구조는 매우 유사하다. 사회적 불평등의 수준과
계급구조의 기본적 윤곽은 두 사회에서 비슷하지만, 주의를 기울일 만한

---

4) 이 조작적 결정이 경험적 결과에 실질적인 차이를 가져오는지를 보기 위해
　이와 병행하는 계급변수를 구성했다. 이 변수에는 교육 학력 기준이 학력 자산
　의 구체화에서 완전히 빠지고, <표 5-3>에 나와 있는 직업과 자율성 기준에만
　엄밀히 의존했다. 국가 내에서는 개인이 어떤 계급으로 분포되는가에 조금 영향
　을 미치기는 했지만, 국가간 차이의 패턴에는 어떤 방식으로도 영향을 미치지
　않았다(즉, 분포의 변화에 어떠한 국가적 편이도 존재하지 않았다).

<표 6-1> 착취 중심적 계급 개념을 사용하는 계급 모형에서 노동력의 분포[*]

생산수단 자산

생산수단 소유자   비소유자(임금생활자)

① 부르주아 미국 1.8% 스웨덴 0.7%	④ 전문 경영자 미국 3.9% 스웨덴 4.4%	⑦ 반전문 경영자 미국 6.2% 스웨덴 4.0%	⑩ 비전문 경영자 미국 2.3% 스웨덴 2.5%	+
② 소고용주 미국 6.0% 스웨덴 4.8%	⑤ 전문 감독자 미국 3.7% 스웨덴 3.8%	⑧ 반전문 감독자 미국 6.8% 스웨덴 3.2%	⑪ 비전문 감독자 미국 6.9% 스웨덴 3.1%	> 0 조직 자산
③ 프티 부르주아 미국 6.9% 스웨덴 5.4%	⑥ 비경영 전문가 미국 3.4% 스웨덴 6.8%	⑨ 숙련노동자 미국 12.2% 스웨덴 17.8%	⑫ 프롤레타리아 미국 39.9% 스웨덴 43.5%	—

　　　　　+　　　　　　　　> 0　　　　　　　—

기술-학력 자산

표본 수: 미국=1,487; 스웨덴=1,179

[*]: 분포는 노동시장에서 일하는 사람들이다. 따라서 실직자, 주부, 연금수령자 등은 제외했다.

[**]: 이 표의 자산 기준의 조작화에 관해서는 <표 5-3>을 보라.

몇 가지 차이점들이 있다. 첫째, 비록 두 국가에서 동일한 노동인구 비율이 경영자 지위 ─ 조직 정책을 결정하는 지위 포함 ─ 를 차지하고 있지만(11~12퍼센트), 스웨덴에서보다 미국에서 (제재 권위는 가지고 있지만 의사 결정 권한은 없는) 감독자들이 상당히 더 많다. 스웨덴의 10.1퍼센트에 비해 미국은 17.4퍼센트이다. 이 차이는 실질적인 학력 자산이 없는 사람들에게서 특별히 더 크다. 비전문가인 감독자들은 미국 노동인구의 13.7퍼센트를 차지하지만, 스웨덴에서는 노동인구의 6.3퍼센트만을 차지할 뿐이다. 나는 두 국가의 감독 수준에서의 이 차이점에 대해 다음 절에서 얼마간의 해석을 제공할 것이다. 제2절에서는 두 계급구조의 차이점을 설명하려고 노력할 것이다. 지금 주목할 것은 스웨덴에서보다 미국에서 작업이 훨씬 더 감시받고 있다는 점이다.

두 국가를 대조하면서 도출된 두 번째 논점은 노동계급이다. 두 나라 모두 노동계급이 가장 큰 계급이지만, 스웨덴에서 다소간 더 크다. 만약 우리가 순수한 프롤레타리아들과 숙련노동자들을 묶는다면(<표 6-1>에 서 ⑨와 ⑫) 스웨덴의 노동계급은 미국의 노동계급보다 9퍼센트 정도 더 많다(52.1퍼센트에 비해 61.3퍼센트). 앞으로 보게 될 것이지만, 이 차이점 의 대부분은 미국에서 감독 수준이 높다는 데서 온다.

셋째, 높은 수준의 학력-기술 자산 — 다양한 종류의 전문 지식 — 을 지닌 사람들만을 살펴본다면, 스웨덴에서 상당히 더 높은 비율이 완전히 경영 기구의 밖에 있다. 스웨덴 전문 기술자 중 45퍼센트가 아무런 조직 자산이 없다. 반면에 미국에서는 31퍼센트만이 조직 자산이 없다. 그 이 유는 스웨덴에 전문 경영자나 전문 감독자가 적기 때문이 아니다. 오히려 그 반대로 스웨덴에는 그러한 직위에 있는 사람들의 비율이 미국보다 약 간 더 많다. 이유는, 비경영직 전문가가 미국보다 스웨덴에 두 배 정도의 빈도로 많다는 것이다.

마지막으로, 미국과 스웨덴 모두에서 노동인구의 대다수는 임금생활자 이지만 미국에 자영업자들이 조금 더 많다. 스웨덴은 10.9퍼센트인데 미 국은 14.7퍼센트이다.[5] 만약 과거에 자영업을 했던 사람들을 추가시킨다

---

5) 미국의 14.7퍼센트라는 숫자는 1980년 미국 인구조사에서 보고한 수보다 상당 히 더 크다. 1980년의 조사에서는 10퍼센트에 못 미치는 수가 자가고용된 것으 로 분류되었다. 이것이 가능한 데는 몇 가지 이유가 있다. 무엇보다도 인구조사 에는 자기 충족적인 질문 문항이 있었다. 고용 상태에 대한 질문 문항에서 자가 고용은 맨 마지막 선택지였고, 그 선택지는 "임금이나 봉급을 받고 일합니까?" 로 시작되었다. 자가고용되어 있으면서 그들이 하는 일의 시간에 따라 돈을 받 는 많은 사람들이 아마 이 첫 번째 선택지를 찍었을 것이다. 이 책에서 사용된 설문조사는 자가고용의 의미에 대한 특수한 지도를 받은 설문자들에 의해 수행 된 것이다. 그리고 응답자가 답하기 전에 모든 응답 선택지를 읽게 하고 설명을 듣게 했다. 둘째, 세금에 관계된 이유 때문에 많은 응답자들이 학문적인 연구 기관에서 수행하는 조사보다 공식적인 정부 기관에서 수행하는 조사에서 자신

면 — 미국에서는 노동인구의 13.8퍼센트, 스웨덴에서는 6.7퍼센트 — 강한 프티 부르주아적 경험을 갖고 있는 노동인구의 비율은 미국이 스웨덴보다 상당히 더 높다. 미국은 28.5퍼센트, 스웨덴은 17.6퍼센트이다. 자본가가 되는 것은 두 사회에서 대부분의 사람들에게 널리 공유되는 환상으로 남아 있지만, 미국에서는 자영업을 시도해본 사람들이 더 많으며, 이것이 중요한 이데올로기적 구분선일지도 모른다.

2) 계급과 성

예상할 수 있듯이, 남성과 여성 간의 계급 분포는 스웨덴과 미국 모두에서 급격하게 차이가 난다(<표 6-2>를 보라). 두 국가 모두에서 노동인구의 여성이 불비례적으로 노동계급에 속한다. 반면에 남성은 불비례적으로 착취계급 지위, 특히 자본가계급과 경영자 지위에 있다. 결과적으로 두 국가 모두에서 여성이 노동계급의 명백한 다수를 구성하게 된다는 사실이다. 전체 노동자 중 '순수한' 노동자 계급의 60퍼센트를 조금 넘는 수가 여성이다. 우리가 주변적인 학력을 가진 피고용자 범주를 더한다 하더라도 — 이 범주는 대부분 남성인 고숙련 기능직을 많이 포함한다 — 두 나라 모두에서 여전히 여성이 노동계급의 다수이다. 많은 마르크스주의적 설명에서 노동계급은 주로 남성 공장 노동자로 구성되어 있다는 이미지가 아직도 남아 있지만, 이는 더 이상 진실을 담고 있지 않다(만약 여기서 제안된 계급 개념을 받아들인다면 말이다).

이 분포(성별 계급 분포)를 다른 각도에서 바라보면, 스웨덴과 미국에서 모든 남성의 약 3분의 1 정도가 명백한 착취자들이다(경영자들, 전문가들,

---

이 자가고용되어 있다고 밝히기를 더 주저했기 때문일 수 있다. 이는 학문적인 연구 기관에서 조사한 자가고용 수준이 정부기관의 측정치보다 통상적으로 더 높다는 사실에 의해 확인된다. 어느 경우이든 공식적인 정부 조사의 통계가 우리가 채용한 조사 결과보다 더 정확하다고 믿을 만한 이유는 거의 없다고 할 수 있다.

<표 6-2> 성별 범주 내에서의 계급 분포, 미국과 스웨덴*

계급 범주**	계급 내 성별 분포				성별 내 계급 분포			
	미국		스웨덴		미국		스웨덴	
	남자	여자	남자	여자	남자	여자	남자	여자
1. 부르주아	69.7	30.3	83.1	16.9	10.1	5.2	8.2	2.1
2. 쁘띠 부르주아	50.3	49.7	75.7	24.3	6.4	7.5	7.3	3.0
3. 경영자	67.6	32.4	77.5	22.5	15.5	8.6	15.2	5.5
4. 감독자	60.9	39.1	63.9	36.1	18.8	14.2	11.5	7.4
(경영자/감독자 합계)	63.7	36.3	71.0	29.0	34.3	22.8	26.7	12.9
5. 비경영 전문가	47.7	52.3	56.1	43.9	3.0	3.9	6.8	6.8
6. 숙련노동자	73.6	26.4	63.4	36.6	16.6	7.1	20.2	14.8
7. 노동자	39.5	60.5	39.8	60.2	29.0	52.8	30.9	59.6
(노동자/숙련노동자 합계)	47.5	52.5	46.6	53.4	45.6	59.9	51.1	64.4
충계	54.3	45.7	56.0	44.0	-	-	-	-

*: 전체 자료는 부록 III의 <표 III-1>을 보라.

**: 계급 범주는 <표 6-1>이 전체 계급 유형으로부터 다음과 같이 축약되었다. 고용주=1, 2; 쁘띠 부르주아=3; 경영자=4, 7, 10; 감독자=5, 8, 11; 비경영 전문가=6; 숙련노동자=9; 노동자=12.

고용주들). 이에 비해 여성은 오직 5분의 1만이 착취자이다. 노동인구 여성 중 반 이상이 노동계급이고, 남성은 오직 30퍼센트만 노동계급이다.

<표 6-2>의 결론으로 예견되지 않았던 것 중 하나는, 성별 계급 분포 차이의 정도가 미국에서보다 스웨덴에서 크다는 점이다. 실제로 모든 착취 특권이 있는 직위에서, 미국보다 스웨덴의 계급구조에서 여성이 과소 대표된다. 스웨덴에서 고용주인 남성의 비율은 고용주인 여성의 비율보다 3.9배 많은 반면, 미국에서는 1.9배 많을 뿐이다. 그리고 스웨덴에서 전문 경영자이거나 반전문 경영자인 남성의 비율은 그러한 직위에 있는 여성의 비율보다 4.8배 많은 데 비해, 미국에서는 2.8배 많을 뿐이다. '계몽된' 스웨덴 사회민주주의에 대한 대중적 선입견의 대부분을 따라, 나는 스웨덴에서 성별 계급 분포 편차가 덜할 것이라고 기대했다. 그러나 적어도 자료에 따르면 이는 명백히 사실이 아닌 것 같다.

여성과 남성이 차별적으로 계급에 편입되는 실질적인 과정을 깊이 있게 조사하는 것은 현 분석의 범위를 벗어나는 것이지만, 연령집단 내의 여성과 남성의 계급 분포를 바라봄으로써 그 과정에 대해 우선 대강이나마 짐작할 수 있을 것 같다. <표 6-3>이 가리키듯이, 미국에서 노동계급인 여성의 비율은 21살 연령집단과 65살 연령집단 사이에 실질적으로 다르지 않다. 다른 한편으로 명백한 연령 패턴이 존재한다. 노동계급의 비율은 중년이 될 때까지 감소하다가 노년이 되면 약간 증가한다. 경영자 층의 나이에 따른 분포는 훨씬 선명하게 남녀간에 차이가 난다. 남자들은 초기 경력에서 중반 경력으로 나이가 들수록 더 많은 비율이 경영자가 되는 데 반해, 여자는 21~25살 연령집단에서 56~65살 연령집단으로 갈수록 일관되게 감소한다. 스웨덴에서 남녀간의 대비는 미국처럼 선명하지는 않지만 기본적으로는 유사한 패턴이 존재한다. 남성들은 여성들보다 나이에 따른 경영자 직위 접근도의 분석표가 훨씬 더 선명하게 나타나는 것으로 보인다. 21~25세 집단은 7.8퍼센트이다가 36~45세 집단은 19퍼센트에 이른다. 이에 비해 여성은 두 집단 모두에서 5퍼센트로

<표 6-3> 연령-성별 범주 내 계급 분포[*] (단위: %)

	미국				스웨덴			
	노동자		경영자		노동자		경영자	
	남자	여자	남자	여자	남자	여자	남자	여자
21세 이하	36.7	69.0	8.8	2.7	61.1	73.1	2.8	3.8
21~25세	35.3	51.5	12.9	12.7	40.3	75.0	7.8	5.4
26~35세	21.4	48.5	17.4	10.5	27.3	45.7	17.0	7.1
36~45세	23.9	51.0	20.4	8.5	25.2	54.3	19.2	4.7
46~55세	30.5	53.6	16.1	6.1	27.0	66.4	18.3	4.7
56~65세	36.5	59.1	10.0	5.9	31.5	68.8	12.0	3.8
65세 이상	41.8	47.9	12.3	11.0	-	-	-	-

[*]: 전체 자료는 부록 III의 <표 III-2>를 보라.

실질적으로 아무런 변화가 없다.

성 범주 내 다양한 연령에 따른 계급 분석표는 남성이 여성보다 노동계급 직위로부터 경영자 직위로 승진할 이동 가능성이 훨씬 더 크다는 것을 시사한다. 특히 경력의 초기와 중기 단계에서 말이다. 물론 <표 6-3>의 패턴은 경력 패턴과 계급구조의 변화, 그리고 노동인구 참여율의 변화와 같은 요소들의 상호작용이 복합된 결과이다. 예를 들어 나이와 경영자 직위 비율 간에 비선형적인 관계는 어떻게 해석되어야 하는가? 경영자들이 그들의 경력 끝에서 강등당한 결과일 가능성은 낮다. 그것보다는 두 가지 인과적인 과정을 반영한다고 보는 것이 옳다. 첫째, 경영자 직위로 승진하는 경력 이력 과정은 남성의 경력 중 전반부에 일어나고, 그래서 경력 중 후반부에 비경영자 직위에서 경영자 직위로 승진하는 일은 상대적으로 드물어진다. 둘째, 경영자가 될 수 있는 가능성이 (상대적으로 경영 직위의 수가 늘어남에 따라) 시간에 지날수록 증가했다는 역사적 사실을 공유하는 통계집단의 특성 때문이다. 첫 번째 경향성은 경영자 직위를 가진 남성 비율이 증가한다는 것을 의미한다(경력 중 전반부를 넘어서면 다시 그 비율이 감소하지만 말이다). 두 번째 경향성은 경영자 직위에 있는 남성 비율이

<표 6-4> 미국에서의 인종과 계급 분포[*] (단위: %)

계급 범주[**]	인종과 성별 범주 내의 계급 분포					
	백인			흑인		
	남자	여자	합계	남자	여자	합계
1. 고용주	11.1	5.7	8.7	0.0	1.4	0.7
2. 프티 부르주아	6.4	8.9	7.5	3.7	0.0	2.0
3. 경영자	17.0	9.5	13.6	8.0	6.3	7.4
4. 감독자	18.3	15.0	16.8	15.1	11.6	13.4
(경영자-감독자 합계)	35.3	24.5	30.4	23.1	17.9	20.8
5. 비경영 전문가	3.0	4.4	3.6	4.0	2.6	3.4
6. 숙련노동자	16.7	6.9	12.4	21.4	9.7	15.4
7. 노동자	27.4	49.7	37.3	47.8	68.5	59.1
(노동자-숙련노동자 합계)	44.1	56.6	49.7	69.2	78.2	74.5
가중치가 부여된 표본 수	648	517	1,165	71	78	149

*: 전체 자료는 부록 III의 <표 III-2>를 보라.
**: 계급 범주는 <표 6-1>의 전체 계급 유형으로부터 다음과 같이 축약되었다. 고용
주=1, 2; 프티 부르주아=3; 경영자=4, 7, 10; 감독자=5, 8, 11; 비경영 전문가=6;
숙련노동자=9; 노동자=12.

나이에 따라 감소한다는 것을 의미한다. 이 두 경향의 조합이 <표 6-3>에서 나타난 비선형적 관계를 산출한다. 결론적으로, 이 표에서 관찰된 남성과 여성의 차이 나는 결과가 주로 승진에서의 성차별 때문이라는 점을 보이는 것은, 이러한 종류의 복합성이 있기 때문에 간단한 통계 작업이 아니다. 그럼에도 불구하고 임시적인 결론으로, 계급 분포의 성별 격차에 성차별이 실질적 원인이 된다는 것이 설득력 있는 가설이다.

3) 계급과 인종

스웨덴의 경우는 인종적 동질성 때문에 계급과 인종이라는 쟁점을 탐구할 수 있는 자료가 없다. 그러므로 <표 6-4>는 미국의 자료만을 나타낸다.

인종에 따른 계급 분포 차이의 패턴은 성별 분포 차이보다 두드러진다. 흑인의 95퍼센트가 노동계급인 데 반해 백인들은 37퍼센트만 노동계급이다. 다른 극에서 보자면 백인의 16퍼센트가 고용주이거나 프티 부르주아인 데 반해 흑인의 3퍼센트만이 고용주이거나 프티 부르주아일 뿐이다. 이 차이는 성별로 세분화했을 때 더 두드러진다. 70퍼센트의 흑인 여성 노동인구가 노동계급인 데 반해 백인 남성은 27퍼센트만이 노동계급이고, 백인 여성과 흑인 남성은 그 중간인 50퍼센트 정도다.

성별 격차와 같이 보면 이들 자료들로부터 두 가지 강한 결론을 끌어낼 수 있다. 첫째, 백인 남성은 계급적인 측면에서 명백히 고도로 특권적인 직위에 있다. 약 여섯 명 중 한 명의 백인 남성이 자본가이거나 전문경영자이다. 즉, 지배계급의 일부이거나 지배계급에 긴밀하게 연결된 계급 위치에 있다. 만약 여기에 전문 경영자와 전문가를 더하면 백인 남성 노동인구의 3분의 1이 확실한 착취계급 직위에 있다.

둘째, 현대 미국 자본주의의 노동계급은 실질적으로 여성과 소수 인종으로 구성되어 있다. 이미 언급했듯이 미국 노동계급의 60.5퍼센트가 여성이다. 만약 여기에 흑인 남성을 추가하면 그 수는 3분의 2에 근접한다. 노동계급의 사회이동을 위한 어떤 정치 전략도 이 인구학적 구조를 고려에 넣어야만 한다.

4) 계급과 경제적 부문 [6]

역사적으로 마르크스주의자는 노동계급을 산업생산과 관련지어 파악하려는 경향이 있었다. 우리가 살펴본 바와 같이 이러한 파악은 노동계급에 대한 특정한 정의를 그대로 신성시해왔다. 그 예로 풀란차스의 정의가 있는데, 그의 정의는 효과적으로 노동계급을 산업노동(즉, 생산노동)으로 제한시켰다.

---

6) 이 절에서 논의된 산업 부문의 정의는 부록 II에서 볼 수 있다.

<표 6-5> 계급 내 경제적 부문의 분포(미국과 스웨덴)[*]

계급[**]	가로로 합산되는 비율(단위: %)					
	경제적 부문[***]					
	1차 산업	2차 산업	분배 서비스	사업 서비스	개인 서비스	사회적·정치적 서비스
Ⅰ. 미국						
1. 고용주	17.1	26.0	21.2	10.1	20.2	5.3
2. 프티 부르주아	11.5	22.5	13.0	15.7	26.4	10.9
자가고용 합계	14.5	24.4	17.4	12.7	23.1	7.9
3. 전문 경영자	1.4	27.9	10.6	12.1	2.7	40.9
4. 그외 전문가	1.6	28.4	5.9	11.6	3.5	49.1
전문가 합계	1.5	28.2	7.6	11.8	3.2	47.7
5. 비전문 경영자 와 감독자	3.2	35.7	13.5	11.2	9.5	26.8
6. 숙련노동자	3.1	43.1	6.9	3.5	6.7	36.7
7. 노동자	2.5	40.8	13.0	9.8	11.5	23.4
숙련-미숙련 노동자 합계	2.7	41.3	11.6	8.3	10.4	25.7
노동력 합계	4.5	36.1	12.4	10.0	11.3	25.7
Ⅱ. 스웨덴						
1. 고용주	17.5	39.4	22.4	6.3	6.4	8.0
2. 프티 부르주아	36.1	37.3	8.7	5.0	11.4	1.6
자가고용 합계	26.7	38.4	15.6	5.6	8.9	4.8
3. 전문 경영자	0.0	33.0	3.9	11.7	4.1	47.4
4. 그외 전문가	0.8	25.9	2.6	3.4	2.6	64.8
전문가 합계	0.6	28.0	3.0	5.8	3.0	59.7
5. 비전문 경영자 와 감독자	6.0	35.9	10.2	3.4	11.6	33.0
6. 숙련노동자	0.0	51.3	1.5	2.9	5.3	38.9
7. 노동자	3.6	41.9	11.7	1.5	5.6	35.7
숙련-미숙련 노동자 합계	2.6	44.6	8.7	1.9	5.6	36.6
노동력 합계	5.3	40.3	8.8	3.1	6.3	36.2

*: 경제적 부문 내 계급 분포에 관한 데이터는 부록 Ⅲ의 <표 Ⅲ-4>를 보라

**: 계급 범주는 <표 6-1>의 전체 계급 유형으로부터 다음과 같이 축약되었다. 고용주=1, 2; 프티 부르주아=3; 전문 경영자=4; 그 외 전문가=5, 6; 비전문 경영자와 감독자=7, 8, 10, 11; 숙련노동자=9; 노동자=12.

***: 각 산업 부문에 대한 자세한 사항은 부록 Ⅱ의 <표 Ⅱ-6>을 보라

이 책에서 제안된 계급구조의 개념화는 노동계급을 산업생산으로 연결시켜 정의하지 않는다. 그러나 스웨덴과 미국 모두에서 산업생산 부문 또는 [싱글만(Joachim Singelman)에 의해 채택된 용법에 따라] 내가 변형적 부문 (transformative sector)이라고 부르는 부문이 노동계급의 핵심으로 남아 있는지 여부는 여전히 문제로 남아 있다. 스웨덴에서는 총노동계급 중 거의 42퍼센트가, 미국에서는 41퍼센트가 변형적 부문(<표 6-5>를 보라)에 고용되어 있다.[7] 만약 숙련노동자를 여기에 더해 좀더 확장된 노동계급을 구성해보면 그 수는 스웨덴에서 45퍼센트로 늘어난다(미국에서는 본질적으로 같은 숫자가 되지만 말이다). 다음과 같은 점은 강조되어야 한다. 여기서 산업 부문에만 노동계급의 크기가 극적으로 불비례적으로 나타나는 것은 아니다. 미국 노동인구의 36퍼센트와 스웨덴 노동인구의 40퍼센트가 변형적 부문에 속해 있기 때문이다. 그러나 산업생산 부문이 노동계급의 핵심을 구성하는지는 아직 문제로 남아 있다.

전문가의 경우는 상황이 크게 다르다. 그들이 경영자건, 감독자건 비경영직 피고용인이건 간에 말이다. 이 계급 위치들은 미국과 스웨덴에서 모두 사회적·정치적 서비스 부문에 고도로 집중되어 있다. 미국에서는 총노동인구의 22퍼센트만이 이 부문에 있는 반면, 스웨덴에서는 36퍼센트가 속했다. 전문가 전체로 보면, 미국에서는 그중 42퍼센트가 이 위치에 속하고 스웨덴에서는 59퍼센트가 이 부문에 있다. 아래에서 살펴보게 될 것처럼, 서비스 부문 고용의 핵심은 국가이다.

5) 계급구조와 국가

이 문제[8]에 직면하여, 국가 고용과 계급구조 간의 통계적 연관성을 연

---

7) 다음을 보라. Joachim Singelmann, *From Agriculture to Services* (Beverely Hills: 1977).

8) 나는 이 분석의 목적을 위해, (구체적인 제도적 상황에 관계없이) 관련된 종류의 자산에 대한 통제를 계급 위치를 결정하는 중요한 요소로 다룰 것이다. 자본

구하는 것은 쉬운 일이다. 왜냐하면 어떤 사람이 국가 기관에서 일하는지 여부는 몇몇 예외를 제외하면 거의 애매하지 않기 때문이다. 그러나 좀더 자세히 검토해보면 문제는 보다 복잡해진다. 왜냐하면 사부문이 많은 기업들이 실질적으로 국가 그 자체의 부분이 아니면서도 국가에 긴밀히 연결되어 있기 때문이다. 이것은 군수품 계약업체 같은 경우가 확실히 그러하다. 무기 공장에 고용되어 있는 노동자는 국가 부문에 위치한 것으로 다루어져야 할까, 사부문에 위치한 것으로 다루어져야 할까? 적어도 어떤 측면에서 그러한 회사의 피고용자들은 사부문 노동자들보다는 직접적인 국가 피고용자들의 이익과 합치된다. 예를 들어 온전한 국가 피고용자의 경우처럼, 국가에 의존적인 기업에 종사하는 사람들은 국가 예산의 팽창에 직접적인 이해관계를 갖고 있다.

그러므로 국가와 계급구조 간의 관계를 적절하게 그려내기 위해서는 회사의 국가에 대한 재정적 연관성을 기초로 사부문 기업과 구분하는 것이 이상적일 것이다. 그러한 연관 관계에 대해 믿을 만한 정보를 얻는 것은 쉬운 실증적 작업이 아니다. 우리가 할 수 있었던 최선의 일은, 설문조사에서 사부문 응답자에게 그들이 일하는 기업이 국가와 함께 하는 일의 비율이 어느 정도나 되는지 측정해달라고 묻는 것뿐이었다. 이 측정치가 아주 정확할 가능성은 적지만, 국가에 대한 간접적 연관에 대해 대강의 관념은 제공한다.

<표 6-6>은 계급구조 내의 다양한 위치 내에서 '국가에 연결된 고용'

소유자는 (설사 그 사람이 국가와 장기 대부 계약을 맺고서 '국가 부문' 생산의 일부를 이루고 있다고 하더라도) 여전히 자본가로 취급된다. 학력 소유자는 그 사람이 설사 국가 기관에서 일했다가 사적 기업에서 일했다가 하는 식으로 직장을 옮기더라도 '전문가'로 간주된다. 아마도 가장 문제가 많은 부분일 텐데, 조직 자산 소유자는 그들의 자산이 공적 관료기구에 배태되어 있건 사적 기업에 배태되어 있건 관계없이 경영자로 다루어진다. 그러므로 나는 국가에 고용된 노동자와 사적 기업에 고용된 노동자를 서로 다른 생산양식에 근거한 계급으로 구별해서 다루지 않을 것이다.

<표 6-6> 계급구조와 국가(미국과 스웨덴)*

각 계급 내에서 국가와 연관된 직종에 고용되어 있는 사람들의 분포(단위: %)**

미국

계급 범주***	사기업에서 사업의 국가 관련성 정도			국가 고용
	없음	최소	약간	
1. 자가고용	88.9	7.8	3.3	0.0
2. 전문가	31.2	30.3	9.1	29.5
3. 비전문 경영자와 감독자	51.6	21.1	7.0	20.0
4. 숙련노동자	37.4	22.2	7.9	32.6
5. 노동자	56.3	20.7	6.8	16.2
합계	55.0	20.7	6.8	17.5
임금생활자 합계	49.1	22.9	7.4	20.6

스웨덴

	사기업에서 사업의 국가 관련성 정도			국가 고용
	없음	최소	약간	
1. 자가고용	93.7	3.9	2.4	0.0
2. 전문가	19.7	13.2	4.0	63.2
3. 비전문 경영자와 감독자	38.5	16.6	2.7	42.2
4. 숙련노동자	38.0	14.2	1.0	46.9
5. 노동자	45.3	11.8	0.8	42.0
합계	44.5	12.2	1.7	41.6
임금생활자 합계	38.6	13.7	1.6	46.5

*: 전체 데이터는 부록 III의 <표 III-5>를 보라.

**: 공무원이 아닌 응답자들에게는 그들의 기업이 국가와 관련하여 수행하는 사업의 총비율에 대한 대략의 수치를 물었다.

***: 계급 범주는 <표 6-1>의 전체 계급 유형으로부터 다음과 같이 축약되었다. 자가고용=1, 2, 3; 전문가=4, 5, 6; 비전문 경영자와 감독자=7, 8, 10, 11; 숙련노동자=9; 노동자=12.

의 분포를 나타낸다. 그 표는 스웨덴과 미국 간의 흥미로운 차이점과 유
사점의 패턴을 보여준다. 아마도 가장 두드러지는 점은 직접적인 국가 고
용 수준의 극적인 차이일 것이다. 미국은 17.5퍼센트(임노동자의 20.6퍼센
트), 스웨덴은 41.6퍼센트(임금생활자의 46.6퍼센트)가 국가 피고용인이다.
이 차이는 계급구조 전반에 걸쳐 있는 것이지만 전문가의 경우 특히 주목
할 만하다(스웨덴에서 국가에 고용된 사람은 전문가 중 63퍼센트인데, 미국에
서는 29.5퍼센트이다). 다른 한편으로, 미국에서는 사적 부문의 일이 국가
에 최소한의 연관을 가진 경우의 비율이 훨씬 높다. 여기에서 다시 전문
가의 경우가 가장 두드러진다. 미국에서는 전문가 중 39퍼센트가 그러한
회사에 속해 있는 반면, 스웨덴은 17퍼센트에 지나지 않는다.

이 두 패턴의 결론은, 전문가들은 직접적이건 간접적이건 국가와 가장
긴밀한 연관이 있는 계급구조 내에 있는 범주라는 것이다. 미국에서는
오직 31퍼센트, 스웨덴에서는 오직 20퍼센트만이 국가와 전혀 관계없는
사업을 한다고 보고했다. 이와는 대조적으로, 스웨덴과 미국 모두 노동자
들은 가장 국가와 고용 관계가 적은 임금생활자 범주에 속해 있다. 미국
노동자 중 56퍼센트와 스웨덴 노동자의 45퍼센트가 국가와 고용 관계가
없다. 또한 기대된 바와 같이, 국가로부터 가장 단절된 계급 위치는 프티
부르주아와 소고용주들이다(두 나라 모두 그러한 개인들 중 90퍼센트가 국
가와 아무런 사업을 같이 하지 않는다).

국가와 계급구조에 대한 이러한 자료는 '모순적 계급 위치'의 다양한
범주에 대해 국가가 갖는 중요성을 가리킨다. 내가 앞선 연구에서 (계급에
대한 이전 개념화를 사용하여) 논했듯이, '중간계급' 지위의 팽창은 국가
고용 성장에 직접적인 원인이 있다.[9] 1960년과 1970년 사이에 실제로,
미국에서 반자율 피고용인직의 모든 성장은 국가나 국가에 크게 의존하

---

9) 다음을 보라. Elik Olin Wright and Joachim Singelmann, "Proletarianization in
   American Class Structure," in *Marxist Inquiries*, edited by Michael Burawoy and Theda
   Skocpol, Supplement to the *American Journal of Sociology*, vol.88(1982).

는 사적 부문(병원 등)에서 일어났다. 나머지 경제 부문에서 반자율적 피고용직 위치는 그 시기에 실질적으로 감소했다. 경영자 위치는 반자율 위치보다는 국가 팽창에 덜 의존적이었지만, 그럼에도 불구하고 국가 팽창 덕택에 상당히 증가했다.

노동자와 다른 비전문 피고용인들이 국가 고용과 국가와 연관된 고용에서 정치적으로 과소 대표되고 있다는 사실은, 아마도 특히 미국에서 반국가적 정서가 노동계급에게 상당한 정도로 존재하는 경향의 이유 중 하나일 것이다. 국가에 경제적 연관이 없다는 것은 또한 프티 부르주아의 반국가주의에도 공헌한다. 물론 노동자들은 국가의 재분배 정책과 사회보장 정책으로부터 물질적 이익을 얻을지 모르지만, 그들의 삶이 국가의 팽창에 직접적으로 연결될 가능성이 덜하기 때문에 이는 반국가 정서가 발전하는 맥락을 창출한다.

국가와 계급에 대한 또 다른 관찰이 언급되어야 한다. 비록 미국 사회에는 스웨덴보다 다소 많은 자본가와 프티 부르주아가 있지만, 사적 부문에 분석을 제한하면 미국보다 스웨덴에 자영업자가 더 많다(17.8퍼센트에 비해 18.5퍼센트이다) 이는 기술 발전 수준이 동일한 경우 시장 부문이 클수록 자영업 기회가 더 많아짐을 보여준다. 비록 그러한 자영업을 위한 사회 전체의 기회는 스웨덴이 더 적지만, 이는 국가 고용이 매우 큰 부분을 차지하고 있기 때문에 나온 통계적 결과이다. 사적 부문 자체로는 스웨덴이 미국보다 자영업 기회가 적은 것이 아니다.

6) 계급과 고용주의 규모

마르크스주의자는 일반적으로 현시대의 특성을 '독점 자본주의'의 시대라고 서술해왔다. 확실히 다국적 기업의 성장과 힘은 선진 자본주의 국가의 결정적인 특징이다. 다국적 기업은 노동계급의 정치적 가능성과 국가의 경제 운용에 제약을 가한다.

그럼에도 불구하고 이로부터 대부분의 노동자들이 그러한 거대 자본주의 기업 내에 직접 고용되어 있다는 결론을 내리는 것은 오류이다. <표 6-7>은 계급 분포와 고용주의 규모를 가리킨다.[10] 미국에서는 오직 노동계급의 14.8퍼센트와 숙련노동자의 17.5퍼센트만이, 스웨덴에서는 각 범주에서 10퍼센트만이 거대기업, 즉 만 명 이상 고용하고 있는 기업에서 일한다. 만약 국가 고용을 계산에서 제외시키면, 미국의 사적 고용 중 이 수는 8퍼센트에서 25퍼센트에 달하고, 스웨덴에서는 18퍼센트와 22퍼센트에 달한다. 그러나 여전히 노동자 대다수에는 훨씬 못 미친다.[11] 실제로 두 나라 모두에서 노동계급의 더 큰 부분이 1,000명 이상 기업보다는 50명 이하의 기업에서 일한다. 미국 노동자의 22퍼센트와 스웨덴 노동자의 17퍼센트가 그런 작은 기업에서 일한다(사부문의 노동자 중에서는 26퍼센트와 32퍼센트이다). 현대를 독점자본의 시대라고 말할 수는 있겠지만, 그렇다고 해서 독점기업이 직접적으로 이들 사회에서 대부분의 임노동을 조직한다는 것을 의미하지는 않는다.

---

10) 이 통계 숫자는 그들이 일하는 전체 조직에서 몇 명의 피고용자 응답자들이 스스로 쓴 보고에 근거하고 있다. 처음에 응답자들은 그들의 고용주가 다수의 지사, 공장, 사업체 등을 갖고 있는지에 대해 질문 받았다. 만약 그들이 예라고 답하면, 그 다음으로 전체 기업에 대해 생각해보고 고용 규모에 대해 대충 측정치가 얼마쯤 되냐고 물어보았다. 의심할 여지없이 이들 보고에는 상당한 오류가 있다. 몇몇 경우 피고용자들은 그들이 속한 기업의 사업이 다국적 기업연합에 의해 소유되고 있는지조차 모르고 있을 수도 있고, 그러한 다국적 기업연합의 세계적인 고용 규모에 대해서는 당연히 정확한 추측을 할 수 없었을 것이다. 그러나 나는 이것들이 대충의 측정치로서 규모의 순서 자체에서는 그리 부정확하지 않을 것이라고 추측한다. 예를 들어 만 명 이상의 사람들을 고용하는 기업에 근무하는 얼마 안 되는 수의 응답자들은 몇 백 명이라는 숫자를 제시했을 것이다. 자가고용된 응답자들의 기업 규모는 단순히 그들이 고용하고 있는 사람들의 숫자가 된다.

11) 일단 국가가 분석으로부터 제외되면, 스웨덴과 미국에서 매우 규모가 큰 기업에서 일하는 노동자의 비율은 매우 비슷하다. 심지어 스웨덴의 인구 규모가 미국보다 훨씬 적은 데도 말이다.

<표 6-7> 회사 규모에 따른 계급 분포* (단위: %)

계급 범주**	회사 규모(단위: 명)				
	< 50	50~500	501~10,000	> 10,000	국가****
I. 미국					
1. 고용주	23.5/96.0***	2.1/4.0	0.0/0.0	0.0/0.0	0.0/0.0
2. 프티 부르주아	22.2/100	0.0/0.0	0.0/0.0	0.0/0.0	0.0/0.0
3. 경영자	10.0/25.6	14.5/17.4	13.2/21.0	13.0/14.7	14.8/21.4
4. 감독자	10.6/19.4	15.9/13.6	22.7/25.8	27.6/22.4	18.1/18.8
5. 비경영 전문가	0.5/4.8	4.3/17.3	3.8/21.7	4.2/16.9	7.6/39.4
6. 숙련노동자	7.1/18.2	15.5/18.6	7.9/12.6	15.4/17.5	22.7/33.1
7. 노동자	26.0/21.8	48.0/18.8	52.3/27.2	39.8/14.8	36.8/17.5
전체 합계	32.3	15.1	20.0	14.3	18.3
II. 스웨덴					
1. 고용주	21.2/93.0	3.3/7.0	0.0/0.0	0.0/0.0	0.0/0.0
2. 프티 부르주아	22.4/100	0.0/0.0	0.0/0.0	0.0/0.0	0.0/0.0
3. 경영자	5.7/11.5	13.5/13.0	13.2/15.5	17.4/14.7	11.1/43.7
4. 감독자	4.1/8.9	9.3/9.8	10.4/13.4	6.8/6.2	14.3/61.8
5. 비경영 전문가	2.1/6.6	3.4/5.2	6.3/11.6	8.7/11.5	10.3/63.8
6. 숙련노동자	9.4/11.8	23.2/13.9	18.3/13.4	21.3/11.2	20.1/49.3
7. 노동자	33.3/17.3	47.3/11.8	51.7/15.7	45.8/10.0	44.0/45.0
전체 합계	22.4	10.7	13.1	9.4	44.0

*: 전체 자료는 부록 III의 <표 III-6>을 보라

**: 계급 범주는 <표 6-1>의 전체 계급 유형으로부터 다음과 같이 축약되었다. 고용
주=1, 2; 프티 부르주아=3; 경영자=4, 7, 10; 감독자=5, 8, 11; 비경영 전문가=6;
숙련노동자=9; 노동자=12.

***: '/'의 왼쪽에 있는 수치는 그 행의 계급에 속하는 사람들 중에서 그 열에 해당하는
규모의 기업에서 일하는 사람들의 비율이다(즉, 세로 비율). '/'의 오른쪽에 있는
수치는 그 열에 해당하는 규모의 기업에서 일하는 사람들 가운데 그 행의 계급에
속하는 사람들의 비율이다(즉, 가로 비율).

****: 국가에 고용된 비율은 <표 6-6>의 수치와 약간 다르다. 왜냐하면 기업규모
변수와 관련해서 빠진 자료가 있기 때문이다.

<표 6-7>의 자료는 두 번째 흥미로운 발견을 보여준다. 스웨덴과 미국 모두 500명~1만 명의 피고용자 규모인 중간 규모의 회사들이 가장 프롤레타리아화되어 있다. 두 나라 모두에서 52퍼센트의 직위가 그러한 기업에서 노동계급의 직위이다. 거대기업은 이 점에서 다소간 국가의 경우와 비슷해서, 미국에서는 노동계급 직위의 피고용자 중 40퍼센트가 있고 스웨덴에서는 약 45퍼센트가 있다.

나는 여기에 대해 아무런 해석을 제공할 수 없는데, 미국과 스웨덴의 자료는 상당히 다르다. 미국에서 거대기업은 단연 가장 높은 비율의 감독자를 갖고 있다(27.6퍼센트). 거의 13퍼센트에 육박하는 경영자층을 합치면, 이들 기업에서 경영 기구에서 일하는 사람들의 비율은 40퍼센트가 넘는다. 이는 국가에 비해서나(33퍼센트) 중간 규모 기업(36퍼센트)에 비해서 상당히 큰 수치이다. 스웨덴에서는 패턴이 상당히 다르다. 감독자의 비율은 심지어 스웨덴의 기준—노동인구 중 7퍼센트—으로 보았을 때에도, 거대기업에서 상당히 낮은 편이다. 그리고 관료 기구의 전반적인 규모는 조직 규모가 변해도 그리 많이 달라지지 않는다(중간 규모 기업에서는 23.7퍼센트, 대기업에서는 24.2퍼센트, 국가에서는 25.5퍼센트이다).

7) 요약

우리는 이 절에서 다양한 발견 사항을 살펴보았다. 네 가지 일반적인 견해에 주목할 가치가 있다. 첫째, 다양한 차이에도 불구하고 계급구조가 갖는 몇 가지 중요한 성격은 두 나라에서 상대적으로 유사하다. 노동계급이 가장 큰 계급이다. 노동계급과 주변적 착취자인 모순적 계급 위치는 두 나라 모두의 노동인구에서 실질적으로 대다수를 차지한다. 프티 부르주아와 자본가계급은 매우 적다. 그리고 학력 착취자들은 두 나라 모두에서 더 일반적으로, 특별히 국가와 연관을 맺고 있다.

둘째, 여성들은 두 나라 모두에서 불비례적으로 프롤레타리아화되어 있다. 비록 미국에서보다 스웨덴에서 약간 더 그렇지만 말이다. 결과는 여성들이 노동계급의 다수를 차지한다는 점이다.

셋째, 스웨덴보다 미국에서 직업에 대한 감독이 심하다. 미국 계급구조 내에 더 많은 감독자들이 있고, 특히 대기업에서 그렇다.

넷째, 스웨덴의 비경영 전문가 비율은 미국보다 높다. 학력 소유와 조직 자산에 대한 통제는 스웨덴보다 미국에서 더 밀접한 연관이 있는 것으로 보인다.

2. 계급구조의 차이 설명하기[12]

앞 절의 초점은 스웨덴과 미국의 계급구조가 갖는 유사점과 차이점을 묘사하는 것이었다. 여기에서는 이 차이점 중 적어도 몇 가지의 구조적 원인을 이해하려는 전략을 추구할 것이다. 특히 두 가지 주요한 가설을 검토할 것이다: 첫째, 계급구조의 차이는 두 나라에서 경제적 행위들이 혼합하는 양태가 달랐기 때문에 발생했다(즉, 경제 부문에 걸쳐 노동인구의 분포가 달랐기 때문에 나타난 결과이다). 둘째, 이는 두 사회의 국가 규모에 차이가 있었기 때문이다. 첫 번째 가설은 다양한 기술 요소로 계급구조의 차이를 대부분 설명할 수 있다는 견해에 상응한다. 만약 주어진 경제적 행위 유형 내에서 미국과 스웨덴의 기술이 상당히 유사하다고 가정한다면, 기술적 요소로 계급 분포의 차이를 설명하는 주요한 방식은 두 나라에서 경제 활동의 혼합이 갖는 차이를 지적하는 식이 될 것이다. 예를 들어, 스웨덴에서는 미국보다 제조업 부문이 다소 크다. 그리고 이는 정확히, 노동계급 비율이 가장 높은 부문이다. 이것이 스웨덴보다 미국에서

---

12) 여기서 제시된 분석은 나와 Göran Ahrne가 쓴 모순적 계급 위치에 대한 이전의 개념화를 사용하여 초기 문헌을 개정한 것이다. Elik Olin Wright and Göran Ahrne "Classes in the United States and Sweden: a Comparison," *Acta Sociologica*, Vol.26, no.3-4(1983), pp.211~235.

노동자들이 다소 적은 이유를 설명할 수 있을지도 모른다.

두 번째 가설은 국가가 비자본주의 생산양식의 핵심적 기초를 구성한다는 주장에 상응한다. 만약 이 가설이 만족스러운 공식화라면, (다른 사정이 동일하다면) 국가 규모가 전반적인 계급 분포에 상당한 영향을 미쳐야만 한다. 적어도 최소한 자본가계급과 전통적인 프티 부르주아의 규모 차이를 설명하는 것에는 도움을 줘야만 한다.

이 가설들을 검토하기 위해서는 계급구조 차이를 구조적으로 분해하는 통계적 전략을 써야 한다. 이는 두 나라에서 관찰된 계급 분포 차이의 정도가 산업 부문간 분포 차이와 국가 규모 차이 또는 권위와 학력 간의 구조적 연결고리의 차이로 설명될 수 있는지를 검증함으로써 이루어질 것이다.

1) 계급구조 차이를 분해하는 전략

기본적인 통계적 전략은 경제학과 인구학에서 통상적으로 사용하는 '교체 할당(shift share)' 기법에 기초한다.[13] 이 기법의 목적은 국가간의 계급 분포 차이를 사로 다른 구조적 요소들 몇 가지로 분해하는 것이다. 예를 들어 부문간 분포 효과에 대한 가설의 경우에는 두 가지 주요한 구성 요소에 관심을 기울일 것이다. 첫째, 두 나라 간의 계급 분포 총격차 중

---

13) 여기서 사용된 접근법은 다음 문헌에서 채택된 접근법을 수정한 것이다. H. Browning and J. Singelmann, *The Emergence of a Service Society* (Springfield: 1975); Erik Olin Wright and Joachim Singelmann "Proletarization ⋯⋯." 이들 연구는 다음 문헌에서 발전된 기법을 끌어내 사용했다. G. Palmer and A. Miller, *Industrial and Occupational Trends in Employment* (Philadelphia: 1949), 그리고 E. Kitagawa, "Components of a Difference between Two Rates," *Jornal of the American Statistical Association*, vol.50(1955), pp.1168~1174. 그 전략은 다음 문헌에 상세하게 기술되어 있다. Wright and Singelmann, "Proletarianization in American Class Structure," in Marxist Inquiries, edited by Michael Burawoy and Theda Skocpol, Supplement to the *American Journal of Sociology*, vol.88(1982), pp.202~205.

얼마만큼이 경제 부문 내 계급 분포 때문인가이다. 둘째, 총격차 중 얼마만큼이 경제 부문간 고용 분포의 차이에 원인을 돌릴 수 있느냐 하는 것이다('상호작용 용어'로 이야기되는 세 번째 구성 요소 — 국가간 격차에서 앞의 두 요소 각각에 고유한 원인이 있다고 할 수 없는 부분이 얼마나 되는지를 지시함 — 역시 계산될 것이다).

두 국가 사이의 총차이를 이러한 구성 요소들로 분해하는 기법은 가상 게임을 운용하는 것을 포함한다. 산업 부문의 분포를 포함하는 가설의 경우, 미국이 산업 부문 내에는 미국의 계급 분포를 보이지만, 산업 부문간에는 스웨덴과 같은 고용 분포를 보인다면 미국의 전반적인 계급구조는 어떻게 보일까를 묻는 것으로 시작한다. 이는 우리에게, 미국의 산업구조가 스웨덴처럼 바뀌면서 경제부문 내의 계급구조는 그대로 있을 경우 미국의 계급구조가 얼마나 변할지를 알려줄 것이다. 가상적 측정은 두 나라 사이의 총격차 중 산업 부문간 분포에 원인이 있는 부분을 계산하게 해준다. 우리는 이 총격차의 구성 요소를 '미국 계급구조에 대한 스웨덴 경제 부문 분포 효과' 또는 짧게 줄여 스웨덴 부문 효과라고 부를 것이다.

산업 부문 내에서는 스웨덴의 계급 분포를 지니고 있지만 산업 부문간 계급 분포는 미국의 양상과 같다면, 미국의 계급 분포는 전반적으로 어떻게 될까? 이것은 우리에게 미국의 산업 부문간 분포가 변하지 않은 채로 남아 있지만 산업 부문 내 계급 분포가 스웨덴처럼 변할 경우, 미국의 계급구조가 어떻게 될지를 알려준다. 이 사고실험은 우리로 하여금 '미국 계급구조에 대한 스웨덴 부문 내 계급 분포 효과'라고 일컬을 수 있는 것을 계산하게 해줄 것이다(더 간결하게는 스웨덴 계급 효과).

마지막으로, 두 나라 간 총격차의 두 구성 요소를 계산하고 난 뒤, '상호작용' 효과라고 부를 수 있는 것을 계산할 수 있다. 수학적으로 상호작용 효과는 잔여 항이다. 그것은 두 나라 간의 총격차에서 앞서 논의된 두 요소를 합친 격차를 뺀 수치이다. 그것은 부문간 분포나 부문 내 계급 분포의 차이로 고유하게 귀속시킬 수 없는 총격차의 일부분을 반영한다. 그것은 두 나라가 그들의 산업 부문간 분포와 부문 내 계급구조에서 보이는 격차 간에 교호관계가 있다는 것을 뜻한다.[14]

우리는 이 세 가지 구성 요소를 계급구조에 미치는 스웨덴적 분포의 가상적 효과로 표현했다. 이와는 또 다르게 스웨덴 계급구조에 미치는 미국 분포의 영향을 분해로 표현할 수 있다. 상호작용이 0일 때는 어느 쪽 분해로도 동일한 답을 얻게 된다. 그러나 상호작용이 크다면 어느 나라를 기준점으로 했느냐에 따라 분해가 다르게 보일 것이다.[15] 아래의 표에서는 두 가지 분해를 모두 제시할 것이다. 결과로 드러나 있듯이 거의 모든 경우에 상호작용 부분은 매우 작아서, 크게 보아 결론이 특별히 어느 한 쪽을 선택했다는 이유로는 달라지지 않는다.

우리는 이 기본적인 전략을 써서 세 가지 서로 다른 분해를 검토한다. ① 산업 부문에 의한 분해, ② 국가 고용에 의한 분해, ③ 학력과 권위 간의 연결 관계를 포함하는 더 복잡한 분해이다.

마지막으로 한 가지 미리 짚고 넘어갈 방법론적 논점은 다음과 같다. 이러한 분해에 따르는 자료 분석상의 복잡성 때문에, 만약 관련된 범주가 너무 많아지면 결과의 설명과 해석이 재빨리 다루기 어렵게 변해버린다. 이러한 이유 때문에, 전체 계급 유형에서 몇몇 구분을 없애는 것이 필수적

---

14) 예를 들어 미국과 스웨덴에서는 모든 산업 부문의 노동자 비율이 사회 서비스 부문 ― 스웨덴이 미국보다 더 많은 노동자 비율을 갖고 있는 부문 ― 만 제외하면 서로 동일한 비율로 분포되어 있고, 스웨덴에는 사회 서비스 부문에 미국보다 더 많은 비율의 노동자가 있다고 가정해보자. 이들 두 차이 ― 산업 부문 내 그리고 산업 부문간 ― 가 함께 변했기 때문에 큰 상호작용 효과를 가져올 것이다.

15) 이러한 결과가 나오는 기술적 이유는 다음과 같다. 가상적 단계 1을 계산할 때, 우리는 부문간 분포의 차이가 두 나라 계급구조의 전반적 차이에 얼마나 영향을 미치는지를 보기 위해 미국 계급구조 통계로부터 그 결과를 뺐다. 다른 한편으로 스웨덴 계급구조에 대한 부문간 분포 효과를 계산하기 위해서는 가상적 단계 2를 스웨덴 계급구조 통계로부터 뺐다. 이들 숫자는 상호작용 수치가 0일 때, 부호는 다르고 절대값은 같아야 할 것이다.

<표 6-8> 차이를 분해해서 본 계급구조 유형과 분포

분해에서 사용된 범주	원래 계급구조에서의 범주(<표 6-1> 참조)	미국	스웨덴	설명되어야 하는 차이
1. 노동자	12	39.9	43.5	−3.6
2. 비전문 경영자와 감독자	10, 11	9.2	5.6	+3.6
3. 전문 피고용인	6, 9	15.6	24.6	−9.0
4. 전문 감독자	5, 8	10.5	7.0	+3.5
5. 전문 경영자	4, 7	10.1	8.4	+1.7
6. 자가고용	1, 2, 3	14.7	10.9	+3.8

이다. <표 6-8>은 이 일이 어떻게 이루어질 수 있는지, 계급 유형을 단순화시켰을 때 스웨덴과 미국의 계급 분포는 어떠할지를 보여준다.

2) 경제 부문에 의한 분해

비록 전 세계의 국가에 걸쳐 볼 때 경제적 부문 분포의 범위에서 미국과 스웨덴이 다소간 유사한 경제구조를 갖고 있다 해도, 그럼에도 불구하고 그들 사이에는 두드러진 차이점들이 있다. <표 6-5>가 가리키듯, 미국은 총고용 중 전통적인 자본주의 시장 서비스(분배 서비스, 사업 서비스, 개인 서비스)라고 일컬을 수 있는 부문에 더 많은 비율이 종사하고 있다 (스웨덴의 18.2퍼센트에 비해 미국은 33.7퍼센트). 반면에 스웨덴은 사회 서비스와 정치 서비스에 종사하는 사람들이 총고용에서 차지하는 비율이 미국보다 높다(스웨덴의 36.2퍼센트에 비해 미국은 25.7퍼센트). 그리하여 두 나라의 '제3부문'은 대체로 유사한 규모인 데 반해(미국 59.5퍼센트, 스웨덴 54.2퍼센트). 이러한 총계를 구성하는 구체적인 경제활동은 꽤 다르다. 그러므로 부문간 분포의 이러한 차이가 계급구조에서의 전반적 차이의 원인이라고 기대해봄 직하다.

<표 6-9> 경제적 부문에 따른 계급구조 내 차이의 분해

A. 가상적 분포치

계급*	① 미국	② 스웨덴	③ 미국 한계 부문+부문 내에서 스웨덴의 계급 분포	④ 스웨덴 한계 부문+부문 내에서 미국의 계급 분포
	분포			
1. 노동자	39.9	43.4	42.3	39.3
2. 비전문 경영자 와 감독자	9.0	5.6	6.2	8.4
3. 비경영 전문가	15.4	24.7	23.5	17.7
4. 전문 감독자	10.6	7.0	5.9	11.2
5. 전문 경영자	10.1	8.4	9.5	10.6
6. 자가고용	15.1	10.8	12.6	12.9

B. 미국 분해**

	⑤ 전체 차이 ①-②	⑥ 계급 효과 ①-③	⑦ 부문 효과 ①-④	⑧ 상호작용 효과 ⑤-⑥-⑦
1. 노동자	-3.5	-2.4	+0.6	-1.7
2. 비전문 경영자 와 감독자	+3.4	+2.8	+0.6	+0.0
3. 비경영 전문가	-9.3	-8.1	-2.3	+1.1
4. 전문 감독자	+3.6	+4.7	-0.6	-0.5
5. 전문 경영자	+1.7	+0.6	-0.4	+1.5
6. 자가고용	+4.3	+2.5	+2.2	-0.4

C. 스웨덴 분해**

	⑨ 전체 차이 ②-①	⑩ 계급 효과 ②-④	⑪ 부문 효과 ②-③	⑫ 상호작용 효과 ⑨-⑩-⑪
1. 노동자	+3.5	+4.1	+1.1	-1.7
2. 비전문 경영자 와 감독자	-3.4	-2.8	-0.6	+0.0
3. 비경영 전문가	+9.3	+7.0	+1.2	+1.1
4. 전문 감독자	-3.6	-4.2	+1.1	-0.5
5. 전문 경영자	-1.7	-2.1	-1.1	+1.5
6. 자가고용	-4.3	-2.1	-1.8	-0.4

*: 이 범주의 조작화에 관해서는 <표 6-8>을 보라.

**: 미국 분해에서 투입된 모든 계급 분포치는 실제 미국 계급 분포치로부터 나온 것이다. 스웨덴 분해에서도 실제 스웨덴 계급 분포치를 사용했다. 만약 상호작용 효과가 0이라면 이 두 가지 분해는 동일한 절대값에 서로 다른 부호를 가질 것이다.

<표 6-9>는 이러한 예상이 사실이 아님을 가리킨다. 이 표는 다음과 같이 읽어야 한다. 3열은, 산업간 한계 분포는 미국과 같지만 경제 부문 내의 계급 분포는 스웨덴의 양상일 때 미국 사회의 계급 분포가 어떠할지를 나타낸다. 4열은 이와는 상보적인 사고실험인, 산업간 한계 분포는 스웨덴식이되 부문 내 계급 분포는 미국식일 때에 대해 이야기해준다. 5열과 9열은 두 계급 분포 간의 총격차이다(부호가 반대인 이유는, 5열에서는 미국 숫자에서 스웨덴 숫자를 빼고 9열에서는 스웨덴 숫자에서 미국 숫자를 빼기 때문이다). 다른 열 모두는 각 나라의 원래 분포로부터 3열과 4열을 서로 다른 방식으로 빼서 나온 것이다. 6열과 8열은 스웨덴의 분포를 미국 계급구조에 귀속시키는 방식으로 나온 분해 결과이다. 10열과 12열은 미국 분포를 스웨덴의 계급구조에 귀속시켜 나온 분해이다.

이 두 국가 간 계급구조 차이의 많은 부분이 경제 부문에 있는 차이로 설명될 수 있다면, <표 6-9>의 7열과 11열의 부문 효과는, 6열과 10열의 계급 효과보다 커야 한다. 부문 효과가 두 나라 간 총격차 중 40~50퍼센트를 설명하는 자영업자를 제외하면(이 숫자는 어떤 분해 방향을 채택하느냐에 따라 다르게 나오는 것이다), 부문 효과가 계급 효과에 미치는 영향은 상당히 적다. 그리고 몇몇 경우에 그 둘은 반대 방향으로 작동한다. 예를 들어 전문 감독직의 경우, 미국이 스웨덴식의 부문 한계를 갖는다면 계급구조 내에서 그러한 감독자 비율의 양국간 격차는 감소하는 것이 아니라 오히려 증가한다. 그러므로 미국에서 감독자 비율이 높은 것은 스웨덴과 산업간 분포가 다르기 때문에 생긴 것이 전혀 아니다.

3) 국가 고용에 의한 분해

미국과 스웨덴 간의 가장 두드러진 차이점 중 하나는 국가 고용이다. 국가 활동의 내부 조직이 사적 자본주의 고용이 그러한 정도로는 시장 압력에 직접적으로 영향을 받지 않는다고 한다면, 착취 자산의 내적 분

포와 이에 수반하는 계급관계에서 국가 부문은 사부문과 상당히 다를 것
이며, 그 결과 두 국가 간의 차이 중 상당 부분을 설명할 것이라고 기대
할 수 있다.

<표 6-10>에서 국가 효과— 두 국가에서 국가 고용의 한계적 분포가
갖는 차이에 원인을 돌릴 수 있는 일부분— 는 오직 두 계급 범주(비경영
전문가와 자영업자)에만 실질적이다. 비경영 전문가의 경우, 미국 방식의
분해로는 전체 차이 중 50퍼센트가, 스웨덴식 분해로는 전체 차이 중 25
퍼센트가 국가 고용에 원인이 있다고 설명할 수 있다(스웨덴 쪽 분해 결과
수치가 더 작은 까닭은 상대적으로 크고 능동적인 상호작용을 하기 때문이
다). 이와 달리 계급 효과는 미국에서는 70퍼센트를, 스웨덴에서는 50퍼
센트를 설명한다(다른 한편 자영업자의 경우 국가의 직접적인 영향은 압도
적이다). 사부문에서 스웨덴의 자영업자 비율은 미국보다 약간 더 높은
데, 그리하여 계급 효과는 두 국가 간의 자영업 격차를 실질적으로 증가
시킨다. 우리는 이 분석으로부터 왜 국가가 전반적인 자영업에 광대한
영향을 미치는지 정확하게 밝혀낼 수는 없다. 그것이 특정한 경제활동(예
를 들어 의약)이 사적 부문에서 조직되기를 멈추어서 자영업을 위한 경제
적 기회의 수를 줄인 것이 주 원인인지, 아니면 그러한 큰 국가에 수반하
는 세금 체계가 작은 사업을 더 조심스럽게 만들어서인지, 아니면 단순
히 국가가 너무 많은 고용 기회를 제공해서 자영업을 하려는 유인이 감
소한 것인지 모른다. 그 원인이 무엇이든, 국가는 스웨덴에서 프티 부르
주아와 고용주 계급 범주가 더 적은 사실을 설명하는 데 깊이 관련되어
있다.

<표 6-10> 국가 고용에 의한 계급구조 차이의 분해

A. 가상적 분포치

계급*	① 미국 분포**	② 스웨덴	③ 미국 국가 고용 한계+부문 내에서 스웨덴의 계급 분포	④ 스웨덴의 국가 한계+부문 내에서 미국의 계급 분포
1. 노동자	39.9	43.5	43.3	39.0
2. 비전문 경영자와 감독자	9.2	5.6	5.9	8.2
3. 비경영 전문가	15.7	24.6	22.2	20.0
4. 전문 감독자	10.5	7.0	5.3	11.3
5. 전문 경영자	10.0	8.4	8.1	11.2
6. 자가고용	14.7	10.9	15.4	10.5

B. 미국 분해***

	⑤ 전체 차이 ①－②	⑥ 계급 효과 ①－③	⑦ 국가 효과 ①－④	⑧ 상호작용 효과 ⑤－⑥－⑦
1. 노동자	−3.6	−3.4	+0.9	−1.0
2. 비전문 경영자와 감독자	+3.6	+3.4	+1.0	−0.8
3. 비경영 전문가	−8.9	−6.5	−4.3	+1.9
4. 전문 감독자	+3.5	+5.2	−0.8	−0.9
5. 전문 경영자	+1.6	+1.9	−1.2	+0.9
6. 자가고용	+3.8	−0.7	+4.3	+0.2

C. 스웨덴 분해***

	⑨ 전체 차이 ②－①	⑩ 계급 효과 ②－④	⑪ 국가 효과 ②－③	⑫ 상호작용 효과 ⑨－⑩－⑪
1. 노동자	+3.6	+4.5	+0.2	−1.0
2. 비전문 경영자와 감독자	−3.6	−2.6	−0.3	−0.7
3. 비경영 전문가	+8.9	+4.7	+2.4	+1.8
4. 전문 감독자	−3.5	−4.3	+1.7	−0.9
5. 전문 경영자	−1.6	−2.8	+0.3	+0.9
6. 자가고용	−3.8	+0.5	−4.5	−0.2

*: 이 범주의 조작화에 관해서는 <표 6-8>을 보라.

**: 이 표와 <표 6-9>에 제시된 실제 분포치 간의 약간의 차이는 누락된 자료 때문이다.

***: 미국 분해에서, 투입된 모든 계급 분포치는 실제 미국 계급 분포치로부터 나온 것이다. 스웨덴 분해에서도, 실제 스웨덴 계급 분포치를 사용했다. 만약 상호작용 효과가 0이라면 이 두 가지 분해는 동일한 절대값에 다른 부호를 가질 것이다.

4) 권위-학력 연관에 의한 분해

지금까지 발견한 것을 요약해보자. 우리가 이 분해 작업으로부터 끌어 낼 수 있는 두 가지 기본적인 결론이 있다. 첫째, 몇몇 예외가 있긴 하지 만, 일반적으로 미국과 스웨덴 간의 전반적인 차이를 결정하는 가장 중요 한 요소는 부문간 고용 분포의 차이보다는 부문 내 계급 분포의 차이이 다. 둘째, 여기에 예외가 있는 부분에는 통상적으로 국가가 개입되어 있 다. 가장 주목할 만한 점은 국가 고용의 규모가 자영업에서의 차이에 결 정적인 영향을, 그리고 비경영전문직의 고용에는 적어도 얼마만큼의 영 향을 미치고 있는 것으로 보인다는 점이다.

구조적 분해에서 스웨덴과 미국 계급구조의 전반적 차이가 대부분 계 급 효과에 의해 설명된다는 점은 오직 첫 단계에 지나지 않는다. 이제 해야 할 일은 계급 효과 그 자체의 구조적 기초를 기술하는 것이다.

내가 계급구조를 개념화한 바에 따르면, 사람들이 계급 유형의 특정한 칸에 경험적으로 어떻게 분포되어 있는가는 두 가지 변이의 원천에 구조 적으로 의존한다. 첫째, 구체적인 착취 자산 분포의 패턴이다. 둘째, 자산 간의 상호 의존성 정도이다. 예를 들어 전문 경영자 범주를 살펴보자. 이 범주는 임금생활자이면서 동시에 조직 자산을 가진, 학력 자산 착취자인 사람들로 구성된다. 그러므로 계급구조에서 이 범주의 규모는 다음과 같 은 요소에 의존한다. 조직 자산 분포, 학력 자산 분포, 두 자산 사이의 관 계이다. 각 자산을 따로따로 살펴보았을 때는 두 사회에 동일한 한계적 분포가 나타나면서도 여전히 자산간의 연관성 정도가 다르다면, 전문 경 영자 위치에 있는 노동인구의 비율이 매우 다를 수도 있다.

우리가 밝혀내기를 원하는 것은, 스웨덴과 미국의 차이점 중 얼마만큼 이 기본 자산의 한계적 분포 또는 자산들간의 연관성 차이로 설명될 수 있느냐 하는 것이다. 이를 밝혀내기 위해 일련의 구조적인 분해를 수행할 것인데, 이는 이미 했던 것과 동일한 통계 작업을 계급 유형의 영역 그

자체에 적용시키는 것이다. 분석을 단순화시키기 위해 기본 계급 유형을
더욱 단순화하여 분석을 임금생활자에 제한시킬 것이다. 그러므로 우리
는 네 범주에 초점을 맞추게 된다. 전문 경영자(<표 6-1>에서 셀 4, 5, 7,
8), 비경영 전문가(<표 6-1>의 셀 6, 9), 비전문 경영자(<표 6-1>의 셀 10,
11), 노동자(<표 6-1>의 셀 12)이다. 네 범주들은 간단한 2행 2열 표에 정
렬될 수 있다. 각 차원은 학력 자격이 있는지 여부와 경영직인지 여부를
구분한다.

　분석 전략은 이 표를 분해하는 것이다. 부문 고용과 국가 고용에 의해
분해했던 가상 게임과 동일한 종류의 가상 게임을 실행함으로써 말이다.
스웨덴과 같은 권위 한계 분포를 보이지만 권위 범주 내 학력 자산 분포
는 미국과 같은 경우라면, 미국 계급구조는 어떻게 될까? 그리고 다시 이
렇게 묻는다. 만약 스웨덴과 같은 학력 분포에 학력 범주 내에서는 미국
과 같은 권위 분포를 보인다면 미국 계급구조는 어떻게 될까? 첫 번째
질문은 미국 계급구조에 대한 스웨덴적 권위 한계 효과(또는 줄여서 스웨
덴적 권위 한계 효과)라고 부를 수 있는 효과를 계산할 수 있는 기초를 제
공한다.[16] 앞서 행한 분해와 마찬가지로 '상호작용'이라는 잔여 항은 두
국가의 계급 분포의 총격차 중에 권위의 한계나 계급 한계 분포에 의해
설명되지 않은 부분으로 정의된다. 상호작용 부분은 권위와 학력이 연결
되어 있어서 생기는 두 국가 간의 격차를 반영한다. 이 세 가지 요소는
미국의 한계적 분포를 스웨덴 계급구조에 귀속시킴으로써도 역시 계산할

---

16) 권위의 한계 효과는 다음과 같이 계산된다. 미국 자료를 통해 네 가지 종류의
　　셀을 만드는 권위-학력 표를 만든다. 이 표의 각 셀에는 권위가 있거나 없는
　　경우 학력을 가지고 있는 사람과 가지고 있지 않은 사람의 비율이 들어간다.
　　이 표에서 각 셀의 숫자를 스웨덴 한계 권위 분포로부터 나온 각 숫자로 곱하
　　면, 미국이 스웨덴 권위 한계를 갖고 있을 경우의 계급 분포를 가상적으로 측
　　정할 수 있다. 이 분해는 실제 미국의 자료에서 가상적인 표의 비율을 뺌으로
　　써 이루어진다(즉, <표 6-11>의 1열에서 3열을 빼면 된다). 학력 한계 효과
　　역시 동일한 방식으로 계산할 수 있다.

수 있다. 앞서 행한 분석과 마찬가지로 두 가지 분해 방향 모두 표에 나타
날 것이다.

상대적으로 복잡한 이 일련의 분해 결과는 <표 6-11>에 나타나 있다.
이 결과들로부터 몇 가지 결론들을 끌어낼 수 있다.

첫째, 학력의 한계 효과(9열과 13열)는 상대적으로 적다. 그리고 만약
그러한 효과가 있다 해도 몇몇 경우에는 두 국가 간의 격차를 증가시키는
방향으로 작용한다. 두 계급구조 간의 관찰된 차이점 중에서 학력 자산의
한계적 분포 차이로 설명될 수 있는 부분은 거의 없다.[17]

둘째, 학력 자산 한계 효과와는 다르게 권위 자산 한계 효과는 계급구
조에 실질적인 영향을 미친다. 스웨덴에 비해 미국에서 경영자와 감독자
(학력 자격이 있건 없건)의 비율이 더 높은 것은, 권위를 부여받은 직위에
있는 노동인구의 비율이 미국에서 더 높다는 사실로 대부분 설명된다.

셋째, 두 국가 간의 권위와 학력의 연관성이 만들어내는 효과의 차이는
어떤 경우에는 특별히 중요하다. 비경영 전문가의 경우 — 조직 자산이 없
는 모든 종류의 전문가들 — 미국과 스웨덴의 차이 중 많은 부분이 학력
과 권위의 연관성 차이로 설명될 수 있다. 미국에서 조직 자산을 갖고 있
는 사람들은 학력 자산 또한 갖고 있을 확률이 스웨덴보다 높고, 이들 자
산간의 연관성 차이는 비경영 전문가의 한계 비율 격차 중에서 40~55퍼
센트를 설명한다.

상호작용 항 역시 두 나라 노동계급의 경우에서 중요한 요소이다. <표
6-11>의 10열과 14열이 가리키듯, 두 나라 간의 학력과 권위의 연관성
차이는 실제로 노동계급의 상대적 규모에 대한 권위 한계 효과를 상쇄하
는 힘으로 작용한다.

---

17) 잠재적으로 이 결론은 일찍이 논의되었던 학력 자산의 측정 문제에 취약하다
는 점이 상기되어야 할 것이다.

<표 6-11> 권위-학력 한계 효과에 의한 임금생활자 계급 분포 분해

A. 가상적 분포치

계급*	계급 분포		미국 분포자와 스웨덴 계급구조의 결합		스웨덴 분포자와 미국 계급구조의 결합	
	① 미국	② 스웨덴	③ 권위 한계 효과	④ 학력 한계 효과	⑤ 권위 한계 효과	⑥ 학력 한계 효과
1. 전문 경영자	24.1	17.2	16.2	25.4	25.6	16.3
2. 전문 비경영자	18.4	27.6	21.5	19.4	23.5	26.2
3. 비전문 경영자	10.8	6.3	7.3	10.4	9.3	6.7
4. 노동자	46.8	48.8	55.0	44.7	41.6	50.9

B. 미국 분해

	⑦ 전체 차이 ①-②	⑧ 권위 한계 효과 ①-③	⑨ 학력 한계 효과 ①-④	⑩ 상호작용 효과 ⑦-⑧-⑨
1. 전문 경영자	6.9	7.9	-1.3	0.3
2. 전문 비경영자	-9.2	-3.1	-1.0	-5.1
3. 비전문 경영자	4.5	3.5	0.4	0.6
4. 노동자	-2.0	-8.2	2.1	4.1

C. 스웨덴 분해

	⑪ 전체 차이 ②-①	⑫ 권위 한계 효과 ②-⑤	⑬ 학력 한계 효과 ②-⑥	⑭ 상호작용 효과 ⑪-⑫-⑬
1. 전문 경영자	-6.9	-8.4	0.9	0.6
2. 전문 비경영자	9.2	4.1	1.4	3.7
3. 비전문 경영자	-4.5	-3.0	-0.4	-1.1
4. 노동자	2.0	7.2	-2.1	3.1

*: 계급 범주는 <표 6-1>의 전체 계급 유형으로부터 다음과 같이 줄어들었다. 전문 경영자=4, 5, 7, 8; 비경영 전문가=6, 9; 비전문 경영자= 10, 11; 노동자=12.

5) 일반적 해석 [18]

처음에 산업 부문과 국가 고용이라는 요소로 계급구조의 전반적 차이를 분해하여, 첫째, 일반적으로 계급 효과가 부문 효과보다 크다는 것, 둘째, 부문간 고용 분포가 문제가 되었을 때는 일반적으로 국가의 역할과 상관이 있다는 결론을 내렸다. 그 다음에는 계급 효과 그 자체를 분해했는데, 여기서 기본적인 결론은 권위와 학력 간의 연결 관계가 두 사회의 권위 분포 차이와 두 사회의 모순적 계급 위치 분포 차이의 대부분을 설명한다는 것이었다.

이러한 결론에 대한 가장 일반적인 해석은 미국과 스웨덴의 계급구조 차이가 대체로 정치적 결정인자와 밀접한 관련이 있다는 것이다. 부문간 일반적 고용 분포와 학력 자산 분포가 저발전된 자본주의를 설명할 수 있을지 모르지만 스웨덴과 미국은 이와는 다른 경우이고, 두 선진 자본주의 국가 간의 차이는 대부분 국가의 효과와 생산관계의 정치적 측면(권위)이 계급 분포에 대해 갖는 효과에 의해 설명된다고 말할 수 있다.

어떻게 계급구조에 대한 이러한 정치적 결정인자 자체가 설명될 수 있을 것인가? 복지국가의 성장에 대해서는 광대한 문헌이 있다. 그리고 그 문헌들은 스웨덴 같은 국가가 어떻게 그렇게 큰 복지 국가 부문을 갖게 되었는지를 설명하려고 한다. 그러한 연구에 하나의 일치된 의견은 없지만, 그 설명들은 대체로 스웨덴에서 국가 고용이 미국 같은 나라에 비해 상대적으로 보다 빨리 팽창한 것은, 세계 자본주의 체제에서 작은 나라가 직면한 축적에 가해진 구체적 제약과 그러한 제약 내에서 노동자와 자본가가 채택한 정치적 투쟁의 형태에 의해 설명되어야 한다는 점을 시사하는 것처럼 보인다.[19]

---

18) 이 해석은 아른과 함께 이들 쟁점을 논의한 최초의 연구에서 정식화했다. 이 연구는 1983년에 출간되었다.

19) 관련된 문헌들로는 (다른 것들 중에서도) 다음을 들 수 있다. Gosta Esping

<표 6-12> 직업 범주 내 감독직 권위의 분포

직업	감독권을 가지고 있는 피고용자의 비율(%)		
	미국	스웨덴	미국 대 스웨덴 비율
1. 교수	54.9	51.2	1.1 : 1
2. 교사	23.2	15.6	1.5 : 1
3. 기술자	58.3	40.2	1.45 : 1
4. 경영자	85.1	79.5	1.1 : 1
5. 사무원	25.9	13.1	2.0 : 1
6. 영업사원	15.6	21.8	0.7 : 1
7. 주임	93.2	75.5	1.2 : 1
8. 기능공	39.2	8.7	4.5 : 1
9. 공원	18.6	8.9	2.1 : 1
10. 노동자	15.8	16.7	0.95 : 1
11. 숙련 서비스	51.9	17.5	3.0 : 1
12. 미숙련 서비스	23.3	5.9	3.9 : 1

내가 아는 한 왜 생산에서 권위를 가진 조직이 미국과 스웨덴에서 서로 극적으로 다른지를 조사한 연구는 존재하지 않는다. 이 문제를 약간이나마 파악하는 한 방법은 특정한 직업 영역에서 권위 분포를 검토하는 것이다. 이 자료들은 <표 6-12>에 나와 있다. 높은 지위를 차지하는 직업들—전문가, 전문기술자, 교사, 경영자—의 경우, 스웨덴에 비해 미국에서 권위를 가진 사람들의 비율이 조금 더 높을 뿐이다. 노동자들의 경우에는, 두 나라 간의 차이는 '통상적으로' 노동계급이라고 생각되는 직업들—비서, 기술 노동자, 기기 작동 또는 서비스 노동자—의 경우에 더 컸다. 이들 직업 가운데서 두 나라 사이의 차이가 가장 큰 것은 기술 노동자의 경우였다.

Anderson, *Politics Against Markets: The Social-Democratic Road to Power* (Princeton: 1985); J. Cameron, "The Expansion of the Public Economy," *American Political Science Review*, vol.72(1978); John Stephens, *The Transition to Socialism* (London: 1979); Ian Gough, *The Political Economy of the Welfare State* (London: 1979); Michael Shalev, "The Social Democratic Model and Beyon: two generations of comparative research on the welfare state," *Comparative Social Research*, vol.6(1984).

미국에서는 39.2퍼센트가 감독 직위를 맡고 있는 데 반해, 스웨덴에서는 오직 8.7퍼센트만이 그러한 직위에서 일하고 있었다.

이러한 결과들은 다음과 같은 점을 가리키는 것 같다. 스웨덴과 미국의 중요한 차이는, 경영 기능의 감독적 측면이 만약 그것이 부여되지 않았다면 노동계급의 일부가 되었을 직위들에 위임된 정도에 있다. 특히 고숙련 노동계급 직위(기술직)에는, 스웨덴보다 미국에서 훨씬 빈번하게 다른 노동자들을 감독하는 권위가 부여되는 경향이 있다.

이러한 차이에 대해 두 나라 모두의 생산과 노동자와 자본가의 정치적 전략 내에서 이루어진 구조적 변환에 대한 역사 자료를 살펴보지 않고서 엄밀한 설명을 제공한다는 것이 불가능하기는 하지만, 작동하고 있는 기제에 대해 몇 가지 일반적인 결론은 제공할 수 있다. 스웨덴에서 노동운동은 미국보다 더 강력하고 보다 중앙집중화되어 있었다. 이 사실은 두 가지 중요한 결과를 가져왔다. 첫째, 스웨덴에서 노조운동은 임금생활자들을 조직할 수 있는 능력에 대한 제약을 미국의 경우보다 훨씬 더 성공적으로 제거할 수 있었다. 특히 미국에서는 경영자 직위에 있는 피고용인들은 일반적으로 법에 의해 회사와의 협상하에 노조에서 배제되었다. 이는 미국 자본가들의 이익이 임금생활자의 핵심 범주에 들어가는 적어도 몇몇 직업을 낮은 수준의 경영진으로 통합했다는 것이다. 그렇지 않았더라면 그 직업들은 노동계급으로 남아 있었을 것이다.[20] 노동계급의 분파(segment)에까지 감독 기능을 확장시킨 것은 미국에서 노조운동을 약화시키기 위한 자본의 일반적인 노력 중 한 측면일지 모른다.

둘째, 스웨덴에서는 노동운동이 보다 중앙집중화되어 있어서 노조가 노동자들에게 어떤 통제적인 기능을 수행할 수 있었다. 이 기능은 그렇지 않았더라면 생산 과정 내에서 감독자들에 의해 직접적으로 수행되었을 일이었다. 감독 기능을 수행하는 피고용인이 미국보다 스웨덴에서 적은

---

20) 다음을 보라. Institute for Labor Education and Research, *What's Wrong with the US Economy?*(Boston: 1982), p.315.

이유는, (적어도 부분적으로는) 두 나라의 노동운동과 노동 규율 문제가 스웨덴 자본가에게 사회적 통제 활동에 그렇게나 많은 직위를 할당하는 것을 덜 필요하게 만들었기 때문이었을 것이다.

3. 계급과 가족

이제까지는 개인이 계급구조 내에서 빈 위치를 채우는 고립된 주체인 양 가정하고 논의를 진행해왔다. 그러나 개인은 가족을 이루며 살아가고, 계급 형성 과정 — 직위의 구조에서 집합행위자로의 계급 변환 — 은 이러한 사실에 강력하게 직면한다. 일반적으로 자본주의 사회에서는 가족의 내적 관계에서 가부장적 성격이 있다 하더라도 가족이 주요한 소비 단위이다. 그러므로 계급 착취가 결정하는 이해관계는 가족 구성원이 계급에 어떻게 얽혀 있느냐에 따라 다양할 것이다. 특히 배우자 중 한 명은 착취자이고 다른 한 명은 피착취자일 때 — 예를 들어 하위 사무직 노동자 여성과 결혼한 전문 경영직 남성 — 노동계급의 집단적 투쟁에 (배우자인 — 옮긴이) 노동자가 참여할 가능성은 상당히 줄어들 것으로 예상할 수 있다. 그 문제를 좀더 구조적으로 바라본다면, 계급 형성은 가족이 계급적으로 동질적인 만큼 더 촉진되고, 이질적인 만큼 더 저지될 것이라고 기대할 수 있다.[21]

가정 내의 계급 구성에 대한 스웨덴과 미국의 자료를 검토하기 전에, 분석에서 사용할 조작화에 대해 언급할 필요가 있다. 계급 유형을 구성

---

21) 이것은 보편적인 원칙이 아닐지도 모른다. 특정한 환경에서 노동계급 바깥에 존재하는 가족 — 예를 들어 자영 농부 — 을 갖는 것은 노동자에게 투쟁 능력을 증가시켜줄 수도 있다. 왜냐하면 그들의 생존이 임노동 직장에 덜 의존하게 될 수 있기 때문이다. 그러므로 일반적으로 다음을 기대할 수 있을 것이다. 가족의 계급 이질성은 집단적 투쟁에서 노동자들이 가질 수 있는 이익은 감소시키지만 투쟁 능력은 증가시킬 수 있다.

<표 6-13> 배우자의 계급 조작화에 사용된 기준

조작적 기준	계급 유형*						
	(0)	(1)	(2)	(3)	(4)	(5)	(6)
1. 배우자가 소득을 버는 직업에 있거나 본인 사업을 위해 돈을 받지 않고 일함	N	Y	Y	Y	Y	Y	Y
2. 자가고용		Y	Y	N	N	N	N
3. 피고용인을 둠		Y	N	N	N	N	N
4. 경영직 혹은 감독직에 있음				Y	Y	N	N
5. 전문 기술직-관리직에 있음				Y	N	Y	N

*: (0)=배우자가 없거나 배우자가 일하지 않음, (1)=고용주, (2)=프티 부르주아, (3)=
전문 경영자-감독자, (4)=비전문 경영자-감독자, (5)=비경영 전문가, (6)=노동자.
설명: Y는 예를, N은 아니오를 뜻함.

하는 데에 필요한 자료들이 배우자의 직업에 대해 묻는 형식으로 수집되었기 때문에 우리의 표본에서는 응답자 자신에 대해서보다는 질문이 훨씬 더 제한될 수밖에 없었다. 특히 배우자 직업의 자율성 또는 감독자로서 가지는 권위의 종류에 관한 질문을 던진다는 것이 실제로 가능하다고 생각하지 않는다. 또한 알아내야만 했을지도 모르는 배우자의 교육에 대해 묻는 것에도 실패했다. 그 결과, 응답자들을 분석하는 데에 사용한 계급 유형을 정확하게 똑같이 그들 배우자들에게 적용할 수는 없었다. 우리는 대신에 <표 6-13>에 표시된 다소간 단순화된 계급 유형을 사용할 것이다.

분석의 대칭성을 위해 응답자에게 사용한 것과 똑같은 기준을 채택할 것이다. 이것은 미국 표본에서 노동자 비율을 39.9퍼센트에서 45퍼센트로 증가시키고, 스웨덴 표본에서는 43.5퍼센트에서 54.5퍼센트로 증가시키는 효과가 있다. 이렇게 실질적으로 노동계급의 범위가 늘어난 이유는 기능공 노동자들을 반학력 피고용자 범주(<표 6-1>의 범주 11)로부터 노동계급 범주로 옮겼기 때문이다. 어쨌든 기능공직 노동자들은 노동계급과 많은 측면에서 아주 비슷하므로 이것이 심각한 문제가 되지는 않는다.

<표 6-14> 가구의 계급 구성

각 칸의 수치는 전체 표본에서 특정 계급의 배우자가 차지하는 비율이다.*

	계급 유형**						
	(0)	(1)	(2)	(3)	(4)	(5)	(6)
I. 미국							
1. 고용주	3.9	1.0					
2. 프티 부르주아	3.2	1.6	1.4				
3. 전문 경영자	9.5	0.8	0.9	1.4			
4. 비전문 경영자	9.0	0.6	0.5	1.8	1.1		
5. 비경영 전문가	4.7	0.4	0.6	2.3	1.0	1.1	
6. 노동자	29.2	1.5	1.7	4.8	4.7	1.6	9.7
II. 스웨덴							
1. 고용주	1.7	0.6					
2. 프티 부르주아	1.9	1.3	1.0				
3. 전문 경영자	3.4	0.3	0.6	1.6			
4. 비전문 경영자	3.6	0.6	0.6	1.1	0.6		
5. 비경영 전문가	5.1	0.1	0.7	4.6	0.8	2.4	
6. 노동자	23.9	1.9	2.1	5.4	7.7	6.0	20.0

*: 계급 범주의 조작화에 관해서는 <표 6-13>을 보라.

**: (0)=배우자가 없거나 배우자가 일하지 않음, (1)=고용주, (2)=프티 부르주아, (3)=전문 경영자-감독자, (4)=비전문 경영자-감독자, (5)=비경영 전문가, (6)=노동자.

<표 6-14>는 스웨덴과 미국 가정 중에서 적어도 한 명이 성인인 가정의 계급 구성을 나타낸다. 가족 성원 중 성인이 모두 퇴직했거나, 실업 상태이거나, 학생이거나, 또는 어떤 방식으로든 노동인구에 포함되지 않는 가정은 분석에서 제외되었다. 다음과 같은 방식으로 표를 읽어야 한다. 왼쪽 열은 한 명만이 일하고 있는 모든 가정의 비율을 나타낸다(즉, 독신가정과 한 명의 배우자만 일하는 가정을 합한 비율이다). 표 나머지의 대각선 위에 있는 셀들은 계급 동질적인 가정이다. 대각선 아래의 숫자들은 계급 이질적인 가족 내에서 다양한 계급의 조합을 나타낸다. <표 6-15>는 이 숫자들을

특정한 계급에 동질적인 가구의 비율로 환산한다.

미국에서는 10퍼센트의 노동인구 가정이 남편과 아내 모두 노동계급인 가정이다. 그에 더해 29퍼센트의 노동인구 가정이 독신 노동계급이거나 한 명의 배우자만 일하고 그 일하는 사람이 노동계급인 경우이다. 이는 미국의 약 39퍼센트 가정이 동질적인 노동계급임을 의미한다. 스웨덴에서는 개별 노동계급의 규모가 다소간 더 큰데도 동질적인 노동계급 가구의 비율(44퍼센트)은 미국의 통계와 상당히 가깝다. 이와는 다소 다른 측면에서 보면, 미국에서 가족 중 적어도 한 명의 성인이 노동계급인 가구는 모두 53퍼센트이다. 이 중 74퍼센트가 계급 동질적인 가구이다. 스웨덴에서는 가구의 3분의 2에 적어도 한 명의 노동자가 있으며, 이 중 66퍼센트가 계급 동질적인 가구이다.

계급구조의 다른 극을 살펴보면, 미국 가구의 18퍼센트가 적어도 한 명의 자영업자를 갖고 있으며, 이 가구들 중 61퍼센트가 계급 동질적이다(만약 우리가 고용자-프티 부르주아 조합을 동질적인 것으로 간주한다면 말이다). 이에 비해 스웨덴의 비율은 49퍼센트이다.

모순적 위치는 어떤가? 따로 떼어내서 봤을 때 <표 6-12>에 나와 있는 모순적 위치의 세 가지 유형(전문 경영자, 비전문 경영자, 비경영 전문가)은 모두 노동계급 가구나 부르주아 가구보다 훨씬 덜 동질적인 가구에서 살고 있다. 미국에서는 이 계급의 약 50퍼센트가 동질적인 가족인 데 비해 스웨덴에서는 그 비율이 30퍼센트에 가깝다. 만약 우리가 이 계급들을 한 덩어리로 간주한다면 — 대중적 담론에서 통상 등장하는 '중간계급'으로 간주한다면 — 가구의 계급 동질성은 미국에서 68퍼센트이다. 스웨덴에서는 52퍼센트로 증가한다.[22] 이 자료로부터 어떤 일반적인 결론이 나올

---

22) 가족이 얼마나 동질적이냐 하는 것은 명백히 경계선을 얼마나 좁게 또는 넓게 정의하느냐에 의존한다. 만약 극단적으로 넓게 범주를 정의하면 — 예를 들어 모든 임금생활자 — 대다수의 가족이 계급 동질적으로 될 것이다. 만약 구분선이 매우 정교하게 그어진다면 동질적인 가족은 거의 없을 것이다.

<표 6-15> 가구의 계급 단일성 및 이질성

	① 전체 가구 중 해당 계급에 속하는 사람이 한 명 이상 있는 가구 비율	② 전체 가구 중 구성원 모두가 하나의 계급에 속하는 가구 비율	③ 계급의 한 구성원이 동질적인 계급일 가구 비율(③ = ② / ①)
I. 미국			
A. 모든 가구			
1. 고용주	9.9	4.9	53.3
2. 프티 부르주아	9.8	4.6	46.9
자가고용 합계	18.1	11.1	61.3
3. 전문 경영자	21.6	10.9	50.4
4. 비전문 경영자	18.8	10.1	53.7
5. 비경영 전문가	11.8	5.8	49.2
모순적 위치 합계	47.0	32.0	68.1
6. 노동자	52.9	38.9	73.5
B. 맞벌이 부부 가구			
1. 고용주	15.1	2.7	17.8
2. 프티 부르주아	17.0	3.4	20.0
자가고용 합계	27.8	10.4	37.4
3. 전문 경영자	29.9	3.7	12.3
4. 비전문 경영자	24.6	2.7	11.0
5. 비경영 전문가	16.5	2.7	16.4
모순적 위치 합계	58.7	21.5	36.6
6. 노동자	58.4	23.2	39.7
II. 스웨덴			
A. 모든 가구			
1. 고용주	6.5	2.3	35.4
2. 프티 부르주아	8.4	2.9	34.5
자가고용 합계	13.4	6.5	48.5
3. 전문 경영자	16.8	5.0	29.8
4. 비전문 경영자	15.4	4.7	30.5
5. 비경영 전문가	19.8	7.5	37.9
모순적 위치 합계	45.5	23.7	52.1
6. 노동자	67.0	43.9	65.5

<표 6-15> 가구의 계급 단일성 및 이질성(계속)

	① 전체 가구 중 해당 계급에 속하는 사람이 한 명 이상 있는 가구 비율	② 전체 가구 중 구성원 모두가 하나의 계급에 속하는 가구 비율	③ 계급의 한 구성원이 동질적인 계급일 가구 비율(③ = ②/①)
B. 맞벌이 부부 가구			
1. 고용주	7.9	1.1	13.9
2. 프티 부르주아	10.4	1.7	16.3
자가고용 합계	16.2	4.9	30.2
3. 전문 경영자	22.3	2.7	12.1
4. 비전문 경영자	18.7	1.1	5.8
5. 비경영 전문가	24.5	4.0	16.3
모순적 위치 합계	54.9	18.5	33.7
6. 노동자	72.1	33.4	46.3

수 있는가? 첫째, 두 나라 모두에서 노동자의 실질적인 다수가 오직 노동 자만이 있는 가구에서 살고 있다. 노동계급 구성원을 포함하는 계급 혼합 가구의 수가 적지는 않지만(미국에서는 4분의 1, 스웨덴에서는 3분의 1), 그 래도 대부분의 노동자들은 일하는 가족 성원이 모두 노동계급인 가족 내 에 속해 있다.

둘째, 계급별 계급 동질성 격차는 미국에서보다 스웨덴에서 더 크다. 미국에서는 다양한 모순적 위치들을 한 집단으로 묶었을 때 그들의 가족 내적 동질성 수준이 노동계급 가구의 수준에 상당히 근접한다. 노동계급이 74퍼센트인 반면, 모순적 위치는 68퍼센트이다. 스웨덴에서는 노동계급 66퍼센트에 모순적 위치 52퍼센트이다. 이러한 대조점은 맞벌이 가구만을 살펴보면 더 예리하게 드러난다. 스웨덴에서는 맞벌이 가구의 노동자들 중 46퍼센트가 계급 동질적인 가족인 데 비해, '중간계급' 피고용인 가구에 서는 34퍼센트, 자영업자 가구에서는 30퍼센트를 보였다. 미국에서는 이와 대조적으로 맞벌이 가구의 계급별 차이가 실질적으로 없다. 노동자의 40퍼 센트가 계급 동질적인 가구에 속해 있고, '중간계급'의 37퍼센트, 자영업자 의 37퍼센트가 그러한 가구에 속해 있다.

두 나라 간의 이러한 편차가 발생하게 된 중요한 원인은, '중간계급' 배우자와 노동계급 배우자가 결혼한 가구의 수이다. 스웨덴에서는 적어도 한 명이 모순적 계급 위치에 있는 가구들 중 42퍼센트가 노동자 또한 포함하고 있다. 미국에서는 그 수가 단지 24퍼센트에 불과하다. 자영업도 이와 유사하다. 스웨덴에서는 한 명이 자영업자인 가구들 중 30퍼센트가 노동자 또한 가족 성원으로 포함하고 있다. 미국에서는 단지 18퍼센트에 지나지 않는다.

이러한 대조점은 두 나라 간의 차이에 다음과 같은 일반적 특징을 시사한다. 두 나라에서 노동계급은, 그 가족이 확고하게 노동계급일 때에는 크게 다르지 않지만, 미국의 '중간계급' 가족은 스웨덴에서보다 더 노동계급과 괴리되어 있다.

가족의 계급 구성을 논하면서 이제껏 우리는 남편과 아내를 구별하지 않았다. <표 6-16>은 맞벌이 가족에서 남편의 계급 지위와 아내의 계급 지위를 나타낸다. 아마도 이 표에서 가장 두드러진 특징은, 남편이 노동계급인 맞벌이 가족이 아내가 노동계급인 맞벌이 가족보다 계급 동질적 가족인 비율이 높다는 사실일 것이다. 미국에서는 이 비율이 65퍼센트 대 53퍼센트이고, 스웨덴에서는 79퍼센트 대 57퍼센트이다. 독신 노동계급 여성을 숫자에 포함시킨다고 해도 여성이 남성보다 계급 이질적인 가족에서 사는 비율이 여전히 높다. 미국에서는 모든 노동계급 남성의 76퍼센트가 동질적인 가족에 있고, 이에 비해 노동계급 여성의 69퍼센트가 동질적인 계급 가족에 속해 있다. 다소 다른 말로 하자면, 노동계급 여성은 노동계급 남성보다 소득의 일부가 착취로부터 나오는 가족과 살 확률이 더 높다. 나는 이 쟁점을 여기서 탐구하지는 않을 것이지만, 적어도 몇몇 경우에서는 노동계급 남성과 여성의 계급 행동 차이를 설명하는 데 도움을 줄 수 있다고 생각한다.

<표 6-16> 맞벌이 부부 가구의 계급 구성

한 안의 수치는 전체 표본 중 일하는 배우자가 있는 응답자의 비율*

남편의 계급	아내의 계급**						총합
	① 고용주	② 쁘띠 부르주아	③ 전문 경영자	④ 비전문 경영자	⑤ 비경영 전문가	⑥ 노동자	
I. 미국							
1. 고용주	2.5	3.6	1.3	1.3	1.1	2.5	12.3
2. 쁘띠 부르주아	0.5	3.4	0.7	0.5	0.9	2.2	8.3
3. 전문 경영자	0.9	1.6	3.4	2.3	5.1	9.4	22.7
4. 비전문 경영자	0.2	0.7	1.1	1.8	1.8	5.6	11.1
5. 비경영 전문가	0.0	0.9	0.7	1.3	3.1	2.5	8.5
6. 노동자	1.1	1.6	2.5	6.1	2.0	24.9	38.3
합계	5.2	11.9	9.7	13.4	13.9	47.1	
II. 스웨덴							
1. 고용주	1.1	1.6	0.3	0.8	0.2	3.2	7.2
2. 쁘띠 부르주아	0.6	1.8	0.5	0.3	1.0	3.1	7.2
3. 전문 경영자	0.0	0.3	2.6	0.8	5.8	7.6	17.0
4. 비전문 경영자	0.2	0.6	1.0	1.1	1.3	10.5	14.6
5. 비경영 전문가	0.0	0.0	2.1	0.2	3.5	5.0	10.8
6. 노동자	0.2	0.6	1.9	2.6	3.9	33.9	43.1
합계	2.3	5.1	8.4	5.9	15.6	59.1	

표본 수=554

*: 각 칸의 수는, 남녀 모두에게 본인의 계급과 배우자의 계급을 질문하여 받은 응답값을 더한 것이다. 그러므로 이 수치는 남성 응답자와 여성 응답자 각각에게 질문하여 얻어졌을 수치의 평균값이다. 계급 범주의 조작화에 관해서는 <표 6-13>을 보라.

**: 계급 범주의 조작화에 관해서는 <표 6-13>을 보라.

4. 계급구조와 소득

1) 가설

이 책에서 고안된 계급의 개념화는 착취 개념 위에 세워진 것이다. 착취에 대한 이론적 개념과 개인 소득에 대한 경험적 자료의 관계는 간단한 사안이 아니지만, 그럼에도 불구하고 개인 소득은 착취관계에 체계적으로 연결되어 있음이 틀림없다. 결과적으로, 제안된 개념화가 설득력이 있는 것이라면 계급 위치와 기대 소득 간에 강력한 관계가 있어야만 한다. 보다 정확하게는 다음과 같은 가설을 설정할 수 있다.

> 가설 1: 소득은 노동계급과 부르주아 간에 양극화되어야만 한다.
> 가설 2: 임금생활자들의 평균임금은 노동계급부터 전문 경영자까지 착취의 각 차원을 따라 올라가면서 단조적으로 증가해야만 한다.
> 가설 3: 불로 소득의 패턴 역시 계급구조 모형의 각 차원을 따라 올라가면서 단조적으로 증가해야만 한다.

이러한 가설들은 계급구조 외 다른 범위의 변수들을 (조작화를 포함함으로써) 상당히 더 복잡하게 만들 수 있다. 예를 들어, 소득과 관련하여 계급구조와 산업 부문 또는 산업 규모가 갖는 상호작용을 조사하는 것은 흥미로운 일일 것이다. 그리고 소득에 대한 계급적 결정 요인과 성, 인종 같은 요인의 관계를 검토하는 것은 확실히 상당히 중요한 일일 것이다. 그러나 현 논의의 목적을 위해 계급구조와 소득 간의 직접적인 관계에만 분석을 국한시킬 것이다. 이 관계를 명확하게 밝히는 것이 보다 정교한 분석을 하는 데에 우선되어야 할 조건이기 때문이다.

2) 변수

(1) 개인 소득
개인 소득에 관한 질문은 소득에 대한 일련의 범주에 속한 질문의 형

태로 설문지에 제시되었다. 이렇게 하는 것이 분석에서 누락되는 응답
자료의 양을 줄이는 경향이 있기 때문이다. 그 결과 소득은 11점 규모로
분류되었다. 1점은 5,000달러 미만의 연간 소득을 나타내고 11점은 7만
5,000달러 이상의 연간 소득을 나타낸다. 그리고 낮은 점수에서 높은 점
수로 올라갈수록 각 소득 계층의 소득 규모는 증가한다. 스웨덴의 경우
이러한 간격이 갖는 가치는 조사를 행한 시점의 실질 환율에 근거하여
구성되었다.

소득의 실질 달러 양은 각 폐구간 범주의 경우에는 중간점을 택해 계
산했다. 그리고 오른쪽 끝의 개구간 범주는 소득 분포의 꼬리 쪽이 파레
토 분포를 따르고 있다는 가정 하에 계산되었다.[23) 연간 소득 변수는 과
세 전 개인 소득 전체이고, 그래서 임금 소득과 다른 원천으로부터의 소
득을 모두 포함한다.

(2) 불로 소득

응답자들에게 그들의 소득 중에 은행 저축이나 개인 소유 주택 매매
이외의 원천으로부터 나온 소득이 있는지 물었다. 그들이 '예'라고 대답
하면, 전체 가구 소득 중 얼마만큼이 그 원천으로부터 나왔는지를 물었
다. 질문을 가구 소득으로 한 이유는, 소득을 가족 성원 중 어느 한 개인
에게만 귀속시키는 것이 어려운 경우가 너무나 많기 때문이다. 비율 측정
에는 상당한 오류가 있겠지만, 이러한 방식이 소득량의 합리적 순서에 대
한 측정치를 주고 바로 그 액수에 대해 물었을 때에 놓치는 자료보다 더
적을 것이라고 희망했다.

이 변수와 관련해서 두 가지 측정 문제가 있다. 첫째, 응답자(특히 10대
말과 20대 초의 응답자) 가운데 부모와 아직 함께 살고 있고, 그 결과 자신
의 불로 소득을 부모 가구의 '가구 소득'으로 보고하는 경우가 상당히 많

---

23) 어떻게 이 외삽이 이루어졌는가에 대한 자세한 과정을 보려면 다음 문헌을
참조하라. Erik Olin Wright, *Class Structure and Income Inequality* (Ph.D. Dissertation,
Berkeley: 1979), pp.162~164.

았다. 우리는 미국 자료에서 가족 구성원의 온전한 목록을 가지고 있었기 때문에 그러한 응답자를 찾아내서 분석의 특정한 부분에서 제외시킬 수 있었다. 그러나 스웨덴 자료에서는 그렇게 할 수 없었다.[24] 따라서 불로 소득 분석에서는 오직 미국 표본의 자료만을 쓸 것이다. 둘째, 몇몇 자영 업자 응답자들은 자신의 사업에 투자해서 얻은 소득을 '투자 소득'에서 뺀 반면, 몇몇은 포함시켰다. 그 결과 자영업 응답자들에게는 이 변수에 대한 가치가 일관된 의미를 갖지 못한다. 결국 우리는 오직 임금생활자의 불로 소득 변수만을 검토할 것이다.

3) 경험적 결과

<표 6-17>은 계급으로 나뉜 미국과 스웨덴의 개인 소득 평균을 나타 낸다. <표 6-18>은 미국의 불로 소득에 관한 통계를 나타낸다. 일반적으로 이러한 표의 자료는 계급구조에 대한 착취 중심적 개념화의 이론적 근거와 강하게 일관되어 있다.

미국에서는 소득이 분석표의 프롤레타리아 셀과 부르주아 셀 사이에서 강하게 분극화되어 있다. 프롤레타리아는 평균적으로 연간 소득이 1만 1,000달러를 간신히 넘길 뿐인데 부르주아는 5만 2,000달러가 넘는다. 스웨덴에서는 결과가 그 정도로 두드러지지는 않는다. 표본에서 부르주아들은 전문 경영자들과 본질적으로 동일한 소득을 벌고 있다. 이에 대해 두 가지 점을 언급할 필요가 있다. 첫째, 스웨덴 표본에서는 부르주아 범주에 오직 여덟 명의 응답자만이 있었을 뿐이고, 그들은 확실히 상대적으로 소자본가들이었다. 둘째, 스웨덴에서는 개인 소득에 대한 과세가 너무도 무거워서, 사업가들은 그들 소득 중 상당 부분을 급여가 아니라 사업

---

24) 가족의 계급 구성에 대한 정보는 미국 인구조사 결과로부터 수집되었다. 왜냐 하면 미국의 표집 과정에서 가정의 응답자를 무작위적으로 선정하기 위해 필요했기 때문이다. 스웨덴에서는 이것이 필요하지 않았는데, 표본이 전화번호부가 아니라 개인 이름의 리스트로부터 선정되었기 때문이다.

<표 6-17> 계급 위치에 따른 연간 개인 평균 수입(스웨덴과 미국) (단위: 달러)

생산수단 소유자	비소유자(임금생활자)			
	생산수단 자산			조직 자산
	+	> 0	−	
① 부르주아 미국: 52,621 스웨덴: 28,333	④ 전문 경영자 미국: 28,665 스웨덴: 29,952	⑦ 반전문 경영자 미국: 20,701 스웨덴: 20,820	⑩ 비전문 경영자 미국: 12,276 스웨덴: 15,475	+
② 소고용주 미국: 24,828 스웨덴: 17,237	⑤ 전문 감독자 미국: 23,057 스웨덴: 18,859	⑧ 반전문 감독자 미국: 18,023 스웨덴: 19,711	⑪ 비전문 감독자 미국: 13,045 스웨덴: 15,411	> 0
③ 쁘띠 부르주아 미국: 14,496 스웨덴: 13,503	⑥ 비경영 전문가 미국: 15,251 스웨덴: 14,890	⑨ 숙련노동자 미국: 16,034 스웨덴: 14,879	⑫ 프롤레타리아 미국: 11,161 스웨덴: 11,876	−
	+	> 0	−	기술 자산

표본 수: 미국=1,282; 스웨덴=1,049
셀 안의 수치는 과세 전 연간 개인 평균 소득이다. 스웨덴 소득은 1980년 환율에 의하여 달러로 환산하였다.

경비나 '여러 종류의' 소비 형태로 얻는다. 개인 소득에 존재하는 그러한 비통화적 요소들을 지금 우리가 가지고 있는 자료로 측정하는 것은 불가능하다. 그러나 <표 6-17>의 숫자가 확실히 과소평가된 것이라고는 말할 수 있다. 그러므로 가설 1은 미국에서 강하게 지지되고, 스웨덴에서는 적어도 잠정적으로 지지된다.

가설 2에 대한 결과는 덜 모호하다. 미국과 스웨덴에서 모두 표의 모든 차원에서, (계급구조 모형에서) 프롤레타리아 측면부터 전문 경영자 측면까지 이동할수록 소득은 매우 단조적인 방식으로 증가한다. 단 하나의 예외는 범주 10, 11(학력 자격이 없는 경영자와 학력 자격이 없는 감독자)과 범주 6, 9(전문 비경영 피고용인과 주변적인 비경영 피고용인)가 각각 미국과 스웨덴에서 모두 본질적으로 유사하다는 것이다. '학력 자격이 없는 감독자'(범주 11)와 '주변적인 전문 노동자'(범주 9)가 '중간' 범주라는 개념적 지위를 가지고 있다는 점을 감안하면, 이러한 결과들은 이론적 모델과 모순되는 것이 아니다.

<표 6-17>의 경향에서 특별히 두드러진 점은 임금생활자 사이에서 착취관계의 두 차원이다. 조직 자산이나 학력 자산 어느 한쪽을 따로 취해서 그 자산의 증가에 따라(즉, 표의 오른쪽 아래에서 왼쪽 위로 올라갈 때) 평균임금이 증가하는 양상을 보면, 상대적으로 완만하다. 소득이 비약적으로 증가할 때는 두 가지 착취 기제를 결합해놓았을 때이다(즉, 임금생활자들 가운데서 오른쪽 아래에서 왼쪽 위 대각선으로 올라갈 때). 그러므로 가설 2는 강하게 지지된다.

가설 3은 불로 소득과 계급 위치 간의 관계에 관한 것이다. 임금생활자들의 투자로부터 나오는 소득은 저축에 의존하는데, 다른 한편으로 이는 개인에게 귀속되는 재량 소득(가처분 소득에서 기본 생활비를 뺀 잔액 ― 옮긴이), 즉, 매일 매일의 '재생산'을 위해 필요한 지출을 넘어서는 소득과 긴밀히 연결되어 있다. 그러한 재량 소득은 착취와 긴밀하게 연관되어 있음이 틀림없고, 따라서 투자 소득이 계급 모형의 각 차원들에 걸쳐 예견된 단조적

<표 6-18> 임금생활자 사이의 계급 위치에 따른 불로 소득(미국) (단위: 달러)

④ 전문 경영자 1,646[*]	⑦ 반전문 경영자 856	⑩ 비전문 경영자 763	+	
⑤ 전문 감독자 942	⑧ 반전문 감독자 272	⑪ 비전문 감독자 368	> 0	조직 자산
⑥ 비경영 전문가 686	⑨ 숙련노동자 206	⑫ 프롤레타리아 393	−	
+	> 0	−		

기술 자산

표본 수: 미국=1,282; 스웨덴=1,049

*: 각 칸의 수치는 은행 저축 이외의 투자(주식, 채권 등)로부터 얻는 가구 소득의 평균이다(개인 소득이 아니다).

설명: 1. 부모와 동거하는 응답자들은 이 표에서 제외되었다. 왜냐하면 그런 사람들에게 '가구 소득'에 대한 관심은 다른 의미를 가지기 때문이다.

2. 이와 비교할 수 있는 스웨덴 자료는 없다.

3. 자가고용된 범주의 수치는 이 표에서 제외되었다. 왜냐하면 일부 응답자들은 자기 사업으로부터 얻는 소득을 포함시켜 대답한 데 비해, 다른 응답자들은 자기 사업 소득을 제외한 외부 투자로부터 얻는 소득만을 투자 소득에 포함시켰기 때문이다.

패턴을 따라야만 할 것이다.

<표 6-18>의 결과는 이 가설을 지지한다. 비록 프롤레타리아와 비전문 감독자들(셀 12와 셀 11)이 주변적인 학력 자격을 갖춘 노동자와 감독자(셀 9와 셀 8)에 비해 더 많은 불로 소득을 취하지만, 이 표의 전반적 패턴은 여전히 기본적으로 이론의 예상과 일치한다. 전문 경영자는 노동자에 비해 네 배나 많은 불로 소득을 취하며, 이는 비경영 전문가와 비전문 경영자 불로 소득의 두 배에 해당한다.

그렇다면 전반적으로 계급구조와 소득의 관계에 대한 이 세 가지 가설 각각은 우리가 검토한 자료에 의해 폭넓게 지지된다. 소득 불평등은, 부르주아와 노동계급 사이에 양극화되어 있고, 소득은 착취의 차원을 따로 취했거나 같이 취했을 때 그 착취 자원이 늘어날수록 단조적으로 증가한

다. 그리고 불로 소득도 임금 소득과 상당히 유사한 패턴으로 변화한다. 이러한 결과들은 착취 중심적 계급 개념에 상당한 신뢰성을 부여하는 것이다.

이 장에서는 착취 중심적 계급 개념의 구조적 등고선 지도를 실증적으로 그려내는 일을 주로 다루었다. 그러나 마르크스주의 계급 개념은 어떤 구체화 방법을 택하더라도 단순히 사회의 구조적 자산 분포를 묘사하고 분석하는 데만 쓰려고 하는 것이 아니다. 근본적으로는, 계급 형성과 계급투쟁을 이해하는 방법을 제공하려는 것이다. 다음 장에서는 계급구조와 계급의식의 관계를 조사하는, 보다 폭넓은 의제의 측면을 탐구할 것이다.

제7장

현대 자본주의 사회에서
계급구조와 계급의식

'계급의식' 문제는 빈번하게 마르크스주의의 이론적·정치적 논쟁에서 중심에 있었다. 실제로, 최근 마르크스주의 학문의 르네상스에서 균열의 중심선 중 하나는 바로, 의식 자체가 합당한 개념인지 여부에 관한 것이었다. 알튀세의 전통에 속한 구조주의자들은 의식이 인식론상 의심되는 범주이며, 그것으로 무엇을 설명해봤자 다른 것에 의한 설명의 중복에 그칠 뿐이라고 논해왔다. 반면에 인간주의 마르크스주의 '전통'에 속하는 마르크스주의자들은 의식을 그들이 행하는 분석의 중심에 위치시켰다.

의식에 관한 마르크스주의 논쟁의 특징 중 하나는 그것이 철학적·방법론적 이슈로 가득 차버리는 경향이다. 토론은 인간이 행위의 '주체'인지, 의도가 설명력을 갖고 있는지, '주체'와 '객체' 간의 구분이 허용 가능한 것인지 등에 대한 문제를 중심으로 이루어졌다. 그 결과 상대적으로 드문 예외를 제외하면, 마르크스주의 전통 내에서 계급의식에 대한 체계적인 논의는 계급의식에 대한 경험적 문제에 초점을 맞추지 않았다.

이 장의 중심 목적은 계급구조와 계급의식에서 나오는 측정된 태도 간의 경험적 관계를 검토하는 것이다. 이어지는 절에서는 간략하게 내가 사용할 계급의식 개념의 의미를 논하겠다. 뒤이어 계급구조와 계급의식 간의 관계에 대한 인과적 논리에 대해 논의할 것인데, 이 논의는 경험적으로 탐구할 가설의 기초를 형성할 것이다. 특히, 왜 계급구조와 계급의식 간의 미시적 관계가 거시적 비교 틀을 통해 조사되었을 때만 적절히 이해될 수 있다고 생각하는지를 설명할 것이다. 그 다음 절에서는 의식이라는 대상을 조직화하는 문제점에 대해 간략히 언급할 것이다. 이러한 선행 사항들이 모두 완결되면, 미국과 스웨덴에서의 계급구조와 계급의식에 대한 통계 조사에 들어갈 것이다.

1. 무엇이 계급의식인가?

마르크스주의 전통에서 '계급의식'이라는 표현에는 두 가지 서로 상당히 다른 용법이 있다. 몇몇 이론가들에게는 계급의식이 가상적인 집단적 정체성으로 덧씌워진 가상적인 계급의 특징으로 간주되는 반면, 다른 이론가들에게는 계급 성원으로서 인간 개인이 갖는 구체적인 속성으로 이해된다.

이 용법의 첫 번째 경우는 마르크스주의 이론에서 헤겔주의 지류와 긴밀히 연관되어 있고, 아마도 루카치의 작업에서 가장 잘 표현되어 있는 것이다. 루카치는 계급의식을 다음과 같이 정의했다.

　　이제 계급의식은 생산 과정에서 특정한 전형적 위치에 귀속되는 적절하고 합리적인 반응의 사실들로 구성된다. 그러므로 이 의식은 그 계급을 이루는 개개인들이 생각하고 느끼는 것의 합계도 평균도 아니다. 그리고 역사적으로 의미 있는, 총체로서의 계급 행동들은 궁극적으로 바로 이러한 의식에 의해 결정된 것이지, 개개인의 생각에 의해 결정된 것이 아니다. 그리고

이러한 계급 행동들은 계급의식을 참조해야만 이해될 수 있다.[1]

루카치는 계급의식을 가상적으로 정의한다. 그에 따르면, 사람들이 생산 과정 내 특정한 위치의 담지자로서 그들이 합리적이라면 무엇을 느끼고 믿을 것인가가 바로 계급의식이다. 여기까지는 그 개념이 베버주의의 이념형 구성과 매우 유사하다. 그리고 단순히 계급 사회를 공부하는 데에 잠재적으로 유용한 교육적 도구로 간주될 수 있다.[2] 가장 문제가 되고 루카치의 입장이 그토록 예리한 비판 대상이 되는 것은 논의의 다음 단계에서이다. 루카치는 '귀속된' 계급의식이 실제 개인의 계급의식과 일치하지 않지만, 그럼에도 불구하고 귀속된 계급의식은 인과적 효과를 갖고 있다고 논한다. 특히, '역사적으로 중요한 총체'로서의 계급 행동은 궁극적으로 이 의식에 의해 결정되었다는 주장으로 말이다. 그러므로 개인과 관련해서 가상적이고 귀속된 것으로 보이는 것들은 전체로서의 계급에게는 인과적으로 작용하는 현실적인 기제로 다루어져야만 한다.

물론 그러한 주장은 가상적으로 상술된 의미에 대해 합리적인 개인들의 역사적 경향을 단지 축약해서 말하는 방법일지 모른다. 귀속된 의식은 계급 내에서 개인의 계급 행동에 인과적으로 효과를 미쳐야 '총체로서의 계급 행동'에 대해 인과적 효과를 미치는 것으로 간주될 수 있을 것이다. 그러므로 '귀속된 의식'은 개인 수준에서 출현한 경향성을 이론화하는 애매하고 다소 다루기 힘든 방식이다.

루카치는 명백하게 이러한 해석을 거부한다. 그는 이러한 가상적 상태가 초개인적 차원에서 어떤 방식으로 실제로 존재하고 있고, 심지어 개인들이 가상적으로 설정한 합리적인 방식으로 생각하지 않을 때에도 인과적으로 효력 있는 기제로 존재한다고 주장한다. 그러므로 계급의식은 계

---

1) George Lukács, *History and Class Consiousness* (Cambridge, Mass.: 1971[1922]), p.51.
2) 루카치 자신은 주석에서(같은 책, n.11, p.81) 그의 논의와 베버의 이념형 사이에 관계가 있다고 시사했지만, 그 연결 관계를 정교하게 다듬는 데는 실패했다.

급 자체의 속성이지 계급을 구성하는 개인의 속성이 아니다. 사실상 개별 노동자들에게도 특유한 계급의식을 구현하려는 경향성이 있을 테지만, 역사적 이행을 이해하는 데에 중요한 것은 계급의식 그 자체이다. 루카치의 작업을 근본적으로 역사에 대한 객관적 목적론에 빠져 있다는 비판에 취약하게 만드는 것이 바로 이 초개인적인 의식의 인과적 효과에 대한 주장이다.3)

'계급의식'이라는 표현의 두 번째 일반적인 용법은 계급의식을 개인의 구체적인 주관의 특별한 측면으로 파악한다. 이 두 번째 용법에 의해 거시 사회적 설명을 할 때에는, 계급의식에 대한 언급은 개인의 선택과 행동을 설명하는 데에 도움이 된다. 이러한 용법에서는, 그 용어가 집단이나 조직에 적용되었을 때, 관련된 집합체 내에서 개인 의식의 정형화된 분포를 일컫거나 중심적 경향성을 특징짓는 방식이 된다. 그러나 초개인적 존재, 특히 '계급'은 문자적 의미 그대로의 의식을 갖고 있지 않다. 왜냐하면 정신을 가지고, 생각하고, 대안들을 재고하고, 선호를 갖는 등의 일을 할 수 있는 종류의 실체가 아니기 때문이다.

실제로 마르크스주의 역사가와 사회학자들은 '계급의식'이라는 용어를 사용할 때 빈번히 그 개념의 두 가지 의미를 혼합해서 쓴다. 한편으로, '프롤레타리아는 X를 하기 위해 필요한 의식이 결여되어 있다'와 같은 표현, 또는 '지금 시기의 부르주아들은 특히 계급의식을 강하게 갖고 있다'는 표현에 부딪힌다. 그러한 표현은 의식이 그런 식으로 부착되어 있다는 점을 시사하는 것처럼 보인다. 다른 한편으로, 의식은 또한 개인의 행위와 선택을 설명하는 것으로 다루어지기도 한다. 이 경우 계급이익에 대한 진정한 이해를 가리키는 '계급의식'이라는 용어는, 계급 수준의 개인 주관과는 독립적으로 작동하는 어떤 초개인적 기제를 지시하는 뜻이

---

3) '역사의 객관적 목적론'은 역사에 어떤 객관적인 최종 상태나 '목표'가 있음을 함의하는 것이다. 여기서 역사의 목표는 인류 개인의 목표와는 구분되는 것으로 서, 역사 발전의 실제 궤적을 결정한다.

아니라 개인의 실제 의식을 평가하는 일을 돕는 발견적 수단으로 엄밀히 사용된다.

현 논의에서는 계급의식 개념을 두 번째의 일반적 의미로 엄격히 제한하여 쓸 것이다. 초개인적 수준에서 작동하는 실제 기제의 특성을 서술하는 방법으로 계급의식 개념을 사용하는 것은 기껏해야 서투른 일이 될 뿐이고, 그보다 더 빈번하게는 이론적으로 잘못된 방향으로 나아가게 된다. 물론 이는 초개인적인 사회 기제가 중요하지 않다고 말하는 것이 아니라 그것이 '의식'이라는 범주로 개념화되어서는 안 된다는 점을 단순히 뜻할 뿐이다. 또한 이는 사회 내 개인 의식의 실제 분포가 사회적으로 중요하지 않다거나 인과적 중요성을 띠고 있지 않다는 말이 아니다. 그것은 사회적 중요성을 가질 수 있다. 그러나 의식의 분포가 의식 자체는 아니다.[4]

이런 방식으로 이 개념을 이해하고 나면 '의식'을 연구하는 것은 개인의 정신적 삶의 특정한 측면, 이른바 개인이 스스로 알고 있는 것에 대해 토론을 통해 접근할 수 있는, 개인의 주관이라는 요소에 대해 연구하는 것이 된다. 그러므로 의식은 '의식하고 있지 못하는' — 토론을 통해 접근할 수 없는 — 정신세계와는 반대되는 것이다. 의식의 요소 — 신념, 사상, 관찰, 정보, 이론, 선호 — 를 계속해서 사람들이 자각하고 있지는 않지만, 그들이 그러한 자각에 대해 접근하는 것은 가능하다.

---

4) 계급'의식'을 집합의 속성으로 정당하게 일컬을 수 있는 한 가지 의미가 있다. 즉, 의식이 실천 그 자체를 묘사하는 데 사용되고 그러한 실천에 깔려 있는 의도적인 선택을 결정하는 주관의 형태를 단순히 설명하는 데는 사용되지 않는 경우에 말이다. 실제의 실천은 조직 자원의 사용과 다양한 다른 종류의 집합적 능력을 사용하는 것을 포함하기 때문에, '의식'이라는 용어가 실천 그 자체를 뜻하는 것으로까지 확장될 때에는 더 이상 그것을 엄격히 개인의 속성이라고 할 수 없게 된다. 나는 의식이라는 표현을 문제의 주관적 차원에 한정시키고 '능력'이라는 용어를 투쟁을 위해 집합적으로 조직된 자원을 묘사하는 데 사용하면서, '실천'이라는 용어를 개인 의식과 집단 능력 간에 연결되어 발생하는 개인과 집단의 행동을 묘사하는 데 사용했다.

의식의 개념화는 의지와 의도의 문제에 긴밀하게 묶여 있다. 어떤 것에 주관적으로 접근할 수 있다는 것은 의지적인 행동으로 스스로 그것에 대해 알 수 있다는 것을 말하는 것과 같다. 사람들이 행동 경로의 대안들을 두고 선택할 때 선택의 결과가 되는 행동은, (적어도 부분적으로) 선택을 하는 행위자의 의도에 들어가는 특정한 의식적 요소들에 의해 설명된다. 의식의 문제가 의도의 문제로 환원될 수는 없지만, 사회 이론의 관점에서 봤을 때 사회를 설명하는 데 의식이 나타나는 가장 중요한 방식은 행위자의 의도와 이 의도에 따른 선택에 관련된 방식이다.

물론 이는 주관이 의도적인 선택을 통해 효과를 발휘한다고 이야기하는 것이 아니다. 넓은 범위의 심리학적 기제가 의식적인 의도를 거치지 않고 행위에 영향을 미칠 수 있다. 의도와 선택을 통해 의식을 구체화하는 것이 모든 사회적 상황에서 결과에 가장 중요한 결정인자들이 의식을 통한다고 함의하는 것도 아니다. 대안들을 선택하는 행위자의 의식적인 과정보다는 행위자에게 열려 있는 가능한 행동 경로의 범위를 결정하는 과정에서 중요한 결정인자가 발견될 수도 있다. 여기서 주장하려는 바는, 사회구조를 사회적 실천에 연결시키는 실제 기제를 온전히 이해하기 위해서는 그 구조 안에 살고 그 실천에 참가하는 행위자가 내리는 의도적 선택의 주관적 기초가 조사되어야만 하고, 이를 위해서는 의식을 연구해야만 한다는 것을 함의한다는 점이다.[5]

내가 '의식'이라는 용어를 쓰는 방식은 이데올로기의 문제에 긴밀하게 연결되어 있다. 특히 테어본의 작업에서 고안된 바 있는 이데올로기 개념과 밀접한 연관이 있다. 테어본은 이데올로기를 다음과 같이 정의한다.

---

5) 의식과 계급의식에 대해 이 장에서 채택한 추상적 개념화는 '합리적 선택' 또는 '전략적 행동'이라고 때때로 일컬어지는 인간 행동에 대한 관점에 뿌리박고 있다. 이 책에서 채택된 공식에도 영향을 미친 이 이론적 전통과 그 이론이 마르크시즘과 맺는 관계를 밝히는 중요한 작업에 대해서는 다음 책을 보라. Jon Elster, "Marxism, Functionalism and Game Theory," *Theory and Society*, vol.11, no.4 (July 1982), pp.453~485; *Making Sense of Marx* (Cambridge: 1985).

이데올로기는 …… 의식과 의미가 형성되는 매체이다. …… 그리하여 여기서 채용된 이데올로기라는 개념은 '매일 매일의 관념', '경험'과 정교한 지적 원칙을 모두 포함하고, 사회적 행위자의 '의식'과 그 사회의 제도화된 사고체계와 담론을 모두 포함한다. 그러나 이것을 이데올로기로 연구하는 것은 그것들을 특정한 관점에서 살펴본다는 것을 의미한다. 즉, 본래적인 사고체나 담론구조가 아니라 의식 있는 행위자, 인간 주체가 특정한 세계 내 존재(being-in-the-world)로 드러남으로써 말이다. 다른 말로 하면, 텍스트나 말을 이데올로기로 인식하는 것은 인간 주관의 형성과 변형에서 그것들이 작동하는 방식을 다루는 데 초점을 맞추는 것이다.[6]

나는 테어본의 정식화를 한 면만 수정할 것이다. 이데올로기는 주관 전체가 아니라 의식의 형성 과정에 관계한다.[7] 이렇게 보았을 때 문화는 이데올로기와는 구분되는 사회적 관행이자 더 정확하게 말해서 사회적 실천의 차원으로 간주될 수 있다. 문화의 차원은 주체성의 비의식적 측면(성격구조, 인성, 습관, 정서적인 스타일 등)을 형성한다. 예를 들어 이데올로기는 삶의 양식으로써 경쟁의 바람직함과, 인간 상호작용의 양식으로써 치열한 경쟁의 불가피성을 신념화한다. 다른 한편으로 문화는 효과적인 방식으로 그 신념 위에서 행위할 수 있는 경쟁적인 인성을 생산한다.[8] 문화가 이데올로기보다 더 중요할 수도 있다. 경쟁성에 대한 신념은 그것이 적절한 인성구조에 들어맞을 때만 그 사회에서 재생산될 수 있다. 이

---

6) Göran Therborn, *The Power of Ideology and the Ideology of Power* (London: 1980), p.2.

7) '주관'이라는 용어는 다소간 애매한 이론적 지위를 갖고 있다. 그 용어가 단지 사람들이 '주관'을 갖게 하는 '정신(psyche)'의 의식적인 영역만을 지칭하는 것인지, 아니면 기본적으로 정신의 모든 측면을 지칭하는 데 쓰이는 것인지가 명확하지 않다. 이데올로기에 대한 그의 토론에서 의식을 강조한 것으로 보면, 테어본은 주관이라는 용어를 좁은 의미로 쓰고 있다고 생각한다.

8) 이데올로기와 문화는 세계에서 구분되는 두 가지 종류의 사태가 아니다. 실제 사회적 행위자의 실천에서 그 둘은 계속적으로 서로 연관된다. 여기서 내린 구분은 그러한 실천들에 의해 생긴 효과에 대한 것이다. 이데올로기적 효과는 의식과 인지에 대한 효과에 초점을 맞춘 것이다. 문화적 효과는 주관의 비의식적 측면에 미치는 효과에 초점을 맞춘 것이다.

는 (사회적 실천을 설명하는 데에) 인간 주체성의 의식적 차원이 무의식적 차원보다 덜 중요하다는 주장에 상응한다. 그럼에도 불구하고 이 장에서 우리의 주된 관심은 의식에 대한 것이고, 그 결과 이데올로기에 간접적으로 초점을 맞추게 된다. 이는 대안들을 의식적으로 비교하는 일을 포함한 의도적인 행동이 사회적 실천의 중요 속성이며, 그것과 계급의 관계가 사회 분석에서 중요한 문제임을 의미한다.

'의식'에 대한 이러한 정의를 바탕으로 하면, '계급'의식은 구별되는 계급 내용이 부여되는 의식의 측면들로 간주될 수 있다. '내용'은 두 가지 중 하나를 의미할 수 있다. 첫째, 그것은 계급 분석으로부터 의식 측면을 논리적으로 도출하는 것을 가리킬 수 있다. 경쟁적 시장 관계는 자본주의의 독특한 구조적 특징이다. 그러므로 경쟁의 바람직함에 대한 신념은 계급적 성격을 갖고 있는 것으로 간주될 수 있다. 왜냐하면 개인의 선택과 실천에 이 신념이 미치는 영향에 관계없이 실제의 실천에 그 신념이 조응하기 때문이다. 둘째, 의식의 계급적 내용은 세계에 '계급 관련 효과' — 즉, 개인이 기존 계급관계 구조 내에서 활동하는 데 영향을 미치는 효과이며 동시에 계급관계 그 자체에 영향을 미치는 효과 — 를 가져오는 의도, 선택, 실천에 관련된 의식의 측면들을 가리키는 것이다. 이것이 바로 현 논의에서 강조될 용법이다. 계급구조가 행위자의 객관적인 물질적 이익을 결정하는 사회관계의 영역으로 이해되고 계급투쟁이 그러한 이익을 실현하려는 사회적 실천의 형태로 이해된다면, 계급의식은 그러한 이익, 투쟁과 관련된 의도적 선택을 형성하는 주관적 과정이라고 이해될 수 있을 것이다.

한 가지 잠재적인 용어상의 혼동에 대해 여기서 명확히 해야 할 필요가 있다. 마르크스주의의 논의에서는 계급의식을 '갖고 있는' 노동자와 그렇지 않은 노동자를 구분하는 일이 흔하다. 이러한 용법으로는, '계급의식'은 그들의 계급이익에 대해 '진정한' 그리고 '일관된' 이해를 갖고 있는, 이른바 계급 관련 의식 중 특정한 유형을 말한다. 나는 진정한 계급이익에 충실한지 여부에 관계없이 계급 관련 의식을 지칭하기 위해 계급의식이라는 용어를 보다 일반적인 의미로 쓰겠다. 그러므로 계급의식의 특정한 유형이 존재한다고 구체적으로 지적하고 싶은 부분에서는 적절한 형용사를 사용하는 것이 필요할 것이다. 친노동계급 의식, 반자본주의 계급의식, 혁명적 노동계급 의식 등으로 말이다. 내가 양식화되지 않은 표현인 '계급의식'을 수식 없이 쓸 때에는 언제나 계급 내용을 담고 있는 의식의 일반적 영역을 가리키는 것이다.

계급의식에 대한 이러한 이해는 그 개념이 몇 가지 요소로 분해될 수 있음을 시사한다. 사람들이 의식적인 선택을 할 때는 언제나 다음과 같은 주관의 세 차원이 관계한다.

1. 대안의 인식: 선택지란 대안적 행동 경로들 중 하나를 취하는 것이다. 그러므로 의식의 한 가지 중요한 요소는 어떤 가능성이 존재하느냐에 대한 주관적 인식이다. 이러한 의미로 보았을 때 '계급의식'은 계급적인 내용을 담는 법과 그 결과로 나오는 계급 행동에 이르는 법을 포함한다.

2. 결과에 대한 이론: 대안적인 가능성에 대한 인식 그 자체로는 선택을 하기에 불충분하다. 사람들은 행위 선택에 따라 예상되는 결과에 대해 서로 어느 정도 이해하고 있어야만 한다. 이는 선택이 이론을 포함한다는 것을 의미한다. 이 이론은 추상적으로 공식화된 이론이라기보다는 '실용적인' 이론일 것이고, 설명적인 원칙이 되기보다는 '경험에서 우러나 어림짐작에 사용되는 법칙'의 성격을 갖고 있을 것이다. 이러한 측면에서 계급의식은 사람들이 견지하는 신념이 계급실천에 관한 선택을 형성하는 방식을 포함한다.

3. 선호: 어떤 사람이 인식하는 대안과 각 대안의 결과에 대한 이론을 아는 것만으로는 아직 특정한 의식적 선택을 설명하기에 충분하지 않다. 이에 더해, 그들의 선호를 아는 것이 필수적이다. 선호란 결과들의 바람직함에 대한 평가를 의미한다. 이 맥락에서 '바람직함'은 그 사람에게 돌아가는 물질적 혜택이라는 의미에서 바람직하다는 것을 의미할 수도 있으나, 꼭 이기적인 평가로부터만 나오는 선호에 국한될 필요는 없다. 이러한 측면에서 계급의식은 계급 이익의 주관적 구체화를 포함한다.

이 세 가지 주관성의 차원(인식된 대안, 이론, 선호)은 고전적인 마르크스주의자들에게 의식과 이데올로기에 대한 토론의 대상이었다. 비록 일반적으로는 여기서 주어진 것과 다른 이름으로 불렸을지라도 말이다. 정당성은 행위자의 가치 선호와 관련되어 있다. 신화화의 문제는 무엇보다도 행위자가 특정한 실천과 사회적 관계의 원인과 결과에 관해 견지하는 이론의 문제이다. 헤게모니는 지배계급 이익과 양립할 수 없는 선택지를 인식하는 것을 제한하도록 사회적 가능성이 구조화되는 방식에 관한 문제이다.

내가 제안한 계급의식 정의에 따르면, 의식이 '거짓'이라고도 말할 수 있다. 행위자들은 거짓 정보를 가지고 대안적 가능성에 대해 왜곡되게 지각하고, 그들의 선택 효과에 대한 잘못된 이론을 가지고 선택할 수도 있다. 이런 정의법을 취하면 의식의 '오류'라는 말이 무엇을 의미하는지가 꽤 명확해진다. 비록 이 경우 '진정한' 의식이 실제로 무엇인지를 규정하기는 그렇게 쉽지 않을지 몰라도 말이다. 그러나 세 번째 요소인 '선호'는 어떤가? 행위자가 '오류'인 선호를 갖고 있다고 이야기할 수 있는가? 마르크스주의자들이 '객관적 이익'에 대해 이야기할 때는, 행위자가 정확한 정보와 이론은 갖고 있지만 그들의 이익에 대해 왜곡된 주관적 이해를 갖고서 선택을 하는 경우가 있음을 의미한다(여기서 '주관적 이해'란 여러 가능한 행동 경로에 대한 행위자의 선호를 의미한다).

진정한 이익(왜곡되지 않은 선호)을 구체화하는 문제는 어렵고 논쟁적인 것이라서, 그것을 이 장에서 철저하게 탐구한다면 이 장의 핵심 목적에서 너무 멀어지게 될 것이다. 그러나 몇 가지 간략한 논평이 내가 취하는 입장을 명확화하는 데 도움을 줄 것이다.[9]

---

9) '객관적 이익' 문제에 대한 유용한 토론으로는 다음을 보라. Raymond Geuss, *The Idea of Critical Theory: Habermas and the Frankfurt School* (Cambridge: 1981), pp.545~551; Issac Balbus, "The Concept of Interest in Pluralist and Marxist Analysis," *Politics & Society* (February 1971); Ted Benton, "Objective Interests and the Sociology of Power," *Sociology*, vol.15, no.2(May 1981), pp.161~184; Steven Lukes, *Power: a Radical*

어떤 사람이 진정한 이익에 대해 왜곡된 이해를 하고 있다고 말할 수 있는 두 가지 기본적인 의미가 있다. 첫째는 가장 단순한 것으로서, 어떤 사람이 '진정으로 원하는' 사태가 어떤 종류의 기제를 통해 심리적으로 막혀 있다는 것이다. 그러므로 주관적으로 접근 가능한 선호 — 즉, 개인 '의식'의 일부분인 선호 — 는 이러한 막힘이 없었을 때 그 사람이 의식적으로 견지했을 선호와는 다르게 된다. 문제의 막힘은 개인의 주관성에 실제로 존재하는 선호와 소망을 알지 못하게 하는 실질적인 기제이다. 만약 우리가 그러한 심리적 장애물의 작동을 이해한다면 그 결과로 나오는 왜곡의 성격에 대해서도 무엇인가를 말할 수 있을 것이다.

왜곡된 선호를 말하는 두 번째 의미는, 개인의 주관에 왜곡되지 않은 선호가 발견되기를 기다리면서 무의식에 깊이 묻혀 있고 실제로 그것이 존재한다는 것을 함의하지 않는다. 두 번째 의미는, 왜곡 기제가 선호 형성 과정의 처음부터 작동할 가능성을 인정한다는 것이다. 그러한 의미에서 장애는 그 이력상 역사적이다. 그러므로 가상적 설정은 선호 형성 과정에서 그러한 왜곡 기제가 없었더라면 발전시켰을 선호에 대한 가정이다. 그러한 논변의 통상적인 형태는, '진정한' 이익은 최대한 가능한 자율성과 자기 방향 설정하에 주관이 형성되었더라면 견지했을 이익이다.

각각의 접근 방식에는 장단점이 있다. 첫 번째 접근은 변화를 추적할 수 있고 잠재적으로 실증 조사에 좀더 열려 있다는 장점을 갖고 있다. 그러나 그 접근 방식은 문화적 관행이 행위자의 주관에 미쳤을 최심층 수준의 효과를 나타내기에는 한계가 있다. 두 번째 대안은 중요한 비판이지만, 과학적 설명상 거의 피할 수 없을 정도로 문제가 많은 개념을 초래하는 사변적 성격 때문에 어려움을 낳는다. 그러므로 나는 첫 번째 접근인 이익 왜곡의 의미를 채택할 것이다. 이러한 채택이 기술될 수 있는 문제에 대한 시야를 좁힌다는 점을 인정하면서 말이다.

View (London, 1974); William Connolly, "On Interest in Politics," _Politics & Society_, vol.2, no.4(1972), pp.459~477; Jon Elster, _Sour Grapes_ (Cambridge: 1983).

왜곡의 좁은 개념, 즉 실제 이익을 이해하는 것에 대한 주관적 장애라는 의미의 개념이 있으면, 특정한 계급 위치에 속하기 때문에 부여되는 '진정한' 이익과, 그에 조응하는 이익의 왜곡에 대해 이야기할 수 있게 된다. 논의는 어떤 종류의 선호에 대한 주장에 기반하여 진행될 것이다. 사람들이 일반적으로 의식해서 알고 있지 않더라도 소위 그들에게 영향을 미치는 선택과 행위를 할 수 있는 능력을 확장하려는 데 관심이 있다는 주장 말이다. 선호는 장애에 의해 가려질 수 있으나, 일반적으로 사람들은 '마음 깊은 곳에서' 자유와 자율성에 대해 소망하고 있다.10) 개개인이 선택을 해야 하고 또 그들에게 작용하는 행위능력(실질적 자유)이 체계적으로 계급구조 내 지위에 의해 형성되는 한, 사람들은 자유에서의 실질적 이익에 기반한 객관적인 계급이익을 가지고 있다.11) 사람들의 의식적인 선호가 자신의 그러한 능력을 감소시키거나 확장시키는 데 오히려 장애가 된다면, 나는 그들이 '진정한' 또는 '객관적인' 계급이익에 반해 행동한다고 이야기할 것이다.

계급의식에 대해 이렇게 정리를 하면, 기본적으로 구분되는 계급의식 형태의 꽤 복잡한 유형학을 발전시키는 일을 시작할 수 있게 된다. 이는 개인이 갖고 있는 인식, 이론, 선호가 계급이익을 진작시키거나 방해하는 방식에 그 기초를 두게 될 것이다. 예를 들어, '헤게모니적인', '개혁적인' '저항적인' '혁명적인' 노동계급 의식을, 인식, 이론, 선호의 특정한 조합에 의해 구분할 수 있게 된다. 이는 본질적으로 최근 몇 년 동안 발전한

---

10) 자유는 단순히 제약이 부재한 상태가 아니라 행동할 수 있는 능력을 의미한다. 이러한 개념에 대한 체계적인 토론으로서 현재의 논의를 담고 있는 것으로는 다음을 보라. Andrew Levine, *Arguing for Socialism* (London: 1984), pp.20~49.

11) 소득과 소비라는 단순한 물질적 이익은 자유에 대한 일반적 이익의 한 예이다. 착취당하는 것은 자유에 가해진 제약이다. 왜냐하면 물질적 자원이 능력을 구성하는 중요한 요소라는 의미에서 행위능력을 감소시켰기 때문이다. 레빈이 명민하게 보여주었듯이 이러한 의미에서 평등은 자유와 구분되는 가치가 아니다. 왜냐하면 불평등은 자유 그 자체에 중요한 방해물이기 때문이다.

보다 정교한 계급의식 유형학이 시도해왔던 것이다.[12]

현 연구에서는 계급의식 형태에 대해 세부적인 유형표를 고안해내려고 시도하지는 않을 것이다. 우리가 사용할 자료는 그러한 유형표를 조작화할 수 있도록 확장될 수 있지만, 설문조사 방법론의 한계 때문에 상대적으로 단순하고 평이한 변수들을 채용하는 것이 낫다. 확실히 그 문제에 대한 탐구의 시작 단계에서는 꽤 '직설적인 접근법'을 택하는 것이 바람직할 것이다. 그러므로 우리가 사용하는 계급의식에 대한 측정 수단은, 일반적으로 개인이 노동계급 또는 자본가계급의 이익과 일관된 행동을 하는 정도를 발견하도록 고안되어 있다.

2. 인과적 논리

만약 계급의식이 의도적 선택을 형성하는 인식, 이론, 선호의 계급 내용에 의해 이해된다면, 계급의식 분석에서 설명해야 될 문제는 그러한 계급 내용이 결정되는 과정과 계급의식이 계급 형성 및 계급 모순의 패턴에 갖는 효과를 밝혀내는 일이다. 상품 물신숭배에 대한 고전적인 마르크스주의 이론은 정확히 그러한 이론이다. 그것은 행위자의 인식과 이론이 어떻게 상품관계의 작동으로 인해 특정한 계급 내용을 가지게 되는가에 대한 설명이다. 생산자가 상품 생산 사회에서 겪는 즉각적 경험은 사람들 간의 사회적 관계를 사물들(상품들) 간의 관계로 드러낸다. 그리고 이는 다른 한편으로 '물신숭배 의식'이라고 특징지을 수 있는 정신구조를 발생

---

12) 특히 다음 책에서 제안된, 계급의식에 대한 개념적 유형을 참조하라. D. W. Livingstone, *Class and Class Consciousness in Advanced Capitalism* (unpublished manuscript, Toronro: 1984); *Action among the Western Working Class* (London: 1973); Bertell Ollman, "Toward Class Consciousness in the Working Class," *Politics & Society* (Fall 1972), pp.1~24; Therborn, *The Power of Ideology and the Ideology of Power* (London: 1980).

시킨다고 고전적 이론에서는 말한다. 그 이론은, 그러한 의식이 자본주의의 항구성과 자연스러움의 의미를 전달하는 데에 중요한 역할을 하며, 그리하여 자본주의 사회를 변혁시키는 혁명적 프로젝트를 방해하게 된다고 주장한다.

이 장의 실증조사에 전제된 의식 형성에 대한 인과적 모델은 숙고에 기반한 단순함을 갖고 있다. 그것의 목적은 개인의 의식 형성 과정에 관여하는 복잡성의 전체 범위를 그리기보다는 가장 큰 영향력을 가지고 작동하는 지배적이고 체계적인 결정 요인을 포착하려는 것이다. 그 모델은 두 가지 일반적인 가정에 기초하고 있다.

> 전제 1: 착취관계에 뿌리박은 물질적 이익, 그리하여 계급구조에 연결된 물질적 이익은 실제적이다. 그 이익은 구체적인 주관이나 계급 위치에 속한 사람의 개인적 성격과 독립하여 존재한다. 만약 이 가정이 받아들여진다면 두 가지 예상을 할 수 있다. 첫째, 인간이 어느 정도의 합리성을 가지고 있다는 최소한의 가정을 하고, 모든 것이 동일하다면 그들의 객관적 계급이익과 일관된 의식의 형태를 발전시키려는 경향이 적어도 약하게나마 있어야 한다. 물론 '경향성'은 주어진 계급 위치에 실제로 처한 모든 사람이 동일한 의식을 갖고 있다는 것을 함의하지는 않고, 단순히 그들이 다른 계급 위치에 있는 사람들보다는 그 계급 위치와 결부된 객관적 이익과 일관된 의식 형태를 가질 가능성이 높다는 것을 단순히 의미할 뿐이다. 그러한 이익에 대한 지각이 부분적이거나 불완전할 수는 있다. 경향성 개념에 따르면, 이익에 대한 왜곡된 인식이 완전히 현실과 동떨어진 인식이라고 보지 않고 이익에 대한 완전한 이해로부터 다양한 정도로 떨어져 있는 것으로 간주하게 된다. 둘째, 개인적 속성이 계급구조와 계급의식 간 연관성의 강도에 영향을 미칠 수는 있으나, 계급과 의식의 연결 관계는 계급 위치 점유자들의 속성에 의해 생기는 인위적 산물은 아니다. 그 연결 관계는 계급의 객관적 성질 자체에 기초한 것이다. 이러한 예상에 기초하여 경험적으로 '검증 가능한' 두 가지 가설을 공식화할 수 있다.

가설 1: 의식에서 계급적 내용은 <표 6-1>에 나와 있는 계급-착취 모형의 차원을 따라 올라가는 계급 위치에 따라 단조적으로 변화할 것이다.

가설 2: 계급구조 내 위치와 의식의 계급적 내용 간의 관계는, 계급 위치를 실제로 점하고 있는 사람들의 개인적인 속성들(사회적 기원, 나이, 성별, 기타 등)이 통계적으로 통제될 때에도 사라지지 않을 것이다.

전제 2: 의식 형성이 개인 내에서 일어나는 과정이긴 하지만 과정 자체는 사회의 구조적 요소와 역사적 요소라는 조건에 따른다. 그것들은 원자적인 개인들이 '사건'을 만나 중개되지 않은 채로 맞닥뜨린 결과가 결코 아니다. 이는 인식론적 주장이자 동시에 사회학적 주장으로 간주될 수 있다. 인식론적으로는 순전히 감각 자료의 축적으로부터 지식이 발생된다는 순수한 경험주의에 대한 거부이다. '사실'은 결코 중립적으로 인식되지 않는다. 거기에는 항상 이미 존재하는 정신적(이론적) 범주를 통한 어떤 인식적 중개 과정이 개입하게 된다. 사회학적으로는 사람들이 그들의 세계를 해석하는 이데올로기적 범주를 사회적으로 구축하는 논변이 존재한다. 예를 들어, 어떤 사람이 실업을 개인적 실패로 경험할지 사회적 부정의로 경험할지 여부는 정당과 노조, 국가의 정책, 학교의 교과 과정 등에 달려 있다. 사건 그 자체는 고유한 주관적 경험으로 바로 이어지지 않으며, 그렇기 때문에 의식 형성의 고유한 패턴을 발생시키지 않는다. 의식 형성 과정에 대한 사회적 중개는 다음의 경험적 가설을 시사한다.

가설 3: 정당과 노조가 세계에 대한 계급적 해석을 강조하는 전략을 채택하면, 가설 1에서 가설화된 계급의식 편차의 패턴은 보다 분극화되고 보다 체계적으로 발생할 것이다.

이 가설은 <그림 7-1>에 나타난 상호작용적인 단순한 인과적 모델의 도해로 나타낼 수 있다. 이것은 계급구조와 계급의식에 대한 스웨덴과 미국의 비교 경험 조사에 대한 핵심 모델이 될 것이다.

<그림 7-1> 계급구조와 계급 위치의 모델

3. 조작화

1) 계급의식

제5장에서 주목했던 바와 같이 계급의식은 측정하기 힘들기로 악명이 높다. 계급의식이라는 개념은 계급적 내용을 갖는 행위를 선택하는 의식에 침범하는 주관적 속성을 나타낸다. 그렇다면, 그 개념이 지칭하는 주관적 상태가 정말로 단지 의미 있는 선택 상황이란 조건하에서만 '활성화'되는가라는 질문이 발생한다. 이는 무엇보다도 계급투쟁 상황에서 계급의식이 활성화되리라는 것을 함의한다. 이 주관적 상태가 응답자의 다른 종류의 의식적 선택(인터뷰에서의 선택)에서도 동일할 것이라고 추정할 아무런 필연적인 이유도 없다. 결국 인터뷰 환경 그 자체도 사회적 관계이고, 방어기제의 작용을 통해서나 적의(敵意) 또는 다른 반응을 통해서 응답에 영향을 미칠지도 모른다. 더 나아가 사람들이 설문조사의 인위적인 선택에 반응하는 방식과 사회적 실천에서 진짜 선택에 반응하는 방식 간에 단순한 편차가 아니라 응답의 체계적인 전도(轉倒)가 있을 가능성이 있다. 결과적으로 설문조사 도구를 통해 계급의식을 측정하려는 시도 자체에 거의 가치가 없다고 논해지기도 했다.13)

---

13) 예를 들어 다음 문헌을 보라. Gordon Marshall, "Some Remarks on the Study of

이 문제들은 심각한 것들이고, 계급의식에 대한 설문조사 연구의 가치를 잠재적으로 훼손시킨다. 그러나 나의 생각으로는, 사람들의 인지 과정은 인터뷰의 인위적 환경과 계급투쟁이 벌어지는 실제 삶의 환경 모두에 걸쳐 얼마간의 안정성을 갖고 있다. 그리고 구조화된 인터뷰에서 나타날 수도 있는 왜곡에도 불구하고 사회적 설문조사는 잠재적으로 이러한 안정적 요소를 측정할 수 있다. 모든 사람들이 '실제 삶의 환경'에서 행할 바를 예측하는 설문조사의 능력은 매우 제한되어 있지만, 설문조사는 계급구조가 계급 행동 같은 것에 어떻게 연결되어 있는가에 대해 대중이 갖고 있는 이미지를 제공할 수 있을지도 모른다.

이 연구에서 사용된 설문지에는 직접적으로 정치적 쟁점을 다루는 문항부터 여성들의 평등한 기회와 같은 규범적 쟁점을 다루는 문항, 다양한 종류의 사회문제에 대한 설명을 요구하는 문항에 이르기까지 태도에 관한 문항이 매우 폭넓고 다양하게 포함되어 있다. 이 문항들 중 많은 수는 계급의식을 지시하는 것으로 해석될 수 있으나, 대부분의 문항에서 구체적인 계급 내용은 간접적인 것이고 상당히 강한 이론적 추정을 전제한다.[14] 그러므로 이 초기 조사의 목적을 위해서는, 가장 직접적인 계급적 함의를 가지고 있는 문항들에 초점을 맞춘 다음 이 문항들을 상당히 단순하고 명백한 계급의식 척도로 집계하는 것이 바람직한 것으로 보인다.

우리가 채택할 계급의식을 측정하는 수단은, 기본적으로 제5장에서 노동계급에 대한 경쟁하는 정의들을 조정하는 데에 쓰인 태도 척도와 동일하다. 유일한 차이점은, 그 척도를 구성하는 데에 쓰인 문항 중 두 개가

Working Class Consciousness," *Politics & Society*, vol.12, no.3(1983), pp.263~302.

14) 예를 들어 마르크스주의자들은 종종 사회문제를 개인주의적인 용어("가난한 사람들은 게으르기 때문에 가난하다")로 설명하는 것과 사회구조적인 용어("가난한 사람들은 자본주의가 불평등을 만들어내는 방식 때문에 가난하다")로 설명하는 것 자체가 계급의식의 한 측면이라고 논한다. 나는 이 주장을 받아들이지만, 이것을 받아들이기 위해서는 신비화라는 마르크스주의 이론에 대한 꽤나 강한 헌신이 필요하다.

스웨덴에서 조사할 때는 질문되지 않아서 척도가 8개가 아니라 6개의 설문 문항에 기반하게 되었다는 것이다(그리하여 값의 범위가 −6에서 +6까지 이르게 되었다). 제5장에서는 쓰였으나 여기서는 제외된 질문들은 다음 두 개이다.

> 3. 일반적으로, 파업 시 조업을 계속하기 위해 동원되는 사람들(파업 파괴자)이 작업장에 들어오는 것을 파업 노동자들이 물리적으로 막는 것은 정당화된다.
> 5. 빈곤의 가장 주된 이유는 경제가 사유 재산과 이윤에 기초해 있다는 것이다.

이 중 3번 문항이 스웨덴 설문 조사에 제외된 이유는, 파업 방위선(picket line)을 형성해서 파업 파괴자들이 작업장에 들어가는 것을 물리적으로 막는 행위가 스웨덴 현대 노동계급에는 거의 없는 관행이기 때문이었다. 그러한 실천이 스웨덴 노동자들의 전략 목록에 없기 때문에 이 문장에 '물리적으로'라는 단어에 담겨 있는 강제의 정도를 의미 있게 전달하는 것이 어려웠다. 빈곤의 원인에 대한 질문이 제외된 이유는, 스웨덴에서는 일반적으로 빈곤이 당연히 사회적 문제라고 여겨지고 있었기 때문에 그 질문은 아무런 의미도 없었기 때문이었다.

이렇게 구성된 의식 척도에 더해, 계급구조와 (제5장에서 논의된) 계급 정체성을 재는 전통적 변수 간의 관계도 검토할 것이다. 계급의식에 대한 이론적 토론의 용어에 의하면, '계급 정체성'은 어떤 의미에서 의식의 세 차원(인지적, 이론적, 규범적 차원)을 모두 결합시킨다. 특정한 계급 정체성을 파악한다는 것은 세계를 특정한 범주로 파악한다는 것이며, 계급 구성원이 되는 원인과 결과에 대한 어떤 이론을 가지게 되는 것이며, 적어도 그 계급에 결부된 이익을 평가하는 어떤 척도를 이해하는 것이다. 계급 정체성은 이들 다양한 측면들을 그토록 조밀한 방식으로 연결시키는 듯이 보이기 때문에, 계급 태도에 대한 경험적 조사를 하는 사회학자들이 가장 좋아하는 변수이다.

2) 노동계급 이력

이것은 응답자의 계급 출신과 이전의 직업 이력에 대한 정보를 결합하도록 구성된 변수이다.[15] 그 변수의 가장 높은 값인 6은 한 번도 자영업이나 감독직에 있어보지 못한 노동계급 출신들에게 부여되었다. 가장 낮은 값인 1은 비노동계급 출신이자 자영업을 해본 경험이 있는 사람들에게 부여되었다. 현재 자영업을 하고 있는 응답자들은 이 변수에서 최고치를 가질 수 없음에 주목하라. 왜냐하면 그들은 자영업이라는 경험을 해본 것으로 분류되기 때문이다.[16]

3) 노동계급 네트워크

이 변수는 개인의 사회적 네트워크, 현재의 가족, 부업의 계급적 성격에 대한 정보를 결합한다. 가장 높은 값인 9는 가장 친한 친구 셋이 모두 노동계급이고, (결혼했다면) 배우자가 노동계급이며, 노동계급의 일이 아닌 부업을 갖고 있지 않은 사람에게 부여되었다. 가장 낮은 값인 1은, 가장 친한 친구 세 명이 모두 노동계급이 아니고, 배우자도 노동계급이 아니며, 비노동계급적인 부업이 있는 사람에게 부여되었다.

---

15) 이 변수를 구성하는 논리에 대한 자세한 설명으로는 부록 II의 <표 II-7>을 보라.

16) 우리는 현재 자가고용되어 있는 사람을 포함한 모든 응답자들에게 그들이 과거에 자가고용된 적이 있었는지 여부를 물었어야 했다. 그렇게 했더라면 응답자의 현재 상황에 의해 영향받지 않는 역사적 경험 변수를 엄밀히 구축할 수 있었을 것이다. 불행히도 이전에 자가고용된 적이 있는가라는 질문은 현재 자가고용되어 있지 않은 사람에게만 제시되었다.

4. 통계적 과정에 관한 주해

1) 회귀등식 해석하기

이 장에서 제시될 자료 분석 중 상당수가 다중 회귀분석을 중심적으로 사용하고 있다. 통계학에 익숙하지 않은 독자들을 위해, 그러한 등식을 어떻게 해석해야 할지 간략히 일러두면 도움이 될 것이다.

회귀등식은 기본적으로 다음과 같은 종류의 질문에 답한다. 교육 이수 량에서 한 단위 차이가 나는 두 사람 사이에 소득 차이는 얼마나 날 것인 지 예측할 수 있는가? 그 소득 차이의 양이 교육의 소득을 예측하는 회귀 등식에서 교육 변수에 대한 원상관계수(raw coefficient)이다(또는 'B' 상관계 수이다).

기본적으로 자료 분석에서 전형적으로 사용되는 회귀등식에는 두 종 류가 있다. 첫 번째는 '단순 회귀'로서 하나의 '독립변수'가 종속변수를 예측하기 위해 사용된다. 위에 제시된 사례에서 교육이 소득을 예측하기 위해 사용되었다. 둘째로, '다중 회귀등식' 또는 '다중 변수 회귀'가 있다. 우리가 위에서 던진 것보다 더 복잡한 질문을 던지기를 원한다고 가정해 보자. 이수한 교육에서는 한 단위 차이가 나지만 나이, 성별, 사회적 출신 은 동일한 두 사람을 비교한다면, 그들의 소득에는 얼마나 차이가 날 것 인가? 다중 변수 등식에서 교육, 성별, 나이, 출신은 모두 소득을 예측하 는 독립변수로 다루어진다. 이 변수 각각에 대한 계수는 등식의 다른 독 립변수를 통제하면서 그 독립변수 한 단위의 변화로 인해 '종속변수' — 이 경우에는 소득 — 가 달라지는 정도를 말해준다.

회귀등식은 항상 각 독립변수와 상수항에 대해 일련의 계수를 포함한 다. 상수는 예측 변수의 값이 모두 0이 된다면 종속변수의 값이 얼마가 되는지를 알려준다.

만약 각 독립변수의 평균에 그 변수의 원계수를 곱한다면, 그리고 이렇게 곱해진 수가 상수와 함께 모두 더해지면, 그 결과로 나온 숫자는 항상 정확히 종속변수의 평균값이 된다.

우리가 검토할 등식에는 '독립'변수 또는 예측 변수로 쓰일 변수가 두 종류 있다. 한 종류는 연속적인 측정 기준(metric)을 갖고 있다. 나이와 소득이 그 예이다. 두 번째 종류는 이것 아니면 저것인 이분 변수이다. 성별이 그 예이다. 회귀등식에서 이분 변수는 일반적으로 '더미 변수(dummy variables)'로 만들어져서 0 또는 1의 값을 갖는다. 예를 들어 성에 대한 더미 변수의 계수는 남성과 여성의 평균 소득이 얼마나 다를지에 대해 알려준다(등식에서 다른 변수를 통제하고서 말이다). 더미 변수의 평균값은 단순히 이분 변수의 범주 1에 속하는 응답자의 비율이다.

우리 분석에서 더미 변수는 특히 중요하다. 왜냐하면 기본적으로 계급 유형은, 질적으로 구분되는 직위의 유형이기 때문이다. 그러한 유형은 회귀등식에서 일련의 더미 변수로 표시된다. 만약 유형에 12가지 범주가 있다면, 유형의 셀들을 완전히 나타내기 위해 필요한 더미 변수의 수는 11개이다.[17]

회귀 분석에서 변수가 갖는 계수는 일반적으로 두 가지 형태로 나타난다. 첫 번째는 원계수이다. 이 계수는 종속변수가 예측 변수의 한 단위 변화에 따라 얼마나 변화할지를 알려준다. 그리고 그 '단위'들은 변수의 자연적인 측정치이다. 달러, 교육연수, 태도 척도의 값. 두 번째는 표준화된 계수 또는 'β'계수라고 불리는 것이다. 많은 경우에 문제가 되는 변수의 가공되지 않은 원단위는 특별히 의미가 있거나 흥미로운 것이 아니다. 예를 들어 교육 또는 나이가 소득에 차이를 가져오는지에 대해 알고 싶다면, 교육 연수가 나이의 햇수보다 더 중요한지 아는 것이 흥미로운

---

17) 오직 11개의 더미 변수만이 필요하다. 왜냐하면 열두 번째 범주는 다른 모든 것에 비해 0의 값을 가지는 것으로 설정할 수 있기 때문이다. 이분법의 단순한 경우—유형이 두 가지로 나뉘는 경우—에는 하나의 더미 변수만이 필요하다 (예를 들어 남성=0, 여성=1). 이 경우 남성을 −1로 놓는 하나의 더미 변수를 더 추가하는 것은 중복에 불과하다.

문제가 아니다. 우리가 하고 싶은 것은 이 두 변수를 어떤 종류의 '표준화된' 척도로 전환하여 비교할 수 있게 하는 것이다. 이것이 바로 표준화된 계수가 달성할 바이다. 본질적으로 그 계수는 모든 변수들을 표준편차 단위로 등식 안에서 전환시킨다. 표준편차 단위란 각 변수의 실제 분포에 상관하여 정의된 것이다. 이는 등식 내에서 합리적인 방식으로 계수를 비교할 수 있게 해준다.

통계적인 흥미를 불러일으키는 두 가지 속성이 있다. 하나는 상관계수의 크기(가공되지 않은 형태나 표준화된 형태 모두)이고 다른 하나는 유의성 수준이다. 유의성 수준은 그 계수가 진짜 0으로부터 얼마나 다른 가에 대해 얼마나 확신하고 있는지를 알려준다(0이 유의성 정도를 평가하는 기준이 되어야 할 불가피한 이유는 없다. 그러나 대부분의 상황에서 0보다 이론적으로 강한 지위를 지닌 값은 없다). 특정한 통계적 가정의 기초 위에서 만약 계수가 실제로 0과 구분되지 않는다면, 0.001의 유의성 정도는 1,000개의 샘플 중 하나만이 그 상관계수 값을 기대할 수 있는 것이라는 점을 의미한다. 제5장에서 조정 분석에서의 방법 차이에 대해 행한 통계적 테스트에서처럼, 유의성 수준 때문에 미리 선입견을 가지지 않는 것이 중요하다.

통계적 유의성 수준이 더 높은 변수라고 해서 더 '중요한' 인과적 요소인 것은 아니다. 그것은 단지 그것이 중요성을 가지고 있다는 것에 대해 우리가 더 확신을 가지고 있음을 보여줄 뿐이다.

회귀등식에서 마지막 통계적 요소는 등식 내의 '설명된 분산'이라고 불린다. 이는 보통 R^2으로 지칭된다. 이 숫자는 사실상 종속변수의 분산 중 얼마만큼의 비율이 등식에 있는 모든 독립변수에 의해 설명되느냐를 알려준다. 0.25의 R^2은 분산 중 4분의 1이 등식의 변수에 의해 설명되고, 4분의 3은 설명되지 않음을 의미한다. 설명되지 않은 분산은 등식에 포함되어 있는 추가 변수에 의해 잠재적으로 설명 가능한 것도 있고, 본질적으로 무작위 요인(측정 오차, 엄격하게 종속변수에 대해 순전히 특이한 결정요소 등)으로 발생한 것도 있다. 물론 설명되지 않은 변수 중에 어느 부분이 통계적으로 설명 가능한지를 아는 방법은 없다. 즉, 어느 부분이 고유하게 무작위적인 부분이고 어느 부분이 체계적인 부분인지 알 수 있는 방법은 없다. 그리고 이것이 주어진 R^2이 높은지 낮은지, 등식의 성공을 반영하는지 실패를 가리키는지 알기 힘들게 만드는 점이다. 이러한 이유로, 일반적으로 R^2의 측정과 관련하여 정말로 중요한 것은 라이벌 등식과 비교해본 상대적인 양이다. 일반적으로 태도 척도를 예측하는 회귀등식에서 R^2값 평균이 0.15이면 상당히 무난한 편이다.

2) 조정된 평균값 분석

전개될 분석에서는 특정한 계급에 대한 계급의식 척도를 위해 조정된 평균값을 분석할 것이다(<표 7-4>와 <표 7-6>을 보라). 이것은 회귀분석의 결과로 보이는 전통적인 방식은 아니기 때문에 몇 가지 논평이 필요하다.

우리의 가설은 계급구조 모형의 다양한 차원에 걸친 이데올로기의 예견된 차이를 중심으로 설명된다. 이 예측은 표의 셀이 가지는 예측값의 형태로 가장 효과적으로 보여진다. 계급구조와 의식 간의 직접적인 관계의 경우(가설 1), 이는 단순히 각 유형 셀에서 의식 척도를 의미할 뿐이다.

계급구조와 계급의식 간의 관계에 대한 개인적 속성의 영향(가설 2)을 검토하기 위해서는 '조정된 평균값'을 계산할 필요가 있다. 즉, 의식 형성과정에 영향을 끼칠 수 있는 모든 변수들이 개인적 속성에 포함되도록 통제하고 각 셀의 예측값을 계산할 필요가 있다. 만약 단순 분석에서 셀 간의 모든 차이들이 이러한 속성들 때문에 생긴 결과라면, 이들 조정된 평균값들은 모두 동일할 것이다.

조정된 평균값들은 다음과 같이 계산된다. 회귀등식은 모든 계급 유형의 더미 변수(모두 11개)를 포함하여 개인적 속성으로 취급되는 변수 모두와 함께 계산된다. 이 조정된 평균값에서 **상대적인** 차이는 다중 회귀등식에서 계급 더미 변수의 표준화되지 않은 (비가공) 상관계수에 의해 직접적으로 주어진다. 절대값은 어떻게 계산되는가? 회귀등식의 해석에 대한 토론으로 부터 다음과 같은 점이 상기될 수 있다. 각 독립변수의 상관계수에 그 독립 변수의 평균값을 곱한 다음 그것에다 상수를 더한다면, 종속변수에 대한 전반적인 표본 평균을 얻을 수 있을 것이다. (전체 표본평균이 아니라) 표의 셀들에 대한 조정된 평균값을 계산하기 위해서는, 각 **통제된** 변수(이 경우에 는 개인적 속성)의 상관계수 각각에 그 변수의 평균값을 곱하고 그 곱으로 결과들을 상수와 함께 모두 더한다. 이 합계는 조정값을 구성한다. 각 계급 유형 더미 변수들의 상관계수들에 이를 더하면, 각 유형에 대한 조정된 평균값이 나온다. 그러한 조정된 평균값을 사용하여 표에 기입된 사항들은 각 셀에 속한 사람들의 관련된 독립변수들 — 즉, 그 국가 내에서 성별, 나이 등의 사회적 평균 수준으로 측정된 독립변수들 — 을 사용하여 내어 놓은 의식 척도 예측값이다.

5. 경험 조사의 결과

자료 분석은 세 가지 단계를 포함한다.

▶ 미국과 스웨덴에서 계급구조와 계급의식 간의 직접적인 관계 검토
  이는 계급 유형 내에서 다양한 셀들의 의식 척도 평균값을 미국과 스 웨덴 간에 비교하는 일이다. 두 국가에서 이 평균들의 전반적인 패턴 차 이에 특별한 주의를 기울일 것이다.

▶ 계급구조와 계급의식 간의 직접적인 관계 분석에서 관찰된 패턴이
  다양한 통제 변수들이 추가되었을 때 수정되는 정도에 대한 검토
  이는 세 가지 상호 연관된 쟁점들을 검토할 수 있게 해준다. ① 계급

위치와 계급의식 간의 관찰된 관계는 이 지위를 차지한 사람의 어떤 개인적 속성에 의한 효과만을 받는 것이 아닌가, ② 계급구조의 효과가 계급의식에 미치는 정도가 어떤 '개입적 변수'(노조 가입 여부, 소득, 실업 이력 등)에 의해 작동하는가 아니면 그러한 계급 위치의 직접적인 결과인가, ③ 미국과 스웨덴 간의 전반적인 패턴 차이는 계급과 이들 개입 변수들 간의 연결 관계의 결과인가 아니면 계급구조가 의식에 영향을 미치는 경로 자체의 결과인가.

▶ 의식 형성 과정의 전반적인 구조에서 미국과 스웨덴 간의 차이 검토
이 분석은 주로 두 국가에서 계급구조 그 자체가 의식에 미치는 영향에 초점을 맞추고 있었다. 마지막 부분에서는, 다양한 다른 변수들이 의식에 미치는 영향이 두 나라에서 어떻게 다른지를 검토할 것이다. 의식을 예측하는 다중 회귀등식 계수들의 패턴이 특정한 사회에서 의식 형성이 이루어지는 거시 구조적 과정을 드러내는 것으로 여겨질 수 있다고 방법론적으로 가정할 것이다. 그러한 계수들의 패턴을 국가간에 비교함으로써, 그 과정에서 나타나는 차이에 대한 경험적인 자료를 얻게 된다.

1) 계급구조와 계급의식 간의 직접적인 관계

<표 7-1>은 미국과 스웨덴에서 계급 위치에 따른 계급의식 척도의 평균 값을 나타낸다. <표 7-2>는 각 계급의 응답자 중에서 계급 정체성에 대한 문항에 자신이 노동계급에 속한다고 답하거나 계급 태도 척도에 들어가는 개인적 사항들 각각에 대해 친노동자적인 계급적 입장을 취하는 사람들의 비율을 나타낸다. 이 결과들로부터 몇 가지 일반화를 할 수 있다.[18]

---

18) 이 표에서는 주관식 질문을 받고 그들이 노동계급에 속한다고 자발적으로 응답한 사람들과, 이어지는 객관식 질문을 받고서야 그들이 노동계급에 속한다고 선택한 응답자들을 섞었다.

<표 7-1> 계급구조 내 위치에 따른 계급의식

I. 미국

생산수단 소유자	생산수단 비소유자(임금생활자) 소유 자산			조직 자산
				+
① 부르주아 -1.31*	④ 전문 경영자 -1.46	⑦ 반전문 경영자 -0.34	⑩ 비전문 경영자 -0.29	+
② 소고용주 -0.87	⑤ 전문 감독자 -0.78	⑧ 반전문 감독자 -0.24	⑪ 비전문 감독자 +0.54	> 0
③ 프티 부르주아 -0.09	⑥ 비경영 전문가 -0.09	⑨ 숙련노동자 +0.78	⑫ 프롤레타리아 +0.78	−
+		> 0		
	기술-학력 자산	−		

II. 스웨덴

생산수단 소유자	생산수단 비소유자(임금생활자) 소유 자산			조직 자산
				+
① 부르주아 -2.00	④ 전문 경영자 -0.70	⑦ 반전문 경영자 +1.03	⑩ 비전문 경영자 +1.81	+
② 소고용주 -0.98	⑤ 전문 감독자 +0.07	⑧ 반전문 감독자 +0.74	⑪ 비전문 감독자 +1.98	> 0
③ 프티 부르주아 +0.46	⑥ 비경영 전문가 +1.29	⑨ 숙련노동자 +2.81	⑫ 프롤레타리아 +2.60	−
+		> 0		
	기술-학력 자산	−		

*: 셀 안의 수치는 노동계급 이식 척도의 평균값이다. 수치의 범위는 +6(모든 항목에서 친노동계급적)에서 −6(모든 항목에서 친자본가적)까지이다.

<표 7-2> 노동계급 정체성과 계급 위치에 따른 개별 질문에 대한 응답들

I. 미국	노동계급 지위를 택한 사람들의 비율(%)						
계급 위치	노동계급 정체성	계급의식 측정에서 개별 질문[*]					
		(1)	(2)	(3)	(4)	(5)	(6)
1. 프롤레타리아(12)[**]	32	56	27	49	55	75	19
2. 숙련노동자(9)	28	61	28	48	58	82	14
3. 비전문 감독자(11)	31	56	24	56	44	87	16
4. 전문직 피고용인(6)	15	58	26	36	36	80	13
5. 반전문 감독자(8)	32	50	27	35	42	77	11
6. 비전문 경영자(10)	28	55	15	28	46	76	13
7. 전문 감독자(5)	9	57	22	26	34	69	5
8. 반전문 경영자(7)	16	52	19	33	45	80	7
9. 전문 경영자(4)	8	33	24	27	22	60	9
10. 프티 부르주아(3)	31	49	35	30	43	79	7
11. 소고용주(2)	29	50	17	31	24	66	8
12. 부르주아(1)	9	28	27	23	25	65	0
II. 스웨덴							
1. 프롤레타리아(12)	57	70	48	51	81	81	58
2. 숙련노동자(9)	51	72	52	59	82	82	63
3. 비전문 감독자(11)	61	59	52	55	81	77	39
4. 전문직 피고용인(6)	21	62	39	44	71	64	32
5. 반전문 감독자(8)	40	57	27	35	78	68	30
6. 비전문 경영자(10)	39	64	40	46	82	82	47
7. 전문 감독자(5)	19	36	26	19	84	67	20
8. 반전문 경영자(7)	36	68	47	35	77	66	30
9. 전문 경영자(4)	14	37	35	22	65	47	14
10. 프티 부르주아(3)	43	38	31	40	65	60	22
11. 소고용주(2)	31	31	20	34	50	54	15
12. 부르주아(1)	25	13	13	25	25	50	13

*: 질문은 다음과 같다.
  (1) 기업은 노동자와 소비자를 희생시켜 이익을 얻는다.
  (2) 이윤동기 없이 현대사회를 효율적으로 운영하는 것이 가능하다.
  (3) 만약 기회가 주어진다면 회사의 비경영직 피고용자들은 사장 없이 회사를 잘 운영할 수 있다.
  (4) 파업기간 중 경영진이 대체노동력(파업 파괴자)을 고용하는 것을 법으로 금지시켜야 한다.
  (5) 대기업은 오늘날 미국(스웨덴) 사회에서 너무 많은 권력을 가지고 있다.
  (6) 주요 산업의 노동자들이 노동조건과 임금 때문에 파업 중인 상황이다. 다음 결과들 중 어느 것이 가장 가능성이 높다고 보는가?
    ①노동자들은 그들 요구의 대부분을 관철시킨다. ②노동자들은 요구들 중 일부를 따내고 주요한 양보를 한다. ③노동자들은 요구들 중 극히 일부를 따내고 주요한 양보를 한다. ④노동자들은 얻은 것 없이 작업장으로 돌아간다.
**: 괄호 안의 수치는 <표 7-1>의 셀에 대응한다.

(1) 분산의 전반적인 패턴

<표 7-1>에서 평균값 — 평균의 절대값이 아니라 패턴화이다 — 들의 분산이 갖는 전반적인 패턴은 미국과 상당히 비슷하다. 두 나라 모두 기본적으로 자본가계급과 노동계급 간에 양극화되어 있다(두 나라 모두 프롤레타리아와 노동계급에 인접한 주변적 범주 사이에는 통계적으로 의미 있는 차이가 존재하지 않는다).[19] 두 나라 모두 표의 프롤레타리아 측면에서 전문 경영자 측면으로 이동해감에 따라 척도값은 덜 친노동계급적으로 되고 점점 더 친자본가계급적으로 된다. 제6장에서 다루었던 계급에 따른 소득 편차와 마찬가지로, 태도 척도에 대한 평균값 변화는 표의 각 차원을 따라 움직일 때마다 대체로 단조적으로 변화한다. 그리고 두 나라 모두 자가고용된 사람들 가운데서도 프티 부르주아에서 자본가계급으로 옮

---

19) 미국에서 전문 경영자들은 부르주아보다도 약간 더 친자본가적이었다. 그러나 그들 사이의 차이에는 통계적 의미가 없었다. 이러한 맥락에서, 내가 '부르주아'라고 부르는 대부분의 응답자들은 자본가들 중에서 여전히 상당히 규모가 작은 자본가라는 점이 상기되어야 할 것이다. 83퍼센트의 자본가 응답자들이 50명 이하의 사람을 고용했다. 반면 오직 8퍼센트의 전문 경영자들만이 50명 이하 규모의 사업장에서 일했다. 만약 규모가 큰 자본가에 대한 자료를 가졌더라면 그 결과는 다소 달랐을 것이다.

겨감에 따라 평균값은 점점 더 친자본가적으로 된다.

<표 7-2>의 노동계급 정체성에 대한 질문에서도 기본적으로 유사한 패턴을 보이는 결과가 나온다. 스웨덴에서 프롤레타리아의 57퍼센트와, 노동계급에 가까운 주변적 위치의 응답자 중 50~60퍼센트가 그들이 노동계급이라고 대답했다. 이에 비해 비전문 경영자의 39퍼센트, 비경영직 전문가의 21퍼센트, 자본가의 25퍼센트만이 그들이 노동계급에 속한다고 대답했다. 미국에서는 노동계급 응답자와 주변적 노동계급 위치의 응답자 중 30퍼센트 가량이 노동계급에 속한다고 답했다. 이 숫자는 비전문 경영자로 갈 때에는 많이 떨어지지 않지만(28퍼센트), 비경영 전문가로 가면 15퍼센트로 확 떨어지고 전문 경영자와 자본가로 가면 10퍼센트도 안된다. 그러므로 이 다양한 결과들은 가설 1을 꽤 지지하는 셈이다.

(2) 양극화의 정도

두 나라에서 양극화의 정도는 매우 다르다. 미국에서는 자본가계급과 노동계급 간의 차이가 척도에서 2점을 조금 넘길 뿐이다. 스웨덴에서 그 차이는 4.6점이다(이 차이들의 간극이 0.05 수준 이상이면 통계적으로 유의성이 있다).

양극화 정도의 차이는 파업 결과에 관한 설문 문항에서 특히 극적으로 나타난다(<표 7-2> 에서 6번 문항). 미국에서는 전문 경영자와 자본가보다는 노동자들이 친노동자적 입장을 취하기는 했지만, 모든 계급 위치의 절대 다수 이상의 응답자들이 계급 타협이 좋다고 답했다. 파업에서 노동자들은 요구 조건 몇 개를 따내는 대신 양보도 그만큼 해야 한다고 말이다. 이와는 달리 스웨덴에서는 60퍼센트의 프롤레타리아와 반전문 피고용자(주로 숙련노동자)들이 노동자들이 그들 요구의 대부분을 따내야 한다고 느낀다고 이야기한 데 비해, 전문 경영자와 자본가들은 15퍼센트가 그렇게 대답했다. 부르주아의 계급 헤게모니가 미국 계급구조에서 이데올로기적 양극화를 희석시키지는 못했지만, 양극화의 정도는 스웨덴

에 비해 매우 누그러져 있다. 적어도 이 계급 관련 태도에 의한다면 말이
다.

이 자료들은 기본적으로 자본가계급 내에는 구체적으로 계급에 기반
한 태도가 일치하는 반면, 노동계급에는 태도의 일치가 존재하지 않는다
는 사실을 가리킨다. 이 척도에 관해 스웨덴과 미국 노동자들은 미국 노
동자와 자본가 사이만큼이나 그 평균에서 차이가 난다. 이러한 결과들은
가설 3과 일치한다. 즉, 양극화의 정도는 부분적으로는 정당과 노조가 노
동자들의 계급적 시각에서의 경험을 응결하는 것을 돕는 전략을 택하는
정도에 달려 있다는 가설과 일치한다.

(3) 계급 동맹

<표 7-1>의 의식 패턴에 의해 시사된 계급 동맹의 패턴 — 계급구조
의 영역이 계급 형성으로 변환되는 길 — 은 두 국가 간에 상당한 정도로
차이가 난다. 스웨덴에서는 평균적으로 친자본가적 입장을 지닌 임금생
활자 범주는 전문 경영자밖에 없다. 미국에서는 친자본가적인 입장이 임
금생활자 인구 전반에 보다 깊숙이 침투해 있다. 미국에서는 표 오른쪽
하단 모서리에 있는 오직 세 개의 셀(<표 7-1>의 ⑨, ⑪, ⑫)만이 노동계급
동맹의 일부로 간주될 수 있다. 스웨덴에서는 학력 자산이 없는 모든 임
금생활자와 모든 비경영직 임금생활자, 그리고 적어도 이러한 의미에서
반전문 경영자와 반전문 감독자도 포함된다. 이 결과들을 <표 6-1>의
분포에 기반한 노동인구 비율에 넣어보면, 미국에서는 계급 위치 중 30퍼
센트의 노동인구가 부르주아 연합의 일부로 간주될 수 있다. 이에 비해
스웨덴에서는 10퍼센트만이 부르주아 연합으로 간주될 수 있을 뿐이다.
다른 한편으로, 스웨덴에서는 70~80퍼센트 사이의 노동인구가 이데올로
기적으로 노동계급 동맹의 일부인 계급 위치에 있는 데 비해, 미국에서는
오직 85퍼센트만이 그럴 뿐이다.[20] 물론 이러한 사실이 미국에서 58퍼센

---

20) 이 측정치는 <표 7-1>의 집계에 근거한 것이다. 스웨덴 부르주아 연합=셀

트의 개인과 스웨덴에서는 70~80퍼센트의 개인이 노동계급 동맹에 속해 있다는 것을 뜻하는 것은 아니다. 왜냐하면 이데올로기적으로 부르주아 연합의 일부인 개별 노동자도 있고, 노동자 연합의 일부인 개별 경영자 (심지어 자본가)도 있기 때문이다. 그러나 그 사실은 노동계급 동맹이 스웨덴에서보다 미국에서 이데올로기적으로 부르주아로부터 덜 분극화되었다는 것을 뜻할 뿐만 아니라, 훨씬 더 적은 계급적 기반을 갖고 있음을 실제로 의미한다.

2) 다변수 분석과 조정된 평균값

<표 7-1>과 <표 7-2>의 결과에 대해 두 가지 종류의 질문이 나올 수 있다. 첫째, 그 결과가 계급 자체의 직접적인 결과가 아닌, 계급 위치를 채우고 있는 사람들의 다양한 속성들의 결과로 재해석될 수 있는지 여부를 아는 것은 중요하다. 예를 들어 서로 다른 계급은 성과 나이의 분포와 조합이 서로 다르다. 그래서 이 표들에 나타난 의식 지도가 실제로는 단지 계급구조에 우연히 연결되어 있는 연령과 성별 지도일 수도 있다. 둘째, 이 결과들이 계급 위치를 채우고 있는 사람들의 속성 그 자체의 직접적인 결과인지, 중간에 개입되는 기제들을 통해 작동한 결과인지를 아는 것도 중요하다. 예를 들어 계급 위치는 (부분적으로) 소득과 노조 가입 여부를 결정한다. <표 7-1>과 <표 7-2>에서 그려진 계급구조-계급의식의 총관계가 대체로 그러한 개입 기제들을 통해 발생된다는 것은 가능한 일이다. 두 번째 문제는 계급구조가 계급의식을 형성한다는 가설을 위협하는 것이 아니라 단순히 이 효과가 몇몇 기제를 통해 발생한다는

1, 2, 4; 미국 부르주아 연합=셀 1, 2, 4, 5, 7, 8, 10; 스웨덴 노동계급 연합=셀 6, 9, 10, 11, 12(낮은 측정치) 그리고 7, 8(높은 측정치); 미국 노동계급 연합=셀 9, 11, 12. 두 나라 모두에서 프티 부르주아(범주 3)는 두 연합의 어디에도 속하지 않는다는 점을 주목하라.

것을 가리킬 뿐이다. 그러나 첫 번째 문제는 계급구조가 그 자체로 핵심적 결정 요소라는 주장을 의문시하게 한다.

(1) 계급구조와 계급의식 간의 관계는 가짜인가?

<표 7-3>은 <표 7-1>에서 관찰된 결과를 (스웨덴과 미국에서) 남자와 여자의 경우로 따로 분리해서 보여준다. <표 7-4>는 세 가지 개인적 속성을 통제한 상태에서 계급구조 유형의 서로 다른 위치에서의 노동계급의식 척도가 갖는 조정된 평균값을 나타낸다. 이 개인적 속성은 <표 7-1>의 결과를 의심할 만한 잠재력을 지닌 것으로서, 이는 바로 나이, 성별, 계급 이력이다.[21]

<표 7-3>은 미국과 스웨덴에서 모두 <표 7-1>에서 관찰된 기본적인 패턴이 남자와 여자를 따로 따로 살펴보았을 때에도 관찰될 수 있음을 가리킨다. 이는 특히 남자의 경우에 사실인데, 두 나라 모두에서 강한 양극화와 강한 단조성이 나타난다.

그럼에도 불구하고 남자와 여자 간에는 주목할 만한 몇몇 차이들이 있다. 남자들 간의 계급 양극화 정도는 일반적으로 여성들 간의 양극화 정도보다 상당히 더 크다. 남성 프롤레타리아와 전문 경영자는 미국에서 2.8점, 스웨덴에서 3.6점의 차이가 있는 반면, 여성의 경우에는 미국에서 오직 1점, 스웨덴에서 1.9점의 차이만 있을 뿐이다. 양극화의 정도가 이렇게 낮은 이유는 남성 전문가들보다 여성 전문 경영자들이 상당히 덜 친자본적이라는 사실로부터 나오는데, 아마도 그들이 낮은 수준의 경영직에 집중되어 있기 때문일 것이다. 다른 한 측면에서도 남성과 여성은 서로 차이가 난다. 여성의 경우 비전문 경영자 셀은 적절하게 행동하지 않는다. 확실히 스웨덴의 경우 이 셀은 프롤레타리아 셀과 거의 같은 정도로 친노동계급적이고, 예견된 단조적 패턴을 따르지도 않는다. 반면 미국 여성의

---

21) 조정된 평균값을 계산하는 데 사용된 과정에 대한 설명과 그에 대한 해석을 보려면, 328쪽의 통계적 과정에 대한 토론을 보라.

<표 7-3> 생별 범주 내 계급 위치에 따른 계급 태도(미국과 스웨덴)

I. 미국[표본 수: 남자(남)=807, 여자(여)=680]

생산수단 소유자	생산수단 비소유자(임금생활자) 기술-학력 자산			조직 자산
	+	> 0	−	
①부르주아 남 −1.45(22)*; 여 −0.75(6)	④전문 경영자 남 −1.84(43); 여 −0.32(14)	⑦반전문 경영자 남 −0.33(71); 여 −0.29(21)	⑩비전문 경영자 남 +0.55(11); 여 −0.65(24)	+
②소고용주 남 −1.18(60); 여 −0.27(30)	⑤전문 감독자 남 −1.02(39); 여 −0.21(16)	⑧반전문 감독자 남 −0.21(76); 여 −0.32(25)	⑪비전문 감독자 남 +0.77(42); 여 +0.38(60)	> 0
③쁘띠부르주아 남 −0.18(51); 여 +0.01(51)	⑥비경영 전문가 남 −0.83(24); 여 +0.58(27)	⑨숙련노동자 남 +0.81(134); 여 +0.70(48)	⑫표물레타리아 남 +0.97(234); 여 +0.66(359)	−
	+	> 0		
	기술-학력 자산			

II. 스웨덴[표본 수: 남자(남)=660, 여자(여)=519]

생산수단 소유자	생산수단 비소유자(임금생활자) 기술-학력 자산			조직 자산
	+	> 0	−	
①부르주아 남 −2.00(8); 여 +0.20(0)	④전문 경영자 남 −0.89(45); 여 +0.62(7)	⑦반전문 경영자 남 +1.05(40); 여 +0.92(8)	⑩비전문 경영자 남 +1.40(15); 여 +2.23(14)	+
②소고용주 남 −1.24(46); 여 +0.10(11)	⑤전문 감독자 남 −0.95(19); 여 +0.83(25)	⑧반전문 감독자 남 +0.62(29); 여 +1.13(9)	⑪비전문 감독자 남 +2.21(28); 여 +1.25(9)	> 0
③쁘띠부르주아 남 +0.38(48); 여 +0.71(15)	⑥비경영 전문가 남 +1.24(45); 여 +1.34(35)	⑨숙련노동자 남 +3.24(133); 여 +2.08(77)	⑫표물레타리아 남 +2.70(204); 여 +2.53(309)	−
	+	> 0		
	기술-학력 자산			

*: 괄호 안의 수치는 가중치가 부여된 것이다.

<표 7-4> 개인적 속성을 통제한 계급 위치에 따른 조정된 평균 계급의식

I. 미국

생산수단 소유자	생산수단 비소유자(임금생활자)			조직 자산
① 부르주아 -1.11*	④ 전문 경영자 -1.45	⑦ 반전문 경영자 -0.36	⑩ 비전문 경영자 -0.29	+
② 소고용주 -0.80	⑤ 전문 감독자 -0.81	⑧ 반전문 감독자 -0.28	⑪ 비전문 감독자 +0.50	> 0
③ 프티 부르주아 +0.05	⑥ 비경영 전문가 -0.20	⑨ 숙련노동자 +0.70	⑫ 프롤레타리아 +0.80	−
	+	> 0	−	
	기술-학력 자산			

II. 스웨덴

생산수단 소유자	생산수단 비소유자(임금생활자)			조직 자산
① 부르주아 -1.46	④ 전문 경영자 -0.58	⑦ 반전문 경영자 +1.15	⑩ 비전문 경영자 +1.90	+
② 소고용주 -0.39	⑤ 전문 감독자 +0.24	⑧ 반전문 감독자 +0.78	⑪ 비전문 감독자 +2.05	> 0
③ 프티 부르주아 +1.05	⑥ 비경영 전문가 +1.23	⑨ 숙련노동자 +2.69	⑫ 프롤레타리아 +2.40	−
	+	> 0	−	
	기술-학력 자산			

*: 셀 안의 수치는 노동계급 이식 척도에 관한 조정된 평균값이다. 이 수치는 계급 더미 변수, 연령, 성별, 계급 이력으로 구성된 다중 회귀등식으로 계산되었다. <표 7-7>의 등식 2를 볼 것.

경우, 이들은 모든 임금생활자 범주 중에서 가장 덜 친노동계급적인 범주
이다. 나는 이 특정한 결과에 대해 어떠한 설명을 제시할 수 없다. 어떤
경우이든지 <표 7-1>의 전반적인 계급구조 패턴이 각 계급의 성별 구성
때문에 생긴 인위적 결과가 아니라는 것은 확실하다.

(계급의식의 원인을 계급구조에 — 옮긴이) 허위로 돌리게 만드는 가능한
원천을 나이와 계급 이력으로 확장시켜서 <표 7-4>의 조정된 평균을 계
산해도, 다시금 <표 7-1>에서 관찰된 관계가 계급 위치 점유자의 개인
적 속성이 빚어낸 인위적 결과라는 아무런 증거도 볼 수 없다. 확실히 계
급은 이 변수들에 따라 상당히 변화하지만, 그것들이 계급간 계급의식 편
차의 원천은 아니다.

(2) 의식 형성 과정에 개입되는 기제들

<표 7-5>는 <표 7-1>에서 나타난 패턴에서 두 나라의 노조원과 비
노조원을 따로 떼어내서 검토한 것이다. <표 7-6>에서는 <표 7-4>의
여러 가지 개입 변수를 통제하고 조정된 평균값을 검토한다. 개입 변수에
는 개인 소득, 불로 소득, 주택 소유 여부, 실업 경험, 노동계급 네트워크
와 노조 가입 여부가 있다.

노조 가입 여부는 의식 형성 과정에서 가장 중요한 개입 요소일 가능성이
높다. 그것은 확실히 계급 위치에 긴밀히 연결되어 있다. 특히, 임금생활자
중에서 특정한 계급 위치에 있는 사람들이 노조에 가입하는 것을 법 체계로
금지하는 미국에서는 말이다(경영직은 일반적으로 노조원이 되는 것이 금지되
어 있다). 그리고 노조는 계급 태도에 적어도 어떤 영향을 줄 것이라고 기대
된다.[22]

---

22) <표 7-6>의 조정된 평균을 계산하면서, 한 가지 측면에서 일찍이 논의했던
과정으로부터 벗어났다. 노조 가입 여부 더미 변수의 경우, 자본가의 평균을
이 변수가 의식에 평균적으로 미친 영향으로 '조정'하는 것은 말이 안 된다.
왜냐하면 자본가들 중 어느 누구도 노조에 가입하지 않고 있기 때문이다. 평균
값을 조정하는 데 사용된 과정에 깔려 있는 가상적인 질문 — 만약 사회적으로

이러한 측면에서 볼 때, <표 7-5>의 결과들은 상당히 흥미롭다. 무엇보다도 그 결과들은 확실히 노조의 중개적 역할을 보여준다. 두 나라 모두 모든 셀에서 노조원들은 비노조원들보다 눈에 띄게 더 친노동자적인 태도를 가지고 있다. 그러나 이와 똑같이 흥미로운 사실은, 적어도 스웨덴에서는 노조원과 비노조원 사이에도 동일한 양극화와 단조성의 기본적인 패턴이 관찰된다는 것이다(미국에서는 표의 비노동계급 측면에는 노조원이 너무 적어서 어떠한 참조도 하기 어려웠다). 이는 계급구조가, 단순히 계급 형성에 계급구조가 미치는 영향을 통해서만이 아니라 노조원의 가입 여부로 측정되는 직위 점유자가 계급 위치에 미치는 직접적인 영향에 의해서도 계급의식이 형성된다는 사실을 가리킨다.

모든 개입 변수들을 통제한 조정된 평균을 계산해보았을 때 예견되었던 바와 같이, <표 7-1>의 조정되지 않은 평균값으로부터 많은 변화가 있었다. 일반적으로 유형표의 셀간 차이가 감소한 것이다.[23] 그러나 약간의 편차가 있기는 하지만, 미국과 스웨덴 모두에서 계급과 의식 사이의 기본적으로 단조적인 관계는 유지되었다.

<표 7-6>과 <표 7-1>의 몇 가지 주요한 차이점은 주목할 만한 가치가 있다. 첫째, 다양한 통제를 가한 <표 7-6>에서 전문 경영자의 조정된 의식 평균값은 더 이상 친자본가적이지 않았다. 이것이 의미하는 바는 스웨덴 전문 경영자의 친자본가적 입장 집계는 바로 그들의 계급 위치와 소득의 관계, 그리고 노조 가입 여부와 다른 개입 과정을 통해 발생되는 것이라는 사실이다. 이는 미국의 경우에는 적용되지 않는다. 사실상 미국의 전문 경영자들은, <표 7-1>보다 <표 7-6>에서, 자본가들보다도 더

평균적인 비율만큼 자본가들이 노조에 가입했더라면 그 의식은 어떻게 되었을까 하는 질문 — 은 이치에 맞지 않는다. 그러므로 생산수단 소유자들의 평균값을 계산할 때 노조 가입 여부 더미 변수를 0으로 잡았다(즉, 자본가들에게 할당된 값으로 잡았다).

23) 회귀분석에 포함된 개입 변수가 사실상 계급 위치를 계급의식으로 전환하는 기제 모두를 측정했다면, 조정된 평균값은 모두 동일할 것이다.

<표 7-5> 조합원과 비조합원의 계급 위치에 따른 계급 태도

I. 미국

생산수단 자산 비소유자(임금생활자)

기술·학력 자산 \ 조직 자산	+	> 0	−
+	④ 전문 경영자 U* −0.53(3)**; N −1.52(55)	⑦ 반전문 경영자 U +1.31(13); N −0.59(78)	⑩ 비전문 경영자 U −0.16(3); N −0.31(31)
> 0	⑤ 전문 감독자 U +2.14(1); N −0.85(53)	⑧ 반전문 감독자 U +2.19(16); N −0.68(85)	⑪ 비전문 감독자 U +1.87(16); N +0.29(86)
−	⑥ 비경영 전문가 U +1.06(4); N −0.18(47)	⑨ 숙련노동자 U +1.17(58); N +0.60(124)	⑫ 프롤레타리아 U +1.68(144); N +0.50(450)

II. 스웨덴

생산수단 자산 비소유자(임금생활자)

기술·학력 자산 \ 조직 자산	+	> 0	−
+	④ 전문 경영자 U +0.04(36); N −2.47(15)	⑦ 반전문 경영자 U +1.55(41); N −2.00(7)	⑩ 비전문 경영자 U +2.90(21); N −0.83(9)
> 0	⑤ 전문 감독자 U +0.17(39); N −0.71(5)	⑧ 반전문 감독자 U +0.93(35); N −1.35(3)	⑪ 비전문 감독자 U +2.51(29); N +0.12(8)
−	⑥ 비경영 전문가 U +1.47(64); N +0.55(16)	⑨ 숙련노동자 U +3.06(182); N +1.20(28)	⑫ 프롤레타리아 U +2.99(395); N +1.29(118)

*: U=노동조합에 가입; N=노동조합에 가입하지 않음.
**: 괄호 안의 수치는 가중치가 부여된 것이다.

<표 7-6> 중개 변수를 통제한, 계급 위치에 따른 조정된 평균 계급의식

I. 미국

생산수단 소유자	생산수단 자산 비소유자(임금생활자)			조직 자산
① 부르주아 −0.20*	④ 전문 경영자 −0.87	⑦ 반전문 경영자 −0.08	⑩ 비전문 경영자 −0.33	+
② 소고용주 −0.50	⑤ 전문 감독자 −0.30	⑧ 반전문 감독자 −0.20	⑪ 비전문 감독자 +0.42	> 0
③ 프티 부르주아 −0.01	⑥ 비경영 전문가 +0.07	⑨ 숙련노동자 +0.55	⑫ 프롤레타리아 +0.53	−
	+	> 0	기술-학력 자산	

II. 스웨덴

생산수단 소유자	생산수단 자산 비소유자(임금생활자)			조직 자산
① 부르주아 −0.85	④ 전문 경영자 +0.53	⑦ 반전문 경영자 +1.34	⑩ 비전문 경영자 +1.85	+
② 소고용주 −0.04	⑤ 전문 감독자 +0.41	⑧ 반전문 감독자 +0.60	⑪ 비전문 감독자 +2.03	> 0
③ 프티 부르주아 +0.61	⑥ 비경영 전문가 +1.32	⑨ 숙련노동자 +2.40	⑫ 프롤레타리아 +2.04	−
	+	> 0	기술-학력 자산	

*: 셀 안의 수치는 노동계급 이식 척도의 조정된 평균값이다. 노동계급 이식 척도는, 계급 더미 변수, 연령, 성, 노동계급 이력, 노동계급 네트워크, 실업 경험 더미 변수, 개인소득, 비소득 더미 변수, 주택 소유 더미 변수, 노조 가입 여부 더미 변수로 이루어진 다음 회귀등식의 로부터 계산되었다. <표 7-7>의 등식 3을 보라.

친자본가적이다. 이 결과에 대한 재해석은 이렇다. 스웨덴에서는 노동운동이 경영직의 상당 부분을 노조에 가입시켰고, 그 결과 이 계급 위치에 쐐기를 박아 넣어 상위 수준의 경영직과 대부분의 경영직 피고용자 간에 예리한 경계선을 발생시켰다. 전문 경영자 셀에서 나타난 조정 평균의 변화 중 대부분은 노조라는 변수의 작동 때문으로 설명될 수 있다. <표 7-4>가 가리키듯이, 스웨덴 전문 경영직의 전반적인 친자본가적 태도는 노조에 가입하지 않은 전문 경영직의 매우 친자본가적인 직위 — 사실상 미국의 전문 경영자보다 더 친자본가적인 직위 — 에서 나온다. 노조원과 비노조원 전문 경영자들 사이의 균열은 의심할 여지없이 최상위 경영진과 다른 경영자들 사이의 균열에 조응한다. 여기서 관찰되는 것은, 노조운동이 중하층 수준의 경영진을 적어도 노동자들의 수동적인 연합으로 만들 수 있다는 것이다. 부분적으로는, 경영자가 노조원이 되는 것에 방해가 되는 법적 금지 때문에, 또 부분적으로는 미국 노동운동의 일반적인 약체성 때문에 미국에서는 이러한 일이 일어나지 않았다. 그리고 그 결과 평범한 경영직위에 속하는 사람들도 이데올로기적으로 부르주아에 확고하게 통합되었다.

<표 7-1>과 <표 7-6> 간의 대조로부터 나오는 두 번째 요점은, 두 나라의 임금생활자 간 양극화 정도의 차이가 원래의 표만큼 두드러지지 않다는 것이다. <표 7-1>에서 스웨덴의 경우 전문 경영자와 프롤레타리아는 3.3점 차이가 났고, 미국의 경우 2.24점 차이가 났다. <표 7-6>에서 그 차이는 1.51과 1.40이다(이는 통계적으로 유의하지 않은 차이다). 이렇게 두 나라의 계급간 양극화 정도의 차이가 감소한 대부분의 원인은, 개입변수로 노조 가입 여부를 포함시켰던 데에 있다. 이는 가설 2에 제시된 해석, 즉 양극화의 정도는 조직적·정치적 요소에 의해 중개된다는 해석을 지지한다.

관련된 세 번째 논점은, 스웨덴과 미국 사이의 차이를 볼 때 비노조원 노동계급간의 차이가 노조원인 노동계급간의 차이보다 다소 적다는 것이

다. 이는 의식 형성에서 중개 과정으로 작용하는 것이 단순히 노조원인지 여부가 아니라 노동운동의 힘과 사회적 비중임을 시사한다.

마지막으로, 한 가지 중요한 측면에서 <표 7-6>의 패턴은 <표 7-1>의 패턴과 다르다. 미국의 경우 노조 가입 효과를 통제하자 부르주아는 이제 친자본가적인 임금생활자 범주 그 어느 것보다도 덜 친자본가적으로 되었다. 나의 예상은 자본가들의 이데올로기적 입장이 임금생활자보다 더 직접적으로 그들의 계급적 직위에 연결되어 있으리라는 것이었고, 그리하여 등식에 개입 변수를 포함시킴으로써 영향을 받는 자본가계급의 조정된 평균은 보다 적으리라는 것이었다. 나는 이 결과에 대해 아무런 설명도 할 수가 없다. 부르주아 더미 변수의 회귀계수에 가장 큰 영향을 미친 개입 변수는 소득 변수였는데, 특히 불로 소득 더미 변수였다. 이 변수는 그들의 계급 위치에 그토록 긴밀하게 연결되어 있기 때문에, 이 경우 이것을 개입 변수로 간주하는 것 자체가 부적절할지 모른다.[24]

3) 전반적인 의식 결정 과정에 대한 분석

지금까지는 계급구조와 계급의식의 관계에 대해서만 살펴보았다. 이 마지막 분석에서는 <표 7-4>와 <표 7-6>에서 사용된 다른 독립변수와 의식 간의 관계를 검토할 것이다. 결과는 <표 7-7>에 제시되어 있다.

이 등식에는 몇 가지 눈에 띄는 성질이 있다. 첫째, 계급과 계급 이력 변수(노동계급 이력, 실업 경험, 노동계급 네트워크)는 일관되게 미국에서보다 스웨덴에서 더 큰 영향력을 갖고 있다. 계급 더미 변수만으로는 스웨

---

24) 불로 소득 변수에는 한 가지 더 모호한 점이 있는데, 이는 <표 6-18>에 대한 설명과 관련되어 있다. 왜냐하면 몇몇 자가고용된 응답자들은 그들의 소득 모두를 투자로부터 나오는 것으로 간주한 데 반해, 자가고용된 다른 응답자들은 그들 자신의 사업을 제외한 다른 곳에 투자한 것으로부터 나오는 소득만을 가리키는 것으로 생각했기 때문이다. 미국 자본가 표본 집단 중 오직 55퍼센트만이 투자 소득이 있다고 진술했다.

<표 7-7> 스웨덴과 미국의 계급구조, 계급 이력, 계급의식: 다중 회귀분석

종속변수=노동계급 의식 척도

독립변수	등식 1	
	미국 B(β)	스웨덴 B(β)
계급 더미 변수(프롤레타리아: 범주에서 빠졌음)		
1. 부르주아	-2.09 (-0.11)***	-4.54 (-0.12)***
2. 소고용주	-1.66 (-0.15)***	-3.52 (-0.23)***
3. 프티 부르주아	-0.87 (-0.08)**	-2.08 (-0.15)***
4. 전문 경영자	-2.25 (-0.17)***	-3.23 (-0.21)***
5. 전문 감독자	-1.56 (-0.11)***	-2.47 (-0.15)***
6. 비경영 전문가	-0.88 (-0.06)*	-1.25 (-0.10)***
7. 반전문 경영자	-1.10 (-0.10)***	-1.51 (-0.09)***
8. 반전문 감독자	-1.02 (-0.10)***	-1.80 (-0.10)***
9. 숙련노동자	-0.00 (-0.00)	0.27 (0.03)
10. 비전문 경영자	-1.08 (-0.06)*	-0.73 (-0.04)
11. 비전문 감독자	-0.24 (-0.02)	-0.56 (-0.03)
상수	0.79	2.54
조정된 분산(R²)	0.06	0.13
표본 수	1,491	1,191

	등식 2	
	미국 B(β)	스웨덴 B(β)
계급 더미 변수		
1. 부르주아	-1.92 (-0.10)***	-3.85 (-0.10)***
2. 소고용주	-1.61 (-0.15)***	-2.79 (-0.19)***
3. 프티 부르주아	-0.75 (-0.07)*	-1.34 (-0.09)**
4. 전문 경영자	-2.26 (-0.17)***	-2.98 (-0.19)***
5. 전문 감독자	-1.62 (-0.12)***	-2.15 (-0.13)***
6. 비경영 전문가	-1.00 (-0.07)**	-1.16 (-0.09)**
7. 반전문 경영자	-1.17 (-0.11)***	-1.25 (-0.08)**
8. 반전문 감독자	-1.08 (-0.10)***	-1.62 (-0.09)**
9. 숙련노동자	-0.10 (-0.01)	0.30 (0.04)
10. 비전문 경영자	-1.09 (-0.06)*	-0.49 (-0.02)
11. 비전문 감독자	-0.30 (-0.03)	-0.35 (-0.02)
인구학적 변수		
12. 성별	-0.04 (-0.01)	0.21 (0.03)
13. 나이	-0.03 (-0.17)***	0.003 (0.01)
계급 이력		
14. 노동계급 이력	-0.01 (-0.01)	0.25 (0.14)***
상수	2.07	1.18
조정된 분산(R²)	0.09	0.14
표본 수	1,463	1,188

<표 7-7> 스웨덴과 미국의 계급구조, 계급 이력, 계급의식: 다중 회귀분석(계속)

	등식 3		등식 (3)의 미국 상관계수와 스웨덴 상관계수 간 차이의 유의성 수준	
	미국 B(β)	스웨덴 B(β)		
계급 더미 변수				
1. 부르주아	-0.50 (-0.03)	-1.52 (-0.04)		
2. 소고용주	-0.80 (-0.07)*	-0.71 (-0.05)		
3. 프티 부르주아	-0.31 (-0.03)	-0.06 (-0.00)		
4. 전문 경영자	-1.40 (-0.10)***	-1.51 (-0.10)**		
5. 전문 감독자	-0.83 (-0.06)*	-1.63 (-0.10)**	< 1****	n.s.
6. 비경영 전문가	-0.46 (-0.03)	-0.71 (-0.06)*		
7. 반전문 경영자	-0.61 (-0.06)*	-0.70 (-0.04)		
8. 반전문 감독자	-0.73 (-0.07)*	-1.45 (-0.08)**		
9. 숙련노동자	0.02 (0.00)	0.36 (0.04)		
10. 비전문 경영자	-0.86 (-0.05)	-0.19 (-0.01)		
11. 비전문 감독자	-0.12 (-0.01)	-0.01 (-0.00)		
인구학적 변수				
12. 성별	-0.10 (-0.02)	0.04 (0.01)	< 1	n.s.
13. 나이	-0.02 (0.12)***	0.007 (0.03)	3.07	0.002
계급 이력				
14. 노동계급 궤도	-0.06 (-0.03)	0.18 (0.10)**	2.76	0.006
15. 노동계급 네트워크	0.04 (0.04)	0.11 (0.10)***	1.71	0.08
16. 아직 고용되지 않음(더미)	0.44 (0.08)**	0.93 (0.12)***	1.87	0.06
계급 지위				
17. 개인 수입($1000s)	-0.20 (-0.10)**	-0.43 (-0.11)**	1.44	0.15
18. 불로 소득(더미)	-0.55 (-0.09)***	-0.85 (-0.07)*	< 1	n.s.
19. 주택 소유(더미)	-0.35 (-0.07)*	-0.48 (-0.07)**	< 1	n.s.
20. 노조 가입(더미)	1.33 (0.19)***	1.88 (0.26)***	1.80	0.06
상수	1.60	-0.14		
조정된 분산(R^2)	0.15	0.23		
표본 수	1,243	1,003		

유의성 수준(양측 검증): *** < 0.001, ** < 0.01, * < 0.05

****: 계급 더미 변수의 경우 유의성 수준은, 스웨덴과 미국의 계급 더미 변수 상관계수 전체간의 차이를 검토함으로써 나온 것이다. 'n.s.'는 유의하지 않다는 것을 지칭한다.

덴의 등식에서는 13퍼센트의 편차를 설명하지만 미국 등식에서는 6퍼센트만을 설명할 뿐이다. 다양한 계급 경험 변수가 이 등식에 추가되었을 때(변수 14에서 16) 미국에서는 R^2이 단지 8퍼센트 증가했지만 스웨덴에서는 17퍼센트 증가했다. 등식에서 계급 더미 변수 회귀계수의 양과 중요성 수준은 <표 7-7>에서 등식 1, 등식 2에 나타나 있는데, 스웨덴에서 더 크다. 등식 3에서 계급 경험 변수 또한 일관되게 스웨덴에서 더 크다. 특히 실업 경험을 제외하면, 계급 경험 변수는 미국 등식에서 기껏해야 겨우 유의성을 가질 뿐인데, 스웨덴 등식에서는 상당한 정도의 유의성이 있다(이 계수들에 관한 미국과 스웨덴 등식의 차이는 일반적으로, 통계적으로 의미 있는 정도이다). 확실히 미국보다 스웨덴에서 계급 지위와 계급 이력이 의식을 결정하는 보다 두드러지는 요인이다.

둘째, 스웨덴과 미국 모두에서 계급 결과 변수가 의식에 대해 중요한 영향을 미친다. 계급 더미 변수, 계급 경험 변수의 경우와 마찬가지로 가공되지 않은 회귀계수의 크기가 미국보다 스웨덴에서 더 크다. 그러나 그 차이는 노조 가입 여부 변수를 제외하면 통계적으로 의미 있는 정도는 아니다. 직접적인 계급 경험은 현재 계급 위치와 이력에 의해 측정되는데, 미국보다 스웨덴에서 의식에 대한 더 현저한 결정 요소이다. 반면에 계급 결과— 소득, 주택 소유 여부, 기타 등 —는 두 나라 모두에서 똑같이 두드러진 것으로 보인다.

셋째, 이 연구에서 측정된 바에 따르면 미국과 스웨덴 모두에서 성별과 등식의 다른 변수들은 계급의식에 아무런 영향도 미치지 못했다. 한편, 연령 효과는 두 나라가 극적으로 달랐다. 등식 3에서, 미국에서 연령은 의식 척도에 대해 두 번째로 예측력이 있는 요소였는데 반해 스웨덴에서는 아예 예측력이 없었다.[25] 여기에 대해서도 몇 가지 설명이 가능하다.

---

[25] 미국 연령 상관계수는 통계적으로 스웨덴의 상관계수보다 유의성 확신 수준이 .002 정도 더 높다.

나이는 생애 주기 변수를 구성할 수 있고, 두 나라에서 노동시장과 사회보장이 조직되어 있는 방식 때문에 스웨덴에서보다 미국에서 연령간에 더 많은 적대가 존재한다. 보다 설득력 있게 말하면, 연령은 분류상의 보조적인 계급 변수이다. 스웨덴 역사에서 계급 정치가 상대적으로 1930년대부터 1980년대까지 연속적이었다는 사실이 계급의식에서 연령별로 강한 차이가 나지 않는 현상을 설명할 수 있을 것이다. 반면 미국에서는 제2차세계대전 전과 전후 시기, 그리고 이후 1960년대의 경험까지 모두 상대적인 불연속성이 있어서, 훨씬 강한 연령 효과가 생겼다고 할 수 있다.

마지막으로, 비록 스웨덴과 미국에서 극적인 차이를 관찰할 수 있지만 국적을 더미 변수로 나타내면서 이 두 표본을 하나의 등식으로 함께 환원해보면, 국적은 결코 의식에 대한 가장 좋은 예측 요소가 아니다. 이 환원된 등식에서, 노동계급 의식은 그 사람이 스웨덴 사람이냐 미국 사람이냐보다는 노동자냐 아니냐 또는 노조원이냐 아니냐에 보다 크게 의존한다.

6. 결론

이 장의 결과는 세 가지 서로 연결된 결론으로 요약될 수 있다. 첫째, 이 자료는 체계적으로 착취관계로 개념화로 제시된 계급 개념과 일치한다. 계급 태도는 착취 중심적 개념에 따라 예측된 바대로 양극화되어 있고, 일반적으로 예견된 단조적 방식으로 계급유형 모형의 각 차원을 따라 변화한다.

둘째, 이 자료는 계급관계의 근저에 놓인 구조가 계급의식의 전반적인 패턴을 형성한다는 명제를 지지한다. 제6장에서 주목했듯이, 스웨덴과 미국은 많은 측면 — 계급 형성, 국가의 팽창, 소득 불평등, 복지국가 프로그램 등 — 에서 선진 자본주의 국가들 가운데 매우 극단적인 대조를 보이는 나라들이다. 그러나 이 극적인 차이에도 불구하고 계급구조와 계급의식의 기본적인 연결 패턴은 매우 유사하다. 두 나라에서 계급의식은 착취의 세 차원을 따라 모두 양극화되어 있으며, 계급의식 척도는 그 차원들을 따라 이동하면서 기본적으로 단조적인 변화를 보인다.

마지막으로, 의식의 전반적인 패턴은 계급관계에 의해 구조적으로 결정되지만, 그 계급관계 위에 구축되는 노동계급 의식의 수준과 노동계급 동맹의 성격은 계급투쟁의 역사를 특징짓는 조직적·정치적 실천에 의해 형성된다. 스웨덴 사회에서 개혁주의와 안정적인 계급 타협을 구축하려는 노력에도 불구하고, 스웨덴 사회민주당, 그리고 사민당과 연합한 스웨덴 노동운동은 계급의식을 강고한 부르주아 이데올로기 헤게모니로 흡수시키기보다는 노동계급 의식의 특정한 측면을 재강화하는 전략을 채택했다.

이 전략들은 앞서 논의되었던 계급의식의 세 요소 — 대안의 인식, 결과에 대한 이론, 선호에 대한 이론(또는 이익에 대한 이해) — 각각에 모두 영향을 미쳤다. 스웨덴의 정치 담론은 미국에서보다 훨씬 큰 정도로 계급이라는 용어를 명시적으로 포함한다. 스웨덴에서 대중매체들이 보수 정당에게 붙여준 이름이 바로 부르주아 정당인데, 정치 영역을 정의하는 데에 계급을 따르는 현저한 특징을 보여준 것이다. 그러나 단어의 사용보다 더 중요한 것은, 권력과 재산권에 관한 쟁점들이 토론되고 스웨덴 정치 의제의 일부분이 되는 영역에 있었다는 사실이다. 이들 토론의 효과는 현재의 권력과 재산 분배에 대한 대안이 있다는 것을 강조하는 효과를 가져왔다. 마이드너 플랜 — 현재 고려 대상에 있는 프로그램으로서 점진적으로 주요 생산수단에 대한 사적 자본가의 소유권을 침식하여 노조가 통제하는 투자기금에 넘겨주는 안 — 은 이러한 점을 잘 드러내준다. 마이드너 플랜은 스웨덴 사회 전체에 걸쳐 권력관계를 변혁하는 제안으로 널리 논의되어온 것이다. 더 급진적인 비전이 광대한 지지를 받지는 못했다 하더라도, 토론이 있었다는 사실 자체가 대안의 영역을 연 것이다.

또한 스웨덴 정당과 노조의 전략은 다양한 범주의 임금생활자들이 공통된 이익을 인식하는 효과를 가져왔다. 사회민주당에 의해 추구된 복지 국가 정책은 일반적으로 임금생활자 대부분의 범주에 서로 다른 종류의 혜택을 분배함으로써, 그리하여 모순적 착취계급 위치에 있는 임금생활자들이 그들의 이익을 피착취 지위에 있는 사람들과 양극화된 것으로 보는 경향을 감소시킴으로써, 상대적으로 보편적인 성격을 그 당에 부여했다. 무엇보다도 사무직 피고용자들을 대규모로 노조원이 되게 하고 심지어 경영직 피고용자들의 상당 부분까지 흡수하는 스웨덴 노동운동의 효율성이, 아마도 서로 다른 계급 지위에 있는 임금생활자들이 이해 공동체라는 인식의 수준을 높였던 것이다. 이는 임금생활자간 갈등의 객관적 기반이 사라졌다는 것이 아니라, 단순히 자본주의적으로 착취당하는 임노동자로서의 공통된 이익이 조직 착취, 학력 착취와 관련된 서로 다른 이익에 비해 더 큰 비중을 부여받았다는 점을 의미할 뿐이다.

스웨덴의 경우와는 대조적으로, 미국의 정당과 노조는 일부러 그랬건 마지못해서 그랬건 노동계급 의식을 침식해왔다. 민주당은 체계적으로 정치 담론을 계급의 언어로부터 떨어뜨려놓아 왔다. 물론 예외가 있긴 하지만, 비계급적 사회 갈등을 조직하고 권력과 재산의 문제를 다룰 경우 극단적으로 제한된 범위의 대안만을 강조하는 것이 일반적인 경향이었다. 국가 복지 정책은 임금생활자들 사이의 계급에 기반한 분열을 줄이기보다는 심화시키는 경향이 있었다. 그리고 사무직 노동자는 차치하고서라도 육체산업노동자들의 과반수조차도 노조원으로 만들지 못하는 미국 노동 운동의 비효율성으로 인해, 임금생활자들 사이의 착취에 기반한 이익에 대한 인식이 자본에 대항한 그들의 공통이익에 대한 인식에 비해 더 커지는 경향이 생겼다. 결론적으로 1984년 대통령 선거운동에서 퍼뜨려졌던 수사(修辭)대로, 미국에서 노동운동은 임금생활자의 일반적인 경제적 이익의 대표라기보다는 특수 이익집단으로 여겨지게 되었다.

두 국가 간의 정치 전략과 정당, 노조의 이데올로기 차이로 인한 최종 결과는, 계급이 미국보다 스웨덴에서 훨씬 더 이데올로기적으로 크게 두드러지게 되었다는 것이다. 계급 위치와 계급 경험은 미국보다 스웨덴에

서 계급의식에 더 큰 영향을 미친다. 스웨덴에서 계급들은 이데올로기적
으로 더 심하게 양극화되어 있다. 그리고 그토록 이데올로기적 영역의 양
극화 정도가 큰 바탕 위에 구축된 스웨덴 노동계급의 연합 규모가 훨씬
더 크다.

결론

이 책은 추상적이고 양극화된 구조적 계급 지도와 구체적이고 국면적인 계급 형성 및 계급투쟁 분석 사이의 간극을 이어보려고 노력해왔던 현대 마르크스주의 계급 분석을 논의하면서 시작했다. 이 연구의 주요한 임무는, 구조적인 범주 자체가 중간 층위의 이론과 실증적 조사에 통합되도록 체계적으로 재사고함으로써 이 문제에 접근하는 것이었다. 비록 우리가 많은 다양한 문제들을 다루어왔지만, 세 가지 서로 교차되는 결론들이 특히 중요한 것으로 보인다. 첫 번째는 제시된 계급구조에 대한 재개념화가 갖는 상대적으로 우월한 강점이다. 두 번째는 이 재개념화를 이용해서 밝혀낸 현대 자본주의 계급구조의 두드러진 모습이다. 세 번째는 계급 분석에서 정치의 역할에 관한 것이다.

1. 착취 중심적 계급 개념

앞서 논의했듯이, 계급구조에 관한 나의 이전 작업들은 계급 분석의 중심에 있는 착취 개념을 다른 것으로 대체하려는 경향으로 인해 어려움을 겪었다. 이는 어떤 계급관계가 객관적으로 반대되는 이해를 갖는 본질적인 관계에 있는지 이해하기 어렵게 했고, 일련의 특정한 개념상의 어려움을 발생시켰다.

계급구조에 대한 경험적 연구와 로머의 이론적 작업에 접하게 되면서 겪은 이 어려움들은 제3장에서 논의된 착취의 다차원적 관점에 기반한 계급관계 재개념화를 촉진시켰다. 나는 이제 자본주의 사회에서 계급은 세 가지 형태의 착취의 복잡한 상호 교차에 뿌리박고 있다고 보아야 한다고 주장한다. 자본 소유에 기초한 착취, 조직 자산 통제에 기초한 착취, 기술이나 학력 자산에 기초한 착취가 그 형태들이다. 비록 이 중 세 번째 범주의 계급적 성격에 대해서는 어느 정도 유보를 하고 있지만, 그럼에도 불구하고 이 재개념화는 계급구조에 대한 나의 이전 접근에서 부딪혀야만 했던 많은 어려움들을 해결해주었다.

우리가 수행했던 실증 조사는 이 재개념화에 상당한 정도의 신뢰성을 부여했다. 첫째로, 제5장에서 공식적으로 착취 중심적 개념을 두 라이벌 개념 — 육체노동자가 노동계급이라는 정의와 생산적 노동자가 노동계급이라는 정의 — 과 비교했을 때, 착취 중심적 개념이 훨씬 더 잘 들어맞았다. 비록 결과들에 어느 정도의 모호함이 없지 않았고 라이벌 정의에 따라 해석될 수 있는 부분도 있었지만, 일반적으로 라이벌 정의가 특정한 지위의 계급에 대한 증거와 들어맞지 않았던 지점에서도 착취에 기초한 개념의 논리와 기준에 따른 계급 배치는 자료들에 의해 지지되었다.

둘째로, 계급구조와 소득 불평등을 제6장에서 검사했을 때, 그 결과는 거의 정확하게도 착취 중심적 개념이 예측한 바대로 나타났다. 이것은 매우 복잡한 예측이었는데, 그 예측은 계급구조 모형의 세 차원을 따라 소득이 달라지는 조건을 일일이 상술하는 것을 포함했기 때문이다. 자료의 패턴은 이 예측에 매우 근접해서 나타났다. 한 영역만 택했든 함께 택해졌든, 착취의 모든 영역에서 피착취에서 착취로 올라감에 따라 소득은 단조적으로 증가했다.

마지막으로, 계급구조와 계급의식 간의 관계에 대한 조사(제7장)도 재개념화에 더 신뢰성을 주었다. 계급 지위에 따른 계급의식이라는 변수의 패턴은 이론적인 예측에 매우 근접하게 나왔다. 결과는 상대적으로 탄탄한 것으로 보이며, 적어도 우리가 고려했던 변수들의 기초를 볼 때 이러한 결론이 잘못된 원천으로부터 나온 인위적인 결과라고 볼 여지는 없다. 더군다나 정치적 성격이 극적으로 다른 두 국가에서 동일한 기본 패턴이 관찰된다.

이 모두를 종합해보았을 때, 다양한 경험적 결과는 계급구조에 대한 새로운 개념화를 상당히 강하게 지지한다. 그러나 이런 종류의 경험적 결과가 결정적인 판단을 제공해줄 수는 없다. 관찰된 패턴에 대해 다른 방식으로 설명하는 것은 항상 가능하며, 확실히 내가 내렸던 결론은 이론적·방법론적 회의에 개방되어 있다. 하지만 계급에 관해 더 설득력 있는 라이벌 개념이 이론적이고 실증적인 투쟁을 벌이지 않는 한, 여기서 제안된 접근을 응용한 이런저런 방법들을 받아들일 강력한 이유가 존재하는 셈이다.

2. 현대 자본주의의 계급구조

우리는 계급구조에 관한 이 새로운 개념화를 이용하여 미국과 스웨덴의 계급구조 틀을 체계적으로 탐구했다. 그 분석의 상세한 점은 모두 차치하고서라도, 우리가 내릴 수 있는 두 가지 폭넓은 일반화가 있다.

첫째, 현대 자본주의의 기술적이고 사회적인 변화에도 불구하고 두 나라 모두에서 노동계급은 노동력 가운데 가장 많은 수를 차지하는 계급으로 남아 있다. 심지어 우리가 노동계급에 대한 좁은 정의 — 즉, '주변적' 착취 자산을 가지고 있는 다양한 사람들을 제외시키는 정의 — 를 받아들인다고 해도, 노동력의 약 40퍼센트가 노동계급에 속해 있다. 만약 이 '주변적인 범주'가 더해진다면 — 그렇게 할 만한 충분한 이유가 있는데, 특히 '반(半)전문 피고용자' 범주와 관련해서는 말이다 ─ 두 나라 모두에서 노동계급은 확실히 과반수를 넘는다.

둘째, 동일하게 중요한 사실인데, 노동계급이 가장 큰 계급이지만 그중 상당한 부분은 계급구조 내에서 착취적인 위치를 점유하고 있다는 것이다. 심지어 다시 주변적 착취 자산 소유자를 이 명칭에서 모두 배제시킨다고 해도, 스웨덴과 미국에서 노동력의 약 4분의 1에 해당하는 사람들이 착취자들이다. 개인 단위가 아니라 가족 단위로 보면 이보다 훨씬 높은 비율의 가족이 적어도 한 명 이상의 착취계급을 그 구성원으로 갖고 있는데, 이는 전체 가구 중 약 40퍼센트에 이른다. 이러한 사실은 그러한 개인이나 가족들이 순(net) 착취자들이라고 말하는 게 결코 아니다. '중간계급'에 대한 재개념화의 핵심적인 주장은, 그 계급의 지위들이 착취자이면서 동시에 착취당하는 자라는 것이다. 이것은 정확히, 그들의 계급이익의 복잡성과 내가 '착취관계 내 모순적 위치'라고 불렀던 것에 그들이 놓이게 되는 점을 설명한다. 나는 이들 개인과 가족들은 그들이 다른 기제를 통해 착취하는 것보다 더 많은 양을 자본주의적으로 착취당하고 있다고 추측한다. 그럼에도 불구하고, 이러한 점이 그들이 착취자이며, 그 결과 노동자와 근본적으로 다른 물질적 이해관계를 갖고 있다는 사실을 지우지는 못한다.

3. 계급구조와 정치

계급구조는 현대 사회생활에서 아주 중요하다. 사회의 생산 자산에 대한 통제는 행위자의 근본적인 물질적 이익를 결정하고, 개인과 집단이 이익을 추구할 수 있는 능력을 만드는 큰 요인이다. 인구의 상당한 비율이 상대적으로 편안하게 살 수 있다 하더라도, 그들의 능력과 이익이 자산 관계(그리고 자산 관계에 기반한 착취의 과정)에 묶여 있다는 사실에는 변함이 없다.

생산 자산 통제가 갖는 이러한 중요성에도 불구하고 계급구조의 효과는 정치에 의해 중개된다. 계급관계는 이익이 형성되고 집단적 능력이 구성되는 영역을 정의할 수 있지만, 계급 형성 과정으로부터 나오는 결과를 계급구조 그 자체로부터 읽어낼 수는 없다.

우리가 논의했던 실증 조사에서 정치적 요소들은 두 가지 주요한 방식으로 개입한다. 무엇보다도 우선, 스웨덴과 미국의 계급에 대한 구조적인 비교에서 두 나라의 계급구조에서 나타나는 차이의 원인은 대체로 정치적 과정의 차이에 있는 듯하다. 국가 고용의 규모 자체는 두 나라의 계급 분포에 중대한 영향을 미쳤는데, 이는 미국에 비해 스웨덴에 많은 비경영 전문가와 훨씬 적은 수의 소고용주, 프티 부르주아가 존재하는 이유를 거의 전적으로 설명한다. 더 미묘한 점을 보자면, 스웨덴보다 미국에서 훨씬 더 노동이 심하게 감독되고 있고 전문 기술과 권위가 훨씬 더 밀접한 관계를 갖고 있다는 사실은 정치적 역동성의 효과를 보여주는 점일 것이다. 두 나라 계급구조의 대체적인 틀은 경제적 수준과 두 사회의 근본적으로 자본주의적인 성격에 의해 형성되었지만, 계급구조에서의 차이는 확실히 정치적 과정에 의해 심대하게 영향을 받았다.

우리의 경험적 조사에서 정치가 차지하는 두 번째 중요한 비중은 계급의식의 형성 과정, 더 넓게는 계급 형성 과정에 있다. 비록 계급구조와 계급의식 사이의 기본적인 연결 관계는 두 나라가 동일하지만, 이 연결관계의 이데올로기적 결과는 그들의 정치적·역사적 차이에 뒤따르는 것이다. 스웨덴에서 의식의 양극화가 더 심하고 노동계급이 다른 계급과 동맹할 수 있는 이데올로기적 기초가 더 넓다는 사실은 바로 계급의식 형성 과정에 정치적 중개가 작동한 결과이다.

4. 정치적 함의

이 책의 첫 번째 임무는 계급 분석에서의 개념적 문제와 문제들에 대해 제시된 해결책의 이론적이고 실증적인 함의였다. 짧은 언급을 제외하고는 사회주의 정치에 대한 분석이 갖는 함의에는 거의 주의를 기울이지 않았다. 그러한 함의 중 세 가지가 특히 중요해 보인다. 사회주의를 위한 정치 의제에서 급진적 민주주의가 차지하는 중심적 위치, 현대 자본주의에서 계급 형성 과정을 계급 동맹의 문제로 파악해야 할 필요성, 그러한 동맹을 가능하게 할 정치적 중개 과정을 창조하는 일의 중요성이 그러한 함의들이다. 이것들을 각각 차례대로 짧게 살펴보도록 하자.

마르크스주의자들이 사회주의가 자본주의의 가능한 단 한 가지 미래라고 믿는 한, 전투적인 반자본주의자는 친사회주의자가 되는 것과 동일할 것이다. 이에 따르면, 자본주의를 파괴하는 일은 사회주의를 위한 조건을 창출하는 필요충분조건이다. 그러나 만약 자본주의가 여러 개의 미래를 갖고 있는 것으로 간주된다면, 자본주의 이후 사회에 새로운 계급구조가 출현할 수도 있다는 점이 인정된다면, ─ 즉, 새로운 착취와 지배의 기제를 지닐 수 있다는 점이 인정된다면 ─ 반자본주의와 사회주의를 단순히 등치시키는 논리는 붕괴된다. 그리고 단순히 자본주의에 반대하는 것이 아니라 사회주의를 위해 적극적으로 투쟁하는 일이란 무엇인가를 엄밀하게 생각하는 것이 필요해진다.

이 책에서 제시된 계급에 대한 재개념화는 사회주의를 위한 적극적 투쟁의 핵심이 급진적 민주주의라는 점을 시사한다. 이 책에서 정의된 사회주의는 자본 자산과 조직 자산에 대한 지배가 더 이상 착취의 중요한 기초가 될 수 없는 사회이다. 이를 위해서는 자본 자산에 대한 사적 소유와 조직 자산에 대한 위계적이고 권위주의적인 통제가 종결되어야만 한다. 이들을 함께 고려했을 때, 사회주의는 생산에 사용되는 물질적이고 조직적인 자원에 대한 철저한 민주적 통제를 의미한다.

이것은 물론 새로운 결론이 아니다. 민주주의의 중요성에 대한 점점 더 증가하는 인식은 좌파의 최근 정치적 토론들에서 주요한 특징 중 하나이다.[1] 정말로, 적어도 미국의 상황에서는, 좌파들의 중심적인 정치 담론에서 민주주의의 문제가 사회주의의 문제를 대체하는 경향이 있었다고 말하는 것이 크게 틀리지 않을 것이다. 이 책의 논의는 좌파의 핵심적 정치 의제로서 민주주의로 사회주의를 대체하는 대신, 사회주의를 위한 투쟁과 민주주의를 위한 투쟁이 같은 과정의 양면이라는 것을 시사한다. 생산에 대한 경영과 조정 과정에 대한 민주화를 통해 조직 자산을 재분배하지 않고서는 조직적 자산 착취가 계속될 것이고, 그 착취에 기초하여 새로운 계급관계의 구조가 구축될 것이다. 민주주의는 단순히 국가의 정치제도가 어떻게 조직되는가라는 문제가 아니다. 민주주의는 직접적으로 계급관계 자체가 어떻게 구성될 것인가를 포함한다.

객관적 투쟁으로서 급진적 민주주의의 중요성이 이 연구의 기본적인 정치적 함의 중 하나라면, 그러한 목적을 달성하기 위해 필요하지만 이루기 어려운 계급 형성 과정은 또 다른 함의이다. 만약 현대 자본주의의 계급구조가 기본적으로 양극화된 다수의 노동계급과 자본가계급에 기초하고 있다면 계급 형성 문제는 실제보다 훨씬 쉬울 것이다. 기본적으로 그 작업은 동일한 근본적인 계급이익을 가지고 있는 개인들로 이루어진 집단적 조직을 다져나가는 일이 될 것이다. 하지만, 내가 논의했듯이, '실제로 존재하는 자본주의'의 계급구조는 단순히 양극화된 구조가 아니다. 적어도 발전된 자본주의 국가에서는 인구의 상당한 비율이 착취관계에서 모순적 계급 위치(착취당하는 동시에 착취하는 지위)를 점유하고 있다. 그러한 모순적 위치에 있는 사람들 중 상당한 부분과 협동하지 않는 사회에서 사회주의

---

1) 민주주의와 사회주의의 문제에 대한 토론으로 중요하고 명료한 두 가지 사례로는, Joshua Cohen and Joel Rogers, *On Democracy* (London: 1983); Samuel Bowles, David Gordon and Thomas Weiskopf, *Beyond the Wasteland* (Garden City, New York: 1984)가 있다.

가 진정으로 실현될 가능성이 있는 시나리오를 상상하기는 어렵다. 적어도 그들의 물질적 이해관계라는 측면에서 보았을 때, 모순적 위치를 점유하고 있는 사람들은 사회주의에 의해 직접적으로 위협받거나 사회주의로의 변환이 일어나면 최소한 상대적으로 모호한 물질적 이해득실을 겪는다.

이로 인해 사회주의자는 매우 어려운 딜레마에 직면한다. 사회주의는 오직, 사회주의로 인해 명백하게 물질적인 이득을 얻지는 않는, 이 인구의 상당 부분과 협력해야만 달성할 수 있다.[2] 이 딜레마가 어떻게 해결될 수 있을 것인가? 기본적으로 이 문제에 대한 두 종류의 접근이 사회주의 논의에 내재한다. 첫째, 기본적으로 그 문제를 거부해버리는 것이다. 이 논의는 사회주의는 자본주의의 광대한 낭비 — 과도한 국방비 지출, 광고, 기업의 과시적인 소비 등 — 를 너무나 완전하게 제거할 것이기 때문에 인구의 절대 다수가 사회주의 사회에서 더 나아질 것이라고 주장한다. 이 책에서 행해진 분석의 용어로 이야기하자면, 자본주의적 착취와 조직 자산 착취가 제거된다면 유용한 소비재를 생산하는 진정한 생산성이 아주 확대될 것이기 때문에 착취관계에서 모순적 위치에 있는 많은 사람들도 실질적으로 더 잘살게 될 것이며, 오직 아주 소수만이 더 나빠질 것이다. 사실상 이러한 주장은, 자본주의의 낭비를 없애서 절약된 노동시간 중 대부분이 유용한 물질 생산에 직접 돌려져 평균 생활수준이 높아질 것이라고 가정하고 있다. 심지어 소비 수준이 사회주의 사회에서 실질적으로 균등해진다 하더라도 모순적 위치에 있는 대부분 사람들의 삶의 수준은 하락하지 않는다고 한다.

이러한 종류의 주장은 종종 상당한 정도의 회의에 부딪힌다. 급진적으

---

2) 자본주의가 사회주의로 변환되는, 실행 가능한 과정 모두에 존재하는 '이행비용' 문제(4장에서 간략히 논의한 바 있다)는 이 딜레마를 더 심각한 것으로 만든다. 만약 이행비용이 높고 지속적인 것이라면, 사회주의가 되면 확실히 혜택을 받는 노동자에게도, 물질적 이익은 사회주의를 위해 투쟁할 동기로는 불충분하다.

로 민주적인 사회주의는 '사회적 필요노동 시간' 중 아주 많은 부분을 민주적인 생산기구를 효과적으로 작동시키기 위한 민주적 참여에 쓸 것이다. 그러므로 자본주의적 낭비를 하지 않음으로써 절약된 많은 부분이 사적 소비물을 생산하는 데 쓰이기보다는 단순히 민주적 참여를 위한 시간을 내는 데 소요될 것이다. 예를 들어, 민주적인 조건하에서 노동자들은 느린 작업 속도를 선택할지 모르는데, 이는 사회의 총생산성을 떨어뜨릴 것이다. 그러므로 사회주의 사회에서 전반적인 사회 생산성이 어떨지를 미리 아는 것은 매우 어려우며, 자본주의의 모순적 위치에 있는 사람들의 물질적 이익이 어떤 운명에 처하게 될지를 아는 것도 어렵다.

사회주의자들이 당면한 일반적 딜레마에 대항하여 모순적 위치에 있는 사람들의 공동 행동을 획득하기 위해 채택하는 두 번째 해결책은, 사적 소비 이외의 다른 이익들을 강조하는 것이다. 삶의 질, 진정한 자유의 확장, 폭력의 감소 등의 측면에서 사회주의를 지지하는 논의는 사회주의적 목표를 위한 계급 동맹을 구축하는 데 기초를 제공해준다.[3] 그러한 목표는 사회주의 투쟁에 참여하는 연합전선의 성원들이 갖는 모순적인 물질적 이해를 없애주지는 못하지만, 그러한 효과를 중화시키는 잠재력은 갖고 있다.

실현 가능하고 응집력 있는 사회주의적 동맹이 착실히 다져짐으로써 계급을 형성해나가는 과정은, 사회주의자가 단순히 착취관계 내에서 모순적 계급 위치에 있는 사람들에게 어떠한 종류의 목표가 가장 호소력이

---

3) 쉐보르스키는 그러한 '문화적' 목표를 향한 이동이 사회주의로의 이행비용을 완화시키는 것만큼이나 중요한 일이라고 논했다. 다음을 보라. Adam Przeworski, "Material Interest, Class Compromise and Transition to Socialism," *Politics & Society* vol.10, no.2(1981). 오페와 바이젠탈도 인류에게 필요한 전 범위를 투쟁의 목표로 다룸으로써 주어진 투쟁을 지지할 것인지 말 것인지를 결정할 때 사람들이 경험하는 상쇄적 교환(trade-off)을 바꿀 수 있는 방식을 강조하면서 비슷한 주장을 했다. "Two Logics of Collective Action," *Political Power and Social Theory*, vol.I, edited by Maurice Zeitlin(Greenwich: 1979).

있을지를 알아내는 문제가 아니다. 우리의 실증 조사가 강조했듯이, 계급 형성의 총체적인 과정은 정치와 이데올로기에 의해 심대하게 중개된다. 이것이 바로 분석이 갖는 세 번째 일반적인 정치적 함의이다. 민주적이고 사회주의적인 계급 동맹이 형성될 수 있는 조건을 창출해내려면 이러한 중개 자체가 변환되어야만 한다.

이것은 마르크스주의에서 새로운 아이디어가 아니다. 자본주의 국가의 '파괴'라는 레닌의 고전적인 명제는, 노동계급이 '지배계급'이 되지 못하게 막는 방식으로 국가 기구들이 조직되어 있다는 관점에 기초하고 있다. 오직 이 국가 기구들을 파괴하고 그것을 질적으로 구별되는 종류의 기구들로 대체함으로써만 사회주의는 가능해진다.[4]

자본주의 국가의 구조에 대한 레닌의 일괴암적인 시각을 거부한다고 해도, 그리고 자본주의 국가 기구 내에서 더 큰 정치적 행동의 가능성을 본다고 해도, 레닌의 주장 아래에 깔려 있는 기본적인 통찰은 여전히 건재하다. 사회주의를 향한 투쟁이 놓여진 정치적·이데올로기적 맥락은 계급 형성이 여러 가지 다른 형식으로 이루어질 가능성에 큰 영향을 미친다. 이는 곧 '투쟁의 영역'을 규정하는 데에 특히 중요한 역할을 행사하고, 급진적으로 민주적인 사회주의자 연합을 창출할 장기적인 가능성을 차단하거나 고양하는 자본주의의 정치적·이데올로기적 제도의 모습을 파악하는 것이 사회주의자에게 중요하다는 것을 의미한다. 몇 가지 예만 들어보자. 미국과 스웨덴의 서로 다른 노동법은, 왜 노조 조직화의 수준이 두 나라에서 그렇게 극적으로 다른지, 그리고 이것이 결국 노동계급과 모순적 위치 계급의 계급 동맹에 어떻게 크게 다른 향방을 제공하게 되었는지를 부분적으로 설명해준다. 선거 제도의 차이는 급진적인 정당이 정치적 진출을 하는 것을 극도로 어렵게 만들기도 하고(미국에서처럼), 상대적으로 쉽게 만들기도 한다(독일에서처럼). 사회복지 프로그램의 수혜 범

---

4) 현 분석과 관련 있는 레닌의 견해에 대한 토론으로는, *Class, Crisis and the State*의 4장과 5장을 보기 바란다.

위는 기본적으로 자산 조사 방식에 기초하는데, 이는 수혜자와 비수혜자를 뚜렷이 구분하는 것일 수도 있고 모두가 혜택을 받는 보편적인(그러나 소득이 서로 다른 사람들이 다른 액수의 세금을 지불하는) 프로그램 방식일 수도 있다. 이러한 차이는 그러한 프로그램의 지원 수준과, 지원에 기초하여 형성되는 넓은 정치적 연합의 수준에 큰 영향을 미친다.

이러한 각각의 경우에 정치적인 개혁은 사회주의 투쟁을 위한 사회적 공간을 확대하는 잠재성을 갖고 있다. 이것은 1970년대에 '비개혁주의적 개혁'이라고 불렸던 사조의 핵심이었다. 현존하는 사회 내의 개혁이되, 계속적인 투쟁을 위한 조건을 변형하고 잠재적으로 역사적 가능성의 지평을 넓혀주는 그러한 개혁 말이다.

계급구조가 계급 형성과 계급투쟁의 가능성에 한계를 지울 수도 있으나, 그러한 한계 내에서 매우 다양한 종류의 투쟁이 일어날 수 있다. 전반적으로 그러한 투쟁은 현존하는 계급구조를 재생산할 수도 있고, 자본주의 이후 사회의 새로운 형식의 착취를 위한 무대를 설정할 수도 있고, 사회주의를 위한 가능성을 열 수도 있다. 좌파가 자본주의 내에서 민주적인 사회주의를 가능하게 하는 조건을 다져나갈 수 있을 것인가는, 부분적으로, 현존하는 사회에서 그러한 미래를 위한 투쟁에 필요한 계급 형성 가능성을 높이는 제도적인 개혁이 무엇인지 규명할 수 있는 능력에 달려 있다.

부록 I 개념을 변환하는 실용적 전략

개념 형성 과정은 동시에 개념 변환 과정이기도 하다. 모든 새로운 개념의 생산에는 거기에 들어가는 개념적인 원재료가 있다. 이 부록의 과제는 현존하는 개념에서 그러한 변형이 일어나는 몇몇 방법을 펼쳐 보이는 것이다. 이를 위해 먼저 새로운 개념 생산을 시도하려는 충동이 일어나기 쉬운 환경에 대해 간략히 살펴볼 것이다. 이에 뒤이어 개념 변환의 서로 다른 형태, 즉 개념 원재료가 새로운 개념을 생산하는 데에 작용하는 상이한 실제 방식에 대해 토론할 것이다. 이 논의는 개념을 생산하고 변환하는 여러 가지 방법론에 대한 포괄적인 분석이라기보다는, 내가 서로 다른 맥락에서 유용하다고 발견한 다양한 실용적 전략을 노출하기 위해 존재한다.

1. 개념 형성의 계기

아마도 대부분의 이론적 혁신은 새로운 개념을 도입하거나 낡은 개념을 재구성하는 일을 바탕으로 이루어진다. 세 가지 환경이 전형적으로 그러한 변화를 촉진한다. 실증적 문제에 직면하는 경우, 개념적 비일관성을 발견하는 경우, 이전 개념 변환의 결과를 다루는 경우이다.

새로운 개념을 생산하는 가장 공통된 동기는 의심할 여지없이 현존하는 개념이 경험적인 문제를 다루는 능력이 부족해서 만족스럽지 않다는 데에 있다. 사회에 대한 현존하는 개념적 지도와 편안하게 들어맞지 않아서 그 지도가 적절하게 그려진 것이 아니라고 결론짓게 하는 경험적 증거가 축적되면 새로운 개념이 필요하게 된다. 이 책에서는 그와 같은 예가 두 가지 논의되었다. 자본주의 사회의 사회적 생산관계 내에서 자본가계급이나 노동계급 어느 쪽에도 쉽게 들어맞지 않는 위치의 출현, 그리고 자본주의-사회주의 이분법에 쉽게 들어맞지 않는 자본주의 이후 사회의 출현이다. 전자는 '계급관계 내 모순적 위치'라는 개념을 도입하도록 자극을 주었다. 후자는 '국가주의 생산양식'이라는 개념을 도입하게 만들었다. 두 경우 모두에서, 마르크스주의 이론 내에 이미 존재하고 있던 개념들은 이들 구조적 변화를 효과적으로 다룰 수 없는 것처럼 보였다.[1]

더 자세히 검사해보면, 명백한 반례를 수용하게끔 현존하는 개념 틀을 조정할 수 있다는 점이 드러날 수도 있다. 필요한 일은 그들 정의를 실질적으로 변환시키는 것이라기보다는 단순히 현존하는 정의를 명확하게 하거나 보다 미묘한 함의를 그려내는 일일 수도 있다. 이 가능성은 정확히, '현존하는 사회주의(소련, 동유럽, 중국, 쿠바 등)'의 계급 성격에 대한 토론에서 논해졌다. 예를 들어 이들 국가의 사례를 자본주의-사회주의라는 개념적 이분법과 일치하지 않는 사례로 다루기보다는, 강력한 자본주의 사회가 계속 존재함에 따라 그것에 의해 구체적인 제도적 형태가 영향을 받은 사회주의 사회로 다룰 수도 있는 것이다. 이는 자본주의가 사회주의 제도에 영향을 미친다는 특정한 인과적인 논변을 함의하지만, 생산수단에 대한 공공 소유라는 사회주의의 정의만큼은 그대로 놓아둔다.

개념 변환을 하게 만드는 두 번째 자극은 현존하는 개념 배열 내에서 이론적 비일관성이 발견되는 것으로부터 나온다. 이론은 단순히 다양한 종류의 가설을 통해 연결되어 있는 개념의 집합이 아니다. 개념 그 자체

---

1) 사회 변화가 개념 변화를 촉진시키는 이유에는 두 가지가 있다. 첫째, 사회 변화는 기존 개념들 중 어느 것도 의문시하지 않으면서 단순히 새 개념만 필요로 할 수도 있다. 둘째, 사회 변화는 원래의 틀 자체가 부적절하며 기존 개념들이 변화되어야만 한다는 것을 가리킬 수 있다. 언급된 두 가지 사례는 두 번째 이유에 의해 촉진된 것이다.

가 다양한 방식으로 상호 의존적이다. 특히 몇몇 개념들은 보다 일반적인 개념의 하위 종으로 간주될 수 있다. 그렇다면, 일반적 개념이 그 안에 속하는 특정한 하위 범주의 구체적인 형태와 양립할 수 없는 사태가 있을 수도 있다.

이러한 문제의 좋은 예는 '아시아적 생산양식'이라는 개념에 대한 최근의 토론, 특히 배리 힌데스와 폴 허스의 논쟁적인 책, 『전자본주의적 생산양식』[2]에서 고안되고 다듬어진 개념에서 잘 드러난다. 그들의 핵심적인 주장은, 아시아적 생산양식이라는 개념은 생산양식이라는 일반 개념에 적절하게 포섭될 수 없기 때문에 비논리적이라는 것이다. 일반적 개념이 지정한 조건에 따르면, 생산양식으로 취급되기 위해서는 생산력과 생산관계 간에 특수한 조응 형태가 있어야만 한다. 그러한 조응은 자본주의와 봉건제 생산양식에서는 구축될 수 있지만 가설적인 아시아적 생산양식의 경우에는 구축될 수 없다고 그들은 주장한다.

과세-지대 짝으로부터 그러한 생산양식의 개념이 도출될 수 없고 생산관계와 생산력 간의 어떠한 유기적으로 연결된 조합도 연역될 수 없으며, 잉여 생산물의 전유 양식을 규정하는 어떠한 체계적 조건도 구성될 수 없다.[3]

그러므로 아시아적 생산양식이라고 정의된 그 사회들은 공동체적 생산의 특이한 변종으로 간주되거나, 몇몇 경우에는 봉건적 생산으로 다루어져야만 한다. 나는 아시아적 생산양식이라는 개념에 대한 그들의 비판이 적확한지에 대한 논쟁에 끼어들기를 원하지 않는다. 지금 맥락에서 중요한 논점은, 그 비판 자체와 비판과 연관된 개념 형성 과정이 경험적인 문제보다는

2) *Pre-capitalist Modes of Production* (London: 1979). Hindess and Hirst는 이 책에서 개진된 입장을 뒤이어 부정했다. 그들은 아시아적 생산양식 개념이 비논리적이라고 단순히 논하는 대신, 이제 생산양식이라는 개념 자체를 버려야 하며 더 단순한 생산관계 개념으로 대체해야 한다고 주장하고 있다.

3) 같은 책, p.200.

서로 다른 개념들 간의 비일관성에 중심을 두고 있다는 점이다.

개념 형성의 확장된 과정이 발생될 수 있는 세 번째 맥락은, 이미 이루어졌던 개념 변환의 결과를 다루려고 할 때이다. 이론들에서 중요한 개념을 변환시켰는데 다른 개념 정의에 아무런 영향을 미치지 않는다는 것은 일어날 법하지 않은 일이다. 개념을 변경하면 이론적 재통합을 이루려고 하면서 다른 개념도 연쇄적으로 변형된다. 때때로 그러한 변형은 판도라의 상자를 여는 일에 해당할 수도 있다. 개념 변형이 추구되고 계속해서 더 많은 개념들이 수정되거나 버려진다면 말이다. 힌데스와 허스트가 아시아적 생산양식 개념에 처음 품었던 의문은 그들로 하여금 생산양식이라는 개념 전체를 버리게끔 했다. 다른 상황에서는, 처음에는 광대한 연쇄 효과를 가질 것처럼 보이던 개념 변형이 실제로는 전체 이론 내의 다른 개념에 상당히 협소한 영향만을 가지는 것으로 드러날 수도 있다. 나는 이것이 노동가치 이론의 핵심 개념에 대한 중요한 도전의 경우에 해당된다고 믿는다. 확실히, 가치 범주를 직접 차용한 전체 개념 집단의 중요성에도 불구하고, 일반적인 마르크스주의 계급 개념, 착취, 자본주의, 계급투쟁 등의 개념은 노동가치 개념에 대한 이론 비판에 비추어 재서술될 필요성을 현저하게 발생시키지는 않는다고 믿는다.[4]

---

[4] 노동가치 이론 논쟁의 함의에 대한 다양한 입장을 살펴보려면, Steedman et al.(eds.), *The Value Controversy* (London: 1981)을 참조하라. 나 자신의 입장은 논쟁 과정에서 상당히 많이 변했다. 처음에는 "The Value Controversy and Social Research"(*The Value Controversy*로 재출간되었다)에서 그 논쟁의 중요성이 매우 크다고 느꼈다. 왜냐하면 노동가치 개념의 거부는 자본주의 착취라는 개념을 심대하게 훼손할 것이며, 이는 결국 자본주의 계급관계에 대한 마르크스주의의 설명을 훼손할 것이라고 생각했기 때문이다. 나의 나중 입장은 "Reconsideration" (나의 원래 논문과 *The Value Controversy*에 대한 비판에 대한 답변)에서 개진되었는데, 노동가치 이론이라는 정식화된 장치 없이도 착취와 계급에 대한 마르크스주의 이론의 개념적 핵을 유지하는 것이 가능하다는 것이었다.

2. 개념 형성의 형태

일단 개념 변환이 필요하다는 것이 인식되면 이를 위해 다양한 전략을 채용할 수 있다. 물론 그 과정이 실제로는 상당히 우연적이고 비체계적일 수 있으며, 스스로 어떤 전략인지를 의식하는 일 없이 이루어질 수 있다. 그러나 새로운 개념을 성공적으로 생산하는 많은 경우 네 가지 일반적인 전략이 바탕에 깔려 있는 것 같다. 새로운 경계선 긋기, 이미 존재하는 경계선을 다시 설정하기, 더 일반적인 기준 아래 범주들을 한데 묶기, 묘사적인 분류 차원의 범주를 개념 유형으로 변환시키기가 그러한 전략들이다.[5]

1) 새로운 경계선 긋기

현존하는 개념이 불만족스럽다는 것을 알 수 있는 기본적인 방법 중 하나는, 그 개념이 같은 명칭 아래에 상당히 이질적인 경우를 부정확하게 포함하는지를 살펴보는 것이다. 그렇다면 개념 형성이라는 작업은 개념적인 장 내에서 새로운 경계선을 구체화하여 긋는 일이다.

이것의 좋은 예는 자본주의 이후 사회의 문제이다. 전통적으로 대부분의 마르크스주의자들은 사회주의만이 공산주의로 이행하는 생산 형태로서(또는 공산주의의 '낮은 단계'로서), 자본주의 이후 사회의 가능한 단 하나의 형태라고 주장해왔다. 자본주의-사회주의라는 단순한 이분법이 실

---

5) 이 네 가지 전략이 모든 전략을 다 포괄하는 것은 결코 아니다. 그리고 이 네 가지 전략이 동일한 논리적 지위를 지니고 있다는 의미도 아니다. 예를 들어 개념의 차원을 구체화하는 것은 종종 더 일반적인 항목하에 범주를 재결합하는 변화보다도 더 기본적인, 개념의 핵심적 의미에 대한 쟁점을 포함한다. 그러므로 여기에 열거된 전략들은 개념 형성 과정에서 활용될 수 있는 전략의 종류를 시사하기 위한 것이다. 즉, 본문에서의 설명은 대안 전략의 토론을 위해 포괄적이고 철학적으로 정돈된 설명이 아니다.

제 가능성에 대한 적절한 개념적 지도로 간주되었다. 그러한 개념적 틀 내에서 소련 같은 사회들은 필연적으로 사회주의의 변종으로 다루어지거 나 자본주의의 변종(즉, 국가자본주의 사회)으로 다루어져야만 했다. 제3장 에서 논했듯이, 이에 대한 대안 중 하나는 새로운 경계선을 도입하는 것 이다. 사회주의 생산양식, 자본주의 생산양식, '국가주의 생산양식'이라 고 부를 수 있는 것들 간의 구분 말이다. 이렇게 하면 이전에는 자본주의 와 사회주의 둘 중 하나에 포함되었던 사회가 이제는 그 자체로 고유한, 다른 것과 구별되는 생산양식으로 다루어지게 된다.

임금생활자로서의 노동계급이라는 개념을 다양한 대안적 개념으로 변 환하는 데에도 비슷한 작용이 이루어진다. 예를 들어 풀란차스의 신프티 부르주아 개념은 '임금생활자' 범주 내에 새로운 경계선을 그었음을 나타 낸다. 그는 정신노동자와 비생산적 노동자들을, 그들이 비록 임금생활자 라 할지라도 육체노동 임금생활자, 생산적 노동 임금생활자와는 질적으 로 다른 계급이라고 논한다. 그리하여 이전에는 하나의 개념적 범주였던 것이 두 개로 나누어진 셈이다.

2) 경계선을 재설정하기

개념이 지니고 있는 문제가 새로이 구별되는 개념들을 만들어야 되는 것이 아니고, 경계를 정의하는 기준에 수정이 필요할 때 발생하기도 한 다. 기준이 과다할 수도, 부족할 수도, 단순히 부정확할 수도 있다.

개념에 대한 이런 종류의 논쟁은 봉건제에서 자본주의로의 이행에 대 한 토론 내에서, 자본주의를 적절히 정의하는 길고 긴 논쟁에서 중요한 역할을 해왔다.6) 이론가들 사이에서 과정의 양 끝 부분을 묘사하는 데는

---

6) 이 논쟁의 주요 참가자들은 다음과 같다. Immanuel Wallerstein, *The Modern World System* (New york: 1974); Robert Brenner, "The Origins of Capitalist Development: a Critique of Neo-Smithian Marxism," *New Left Review*, 104(July~August 1977), pp.25~93; Paul Sweezy, "The Debate on The Transition: a Critique," in Rodney

아무런 논쟁이 없었다. 성숙한 산업자본주의는 임노동과 생산수단의 사적 소유로 이루어진 생산 체계이다. 고전적인 봉건제는 잉여가 경제 외적 강제에 의해 전유되는 농업 생산이다. 의견 불일치는 자본주의의 시작이 언제냐를 두고 이루어진다. 이는 곧 자본주의로 간주할 수 있는, 이론적으로 타당한 조건을 정의하는 일에 관한 것이다. 시장에서 이윤 극대화와 축적을 목적으로 하는 경제행위가 있다는 것은 그 경제 체제가 자본주의라고 말할 수 있는 충분조건인가, 아니면 자유시장과 임노동이 꼭 있어야지만 자본주의라 할 수 있는가? 즉, 착취는 자유로운 임노동을 고용함으로써 발생하는가?

비슷한 방식으로, 노동계급을 정의하는 데에 대한 풀란차스와 나의 토론도 개념의 적절한 경계선에 대한 논쟁으로 해석될 수 있다.[7] 풀란차스는 모든 비생산적 임노동자들을 비노동계급으로 간주한다. 나는 생산적-비생산적 노동이라는 기준은 노동계급의 경계를 긋는 경우에 부적절한 기준이라고 논했다. 풀란차스는 또한 정신-육체노동 구분을 노동계급의 경계를 긋는 기준으로 고려했다. 여기서 그와 나의 의견 불일치는 약간 다르다. 그 구분은 노동계급을 정의하는 데에 적절한 생산관계의 구조적 특성으로부터 나오기는 하지만, 이를 정신노동의 형태로 정식화하는 것은 부정확하다고 나는 논했다. 임노동자가 노동계급 바깥에 있는 것은 정신노동 그 자체 때문이 아니라, 그 자신의 노동 과정에 대한 지배적인 통제권(또는 내가 '반자율성'이라고 불렀던 것)에 의해서이다. 그러한 자율성이 대부분 정신노동의 특징인 것은 사실이다. 풀란차스는 계급 기준의 정확한 본질을 잘못 집어냈다. 풀란차스의 노동계급에 대한 개념을 내가 변환시킨 것은, 자율성과 통제의 실제 관계에서 이 경계선을 재설정한

Hilton(ed.), *The Transition from Feudalism to Capitalism* (London: 1979); Maurice Dobb, *Studies in the Development of Capitalism* (Cambridge: 1963).

7) 이 논쟁에 대한 설명을 살펴보려면 *Class, Crisis and the State* (London: 1978)의 2장을 참조하라.

예라 하겠다.

3) 범주를 다시 묶기

개념을 변환시키는 세 번째 방식은, 더 넓은 개념을 가지고 새로운 방식으로 개념들을 포함하는 것이다. 이 더 넓은 개념은 그 안에 묶이는 개념들에 보다 근본적인 경계 기준을 정의한다. 위에서 논의된 첫 번째 전략이 단일 개념을 내적 이질성에 근거하여 여러 개로 나누는 것이었던 반면, 이 경우는 구별되는 개념들이 그들의 본질적 동질성을 근거로 다시 하나로 묶이는 것이다.

개념 합체의 예는 근래 마르크스주의 이론에서 '자본주의 국가' 개념을 다듬고 정제하는 일에서 잘 보여진다. 다양한 구체적인 국가 형태가 자본주의 사회에서 발견될 수 있다. 자유주의적 부르주아 민주주의, 파시스트 독재, 군사 정권, 사회민주주의적 복지 국가 등이 그러한 것들이다. 풀란차스나 테어본과 같이 '자본주의 국가' 개념을 옹호하는 사람들의 핵심 명제는, 이 모든 다양한 국가 형태들이 보다 일반적인 자본주의 국가라는 개념 아래에 포함될 수 있다는 것이다.[8] 물론 이 개념은 자본주의 국가의 다양한 하위 유형 사이에 이론적으로 중요한 어떠한 차이도 존재하지 않는다고 함의하는 것이 아니라, 단순히 그들이 공통으로 지니고 있는 어떤 깊은 구조적 속성이 있으며 이것이 그들을 하나의 포괄적인 개념으로 정의하는 일을 정당화해준다는 것을 이야기할 뿐이다. 이 묶기 과정은 각각의 구체적인 국가 형태 개념을 묶으면서 변형시킨다. 왜냐하면 이로 인해 국가 형태는 더 이상 공식적인 정치적 제도로서의

---

8) 이 논제는 마르크스주의 전통에서 오랜 계보를 갖고 있다. 보다 최근의 개념적 연구에 의해 이루어진 것은 그 논제가 더욱 정교하고 엄밀하게 만들어졌다는 것이다. 특히 Nicos Poulantzas, *Political Power and Social Class* (London: 1973); Göran Therborn, *What Does the Ruling Class Do When It Rules?*(London: 1978)를 보라.

성격을 통해서만 정의되지 않고, 그들의 계급적 성격 또한 고려되어 정의되기 때문이다. 물론 이 주장이 틀릴 수도 있다는 것은 말할 필요도 없다. 국가 유형 각각은 단순히 '자본주의 사회 내의 국가'일 수도 있다. '자본주의 국가'의 하위 형태라기보다는 말이다. 그들은 구별되거나 공통된 계급적 성격을 갖고 있지 않을 수도 있다. 그러므로 자본주의 국가 개념에 대한 토론은 개념 형성 과정 중 하나인 이 특별한 개념 묶기의 정당성 여부에 대한 것이다.[9]

4) 분류의 차원을 개념으로 변환시키기

개념 형성의 마지막 일반적인 전략은 아마도 가장 복잡한 것이다. 그것은 사회 이론에서 묘사하는 데에 사용한 분류를 개념적 유형으로 변환하는 것을 포함한다. 분류란 즉각적으로 드러나는 경험적 기준을 기초로 하여 차별화되는 범주의 목록이다. 이와는 달리 유형표란, 이론적으로 세분화된 차원의 기초 위에서 차별화되는, 이론적으로 구성된 일련의 범주이다.[10] 때때로 어떤 이론에 깔려 있는 범주의 차원을 인식하지 않고 직관적인 유형표를 발전시키는 일이 있을 수도 있다. 그러한 경우 개념 형성은 이미 사용되고 있는, 유형표의 이론화되지 않은 암묵적 논리를 명시적

---

9) 스카치폴은 '자본주의 국가'라는 일반적 개념 아래에 현존하는 자본주의 사회의 다양한 국가 형태들이 의미 있게 포섭될 수 있다는 논제에 대한 가장 명확한 비판자였다. 예를 들어, "Political Responses to Capitalist Crisis: Neo-Marxist Theories of the State and the Case of the New Deal," *Politics & Society*, vol.10, no.2 (1980); "Bringing the State Back In: False Leads and Promising Starts in Current Theories and Research," in *Bringing the State Back In*, edited by Peter Evans, Theda Skocpol and Dietrich Rueschemeyer(Cambrdige: 1985)를 보라.

10) 이는 분류학에서 묘사적인 구분이 경험주의적 의미에서 '순수한' 자료에 기반하고 있다는 것을 시사하지 않는다. 요지는, 분류의 경계를 긋는 구분선이 미진하게 이론화되었다는 것이며, 종종 실용적인 '상식 수준'의 기준에 기반하고 있다는 것이다.

으로 만드는 일로 구성된다. 국가 이론에 대한 연구에서 이러한 전략의 예를 들어보자. 국가에 대한 연구를 하는 사람이라면 누구나 직면하는 문제는, 국가 정책을 어떻게 분류해야 하는가의 문제이다. 한 접근 방식은 단순히 국가 예산 내에서 관료적으로 정의된 주어진 지출 범주를 사용하는 것이다. 이는 국가기관이나 다양한 형태의 프로그램으로 나누어진 항목으로 국가 지출에 대한 묘사적인 범주를 구성하게 된다.

국가예산 품목 항목은 이론적인 견지에서 명백히 불만족스럽다. 그렇다면, 개념 형성 작업은 이 목록을 개념적으로 구조화된 유형들로 변화시키는 일이 되는 셈이다. 그러한 유형표 중 하나는 국가 정책을 두 가지 차원을 따라 재조직하는 것이다.[11]

1. 개입이 주요하게 순환과 생산의 차원에서 일어나는가?
2. 개입이 상품화되어 있는가 탈상품화되어 있는가?

순환적 개입은 자원의 분배와 재분배를 포함한다. 대부분의 복지 지출은 이 범주에 속한다. 다른 한편으로 생산 수준의 개입은 단순히 현존하는 자원을 분배하는 일이 아니라 특정한 사용가치 생산을 직접 결정하는 국가 활동을 포함한다. 군사 지출은 생산 수준 개입의 고전적인 예이다. 상품화된 개입과 탈상품화된 개입 간의 구분은, 개입이 시장을 통해 사회 생산의 상품화된 성격을 재강화하는지 반대로 시장 밖에서 이루어져 잠재적으로 시장 관계의 논리에 상치되어 작동하는지의 정도에 관련되어 있다. 국가가 보건 영역을 직접 조직하는 건강 서비스는 상대적으로 탈상품화된 개입이다. 이와는 달리 의료보험은 상대적으로 상품화된 형태이다.

이들 두 차원을 같이 취하면 네 가지로 국가 개입을 분류하는 유형표

11) 이 유형표 버전은 "Modes of Class Struggle and the Capitalist State," by Gösta Esping-Anderson, Roger Friedland, and Erik Olin Wright, *Kapitalistate*, no.4(1976)에서 처음 제안되었다.

<표 I-1> 자본주의 사회 국가 개입 유형

		국가 개입 형태	
		상품화됨	탈상품화됨
국가 개입 수준	순환	①	②
	생산	③	④

(<표 I-1>)가 나온다. 이들 유형간 차이의 예를 들어보면 다음과 같다. 가난한 가족의 영양실조 문제를 다루는 국가 개입은 이들 셀 중 어느 것에도 속할 수 있다. 식권은 패러다임적으로 상품화되고 순환적인 개입에 속할 것이다(셀 1). 식권 정책은 일정 소득을 특정한 집단이 공개된 시장에서 음식을 구입하는 데에 소비할 수 있도록 단순히 재분배하는 것이다. 남는 음식의 무료 분배는 탈상품화된 순환적 개입이다(셀 2). 가난한 사람들을 위한 특정한 식품 생산을 촉진하기 위해 농부들에게 이윤이 안되는 식품 생산을 하면 보조금을 주는 정책은 상품화된 생산 수준의 개입이다(셀 3). 그리고 국가가 농장을 경영하여 가난한 사람들에게 줄 식품을 생산하는 것은 탈상품화된 생산 수준의 개입이다(셀 4).

이 유형표의 근거가 되는 이론적 원리는, 유형표의 좌측 상단의 셀에서 우측 하단의 셀로 개입이 이동할수록 그 정책은 자본주의 자체에 잠재적으로 더욱더 모순적으로 된다는 것이다. 국가 개입 유형표는 국가 개입이 자본주의에 재생산적이지 않은 결과를 내는 잠재력에 대한 개념적 지도를 제공하기 위해 고안되었다.

이렇게 개념적 장의 차원을 나누는 것은 경험적인 분류에 개념적인 질서를 제공하는 것에 더해 이론적 토론 내에서 경쟁하는 개념들 간의 정확한 차이를 명료하게 하기 위해서도 유용하다. 개념들이 갖고 있는 차이의 차원을 명료하게 하는 일은 종종 토론에 걸려 있는 실질적인 쟁점을 이해하는 데 중요한 단계이고 해결을 향한 방향을 가르쳐주는 일이다.

예를 들어 '계급'이라는 이름 아래에 포함되는, 의견을 달리하는 개념들의 광대한 배열 질서가 사회학 내에 존재한다. 그리고 이들 차이를 유형화하는 아마도 그만큼 광대한 다른 방식들이 존재한다. 그 가능성 중 몇 가지만 가리키자면 다음과 같다. 다양한 이론가들은 계급 개념을, 연속적이냐 비연속적이냐(랜데커), 확연히 구분되는 것이냐 점진적인 것이냐(오소스키), 단일 차원이냐 복수 차원이냐(립셋), 시장에 기반한 것이냐 생산에 기반한 것이냐(크롬튼과 거베이), 실재론적이냐 유명론적이냐(렌스키)로 나누어 다룬다.12)

우리의 목적이 마르크스주의 계급 개념의 구체성을 이해하는 것이라면, 계급 개념을 변하게 만드는 다음 두 차원은 특히 중요하다. ① 계급 개념이 전유관계를 포함하는가, ② 계급 개념이 지배관계를 포함하는가이다.13) 전유관계는 경제적 자원(주로 생산수단, 생산물, 소득)이 분배되는 사람들 사이의 사회적 관계이다. 자본주의 사회에서 전유관계의 중심적인 형태는 다양한 종류의 시장이다. 비록 전유관계의 비시장적 형태들도 존재하고 있지만 말이다(예를 들어 과세). 지배관계란 한 집단의 행동이 다른 집단에 의해 통제되는 사회적 관계를 말한다. 이 두 차원을 함께 취하면 계급을 개념화하는 네 가지 다른 방식이 나온다. 이것이 <표 I-2>에 나타나 있다.

이 유형표에 의하면, 마르크스주의 계급 정의의 특징은 계급관계가 지배관계와 전유관계에 의해 [이 중 전유관계(즉, 착취)가 주된 것이 되어] 동시에 정의된다는 것이다. 자본주의 사회의 계급에 대한 베버주의 분석에서처럼, 이것은 시장이 계급구조를 결정하는 데에 중요한 역할을 한다는 것이다.

---

12) W. S. Landecker, "Class Boundaries," *American Sociological Review*, vol.25(1960), pp.868~877; Stanislaus Ossowski, *Class Stucture in the Social Consciousness* (London: 1963); Seymour Martin Lipset, "Social Stratification: Social Class," *International Encyclopedia of the Social Sciences*, D. L. Sills(ed.), vol.15(New York: 1968), pp.296~316; Rosemary Crompton and John Gubbay, *Economy and Society* (New York: 1978); Gerhard Lenski, *Power and Privilege: A Theory of Social Stratification* (New York: 1966)을 참조하라.

13) Erik Olin Wright, "The Status of the Political in the Concept of Class Structure," *Politics & Society*, vol.11, no.3(1982)를 참조하라.

<표 I-2> 계급의 개념화 유형표

		지배관계	
		계급 개념에 핵심적	주변적이거나 결여됨
전유관계	핵심적	마르크스주의적 정의	시장 정의: 베버
	주변적	권위 정의: 다렌도르프, 렌스키	지위-등위적 정의: 파슨즈

마르크스는 베버와 마찬가지로 노동자들이 생산수단을 소유하고 있지 못하여 (임금의 형태로) 생계수단을 획득하기 위해 그들의 노동력을 시장에서 고용주에게 팔아야만 한다는 점을 강조했다. 그러나 베버와는 달리 마르크스주의의 노동계급 개념에서는, 노동자들이 생산 과정 자체 내에서도 자본에 종속적이라고 그 특성을 서술한다. 노동계급은 단순히 시장에서의 교환관계를 통해서뿐만 아니라 자본가계급과 생산 내의 지배관계를 통해서도 체계적으로 관련을 맺고 있다.

그러므로 계급은 단순히 경제적 자원을 분배하는 사회적 관계에 의해 정의되는 범주가 아니며, 한 집단이 다른 집단을 지배하는 관계에 의해서만 정의되는 범주도 아니다. 계급은 지배관계이기도 한 전유관계에 의해 정의된다. 전유 없는 지배나 지배 없는 전유는 계급관계를 구성하지 않는다.[14]

개념 형성의 모든 전략들 — 새로운 경계 긋기, 경계의 재설정, 다시 묶기, 분류의 차원을 개념으로 변환시키기 — 에는 많은 시행착오가 있다. 많은 잘못된 출발이 있을 수 있으며, 개념을 재공식화하려는 많은 시도들은 그 개념을 명확하게 하기보다는 더 혼란스럽게 만드는 것으로 끝날 수 있다. 그러나 성공적일 때에는, 개념 형성 과정은 이론 내의 새로운 통찰과 가능성을 열어주고 이론의 설명력을 높이며 새로운 연구 의제를 드러내준다.

---

14) 전자의 예는 교도소 간수와 교도소 수감자의 관계이다. 후자의 예는 (부모가 부양하는) 어린 자식과 부모의 관계다. 특별한 경우를 제외하면, 이들 중 어느 것도 계급관계를 구성하지 않는다.

부록 II 변수 구성

이 책에서 보고된 것과 같은 연구 기획에서 여러 면으로 중추적인 단계는 분석에 사용되는 조작적 변수를 구성하는 일이다. 종종 변수 구성이 실용적인 문제로 단순히 취급되고 있고 전형적으로 지루한 일이기는 하지만, 관찰되는 경험적 결과가 그러한 구성에 깔려 있는 조작적 선택에 따라 크게 달라지는 일은 빈번하다. 이러한 민감성은 질문지 고안과 자료 집계 문제 모두에 적용된다. 질문지 고안은 특정한 일련의 자료에서 사용 가능한 '원변수(raw variable)'를 결정하는 것이다. 자료 집계는 실제 분석에서 실제로 사용되는 특정한 변수를 결정한다.

이 부록에서는 분석에서 사용된 핵심 변수들이 구성된 방식을 상당히 자세하게 설명했다. 이는 다른 사람들이 이 책에 나와 있는 결과들을 다시 계산해서 확인하길 바란다면 그렇게 할 수 있게 해주며, 있을 법한 비판에 조작적 선택을 열려 있도록 해준다.

1. 기본적인 계급 유형표

설문 조사지의 원변수로부터, 이 책 전반에 걸쳐 사용된 계급 유형표에서와 같이 복잡하게 구성된 변수로 옮겨가는 과정은 많은 중간 단계를 포함하고 있다. 자료 집계 과정의 전반적인 그림은 <표 II-1>에 나타나 있다. 자료 집계의 기반을 구성하는 설문 문항은 <표 II-2>에 나타나 있다. 나는 수집 과정에서 변수군 각각에 대해 차례로 논의하면서, 그 절차를 채택한 이론적 이유와 그들 과정의 기술적 세부 사항에 대해서도 이유를 제시할 것이다.

<표 II-1> 계급 유형표 구성의 전반적 단계

<표 II-2> 계급 유형 구성에 들어가는 원변수

원변수 (미국 조사에서 질문 번호)	내용
1. 고용 상태	
자가고용 (질문 A7)	"당신은 다른 사람에게 고용되어 있습니까, 자가고용되어 있습니까, 아니면 가족이 운영하는 기업이나 회사에서 봉급 없이 일하고 있습니까?"
숨겨진 자가고용 (질문 A8)	응답자가 다른 사람 밑에서 일한다고 대답하면서 그곳이 이윤을 내는 사업이라고 했을 경우, 다음과 같은 질문을 받는다. "당신은 이 회사의 소유주이거나 부분적인 소유자입니까?" 만약 이 질문에 '예'라고 답하면 일련의 질문이 더 주어져서, 그들이 실제 소유주-동업자인지 아니면 단지 명목상 회사의 주식을 가지고 있는지를 판단한다.

<표 II-2> 계급 유형 구성에 들어가는 원변수(계속)

원변수 (미국 조사에서 질문 번호)	내용
피고용자의 수 (질문 A9, A17, A24)	자가고용되어 있다고 답한 사람들과 가족이 운영하는 기업에서 봉급 없이 일한다고 답한 사람은 "기업에 상시 고용되어 있는 사람이 몇 명입니까?"라는 질문을 받는다.

2. 의사 결정

의사 결정 걸러내기 질문(질문 D1)	"다음 질문은 당신의 작업장에서 정책 결정에 관한 것입니다. 즉, 생산품이나 서비스, 고용할 사람의 수, 예산 등에 관한 의사 결정에 관한 것입니다. 당신은 이러한 종류의 정책 결정에 참여하십니까? 또는 그 정책에 대한 조언을 하십니까?"(응답 범주: 예, 아니오)
의사 결정 항목 (질문 D2~D3)	일반적 의사 결정 참여에 대한 필터 질문에서 '예'라고 답한 사람에게는 다음 질문이 주어진다. "당신이 일하고 있는 작업장을 생각해보십시오. 하나 이상의 지부, 공장, 상점이 있는 조직에서 일한다면, 당신이 실제로 일하는 곳에 대해 생각하십시오. 당신의 작업장에 영향을 미치는 의사 결정에 대한 질문을 몇 가지 할 것입니다. 각각의 결정 사항에 대해 조언하는 것을 포함해서 의사 결정에 개인적으로 개입하고 있는지 이야기해주십시오." 응답자들은 다음과 같은 특수한 각각의 결정을 내리는지 여부에 대해 질문 받았다. ① 당신이 일하는 장소에 고용되어 있는 사람들의 숫자를 늘리고 줄이는 결정. ② 조직이 생산하는 생산품, 프로그램, 서비스를 중대하게 바꾸는 정책 결정. ③ 작업의 관례화된 속도나 작업장에서 수행하는 작업량 중 전체나 그 주요한 부분을 크게 바꾸는 결정. ④ 작업장의 주요한 부분에서 사용되는 기본적인 방법이나 과정을 크게 바꾸는 결정. ⑤ 당신이 일하는 작업장의 예산에 관한 결정. ⑥ (예산 결정에 '예'라고 답하면) 예산의 전체 규모에 관한 결정.

<표 II-2> 계급 유형 구성에 들어가는 원변수(계속)

원변수 (미국 조사에서 질문 번호)	내용
	⑦ 전체 예산 기금을 배분하는 일반적 정책 결정. ⑧ 전반적으로 작업장에 중요한 다른 결정 등(만약 예라고 답하면 그 결정을 적도록 했다). 의사 결정에 참여하고 있다고 답한 응답자들은 어떤 방식으로 보통 의사 결정에 참여하는지에 대한 질문을 받았다. ① 당신의 고유 권한으로 결정을 내린다. ② 의사 결정을 내리는 집단의 일원으로 투표한다. ③ 결정을 내리면 다른 이가 승인한다. ④ 결정을 내리는 사람에게 조언한다.

3. 감독

감독자 걸러내기 질문 (질문 C1)	"당신의 주요 업무의 공식적인 일부로서 당신은 다른 피고용인들의 작업을 감독하고, 그들에게 무엇을 하라고 지시합니까?"(응답 범주: 예, 아니오)
부하 직원의 수 (질문 C2)	그들이 감독자라고 답한 응답자들은 얼마나 많은 수의 사람들을 직접 감독하고 있는지 질문 받았다.
부하 직원의 감독적 지위 (질문 C2b)	감독자들은 그들의 부하 직원들이 더 하급자인 직원들을 감독하는 경우가 있는지에 대해 질문 받았다.
부하 직원의 업무 (질문 C2a)	감독한다고 대답한 응답자들이 단 한 명의 부하 직원만 있다고 답했을 경우, 그 부하 직원이 주로 하는 일이 무엇인지 물었다. 이 질문의 목적은 한 명의 사무원직 피고용인을 감독하는 사람을 밝혀내는 것이었다.
작업 권위 문항 (질문 C3)	감독자들에게는 그들이 다음 중 어느 것이라도 직접적인 책임을 지고 있는지 아닌지에 대해 질문했다. ① 부하 직원이 수행할 특정한 작업과 일을 지정하는 일. ② 부하 직원이 일을 하면서 사용할 절차, 도구, 재료를 결정하는 일. ③ 부하 직원의 일하는 속도, 시간, 그들이 해야 할 일의 양을 결정하는 일.

<표 II-2> 계급 유형 구성에 들어가는 원변수(계속)

원변수 (미국조사에서 질문번호)	내용
제재 권위 문항 (질문 C4~C6)	감독자들에게는 가능한 몇 가지 제재를 부하 직원에게 가할 수 있는 어떤 영향력이 있는지에 대해 물었다. 그들이 제재에 대한 영향력이 있다고 답하면, 그들이 가장 큰 영향력을 가지고 있는지 아니면 조직의 더 상층부에 있는 다른 사람이 더 큰 영향력을 가지고 있는지에 대해 질문했다. 제재의 종류로는 다음과 같은 것들을 제시했다. ① 부하 직원의 봉급을 올려주거나 승진시키기. ② 작업 불량이나 태도 불량을 이유로 봉급 인상이나 승진을 막는 일. ③ 부하 직원을 해고하거나 일시적으로 휴직시키는 일. ④ 부하 직원에게 공식적인 경고를 하는 일.
4. 공식적 위계 직위	
경영 위계에서 공식적 직위 (질문 D4)	모든 임금생활자들은 그들이 정책 결정에 참여하고 있든 아니든, 감독직 직위이든 아니든 상관없이 다음과 같은 질문을 받았다. "다음 중 어느 것이 사업 조직 내에 당신이 차지하고 있는 위치를 가장 잘 묘사합니까? 경영직입니까, 감독직입니까, 비경영 직위입니까?" '경영직'이라고 답한 사람에게는 다음과 같은 질문을 던졌다. "최상층, 상층, 중간층, 하층 경영직 중 어느 것입니까?"
5. 자율성	
자율성 걸러내기 질문 (질문 B1)	모든 임금생활자들은 다음과 같은 질문을 받았다. "당신의 일은, 그것의 중요한 측면을 설계하고 구상을 실천에 옮기도록 요구하는 일입니까, 아니면 사소한 사항을 제외하고는 그렇지 않은 일입니까?"
자율성의 정도 (질문 B2)	자신의 업무를 설계할 것을 요구받는다고 답한 사람들에게는 "당신의 업무 정도를 어떻게 설계하고 구상을 실천에 옮기는지 그 예를 들어주시겠습니까?"라는 질문을 하고, 그 대답을 녹음했다. 이들 응답자들은 다음 범주로 부호화 되었다.

<표 II-2>   계급 유형 구성에 들어가는 원변수(계속)

원변수 (미국조사에서 질문번호)	내용
자율성의 정도 (질문 B2)	1= 높은 자율성 2= 중상 정도의 자율성 3= 중간 정도의 자율성 4= 중하 정도의 자율성 5= 낮은 자율성 6= 자율성이 없음(즉, 처음의 걸러내기 질문 B1에 대해 '아니오'라고 응답) (이 범주에 대한 정의는 <표 II-4>에 나와 있다)

1) 조직 자산

이 계급 유형표의 구성에서 가장 복잡한 집계 문제는 조직 자산과 관련되어 있다. <표 II-1>이 가리키듯이, 이 변수는 질문 문항의 세 군에 기초하여 구축되었다. 의사 결정 참여에 대한 항목, 권위를 다루는 항목, 공식적 경영 위계 내 직위에 대한 항목이 그것이다. <표 II-3>은 이들 묶음이 어떻게 구성되고 집계되었는지를 보여준다.

(1) 의사 결정

의사 결정 척도를 구성하는 데에는 여러 개의 전략적 선택이 있었다. 개인이 내리는 정책 결정의 종류에 따라 그것을 달리 다루어야 하는가? 예를 들어 예산 결정에 대한 참여나 무엇을 생산할 것인지를 결정하는 것에 대한 참여는 작업 속도에 대한 결정 참여보다 조직 자산에 더 핵심적인 것으로 보일 수 있다. 우리는 그들이 참여한 상이한 결정의 수에 따라 그들의 척도 값을 달리 해야 하는가? 참여 형태는 변수 구성에 들어가는 요소인가? 자신의 고유한 권위로 결정을 내리는 것은 투표를 하는 집단 구성원 가운데 하나로 참여하여 결정을 내리는 것보다 조직 자산에

<표 II-3> 조직 자산 변수 구성

1. 의사 결정

투입 변수		구성된 변수
의사 결정 걸러내기 질문	개인 의사 결정 항목 X*	의사 결정 참여 유형
아니오		1. 의사 결정 참여자 아님
예	조언을 제공하지만 직접 참여하지는 않는다.	2. 조언자
예	의사 결정 항목 중 한 개 이상에 직접 참여한다.	3. 의사 결정자

2. 권위

투입 변수				구성된 변수
감독 걸러내기 질문	그 밑에 부하가 없는 사무원직 부하를 한 명만 두고 있다.	작업 권위 항목	체계 권위 항목	권위 유형
아니오	X	X	X	1. 비감독자
예	예	X	X	1. 비감독자
예	아니오	아니오	아니오	2. 명목상 감독자
예	아니오	예	아니오	3. 작업 감독자
예	아니오	X	예	4. 체계 감독자

3. 경영직 위치 유형

투입 변수			구성된 변수
의사 결정 유형	권위 유형	공식적 위계에서 경영자 또는 감독자	권위 유형
3	3 또는 4	예	1. 모든 기준에서 경영자
3	3 또는 4	아니오	2. 공식적 위계에 속하지 않는 경영자
3	1 또는 2	예	3. 비감독직 경영자

*: X=기준이 적용될 수 없음

<표 II-3> 조직 자산 변수 구성(계속)

3. 경영직 위치 유형

투입 변수			구성된 변수
이사 결정 유형	권위 유형	공식적 위계에서 경영자 또는 감독자	권위 유형
3	1 또는 2	아니오	4. 공식적 위계에 속하지 않는 비감독직 이사 결정자
2	3 또는 4	예	5. 모든 기준에서 자문 경영자
2	3 또는 4	아니오	6. 위계에 속하지 않는 자문가
2	1 또는 2	예	7. 비감독직 자문가
2	1 또는 2	아니오	8. 공식적 위계에 속하지 않는 비감독직 자문가
1	4	예	9. 제계 감독자
1	3	예	10. 작업 감독자
1	2	예	11. 위계에 속한 명목상 감독자
1	4	아니오	12. 공식적 위계에 속하지 않는 제재 감독자
1	3	아니오	13. 위계에 속하지 않는 작업 감독자
1	1	예	14. 부하 직원이 없으나 위계에 속함
1	1 또는 2	아니오	15. 모든 기준에서 감독자나 경영자가 아님

4. 조직 자산

경영상 위치 유형	조직 자산 위치 유형
1-3	1. 경영자
5-7, 9-12	2. 감독자
4, 8, 13-15	3. 비경영자

대해 '더 많은' 통제를 갖고 있는 것으로 간주될 수 있다. 현재의 분석에서는 이들 쟁점을 해결하는 데에 가장 개념적으로 단순한 해결법을 채택했다. <표 II-2>에 있는 목록의 정책 결정은 동등하게 다루어진다. 개인이 참여한 결정의 종류가 얼마나 많은지에 대해서는 구분하지 않았다. 참여 형태에 대한 유일한 구분은, 조언을 주는 사람과 결정 그 자체에 직접 개입하는 사람들 간의 구분이었다. 그 결과 의사 결정 참여가 세 범주(의사 결정자들, 조언자들, 의사 결정을 하지 않는 사람들)로 나누어진 유형표가 나왔다(<표 II-3> 참조). 향후 연구에서는 이 단순한 범주를 보다 세분화하는 것이 유용할 듯하나, 처음 분석을 시작할 때에는 다소 덜 복잡한 구분 조합으로 하는 것이 바람직해 보인다.

(2) 권위

권위에 관한 설문은 의사 결정에 관한 설문과 동일한 많은 문제를 발생시킨다. 특히 해결되어야만 하는 세 가지 서로 연관된 쟁점이 있다. 첫째, 그들이 부하들에게 어떤 제재를 가할 수 있는지를 물었다. 따라서 권위 변수를 구성하면서 부과할 수 있는 제재 종류의 수에 기반해서 차이를 둘지, 활용할 수 있는 제재의 특수한 형태에 따라 차이를 둘지, 제재를 부과하는 능력과 그들 상관의 제재 능력 간의 관계에 따라 차이를 둘지를 결정해야만 했다. 둘째, 감독자들에게 자신이 책임을 지는 부하들의 일이 어떤 종류인지 물었다. 그들이 감독 책임을 지고 있는 일의 수나 종류에 따라 차이를 둬야 할까? 마지막으로, 제재를 가할 수 있는 권위와 일을 지도하는 권위를 결합하면서, 이 권위를 둘 다 가지고 있는 사람과 어느 쪽 하나만 가지고 있는 사람을 구분해야만 할까?

의사 결정 변수의 경우에서처럼 이 쟁점에 대해 상당히 단순한 해결책을 선택했다. 제재를 가할 수 있는 권위에 관해서는, 적어도 하나의 제재를 가할 수 있는 사람과 아무런 제재도 가할 수 없는 사람만을 구분했다. 감독자가 단지 형식적인 경고만 할 수 있을 뿐이라면 이것은 진정한 제재를 부과하는 것으로 간주하지 않았다. 그러한 제재를 가하는 더 큰 영향력이 자신들의 상관에게 있다고 답한 감독자와, 자신이 가장 큰 영향력을 갖고 있다는 감독자들 사이에는 구분을 두지 않았다. 일을 지도하는 권위에 관해서는, 일의 수와 종류에 따라 아무런 구분도 두지 않았다. 두 권위를 합치면서도 두 권위를 다 가진 사람과 제재 권위만을 가진 사람 사이에 차이를 두지 않았다. 사실 나는 제재 권위를 가진 모든 사람은 일에 대한 책임도 분명히 지고 있을 것이라고 가정했다. 비록 우리의 연구 조사 설문 문항이 이러한 가정을 측정하지는 못했지만 말이다. 일에 대한 작업 지휘권은 가지고 있으나 제재 부과 권위는 없다고 답한 사람들과 제재 권위를 가지고 있는 응답자들은 서로 구분되었다. 이들 조합의 결과로 <표 II-3>에 나타나 있는 네 가지 범주(제재를 부과하는 감독자, 작업 감독자, 명목상의 감독자, 비감독직)가 있는 권위 유형표가 만들어진다.[1]

권위 변수를 구성하는 데에 한 가지 더 추가적인 어려움이 있었다. 실제로 감독하는 것은 아니면서도 일하는 사람들이 다른 피고용자들로부터 '지시'를 받는 작업 환경들이 존재하기 때문이다. 전형적인 예는 작업장에서 다른 사람들의 지시를 받아서 작업하는 타이피스트이다. 이 타이피스트는 많은 사람들에게 작업 지시를 받지만 사무직원 전체 감독자의 감독만을 받는다. 그러한 경우에는 타이피스트에게 작업할 것을 지시하는 모든 사람들을 감독자라고 분류하기를 원하지 않는다. 실제로는 한 명의 사무직 부하 — 다시 그에게 복종하는 부하는 없는 — 만 있는 이들을 감독자 범주에서 제거했다. 미국 표본에서는 그런 사람들이 24명 있었다.

---

1) 원칙적으로 '명목적 감독자'는 상층부로부터의 전달 채널에 불과할 뿐 부하 직원에 대한 실질적 권위가 없는 사람이다. 즉, 그들은 부하 직원에게 제재를 가할 수도 없으며 무엇을 하라고 명령할 수도 없다. 그러나 질문지에서는 명목적 감독자와 과업 감독자를 구분하는데 어느 정도의 측정 오류가 있을 것이다. 왜냐하면 감독자들에게 완전히 포괄적인 과업 목록을 묻지 않았기 때문이다.

(3) 형식적 위계

처음에 우리들은 설문 조사에서 형식적 위계에 대한 문항을 의사 결정과 감독에 관한 문항에 대한 일종의 방법론적 대조 수단으로 포함시켰다. 즉, 그때 계획은 계급 유형표를 구성하는 데 형식적 위계 변수를 직접 사용하는 것이 아니라 다른 질문들의 유효성을 시험해보기 위한 것이었다. 그러나 끝에 가서는 이 변수를 경영 구조 내에서 응답자의 위치에 대한 추가적인 '지표(indicator)'로 사용하는 것이 적절해 보였다. 계급 유형표의 구성이라는 목적을 위해 이 질문은 두 개의 범주(경영 감독자 대 비경영자)로 나누어졌다.

(4) 경영적 위치 유형표

엄격히 선험적인 개념적 관점으로 봤을 때, 유형표의 투입 요소로 작용하는 세 가지 변수(의사 결정, 권위, 위계)는 일종의 '거트만 척도(Guttman scale)'로 정렬되어야 한다. 즉, 의사 결정을 내리는 모든 사람은 권위를 가지고 있고 위계에 속해 있어야만 한다. 권위를 가지고 있으나 의사 결정자는 아닌 사람 역시 위계에 속해 있어야만 한다. 그리고 위계에 속해 있으며 의사 결정자가 아니고 권위를 가지지 않은 사람들만이 명목상 감독자로 취급되어야 한다. 그렇다면 원칙적으로 형식적 위계 변수는 잉여항이고, 의사 결정 변수와 권위 변수 간에는 완벽한 일치가 존재해야만 한다.

연구 조사 자료 분석 경험이 있는 사람이라면 누구나 추측했듯이, 자료들은 그렇게 깔끔하지 않았다. 부하들에게 어떤 권위도 가지고 있지 않다고 말한 의사 결정 참여자들이 많았다. 그리고 그중 일부는 형식적 위계에서 비경영 직위에 있다고 이야기했다. 형식적 위계에서 상층 경영자지만 정책 결정에는 전혀 개입하고 있지 않다고 이야기한 사람들도 있었다. 부하 직원에게 심한 제재를 가할 수 있지만 경영자-감독자 위계의 직위에 있지 않다고 이야기한 사람들도 있었다. 확실히 응답자 중 다수는 기대했던 대로 일관된 대답을 했지만, 일관적이지 않은 자료도 많았다.

그러한 비일관성은 두 가지 문제의 결과이다. 첫째, 다양한 종류의 '측정 문제'가 있다. 사람들은 질문을 잘못 이해하고, 조사자는 반응을 잘못 받아 적고, 질문 자체가 잘못 표현되어서 어떤 중요한 선택지를 빠뜨리거나 하는 등의 일이 일어나는 것이다. 둘째, 세계의 실제 상황에는 연구 조사의 배경이 되는 개념 범주에 들어맞지 않는 것들이 있다. 예를 들어 몇몇 작업 환경에서는 경영자와 노동자가 협동해서 일하는 형태가 발달해 있어서, 노동자들이 권위를 가지지 않고 위계에 속함이 없이 어떤 종류의 의사 결정에 직접 참여한다고 정당하게 말할 수 있는 상황이 있을 수 있다. 이는 작은 가게나 공장에서 때때로 발견되는 비공식적인 종류의 협동이거나, 특정한 기업에서 실험되고 있는 공식적인 '공동 결정'일 수도 있다. 실질적인 복잡성과 측정의 문제를 구별해내기 위해 기준들의 '비일관된' 조합을 어느 정도 깊이 탐구하는 것은, 중요하고 종종 매우 생산적인 경험적 과업이다. 그러나 현 분석에서는 그러한 작업을 하지 않고, 공식적 위계 변수를 기준으로 의사 결정과 권위 변수 조합에서 나타는 예외를 '고치는' 방식으로 사용했다. 예를 들어, 정책 결정에 직접 참여하고 있다 ― 의사 결정 변수에서 의사 결정자 ― 고 말하지만 권위 변수에서는 명목상 감독자이거나 비감독자인 사람은, 그들이 공식적 위계 변수에서 경영 감독 위계에 속해 있다면 여전히 경영자로 분류되었다.

(5) 조직 자산

마지막 작업은, 경영직 위치 유형표를 계급구조 모형에서 사용되는 단순 삼분법으로 바꾸는 일이었다. 이 변환된 변수에서 경계선은 어디에 그어져야 하는가? 공식적인 위계에 속해 있지 않은 작업 감독자는 '감독자'로 간주되어야 하는가? 위계에는 속해 있지 않고 부하 직원도 없는 의사 결정자는 경영자로 간주되어야 하는가? 경영 자문가는 어디에 위치하는가? 다시 강조되어야 할 점이지만, 이러한 문제에 대한 결정은 결과와 무

관한 것이 아니다(결과의 패턴은 잠재적으로 그러한 결정에 영향을 받는다).

이들 쟁점에 대한 나의 해결책은, 경영자 위치와 비경영자 위치가 내부적으로 동질적이라고 상당한 확신을 가질 수 있는 방식으로 경영자 위치 유형표의 범주들을 묶는 것이었다. 그래서 중간적 범주(감독자)는 경영직 수준의 조직 자산에 대한 통제를 정말로 갖고 있는 것으로 보이는 응답자와, 대답에 측정상 오류가 있을 것으로 보이는 응답자들이 같이 묶인 것이다. 이러한 결정은 <표 II-3>에 나타나 있다.

2) 기술-학력 자산

기술 자산의 경우는 조직 자산보다 집계 문제가 덜 복잡했다. 제4장에서 논의했듯이 비록 개념 문제는 아마도 더 복잡할지 몰라도 말이다. 원칙적으로 기술-학력 자산은 희소한 기술, 특히 학위가 부여되는 기술을 요구하는 직종에 종사하는 사람들에 의해 측정되어야만 한다.[2] 실제에서는, 적어도 우리가 이 프로젝트에서 사용한 자료에는, 직업에 대한 서술과 이것을 개념으로 변환할 수 있는 세부 수준이 일의 학력화된 성격을 명백히 정의하기에는 불충분했다. 결과적으로, 기술 자산을 정의하기 위한 직업 명칭과 함께 두 가지 다른 기준(공식적 교육 학력, 일의 자율성)을 사용했다. 자율성 기준은 아마도 학력 기준보다 더 확실치 않을지도 모른다. 두 경우 모두에서 이들 기준은, 직업 범주가 너무 넓거나 분산되었을 때 포함된 기술-학력 자산을 판단하는 데 만족스러운 판단기준을 제공해주었다. 이 추가적인 기준이 직업 명칭과 결합된 특정한 방식은 <표 5-3>에 나타나 있다.

직업 명칭과 학력의 분류에는 전적으로 전통적인 방식으로 별다른 조

---

2) 기술-학력은 그것이 생산적으로 활용될 때만 착취 기반이 되기 때문에, 학력의 단순한 소지만으로는 착취관계 내 위치를 정의하기에 불충분하다. 조립 라인에서 일하고 있는 화학공학 박사는 학력 착취자가 아니다.

작을 하지 않았고 특별한 설명을 필요로 하지 않는다. 그러나 '자율성' 분류에 대한 논의는 어느 정도 필요하다.

(1) 일의 자율성

일의 자율성을 기술 자산을 판단하는 기준으로 사용하는 이론적인 이유는, 영업사원이나 단순 사무직원 같이 직업 명칭이 실제 기술의 내용을 담아내기에 특히 모호한 경우 개념적 자율성의 정도가 기술 자산의 훌륭한 지표가 될 수 있기 때문이다. 이는 자율성 그 자체가 하나의 자산이라는 주장이 아니라, 다만 자율성 척도를 쓰지 않았다면 애매했을 상황에서 자산의 정도를 간접적으로 드러내는 지시적 증거가 될 수 있다는 말이다. 현재 행하는 분석에서 자율성 기준은 전적으로 저기술, 저학력 직위로부터 한계적인 기술 자산을 구별해내는 용도로만 쓰인다는 점에 주의해야 할 것이다. 즉, 그것은 전문직 직위를 정의하는 기준이 전혀 아니다.

일의 자율성을 조작화하는 기본적인 전략은 다음과 같다. 모든 임금생활자 응답자들은 먼저 <표 II-2>에서 열거된, 일을 하며 갖는 개념적 자율성에 관한 일반적인 걸러내기 질문에 답하도록 요구받았다.[3] 이 걸러내기 질문은 일을 하면서 개념적 자율성을 갖는다고 **주장하는** 응답자들이 누군지 가려낼 수 있게 해준다. 우리는 진짜로 자율성을 가지고 있는 사람들은 누구나 주관적으로도 자신이 자율적이라고 생각할 테지만, 실제로는 자율성이 없는 사람들 중 일부도 자율성을 가지고 있다고 주장할 것이라고 추정했다. 물론 이러한 추정에는 의문의 여지가 있지만 말이다. 즉, '예'라는 대답에는 거짓이 섞여 있지만 '아니오'라는 대답에는 거짓이 섞여 있지 않은 통계적 문제에 직면했다고 추정했다.[4] 그리하여 이 거짓

---

3) 미국과 스웨덴의 연구에서 자가고용된 응답자들은 이 질문에 대해 답하지 않았다. 이 질문을 모든 사람들에게 했더라면 유용했겠지만, 우리는 그렇게 하지 않았다. 차후의 국가별 조사에서는 모든 응답자들에게 자율성 질문을 했다.

4) 캐나다에서의 조사에서는 걸러내기 질문에서 개념적 자율성을 갖고 있지 않다고 대답한 사람들에게 잘못된 '아니오' 응답을 검사하기 위해 일련의 추가 질문

<표 II-4> 자율성 항목 범주의 정의

자율성 항목에 대한 응답자들의 응답 부류	해설
1. 상	자신이 하는 일이 단순히 내부의 과정이 아니라 최종 생산물이나 서비스의 중요한 측면을 기획하거나, 관행적인 문제 해결이 때때로 일어나는 사건이 아니라 일의 중심적인 측면이다.
2. 약상	1과 같으나 분류 확신 정도가 약하다.
3. 중	자기 일의 과정 대부분을 기획하지만 최종 생산물이나 서비스에 매우 제한된 영향력을 갖는다.
4. 약중	3과 같으나 분류 확신 정도가 약하다.
5. 하	기껏해야 생산 과정의 제한된 측면만을 기획한다. 최종 생산물에 대해 실질적으로 아무런 영향력이 없거나, 문제 해결이 기껏해야 일의 우연적이거나 주변적인 측면에만 해당된다.
6. 없다	기획 과정에 대단히 주변적인 개입만 한다. 대부분의 작업이 고도로 관행화되어 있고 문제 해결은 거의 없다.

된 '예', 즉 부풀려진 개념적 자율성 자산을 제거하는 작업이 요구되었다. 자율성을 갖고 있다는 과장된 주장을 제거하는 작업은, 응답자들에게 자신의 일을 어떻게 기획하고 자신들의 생각을 작업에 실천하는지 예를 들어보라고 물어봄으로써 이루어졌다. 그 다음에는 제시된 개념적 자율성 척도에 따라 이 예들을 분류했다.[5] 응답자들이 제시한 사례를 분류하는

―――――――――

을 했다. 이들 자료가 분석되면 우리의 추정이 어느 정도 부정확한지 알 수 있게 된다.

5) 부호화(coding)하기에는 표본의 정보가 너무 적어서 직업에 대한 조사에서 나온 응답에 있는 자기 일에 대한 전반적 묘사를 살펴보았다. 많은 경우, 자율성 표본이 너무 모호하거나 불명확할 때 이 정보를 토대로 자율성을 부호화하는 일이 가능했다.

이 작업은 두 단계로 이루어졌다. 먼저, 그 사례가 나타내는 개념적 자율성 '수준'을 최선을 다해 일단 상, 중, 하 — 이 말의 의미는 아래에서 제시될 것이다 — 로 분류해보았다. 그런 다음 그 추측에 얼마나 확신을 가지는지를 가리키는 수치를 붙였다. 이 확신에 따른 분류는 상, 중, 하의 자율성 수준 사이에 있는 중상, 중하의 수준이라는 또 다른 중간 분류 범주를 만들려는 것이 아니라(비록 실제로는 때때로 그렇게 기능한 측면이 있기는 해도), 단지 우리가 판단을 내리는 데에 그 정보들이 얼마나 적절한지에 대한 표지에 불과하다. 현재의 분석 목적을 위해, 중과 상 수준의 자율성 점수를 획득한 모든 응답자들은 분류의 확신 수준과는 상관없이 자율적인 일을 하고 있는 것으로 간주되었다.

이 분류 전략을 채택한 다음의 과제는, 사례를 분류하는 데에 만족스러울 정도로 높이 신뢰할 수 있는 충분한 명확성과 포괄성을 지니는, 상, 중, 하의 자율성 수준을 구분하는 일련의 분류 규칙을 개발하는 것이었다. <표 II-4>는 이들 자율성 수준을 각각 정의하는 핵심적인 기준을 보여준다. 이에 덧붙여 분류자들은 이들 일반적인 정의가 어떻게 구체적인 직업 환경에 적용되는지를 설명하는 보다 상세한 지침을 제공받았다.6)

이들 분류 지침을 만들고 나서 세 사람이 사례들을 분류했다. 분류자 가운데 두 명은 분류 목적에 대한 이론적인 지식이 어느 정도 있는 사람이었고, 나머지 한 명은 그러한 지식이 없었다. 그러나 그 사람도 지식을 갖춘 분류자 둘이 동일한 사례에 대한 결론에 대해 서로 동의하는 만큼 빈번하게 그들과 동일한 결론에 도달했다. 전반적인 신뢰성 수준을 보자

---

6) 표본 중 일부는 너무 모호해서 필요한 구별을 하기에 충분한 정보를 제공해주지 못했다. 특히 교사와 경찰의 경우에 그랬다. 이는 확실히 비판받을 만한 일이지만 이 두 직업의 경우 그 직업의 근무조건에 대한 일반적인 지식을 활용했고, 개념적 자율성을 갖고 있다고 주장한 응답자들에게 '높은' 자율성 점수를 부여했다. 부호화 기준에 대한 온전한 설명은 계급구조와 계급의식에 대한 비교 연구, *Comparative Study of Class Structure and Class Consciousness*라는 공용 코드 서적에서 찾아볼 수 있다.

면, 두 명의 분류자는 하나의 사례에 대해 80.1퍼센트의 확률로 동일한 결론을 냈고, 두 명이 일치하지 않은 18.4퍼센트의 사례는 오직 분류 점수에서 1점만 차이 나는 경우였다. 2점 이상 차이 나는 경우는 전체 사례의 1.5퍼센트에 불과했다. 사례 중 91.1퍼센트는 3명 모두의 합일된 의견을 받거나 (자율성 수준 그 자체보다는) 분류의 확신성 정도에서만 차이가 났다.

이 자율성 변수에 대해 많은 반대 의견이 있을 수 있다. 그러나 현 맥락에서는 그러한 반대 논의들이 그 변수의 유용성을 해칠 수 있을 것이라고 생각하지 않는다. 왜냐하면 그 변수들은 대단히 협소한 의미로 기술 자산 변수의 구성에만 사용되었기 때문이다. 기술 자산 분포에 자율성 변수가 미치는 영향은, 미국에서는 대학 졸업생, 스웨덴에서는 고등학교 졸업생인 영업직 사원과 단순 사무직원 사이의 분류에만 그쳤을 뿐이다.

3) 자본 자산

이 책에서 행해진 것보다 복잡한 분석에서는 자본가 착취자들 — 단순히 자본 소유에 기반하여 착취자가 되는 사람 — 과 자본가계급 위치에 있는 사람들 — 자본-노동 관계에서 고용주인 사람 — 을 구분하는 것이 바람직할지 모른다. 그렇게 하면, 경영직 임금생활자이자 자본 소유자인 사람의 경우를 순수한 지대(이자) 소득자와 구분하게 될 것이다.

현 조사에서는 이러한 추가적인 복잡성을 무시했다. 그래서 자본 자산에 기초한 착취는 직접적으로 자본-노동의 사회적 관계와 연결되었다. 분석의 중심적인 기준은 다음과 같다. 자가고용 여부와 피고용자의 수이다. 이 기준은 다음 네 범주 — 임노동자, 프티 부르주아(한 명 이하의 피고용인을 부리는 자가고용자), 소고용주(두 명에서 아홉 명 고용), 자본가(열 명 이상 고용) — 를 구분하는 일에 사용되었다. 명백히, 자본가와 소고용주를 분류하는 이 경계선은 자의적인 것이다. 그리고 표본의 자본가들은 소고용주와 자본가를 불문하고 대체로 작은 규모의 사업을 꾸리고 있었다.

계급 구조 모형의 이 차원을 구성하는 데에 마지막으로 한 가지 귀찮은 점이 남아 있었다. 형식적 의미에서는 임금생활자이지만, 실질적으로는 그들이 일하고 있는 사업장의 동업자이거나 때때로 유일한 소유주인 경우이다. 자본가들은 회사라는 형태를 통해 그들이 운영하는 사업의 피고용자가 될 수 있다. 그러한 사람들은 이 연구의 이론적 범주에서 자가고용으로 간주되었고, 우리는 그러한 직위를 파악해내기 위해 특수하게 고안된 질문들을 던졌다. 미국 조사에서 이는 12명(표본에서 임금생활자로 분류된 사례의 약 1퍼센트)의 계급을 재분류하게 만들었다.

2. 풀란차스의 계급 유형

풀란차스의 계급 유형은 세 가지 기본적인 기준(생산적-비생산적 노동, 육체-정신노동, 감독)의 교차를 통해서 구성된다. 이들 중에서 가장 많은 문제를 일으키는 기준은 첫 번째 것이다. 특히 직업에 따른 분류에서, 풀란차스의 의미로 보아 생산적으로 보아야 하는지 비생산적으로 보아야 하는지가 애매한 경우가 많았다. 따라서 <표 II-5>에서 제시된 생산적-비생산적 노동 기준에 의해 직업을 분류할 때 '양가적인' 범주를 명시적으로 도입했다. 풀란차스의 계급 범주를 조작화하기 위해 비생산적 노동 변수를 구성할 때 양가적인 범주는 생산적인 직업으로 취급했다. 실제 자료 분석에서 여러 가지 조작적 선택을 모두 실험해보았는데, 어느 경우를 택하든 결과가 크게 달라지지 않았다.

<표 II-5> 풀란차스의 노동계급 정의에서 사용된 생산적-비생산적 노동 범주

생산적 직업	건축가, 공학자(판매 담당 기술자 제외), 조립가, 환경보존가, 공학기술자, 과학기술자, 도구 설계자, 디자이너, 편집자, 기자, 숙련기술자, 기기 조작자, 수송수단 운전자, 노동자(정원사 제외), 농부, 농업노동자, 요리사.
양가적인 직업	컴퓨터 전문가, 수학 전문가, 인류학자, 물리학자, 수의사, 비행사, 항공기 조종자, 내과의사, 다분야 기술자, 다분야 연구노동자, 선박 운전자, 현장 주임, 농장 현장 주임, 접시닦이, 음식점 계산대 종업원, 수원 관리자.
비생산적 직업	회계사, 판매담당 기술자, 농장 경영 자문, 가계 경영 자문, 변호사와 판사, 개인관계 노동관계 관리노동자, 외과의사, 치과의사, 치과 기공사, 간호사, 정신과의사, 종교계 노동자, 사회과학자, 사회복지 부문 노동자, 교사, 시신 처리자, 방사선 기사, 상담가, 작가, 예술가, 연예인, 경영자와 행정직, 영업직, 비서직과 그 관련 직무, 군대, 주차요원, 택시기사, 전용 운전기사, 폐품업자, 부불 가족 노동자, 개인 서비스업, 경비업, 가사노동자.
생산적 경제 부문	농업, 광업, 건설업, 제조업, 물품 운송(즉, 택시와 버스 제외), 전기, 가스, 상하수도 등 공익 사업 부문(사부문만 해당).
비생산적 경제 부문	국가에 고용된 산업, 사람의 수송, 도매업, 소매업, 금융, 경영 서비스, 개인 서비스, 연예와 여가 유흥 부문, 공공행정.

생산적 노동 = 생산적 직종 또는 생산적 부문 내의 양가적인 직종.
비생산적 노동 = 비생산적 직종이거나 비생산적 부분.

3. 산업 부문 계급 분류 체계

<표 II-6>은 산업 부문과 관련된 분석에서 사용된 기본적인 계급 분류 체계를 나타낸다. 이 계급 분류 체계의 핵심적인 참신성은 싱글맨의 연구에 기초하고 있다. 그것은 대부분의 분석에서 무정형으로 취급되는 '서비스 부문'을 경제체제 내에서 수행하는 기능적인 역할에 따라 몇 가지 구분되는 부문으로 나누었다는 것이다.[7]

<표 II-6> 산업 분류 범주

산업 부문	각 부문에 속하는 구체적 사업
1. 1차산업	농업, 광업, 어업.
2. 2차산업	건설, 요리, 섬유, 제철, 기계, 화학, 다방면의 제조업, 공익 설비 부문.
3. 분배 서비스	수송, 통신, 도매, 소매.
4. 경영 서비스	은행, 보험, 부동산 중개업, 공학, 회계, 기타.
5. 3차산업 (개인 서비스)	가내 서비스, 숙박업, 음식점, 음료수점, 수리점, 세탁, 이발, 미용, 연예, 기타.
6. 사회적·정치적 서비스	법률, 의료, 병원, 교육, 복지, 비이윤 사업, 우편, 정부, 기타 사회복지 사업.

4. 계급 이력 변수

<표 II-7>은 제7장의 계급의식 분석에서 사용된 계급 이력 변수의 구성을 보여준다. 이들 변수를 구성하는 기본적인 작업은 그들의 실제 계급 위치보다는 현재 그들의 계급 맥락과 계급 이력의 두드러진 특성을 추출하는 변수를 만들어내는 것이었다.

노동계급 네트워크 변수는 두 요소로 구성된다. 하나는 친구와 배우자(응답자의 배우자가 일을 하고 있을 경우)의 계급 위치와 관련된 자료에 기초하여 응답자의 사회적 네트워크의 노동계급 밀도를 측정하는 것이다. 다른 하나의 요소는 응답자의 부업—미국 표본의 15퍼센트가 부업을 하고 있었다—의 계급 위치에 의해 정의된다. 이들 두 변수는 <표 II-7> 4의 행렬에 나타난 바와 같이 결합되었다. 이 변수를 구성할 때 사회적 네트워크 변수는 부업 변수보다 더 많은 가중치를 부여받았다. 부업보다는 사회적 네트워크가 개인의 계급 맥락에 더 지배적이고 장기적인 영향을 끼치리라는 추정을 했기 때문이다.

---

7) Joachim Singelman, *From Agriculture to Service* (Berverley Hills: 1978)을 보라.

노동계급 이력 변수 역시 두 가지 요소로 구성되었다. 하나는 응답자의 계급 출신이고, 다른 하나는 응답자가 자가고용된 적이 있었는지, 감독직에 있어본 적이 있는지 여부이다. 두 번째 차원의 변수에 영향을 미친, 질문 항목 구성상의 한 가지 실수가 있었다. 응답자들의 현재 계급 위치에 관계없이 모든 응답자들에게 과거에 자가고용되었는지, 감독직에 있었는지 여부에 대해 직접 물어보는 것이 이상적이었을 것이다. 그렇게 했다면 과거 이력의 효과와 현재 계급 위치의 효과를 엄밀히 분리시킬 수 있었을 것이다. 불행히도 우리는 피고용자에게만 과거 자가고용 여부를 물었고, 비감독직 종사자들에게만 과거 감독직 종사 여부를 물었다. 나는 이것이 노동계급 이력 변수의 유용성을 심각하게 침식한다고 생각하지는 않지만, 그것을 덜 엄밀한 측정치로 만들어버린 것은 사실이다.

<표 II-7> 계급 이력 변수의 구성

1. 계급 변수: 친구*, 배우자, 부모**, 부업***

직업	투입 변수		구성된 변수
	경영직의 또는 감독직위	자가고용	계급
전문직, 전문기술직, 경영직	모두	예	비노동계급
그 외 직업	그리고 아니오	그리고 아니오	노동계급

*: 응답자들은 가장 가까운 친구나 친척의 일에 대해 일련의 질문을 받았다. 만약 친구와 친척이 실업 상태라면 그들이 이전 직업에 대해 물어보았다. 이 친구들이 한 번도 일한 적이 없으면, 그 친구의 배우자의 일에 대해 질문되었다.

**: 부모의 직업에 대해서는, "가족이 자신을 기운 때 가장 주요한 재정적 지원을 제공하였다"라고 응답한 사람의 일에 대해 물었다. 일반적으로 그것은 아버지의 일이었다. 응답자가 특정 연령 때 가장의 직업이 아니라, 성장 과정 전반에 걸쳐 가장 중요한 직업이 질문의 대상이었다.

***: 경영직이나 감독직인 응답자에게는 부업에 대해 질문하지 않았으므로, 따라서 부업 계급 변수에 대해 그들의 자료는 들어가지 않았다.

2. 노동계급과의 사회적 네트워크 연결성

친구의 계급 = 노동계급인 친구가 없으면 0, 한 명이면 1, 두 명이면 2, 세 명 모두이면 3.

배우자의 계급 = 배우자가 노동자이면 1, 다른 모든 경우엔 0(배우자가 비노동계급 일을 하거나, 일을 하지 않거나, 배우자가 없거나 하는 경우 포함).

노동계급 연결성 수치(%) = [(친구의 계급) + (배우자의 계급)] / 연결망 수

<표 II-7> 계급 이력 변수의 구성(계속)

구성된 변수		
노동계급 연결성 척도:	노동계급 연결성 수치가 0 = 0	
	노동계급 연결성 수치가 1 = 1~49%	
	노동계급 연결성 수치가 2 = 50%	
	노동계급 연결성 수치가 3 = 51~99%	
	노동계급 연결성 수치가 4 = 100%	

3. 이전 직업의 노동계급적 성격

투입 변수		구성된 변수
자가고용된 적이 있었는가*	감독직에 있어본 적이 있는가**	이전 직업의 노동계급성
아니오	아니오	1. 항상 노동자
아니오	예	2. 과거에 감독직
예	아니오 혹은 예	3. 과거에 자가고용

*: 현재 자가고용되어 있는 사람에게는 이전에 자가고용되어 있었는지 여부를 묻지 않았다(이는 질문지 구성상의 오류 때문이다). 그리하여 이 경우는 이전 자가고용 여부가 '예'로 추정되었다.

**: 현재 감독직에 있는 사람에게는 이전에 감독직에 있었는지 여부를 묻지 않았다(이는 질문지 구성상의 오류 때문이다). 그리하여 이 경우는 이전 감독직 여부가 '예'로 추정되었다.

<표 II-7> 계급 이력 변수의 구성(계속)

4. 노동계급 네트워크(행렬의 각 셀 안의 수치는 노동계급 네트워크를 나타내는 구성된 변수 값이다)

부업의 계급 위치	노동계급 관련성 척도				
	4	3	2	1	0
노동계급 직업	10	9	7	5	3
부업이 없다	10	8	6	4	2
비노동계급 직업	8	7	5	3	1

5. 노동계급 이력(행렬 안의 수치는 노동계급 이력을 변수로 수치화한 값이다)

계급 출신	이전 직업의 노동계급성		
	항상 노동자였다	감독직에 있어봤다	자기고용·경험이 있다
노동계급	6	4	2
비노동계급 직업	5	3	1

부록 III   선택된 표의 전체 데이터

<표 III-1> 성별에 따른 계급 분포(미국과 스웨덴)

계급 범주	계급 내 성별 분포				성별 내 계급 분포			
	미국		스웨덴		미국		스웨덴	
	남성	여성	남성	여성	남성	여성	남성	여성
1. 자본가	79.3	20.7	100	0.0	2.7	0.8	1.2	0.0
2. 소고용주	66.7	33.3	80.7	19.3	7.4	4.4	7.0	2.1
3. 프티 부르주아	50.3	49.7	75.7	24.3	6.4	7.5	7.3	3.0
4. 전문 경영자	75.0	25.0	87.4	12.6	5.4	2.1	6.8	1.3
5. 전문 감독자	70.3	29.7	42.9	57.1	4.8	2.4	2.9	4.9
6. 비경영 전문가	47.7	52.3	56.1	43.9	3.0	3.9	6.8	6.8
7. 반전문 경영자	77.4	22.6	84.2	15.8	8.8	3.0	6.1	1.4
8. 반전문 감독자	75.6	24.4	76.7	23.3	9.5	3.6	4.4	1.7
9. 숙련노동자	73.6	26.4	63.4	36.5	16.6	7.1	20.2	14.8
10. 비전문 경영자	31.0	69.0	51.2	48.8	1.3	3.5	2.2	2.7
11. 비전문 감독자	41.4	58.6	76.1	23.9	5.2	8.8	4.2	1.7
12. 프롤레타리아	39.5	60.5	39.8	60.2	29.0	52.8	30.9	59.6
총계	54.3	45.7	56.0	44.0				
수(가중치 부여)	807	680	660	519				

<표 III-2> 연령에 따른 계급 분포

I. 미국		연령 범주						
		< 21	21-25	26-35	36-45	46-55	56-65	> 65
1. 자본가	남성	0.0	0.0	1.5	3.3	4.4	3.2	13.5
	여성	1.6	1.1	0.4	2.0	0.0	0.0	1.4
2. 소고용주	남성	4.8	4.8	6.3	8.5	9.2	9.7	9.6
	여성	0.0	2.1	5.2	7.7	4.1	3.6	3.5

<표 III-2> 연령에 따른 계급 분포(계속)

I. 미국		연령 범주						
		< 21	21-25	26-35	36-45	46-55	56-65	> 65
3. 프티 부르주아	남성	0.0	4.6	8.5	3.8	5.0	13.8	8.8
	여성	4.5	3.2	5.5	6.1	8.2	8.7	24.5
4. 전문 경영자	남성	0.0	4.1	6.3	6.6	5.6	6.0	5.0
	여성	0.0	2.3	3.6	1.5	2.4	2.1	0.0
5. 전문 감독자	남성	1.4	3.4	5.9	7.9	4.1	2.8	1.8
	여성	2.2	1.1	2.7	4.3	3.4	0.6	0.0
6. 비경영 전문가	남성	3.1	4.9	4.5	2.6	0.6	1.5	1.8
	여성	5.8	4.0	3.5	4.3	4.0	3.7	2.8
7. 반전문 경영자	남성	7.2	5.5	10.0	13.1	10.0	4.0	3.2
	여성	2.7	3.9	3.6	3.7	1.0	3.9	1.4
8. 반전문 감독자	남성	7.1	12.5	8.1	11.6	11.5	6.5	1.5
	여성	0.0	4.8	5.5	3.5	2.9	1.7	3.4
9. 숙련노동자	남성	29.6	14.3	20.7	14.8	15.0	8.5	9.1
	여성	0.0	12.8	9.6	5.7	4.2	6.3	5.5
10. 비전문 경영자	남성	1.5	3.4	1.1	0.7	0.5	0.0	4.1
	여성	0.0	6.5	3.3	3.3	2.7	0.0	9.7
11. 비전문 감독자	남성	8.6	7.1	5.7	3.1	3.6	7.6	0.0
	여성	14.3	6.8	8.6	6.9	13.5	10.3	0.0
12. 프롤레타리아	남성	36.7	35.3	21.4	23.9	30.5	36.5	41.8
	여성	69.0	51.5	48.5	51.0	53.6	59.1	47.9
수(가중치 부여)	남성	58	123	224	151	135	82	34
	여성	45	95	164	128	116	81	51

II. 스웨덴		연령 범주					
		< 21	21-25	26-35	36-45	46-55	56-65
1. 자본가	남성	0.0	0.0	1.1	0.7	3.2	1.1
	여성	0.0	0.0	0.0	0.0	0.0	0.0
2. 소고용주	남성	2.8	3.9	5.1	11.9	6.3	7.6
	여성	0.0	0.0	0.8	5.6	1.9	2.0
3. 프티 부르주아	남성	2.8	3.9	4.0	7.3	11.9	12.0
	여성	0.0	3.6	1.6	3.7	2.9	5.9
4. 전문 경영자	남성	0.0	0.0	8.5	8.6	9.5	5.4
	여성	0.0	0.0	1.6	1.9	1.0	0.0
5. 전문 감독자	남성	0.0	3.9	2.3	2.6	6.3	0.0
	여성	0.0	1.8	11.0	3.7	3.9	0.0

<표 III-2> 연령에 따른 계급 분포(계속)

II. 스웨덴		< 21	21-25	연령 범주 26-35	36-45	46-55	56-65
6. 비경영 전문가	남성	0.0	11.7	10.2	6.0	3.2	5.4
	여성	11.5	3.6	10.2	2.8	4.8	11.8
7. 반전문 경영자	남성	0.0	5.2	6.8	8.6	5.6	4.3
	여성	0.0	1.8	3.2	0.0	0.9	1.8
8. 반전문 감독자	남성	2.8	1.3	6.3	4.0	4.8	4.3
	여성	0.0	0.0	0.8	1.9	3.9	2.0
9. 숙련노동자	남성	27.8	20.8	23.9	19.9	17.5	14.1
	여성	11.5	10.7	21.2	21.4	8.7	3.9
10. 비전문 경영자	남성	2.8	2.6	1.7	2.0	3.2	2.2
	여성	3.8	3.6	2.4	2.8	2.9	2.0
11. 비전문 감독자	남성	0.0	6.5	2.8	3.3	1.6	12.0
	여성	0.0	0.0	1.6	1.9	2.9	2.0
12. 프롤레타리아	남성	61.1	40.3	27.3	25.2	27.0	31.5
	여성	73.1	75.0	45.7	54.3	66.4	68.8
수(가중치 부여)	남성	36	77	176	151	126	92
	여성	29	62	140	118	114	56

<표 III-3> 인종별, 성별 계급 분포(미국)

계급 범주	백인 남성	백인 여성	인종-성 범주 백인 전체	흑인 남성	흑인 여성	흑인 전체
1. 자본가	2.9	0.8	2.0	0.0	0.0	0.0
2. 소고용주	8.2	4.9	6.7	0.0	1.4	0.7
3. 프티 부르주아	6.4	8.9	7.5	3.7	0.0	1.7
4. 전문 경영자	5.7	2.0	4.0	1.4	0.0	0.7
5. 전문 감독자	4.4	2.4	3.5	2.4	2.9	2.7
6. 비경영 전문가	3.0	4.4	3.6	4.0	2.6	3.2
7. 반전문 경영자	9.8	4.0	7.2	5.5	0.0	2.6
8. 반전문 감독자	9.2	3.8	6.8	8.2	1.8	4.8
9. 숙련노동자	16.7	6.9	12.3	21.4	9.7	15.3
10. 비전문 경영자	1.5	3.5	2.4	1.0	6.3	3.8
11. 비전문 감독자	4.7	8.7	6.5	4.5	6.9	5.8
12. 프롤레타리아	27.4	49.7	37.3	47.8	68.5	58.7
수(가중치 부여)	648	517	1,165	71	78	149

<표 III-4> 경제 부문 내의 계급 분포(미국과 스웨덴)

계급 범주	경제 부문					
	1차산업 부문	2차산업 부문	분배 서비스	사업 서비스	개인 서비스	정치적·사회 적 서비스
I. 미국						
1. 자본가	3.3	1.3	5.1	1.2	3.8	0.3
2. 소고용주	27.9	4.6	8.7	7.0	10.7	1.4
3. 프티 부르주아	17.9	4.3	7.3	10.9	16.2	3.0
4. 전문 경영자	1.2	3.0	3.3	4.7	0.9	6.8
5. 전문 감독자	2.5	3.0	1.9	6.0	1.5	5.9
6. 비경영 전문가	0.0	2.6	1.5	2.2	0.7	7.6
7. 반전문 경영자	0.0	6.9	7.8	5.9	3.8	6.8
8. 반전문 감독자	10.0	7.5	6.7	6.5	1.4	8.0
9. 숙련노동자	8.3	14.3	6.7	4.2	7.1	17.1
10. 비전문 경영자	3.7	0.6	1.3	2.2	6.7	3.0
11. 비전문 감독자	2.3	6.8	8.3	10.1	6.7	5.3
12. 프롤레타리아	22.8	45.1	41.5	39.0	40.4	34.8
II. 스웨덴						
1. 자본가	0.0	1.5	1.0	1.2	3.8	0.3
2. 소고용주	18.0	5.3	13.9	11.1	5.5	1.2
3. 프티 부르주아	36.2	4.9	5.2	8.6	9.6	0.2
4. 전문 경영자	0.0	3.6	1.9	16.7	2.8	5.8
5. 전문 감독자	0.0	2.1	0.0	0.0	0.0	8.1
6. 비경영 전문가	1.6	4.7	3.1	11.7	4.3	11.0
7. 반전문 경영자	0.0	4.0	0.0	11.1	6.8	4.6
8. 반전문 감독자	0.0	3.8	1.0	3.1	2.7	3.7
9. 숙련노동자	0.0	22.8	3.0	16.9	15.2	19.3
10. 비전문 경영자	3.4	1.1	7.1	0.0	10.1	1.7
11. 비전문 감독자	11.3	2.6	6.9	0.0	4.1	1.8
12. 프롤레타리아	29.6	45.1	57.9	20.8	38.8	42.8

<표 III-5> 계급 분포와 국가(미국과 스웨덴)

	국가와 관련된 직업의 계급 내 분포					국가 부문과 사적 부문 내의 계급 분포	
	사적 부문 내에서 국가 관련 사업의 비율(%)				국가 고용	사적 부문	국가 부문
	없음	< 10	10~49	> 50			
I. 미국							
1-2. 고용주	86.4	8.5	4.2	0.9	0.0	9.5	0.0
3. 프티 부르주아	91.9	6.9	0.6	0.6	0.0	8.3	0.0
4. 전문 경영자	25.5	30.5	7.5	4.9	31.7	3.3	7.0
5. 전문 감독자	36.1	38.0	0.9	6.6	18.4	3.6	3.9
6. 비경영 전문가	32.3	21.7	3.1	4.1	38.7	2.6	7.6
7. 반전문 경영자	47.2	22.7	5.2	4.9	20.0	6.0	7.0
8. 반전문 감독자	45.7	25.0	3.5	1.6	24.3	6.2	9.4
9. 숙련노동자	37.4	22.2	6.1	1.8	32.6	10.0	22.7
10. 비전문 경영자	66.1	18.8	1.7	7.8	5.5	2.7	0.7
11. 비전문 감독자	56.4	24.9	4.6	1.9	12.3	7.3	4.8
12. 프롤레타리아	56.3	20.7	4.7	2.1	16.2	40.6	36.8
총계	55.0	20.7	4.3	2.4	17.5		
II. 스웨덴							
1-2. 고용주	90.6	6.3	1.5	1.5	0.0	9.4	0.0
3. 프티 부르주아	96.8	1.6	0.0	1.6	0.0	9.1	0.0
4. 전문 경영자	27.2	19.4	5.8	0.0	47.6	3.9	5.0
5. 전문 감독자	11.5	2.3	4.5	0.0	81.7	1.2	7.4
6. 비경영 전문가	19.3	15.2	0.0	2.5	63.0	4.3	10.3
7. 반전문 경영자	25.5	27.4	4.2	0.0	42.9	3.9	4.2
8. 반전문 감독자	29.6	15.9	2.6	2.9	48.9	2.8	3.8
9. 숙련노동자	38.0	14.2	0.5	0.5	46.9	16.2	20.1
10. 비전문 경영자	61.1	6.8	0.0	0.0	32.1	2.9	1.9
11. 비전문 감독자	46.5	11.1	0.0	0.0	42.4	3.1	3.2
12. 프롤레타리아	45.3	11.8	0.2	0.6	42.0	43.2	44.0
총계	44.5	12.2	0.9	0.8	41.6		

참고문헌

Aaronowitz, Stanley. 1981. *The Crisis of Historical Materialism*. New York.

Abraham, David. 1981. *The Collapse of the Weimar Republic*. Pinceton: Princeton University Press.

Ahrne, Göran and Erik Olin Wright. 1983. "Classes in the Unite States and Sweden: a comparison." *Acta Sociologica*, 26:3/4.

Albert, Michael and Robin Hahnel. 1981. *Marxism and Socialist Theory*. Boston: South End Press.

Althusser, Louis and Etienne Balibar. 1970. *Reading Capital*. London: New Left Books.

Aminzade, Ron. 1981. *Class, Politics and Early Industrial Capitalism*. Binghampton: S.U.N.Y. Press.

Anderson, Perry. 1974. *Lineages of the Absolutist State*. London: New Left Books.

Bailey, Anne, M. and Josep R. Llobera. 1981. *The Asiatic Mode of Production: Science and Politics*, London: Routledge & Kegan Paul.

Balbus, Issac. 1971. "The Concept of Interest in Pluralist and Marxist Analysis." *Politics & Society*, February.

Balibar, Etienne. 1970. "Basic Concepts of historical Materialism." in Louis Althusser and Etienne Balibar. *Reading Capital*. London: New Left Books.

Becker, James, F. 1973~1974. "Class Structure and Conflict in the Managerial Phase. parts 1 and 2." *Science & Society*, vol.37, 3 and 4, 1973 and 1974.

Benton, Ted. 1981. "Objective Interest and the Sociology of Power." *Sociology*, vol.15, No.2, May.

Bertaux, Dabiel. 1977. *Destins personnels et structure de class*. Paris: Presses Universitaire de France.

Bowles, Sam, David Gordon and Thomas Weiskopf. 1984. *Beyond the Wasteland*. New York: Anchor.

Braverman, Harry. 1974. *Labor and Monopoly Capitalism*. New York: Monthly Review Press.

Brenner, Johanna and Maria Ramas. 1984. "Rethinking Women's Oppression." *New Left Review*, Number 144, March-April.

Brenner, Robert. 1977. "The Origins of Capitalist Development: a Critique of Neo-Smithian Marxism." *New Left Review*, No.104, July-August, pp.25~93.

Browning, H. and J. Singelmann. 1975. *The Emergence of a Service Society*. Springfield, Mo.: National Technical Information Service.

Burawoy, Michael. 1979. *Manufacturing Consent*. Chicago: University of Chicago Press.

_____. 1985. *The Politics of Production*. London: New Left Books.

Cameron, J. 1978. "The Expansion of the Public Economy." *American Political Science Review*, vol.7.

Carchedi, G. 1977. *The Economic Identification of Social Class*. London: Routledge & Kegan Paul.

Cohen, G. A. 1978. *Karl Marx's Theory of History: A defense*. Princeton: Princeton University Press.

_____. 1979. "The Labor Theory of Value and the Concept of Exploitation." *Philosophy and Public Affairs*, 8.

_____. 1982. "Reply to Elster." *Theory and Society*, vol.11, No.3, July.

Cohen, Jean. 1982. *Class and Civil Society*. Amherst: University of Massachusetts Press.

Cohen, Joshua and Joel Rogers. 1983. *On Democracy*. New York: Penguin Books.

Collins, R. 1979. *The Credential Society: A Historical Sociology of Education and Stratification*. Orlando, Florida: Academic Press.

Connolly, William. 1972. "On Interests in Politics." *Politics & Society*, 2:4, pp.459~477.

Crompton, Rosemary and John Gubbay. 1978. *Economy and Class Structure*. New York: St. Martin's Press.

Dahrendorf, Ralph. 1959. *Class and Class Conflict in Industrial Society*. Palo Alto: Stanford University Press.

Dobb, Maurice. 1963. *Studies in the Development of Capitalism*. Cambridge and New York: Cambridge University Press.

Edwards, Richard. 1979. *Contested Terrain*. New York: Basic Books.

Ehrenreich, Barbara and John Ehrenreich. 1971. "The Professional-Managerial Class." *Radical America*, 11:2.

Elster, Jon. 1982. "Marxism, Functionalism and Game Theory." *Theory and Society*, vol.11, July, pp.453~482.

_____. 1983. *Sour Grapes*. Cambridge: Cambridge University Press.

_____. 1985. *Making Sense of Marx*. Cambridge: Cambridge University Press.

Esping-Anderson, Gösta. 1985. *Politics Against Markets*. Princeton: Princeton University Press.

Esping-Anderson, Gösta, Roger Friedland and Erik Olin Wright. 1976. "Modes of Class Struggle and the Capitalist State." *Kapitalistate*, No.4.

Freedman, Francesca. 1975. "The Internal Structure of the Proletariat: a Marxist Analysis." *Socialist Revolution*, No.26.

Geuss, Raymond. 1981. *The Idea of Critical Theory: Habermas and the Frankfurt School*. Cambridge: Cambridge University Press.

Giddens, Anthony. 1973. *The Class Structure of the Advanced Societies*. New York: Harper and Row.

_____. 1979. '*Postcript*' to the Class Structure of the Advanced Societies. second edition. New York: Harper and Row.

_____. 1982. *A Contemporary Critique of Historical Materialism*. Berkeley: University of California

Press.

Gough, Ian. 1979. *The Political Economy of the Welfare State.* London.

Gouldner, Alvin. 1979. *The Future of Intellectuals and the Rise of the New Class.* New York: The Seabury Press.

Groves, Robert. M. and Robert L. Kahn. 1979. *Surveys by Telephone.* Orlando: Academic Press.

_____. 1979. "An Empirical Comparison of two telephone sample design." *Journal of Marketing Research* 15, pp.622~631.

Hartman, Heidi. 1981. "The Family as the Locus of Gender, Class, and Political Struggle: the Example of Housework." *Signs*, vol.6. no.3.

Hindess, Barry and Paul O. Hirst. 1975. *Precapitalist Modes of Production.* London: Routledge & Kegan Paul.

Hollloway, John and Sol Picciotto(eds.). 1978. *State and Capital.* Austin: University of Texas Press.

Holmwood, J. M. and A. Stewart. 1983. "The role of contradiction in Modern Theories of Social Stratification." *Sociology*, No.17. May.

Institute for Labor Education and Research. 1982. *What's Wrong with the U.S. Economy?* Boston: South End Press.

Jackman, Marry and Robert Jackman. 1983. *Class Awareness in the United States.* Berkeley: University of California Press.

Kitagawa, E. 1955. "Components of a Difference between Two Rates." *Journal of the American Statistical Association*, vol.50. pp.1168~1174.

Konrad, George and Ivan Szelenyi. 1979. *Intellectuals on the Road to Class Power.* New York: Harcourt, Brace, Janovitch and World.

Landecker, W. S. 1960. "Class Boundaries." *American Sociological Review*, vol.25, pp.868~877.

Levine, Andrew and Erik Olin Wright. 1980. "Rationality and Class Struggle." *New Left Review*, No.123, pp.47~68.

Lipset, Seymour. M. 1963. *Political Man.* Garden City. N.J.: Anchor Books.

_____. 1968. "Social Stratification: Social Class." *International Encyclopedia of the Social Sciences.* vol.15, D. L. Sills(ed.). New York: Crowell Collier and MacMillan. pp.296~316.

Livingston, David L. 1985. *Class and Class Consciousness in Advanced Capitalism.* unpublished manuscript, Ontario Institute for Studies in Education. Toronto.

Loren, Charles. 1977. *Classes in the United States.* Davis, California: Cardinal Publishers.

Lukács, George. 1971[1922]. *History and Class Consciousness.* Cambridge, Mass.: M.I.T. Press.

Lukes, Steven. 1974. *Power: a Radical View.* London: McMillan.

Mann, Michael. 1973. *Consciousness and Action among the Western Working Class.* London: McMillan.

Marshall, Gordon. 1983. "Some Remarks on the Study of Working Class Consciousness." *Politics & Society*, 12:3.

Marx, Karl. 1967. *Capital.* vol.3. New York: International Publishers.

Nicolaus, Martin. 1967. "Proletatriat and Middle Class in Marx." *Studies on the Left*, No.7.

Noble, David. 1978. "Social Choice in Machine Design." *Politics & Society*, 8:3-4.

Nozick, Robert. 1974. *Anarchy, State and Utopia*. New York: Basic Books.

Offe, Claus. 1974. "Structural Problems of the Capitalist State: Class Rule and the Political System." in C. von Beyme(ed.). *German Political Studies*. vol.1, Russel Sage.

Offe, Claus and Helmut Wiesenthal. 1980. "Two Logics of Collective Action." in Maurice Zeitlin(ed.). *Political Power and Social Theory*. vol.1, Greenwhich, Connecticut: JAI Press.

Ollmann, Bertell. 1972. "Toward Class Consciousness in the Working Class." *Politics & Society*, Fall.

Ossowski, Stanislaus. 1963. *Class Structure in the Social Consciousness*. London: Routledge & Kegan Paul.

Palmer, G. and A. Miller. 1949. *Industrial and Occupational Trends in Employment*. Philadelphia: University of Pennsylvania, Wharton School, Industrial Research Department.

Parkin, Frank. 1979. *Marxism and Class Theory: a Bourgeois Critique*. New York: Columbia University Press.

Politics & Society. 1982. *Special Issue on John Roemer's Theory of Class and Exploitation*, vol.11:3.

Poulantzas, Nicos. 1973. *Political Power and Social Classes*. London: New Left Books.

_____. 1975. *Classes in Contemporary Capitalism*. London: New Left Books.

Przeworski, Adam. 1977. "From Proletariat into Class: the Process of Class Formation from Karl Kautsky's *the Class Struggle* to Recent Debates." *Politics & Society*, 7:4.

_____. 1979. "The Material Bases of Consent: Economics and Politics in a Hegemonic System." in Maurice Zeitlin(ed.). *Political Power and Social Theory*. vol.1, JAI Press.

_____. 1980. "Material interest, class compromise and the Transition to Socialism." *Politics & Society*, 10:2.

_____. 1980. "Social Democracy as and Historical Phenomenon." *New Left Review*, No.122.

Rawls, John. 1971. *A Theory of Justice*. Cambridge, Mass.: Harvard University Press.

Roemer, John. 1982. *A General Theory of Exploitation and Class*. Cambridge, Mass.: Harvard University Press.

_____. 1983. "Should Marxist be Interested in Exploitation?" Davis: University of California, Department of Economics, Working Paper Number 221.

Sephens, John. 1979. *The Transition to Socialism*. London: McMillan.

Shalev, Michael. 1984. "The Social Democratic Model and Beyond: Two Generations of Comparative Research on the Welfare State." *Comparative Social Research*, vol.6.

Shamin, Theodor. 1984. *The Late Marx and the Russian Road*. New York: Monthly Review Press.

Singelmann, Joachim. 1977. *From Agriculture to Services*. Beverly Hills: Sage Publications.

Siriani, Carmen. 1982. *Workers Control and Socialist Democracy*. London: New Left Books/Verso.

Skocpol, Theda. 1985. "Bringing the State Back In: False Leads and Promising Starts in Current Theories and Research." in Peter Evans, Theda Skocpol and Dietrich Rueschemeyer(eds.). *Bringing the State Back In*. New York: Cambridge University Press.

_____. 1980. "Political Response to Capitalist Crisis: neo-Marxist Theories of the State and the Case of the New Deal." *Politics & Society*, 10:2.

Steedman, Ian. 1977. *Marx After Sraffa*. London: New Left Books/Verso.

Steedman, Ian et al. 1981. *The Value Controversy*. London: New Left Books.

Stewart, A. K. 1980. Prandy and R. M. Blackburn. *Social Stratification and Occupation*. London: MacMillan.

Sweezy, Paul. 1976. "The Debate on the Transition: a critique." in Rodney Hilton(ed.). *The Transition from Feudalism to Capitalism*. London: New Left Books.

Szelenyi, Ivan and Robert Manchin. 1985. "Social Policy and State Socialism." in G. Esping-Anderson. L. Rainwater and M. Rein(eds.). *Stagnation and Renewal in Social Policy*. White Plains, N.Y.: Sharpe Publishers.

Szelenyi, Ivan and William Martin. 1985. *New Class Theories and Beyond*. unpublished manuscript. Department of Sociology, Madison: University of Wisconsin.

Therborn, Goran. 1978. *What Does the Ruling Class Do When it Rules?* London: New Left Books.

_____ . 1984. "The Prospects of Labor and the Transformation of Advanced Capitalism." *New Left Review*, No.145.

Thompson, E. P. 1968. *The Making of the English Working Class*. Harmondsworth: Penguin.

Walker, Pat. 1979. *Between Capital and Labor*. Boston: South End Press.

Wallerstein, Immanuel. 1974. *The Modern World System*. New York: Academic Press.

Wiles, Peter. 1974. *The Distribution of Income East and West*. Amsterdam: North Holland.

Wolpe, Harold(ed.). 1980. *The Articulation of Modes of Production*. London: Routledge & Kegan Paul.

Wright, Erik Olin. 1976. "Class Boundaries in Advanced Capitalist Societies." *New Left Review*, No.98.

_____ . 1976. "Class Structure and Income Inequality." Ph.D. dissertation, Department of Sociology, Berkeley: University of California.

_____ . 1978. *Class, Crisis, and the State*. London: New Left Books.

_____ . 1979. "The Value Controversy and Social Research." *New Left Review*, No.116, reprinted in Ian Steedman et al(eds.). *The Value Controversy*. London: New Left Books. 1981.

_____ . 1979. *Class Structure and Income Determination*. New York: Academic Press.

_____ . 1980. "Class and Occupation." *Theory and Society*, 9:1.

_____ . 1981. "Reconsiderations." in Ian Steedman et al(eds.). *The Value Controversy*. London: New Left Books.

_____ . 1982. "The Status of the Political in the Concepts of Class Structure." *Politics & Society*, 11:3.

_____ . 1983. "Capitalism's Futures." *Socialist Review*, no.68.

_____ . 1983. "Giddens' Critique of Marxism." *New Left Review*, No.139.

_____ . 1985. "The Fall and Rise of the Petty Bourgeoisie." unpublished manuscript, Class Structure and Class Consciousness Project Working Paper, Madison: Wisconsin.

_____ . 1980. "Varieties of Marxist Conceptions of Class Structure." *Politics & Society*, 9:3.

_____. 1985. *The Comparative Study of Class Structure and Class Consciousness: Public Use Codebook.* Anne Arbor, Michigan: InterUniversity Consortium for Political and Social Research.

Wright, Erik Olin and Joachim Singelmann. 1982. "Proletarianization in the American Class Structure." in Marxist Inquiries. edited by Michael Burawoy and Theda Skocpol. Supplement to the *American Journal of Sociology*, vol.88.

Wright, Erik Olin and Luca Perrone. 1977. "Marxist Class Categories and Income Inequality." *American Sociological Review*, 42:1. February.

찾아보기

(이 색인은 독립적인 색인이라기보다는 목차의 보충 기능으로서의 의미만 있을 뿐이다. 기본적인 내용은 목차를 찾아봄으로써 더 쉽게 찾을 수 있을 것이다. -옮긴이)

■ 지은이

에릭 올린 라이트(Erik Olin Wright)

위스콘신-매디슨대학 사회과학부 교수이고, 분석 마르크스주의 세미나 그룹의
일원이자 ≪신좌파평론(New-left review)≫의 필진으로서 계급 분석의 새로운 패
러다임을 세웠다. 가능한 유토피아 기획(Real Utopia Project)을 주도하면서 대안
적 정치경제체제의 연구에 매진하고 있다.

저서로는『계급, 위기, 국가(Class, Crisis and State)』,『계급구조와 소득결정(Class
Structure and Income Determination)』,『계급논쟁(The Debate on Classes)』,『민주주의
심화하기(Deepening Democracy)』등이 있다.

■ 옮긴이

이한

『탈학교의 상상력』(2000),『학교를 넘어서』(1998)를 통해 자유롭고 자아성취
중심인 교육을 주장하고, 그 제도적 기반으로 학력폐지와 자격증검사에 관한
특별법을 제시하였다. 역서로는『성장을 멈춰라』(2004)가 있다. 탈학교 실천연
대의 대표와 대안교육지 ≪민들레≫의 편집위원을 역임했으며 현재 새로운 민주
주의 제도에 대해 탐구 중이다.

한울아카데미 732

계급론

지은이 | 에릭 올린 라이트
옮긴이 | 이한
펴낸이 | 김종수
펴낸곳 | 한울엠플러스(주)

초판 1쇄 발행 | 2005년 8월 10일
초판 4쇄 발행 | 2020년 9월 15일

주소 | 10881 경기도 파주시 광인사길 153 한울시소빌딩 3층
전화 | 031-955-0655
팩스 | 031-955-0656
홈페이지 | www.hanulmplus.kr
등록 | 제406-2015-000143호

Printed in Korea.
ISBN 978-89-460-6944-2 93330

* 가격은 겉표지에 있습니다.